Oskar Peterlini
Wie eigenständig ist Südtirol?

Oskar Peterlini

Wie eigenständig ist Südtirol?

Geschichte, Recht und Politik

Wien 2026

Mit neuer Autonomiereform

ATHESIA VERLAG

facultas

Die Drucklegung dieses Buches wurde durch die Abteilung Deutsche Kultur gefördert.

AUTONOME PROVINZ BOZEN SÜDTIROL
PROVINCIA AUTONOMA DI BOLZANO ALTO ADIGE
Deutsche Kultur

Kontakt: oskar.peterlini@gmail.com; oskar.peterlini@unibz.it

Titelbild: Schloss Tirol (oberhalb von Meran), mit dem die Geschichte des Landes beginnt.

Bibliografische Information der Deutschen Nationalbibliothek

Die Deutsche Nationalbibliothek verzeichnet diese Publikation in der Deutschen Nationalbibliografie; detaillierte bibliografische Daten sind im Internet über http://dnb.d-nb.de abrufbar.

Die in diesem Werk verwendeten Personenbezeichnungen beziehen sich – sofern nicht anders kenntlich gemacht – auf alle Geschlechter.

1. Auflage 2026

facultas Verlag, Stolberggasse 26, 1050 Wien, Österreich
www.facultas.at, office@facultas.at

Satz: Wandl Multimedia-Agentur
Printed in EU
ISBN: 978-3-7089-2554-7
ISBN Athesia: ISBN 978-88-6839-985-6

Geleitwort
des Südtiroler Landesrates für Kultur, Philipp Achammer

Nach seinem umfangreichen Buch „Autonomie als Friedenslösung“ mit 660 Seiten bietet Oskar Peterlini mit diesem neuen Werk, dem eiligeren Leser auf knapp über 260 Seiten eine kompaktere und praktische Übersicht, über alles, was wir über unser Land, seine Geschichte, über Recht und Politik wissen sollten. Im Mittelpunkt steht diesmal die Frage, wie eigenständig Südtirol eigentlich ist, was bisher erreicht wurde, was verloren ging, was verbessert werden muss.

Der Autor wirft zunächst einen Blick zurück auf die Entwicklung des Landes und zeigt auf, wie sich der Kampf um Freiheit, Mitbestimmung und Eigenständigkeit wie ein roter Faden durch die Tiroler Geschichte zieht. Die Menschen sicherten sich bereits im alten Tirol demokratische Mitbestimmungs- und Freiheitsrechte. Als Tirol 1363 zu Österreich kam, wurden diese Rechte erneut besiegelt und weiter gestärkt. In den Bauernkriegen gegen die Unterdrückung durch Adel und Geistlichkeit, in der Wehrhaftigkeit gegen die Truppen Napoleons, im stillen Widerststand gegen den Faschismus finden wir diesen Freiheitswillen, der auch heute noch den Kampf um Eigenständigkeit im Staate Italien auszeichnet.

Das Herzstück des Buches bilden die Maßnahmen zur Autonomie und zum Minderheitsschutz. Inwieweit kann sich Südtirol eigene Gesetze geben, wie hat sich die Stellenbesetzung im öffentlichen Dienst entwickelt, wie werden Sprache und Kultur geschützt – das Buch gibt auf all diese Fragen konkrete Antworten und scheut nicht davor zurück, Mängel und Rückschritte, genauso wie Fortschritte aufzuzeigen.

Antworten auf die Fragen nach Stärken, Schwächen und Merkmalen einer idealen Autonomie, die für sich beansprucht, Nationalitätenkonflikte zu lösen und zum sozialen Frieden beizutragen, kann aber nur die konkrete Erfahrung und die Geschichte geben. Dieser Herausforderung hat sich *Oskar Peterlini* gestellt.

Als Ariadnefaden soll die Südtirol-Autonomie beispielgebend für Friedensregelungen in ethnischen und Minderheiten-Konfliktgebieten im europäischen und internationalen Kontext dienen. Dabei sei der Lektüre vorweggenommen: Unsere Autonomie ist kein historischer Zufall, der uns in die Hände gespielt wurde. Vielmehr war die Entwicklung ein zäher Prozess, der rückblickend als historischer Erfolg eines kleinen Landes im großen Europa gewertet werden kann.

Für uns im kleinen und pulsierenden Südtirol muss aber weiterhin Triebfeder sein: Unsere Autonomie ist und bleibt unser Zukunftsmodell. Sie weiterzuschreiben, unser Auftrag. Werte der Solidarität, der Toleranz, des friedlichen Zusammenlebens werden uns dabei leiten.

Philipp Achammer
Landesrat

Geleitwort
des Dekans der Wirtschafts- und Sozialwissenschaftlichen Fakultät der Universität Rostock, Prof. Dr. Jörn Dosch

Die Autonomie Südtirols ist ein herausforderndes Thema. Im Laufe der Jahrzehnte ist jeder Schritt zu einer Verfestigung oder Erweiterung der Autonomie auch immer Gegenstand zahlreicher Publikationen gewesen. Auch mit diesem neuen Buch gelingt es *Oskar Peterlini* jedoch, in bisher nicht dagewesener methodologischer Klarheit und empirischer Präzession die komplexen historischen, politischen, rechtlichen und institutionellen Facetten und Dimensionen der Autonomie Südtirols in holistischer Weise zu analysieren.

In seiner dichten, innovativen und äußerst fundierten Studie geht *Peterlini* dabei etlichen entscheidenden Fragestellungen nach: Hält die Autonomie, was sie verspricht? Wo liegen ihre Stärken, wo ihre Schwächen? Wie nachhaltig ist sie, um auch entgegenwirkenden Entwicklungen im Staate standzuhalten? Und schließlich: Eignet sich die Autonomie Südtirols als Friedensmodell, als Ansatz des Minderheitenschutzes und zur Lösung von Nationalitätenkonflikten?

Jede einzelne Aussage der durch ihre kohärente Argumentation bestechenden Diskussion beruht dabei auf einem überaus gründlichen Quellenstudium, der Auswertung umfangreicher Datensätze und einer minutiösen Aufarbeitung der Literatur.

Die in den einzelnen Kapiteln vorgetragenen Erkenntnisse profitieren dabei auch von *Peterlinis* zahlreichen eigenen veröffentlichten und unveröffentlichten Arbeiten – die Bibliographie listet die stolze Zahl von rund 120 auf – welche die Basis und den Rahmen für eine ständige Erweiterung, Vertiefung und Verfeinerung der Argumente bildeten. So zeichnet sich die Monographie nicht zuletzt dadurch aus, dass ihre analytischen Befunde das Ergebnis von *Peterlinis* langjähriger Reflexion und seiner stetigen Weiterentwicklung des Forschungsgegenstandes sind.

Die als finales Ergebnis stehenden zwölf Kriterien einer idealtypischen Autonomie im Sinne einer Friedenslösung und -ordnung sind einzigartig in der Literatur und werden fraglos sowohl den akademischen Diskurs als auch die praktisch-politische Debatte nachhaltig befruchten.

Jörn Dosch
Lehrstuhlinhaber,
Internationale Politik und
Entwicklungszusammenarbeit

Vorwort des Verfassers

Am 13. Mai 2026 genehmigte der Senat in Rom, nach der Abgeordnetenkammer, in zweiter endgültiger Lesung, das Vf-Gesetz Nr. 2/2026 mit einigen Neuerungen zum Südtiroler Autonomiestatut, die die Südtiroler Vertreter in Verhandlungen mit der Regierung erzielen konnten. Damit sollen die Beschneidungen der Autonomie, die der Verfassungsgerichtshof durch einengende Interpretationen getroffen hat, wieder gut gemacht werden. Darüber hinaus wurden auch neue Kompetenzen für Südtirol erzielt, die die Autonomie erweitert haben. Allein schon diese Neuerungen wären Grund genug, sie in wissenschaftlich sachlicher Form zu präsentieren, was mit diesem Buch erfolgt. Die Änderungen verteilen sich über den ganzen Text, sind jeweils gekennzeichnet (*Reform 2026*) und sind zusätzlich in einem eigenen Kapitel kompakt vorgestellt (Kap. V.7. Die jüngste Reform des Autonomiestatuts).

Vor knapp drei Jahren veröffentlichte ich das Buch „Autonomie als Friedenslösung, Südtirol am Prüfstand und im Vergleich - Stärken, Schwächen und Merkmale einer idealen Autonomie", das in den Verlagen Nomos Baden-Baden und Facultas Wien erschienen ist. Es handelt sich dabei um eine Forschungsarbeit, die ich zur wissenschaftlichen Habilitation vorgelegt hatte, die mir 2023 von der renommierten Universität Rostock verliehen wurde. Das Buch zählt 660 Seiten und enthält umfassende Forschungsfragen, Theorien und entsprechende Schlussfolgerungen, eine profunde wissenschaftliche Grundlage zum Thema.

Für breitere Leserkreise stellte sich aber die Notwendigkeit heraus, Südtirols Autonomie in strafferer Form und in einem reduzierten Umfang vorzustellen. Diesem Wunsch komme ich mit dem vorliegenden Band nach, konzentriere mich auf die wesentlichen Aspekte der Südtirol Autonomie und lockere sie durch eine Reihe von Bildern auf.

Wer mehr wissen will, an der theoretischen Einführung und Analyse, an der Entwicklung in Italien, an internationalen Vergleichen, an Åland und Hongkong, an der Vertretung von anderen Minderheiten in Parlamenten, an Spannungen zwischen Autonomie und Europa interessiert ist, kann gern zum umfangreicheren Buch greifen.[1]

Vielen bin ich zu Dank verpflichtet, die meine Arbeit unterstützt und begleitet haben, in erster Linie der Universität Innsbruck, wo ich meine ersten Studien absolvieren konnte.

Danken möchte ich auch der Freien Universität Bozen, an der ich seit 2011 unterrichte und forsche, dem Rektor, *Univ.-Prof. Dr. Alex Weissensteiner* und dem Direktor *Dr. Günther Mathà*. Besonders zu danken habe ich der Vizerektorin a.D. und Leiterin des Bereiches Öffentliches Recht an der Fakultät für Wirtschaftswissenschaften, *Univ.-Prof. Dr. Stefania Baroncelli.*

---

[1] *Peterlini, O.* (2023d): Autonomie als Friedenslösung, Südtirol am Prüfstand und im Vergleich – Stärken, Schwächen und Merkmale einer idealen Autonomie, Facultas Verlag, Wien; Nomos Verlag, Baden-Baden.

Ganz großen Dank schulde ich der Universität Rostock, in besonderem Maße dem Dekan *Univ.-Prof. Dr. Jörn Dosch*. Bekannt war ich ihm nur aufgrund meiner Publikationen. Deswegen hat er mit mir an der Freien Universität Bozen Kontakt aufgenommen, meinen Plan zur Inangriffnahme der Habilitation mit Interesse und Wohlwollen begrüßt und mir die Tore zur Universität Rostock geöffnet. Ich danke ihm besonders für die Berufung als Gastlektor und für die fundierte wissenschaftliche Begleitung.

Ganz besonders dankbar bin ich für die positiven Anregungen, die ich aus den Gutachten zu meiner Habilitationsschrift von *Prof. Dosch, Prof. Dr. Wolfgang Muno* und der externen Gutachterin *Univ.-Prof. Dr. Suzanne S. Schüttemeyer* der Martin-Luther-Universität Halle-Wittenberg ziehen konnte. Eine so umfangreiche Arbeit zu analysieren, ist allein schon eine Mammutaufgabe, darüber hinaus noch wertvolle Vorschläge für mein Buchprojekt zu machen, ist ein unschätzbarer Beitrag.

Miteinfließen konnten in diese Studie – neben der Theorie – auch die langjährigen Erfahrungen, die ich in der Politik sammeln konnte. Dass ich bereits als Jugendvertreter in die Politik einsteigen konnte, verdanke ich dem langjährigen Parlamentarier *Dr. Hans Benedikter*, der mich mit knapp zweiundzwanzig Jahren zum Landesjugendsekretär der Südtiroler Volkspartei (SVP) vorgeschlagen hatte. Zu großem Dank verpflichtet bin ich dem ehemaligen langjährigen Obmann der SVP und Landeshauptmann von Südtirol, *Dr. Silvius Magnago*, dem Vater des Südtirol-Paketes und der neuen Autonomie. Ich hatte die Ehre, von meiner Jugend an – als damaliger Jugendvertreter und späterer Landtagsabgeordneter und Parlamentarier – mit ihm zusammenzuarbeiten, und durfte bei ihm das Ringen um die Autonomie hautnah miterleben.

Unvergessen bleibt für mich mein rechtlich-politischer Lehrmeister in Autonomiefragen und im Dschungel der über zweihundert Durchführungsbestimmungen, der ehemalige Landeshauptmann-Stellvertreter von Südtirol *Dr. Alfons Benedikter*. Auf seine Anregung hin habe ich mein erstes Buch über den ethnischen Proporz in Südtirol verfasst, mit ihm habe ich jahrelang als sein Stellvertreter und geschäftsführender Fraktionschef im Regionalrat zusammengearbeitet. In jenen Zeiten war die Region noch mächtig und die Rolle im Regionalrat in Vertretung der Minderheit war besonders herausfordernd. Im Parlament in Rom konnte ich diese Erfahrungen ausbauen und selbst mitwirken, die Autonomie weiter zu bereichern.

Eine besondere Überraschung und Herausforderung war es für mich, der ich aus der Politik schon ausgestiegen war und das Rentenprojekt Pensplan aufbaute, als mich der damalige SVP-Parteiobmann und späterer Parlamentarierkollege *Dr. Siegfried Brugger* für eine Kandidatur im Senatswahlkreis Bozen-Unterland anregte, bei dem es galt, auch die mehrheitlich italienischen Wählerinnen und Wähler anzusprechen. Damit begann für mich eine neue politische Erfahrung für die ich ihm, sowie für seine Unterstützung auch dem Landeshauptmann *Dr. Luis Durnwalder*, sehr verbunden bin. Den vielen Wählerinnen und Wählern, die mir das Vertrauen geschenkt haben, gilt ein besonderes Vergelt's Gott.

Danken möchte ich auch allen, die mir mit Unterlagen, Rat und Tat Informationen geliefert haben, allen voran *Dr. Walter Niedermair,* vom Amt für Arbeitsmarktbeobachtung und *Dr. Timon Gärtner,* Direktor des Landesinstituts für Statistik (ASTAT), der Autonomen Provinz Bozen, sowie der Koordinatorin des Bereichs Bevölkerungsstatistiken im ASTAT, Frau *Dr. Marion Schmuck.*

Besonderen Dank verdienen der Athesia Verlag Bozen, besonders *Direktor Dr. Michl Ebner* und die Verlagsleiterin, *Dr. Ingrid Marmsoler*, sowie der Facultas Verlag Wien, besonders die Leiterin der Abteilung Lektorat, Recht, Wirtschaft und Steuern, *Mag.ª Katharina Echerer* für die blendende Zusammenarbeit, sowie die Setzerin, Frau *Brigitte Wandl* der Multimedia-Agentur, für die mühevolle Arbeit und präzise Überprüfung.

Ich konnte den Text, vor allem im historischen Teil, mit vielen Bildern auflockern, die mir freundlicherweise zur Verfügung gestellt wurden. Dafür danke ich ganz besonders: der Tiroler Landesregierung, Herrn *Dr. Christoph Haidacher, MAS* vom Tiroler Landesarchiv; Frau *Mag. Christina Zenz* von der Älteren kunstgeschichtliche Sammlung der Tiroler Landesmuseen; Frau *Dr. Claudia Sporer-Heis* und Herrn *Hannes Gründhammer* für die Historische Fotosammlung; Herrn *Mag. Roland Sila*, Leiter der Bibliothek des Ferdinandeums, der mir freundlicherweise die Verbindungen hergestellt hat; für das Kulturreferat der Südtiroler Landesverwaltung, der Direktorin des Amtes für Film und Medien, Frau *Dr. Barbara Weis* und Frau *Marlene Huber.*

Für die Vorschläge und Ideen zur Gestaltung des Titelblattes danke ich den Schülerinnen des Realgymnasium Meran mit Schwerpunkt Angewandte Naturwissenschaften, *Stefania Hasanaj, Eva Pichler* und *Leni Tschöll*, sowie meinem Sohn *Laurin.*

Last, not least danke ich der Südtiroler Landesregierung und ganz besonders dem *Kulturlandesrat Philipp Achammer* für die Unterstützung des Projektes und die ehrenden Worte zum Geleit.

Ich hoffe, dass meine Arbeit einen weiteren Mosaikstein in die Erforschung von Minderheitenfragen und die Erprobung von Autonomiemodellen einfügen kann.

Oskar Peterlini

Abstract

Conflicts between nationalities are still the main cause of disputes and wars and have scourged people for millennia, leading to two catastrophic world wars. Many of these conflicts arise because of the often-arbitrary drawing of borders. Especially after the First, but also after the Second World War, borders were drawn arbitrarily, and territories were divided up among the victorious powers. Tyrol also suffered this fate. After a long period as an independent county and more than half a millennium with Austria, the country was divided, the southern part falling to Italy in 1919. But South Tyrol is not alone. These arbitrary border demarcations have led to many conflicts in the world, which are partly to blame for wars and waves of refugees. Even the dissolution of the colonies did not take place without problems.

After a chequered history marked by oppression under fascism, an initially unsatisfactory autonomy after the war and violent conflicts, South Tyrol found peace in 1972 with its new autonomy, which protects the minorities and has also brought economic and social prosperity.

Since then, South Tyrol autonomy has been praised worldwide as a model. Many countries are seeking solutions for their minorities based on this model. Especially in Eastern Europe, there are still many open minority problems to be solved. Does autonomy deliver what it promises? Where are its strengths, where are its weaknesses? How sustainable is it to withstand counteracting developments in the state, can it also profit from positive developments?

The focus is deliberately on the chosen model, which offers special conditions: After more than one hundred years of South Tyrol belonging to Italy and seventy years of autonomy, it offers an ideal field of research to answer these questions and to examine the suitability of autonomy as an instrument of minority protection and conflict resolution. In doing so, the author can draw on the many papers he has written in a lifetime of study on various aspects of autonomy and minority protection, electoral law, constitutional reforms, democracy and pension issues.

Ultimately, the question is whether South Tyrol's autonomy represents the ideal model as which it is often praised, to what extent South Tyrol's autonomy is suitable as a model for other minorities, with what strengths and weaknesses, in order to derive an ideal form of autonomy. The political reality can hardly correspond one hundred percent to such a model, but an ideal, even theoretical model can serve as an example for all. From this, recommendations for policy are derived to prevent conflicts and aim for ideal solutions that contribute to peace in the world.

Abstrakt

Konflikte zwischen Nationalitäten sind immer noch die Hauptursache für Auseinandersetzungen sowie Kriege und haben in der Vergangenheit die Menschen jahrtausendelang gegeißelt wie auch zu zwei katastrophalen Weltkriegen geführt. Viele dieser Konflikte entstehen wegen der oft willkürlichen Grenzziehungen. Besonders nach dem Ersten, aber auch nach dem Zweiten Weltkrieg wurden die Grenzen künstlich gezogen und die Gebiete unter den Siegermächten aufgeteilt. Auch Tirol erlitt dieses Schicksal. Nach einer langen Zeit als selbständige Grafschaft und nach mehr als einem halben Jahrtausend bei Österreich wurde das Land geteilt, der südliche Teil fiel 1919 an Italien. Aber Südtirol steht nicht alleine da. Diese willkürlichen Grenzziehungen haben in der Welt zu vielen Konflikten geführt, die mitschuldig sind an Kriegen und Flüchtlingswellen. Auch die Auflösung der Kolonien erfolgte nicht problemlos.

Nach einer wechselvollen Geschichte, geprägt von Unterdrückung im Faschismus, einer zunächst unbefriedigenden Autonomie nach dem Krieg und gewalttätigen Auseinandersetzungen hat Südtirol 1972 mit der neuen Autonomie eine Befriedung gefunden, die die Minderheiten schützt und auch wirtschaftlichen und sozialen Wohlstand gebracht hat.

Die Südtirol-Autonomie wird seitdem weltweit als Modell gepriesen. Viele Länder suchen für ihre Minderheiten Lösungen nach diesem Muster. Vor allem im Osten Europas gilt es noch viele offene Minderheitenprobleme zu lösen. Hält eine Autonomie, was sie verspricht? Wo liegen ihre Stärken, wo ihre Schwächen? Wie nachhaltig ist sie, um auch entgegenwirkenden Entwicklungen im Staate standzuhalten? Kann sie von positiven Entwicklungen ebenso profitieren?

Der Fokus liegt bewusst auf dem gewählten Modell, das besondere Bedingungen bietet: Nach über hundert Jahren Zugehörigkeit Südtirols zu Italien und siebzig Jahren Autonomie bietet sich ein ideales Forschungsfeld, um diese Fragen zu beantworten und die Tauglichkeit der Autonomie als Instrument des Minderheitenschutzes und der Konfliktlösung zu untersuchen. Dabei kann sich der Autor auf die vielen Arbeiten stützen, die er in lebenslangen Studien zu verschiedenen Aspekten der Autonomie und zum Minderheitenschutz, zum Wahlrecht, zu den Verfassungsreformen, zur Demokratie und zu Rentenproblemen verfasst hat.

Im Wesentlichen geht es um die Frage, ob Südtirols Autonomie das ideale Modell darstellt, als das es vielfach gelobt wird: Eignet sich Südtirols Autonomie als Vorbild für andere Minderheiten? Lässt sich aus den Stärken und Schwächen eine ideale Form von Autonomie ableiten? Die politische Realität wird zwar einer Idealform schwerlich hundertprozentig entsprechen, aber ein idealtypisches Modell kann für alle als Vorbild dienen und Abweichungen darstellbar machen. Daraus leiten sich Empfehlungen für die Politik ab, um Konflikten vorzubeugen und angemessene Regelungen anzupeilen, die zum Frieden in der Welt beitragen.

Inhaltsübersicht

Lesehinweis:

Die sechs Hauptkapitel können, wie bei einem Nachschlagewerk, unabhängig von ihrer Reihung und von den anderen Kapiteln konsultiert werden. Es handelt sich um abgeschlossene, eigenständige Abhandlungen. Um Wiederholungen zu vermeiden, wird mit Querverweisen auf detailliertere Informationen in anderen Teilen hingewiesen. Aber die Grundinformationen, die zum Verständnis notwendig sind, finden sich im jeweiligen Kapitel knapp zusammengefasst wieder. Dafür lassen sich kurze Wiederholungen nicht ganz vermeiden, die zugunsten einer flüssigeren Lektüre, ohne lästiges Blättern, in Kauf genommen werden.

Zum Abschluss der Hauptkapitel ist jeweils ein Resümee vorgesehen, das grafisch hervorgehoben wird.

Inhaltsverzeichnis

Tabellenverzeichnis

Abbildungsverzeichnis

Verzeichnis von Abkürzungen

Abb.	Abbildung
Abg.	Abgeordnete/r
Abs.	Absatz. Das Komma nach der Artikelnummer bezeichnet ebenso den Absatz, Art. 117,2 bedeutet 117 Abs. 2. Meist wird diese Kurzform statt des Kürzels Abs. verwendet.
AKB	Ausrichtungs- und Koordinierungsbefugnis
Amtsblatt	Amtsblatt der Region Trentino Südtirol, in dem die Gesetze in deutscher und italienischer Sprache veröffentlicht werden, bzw. der Republik Italien (GU, je nach Angabe)
ASTAT	Südtiroler Landesinstitut für
Art.	Artikel
AuSt	Autonomiestatut (wenn nicht anders angegeben) von Trentino Südtirol
De/de	Deutsch
Dfb	Durchführungsbestimmung/en zum AuSt der Region Trentino Südtirol
DPR	Decreto Presidente della Repubblica/Dekret des Präsidenten der Republik
EkfM	Europäische Kommission für Menschenrechte (Vorläufer des EGMR)
EuGH	Gerichtshof der Europäischen Union (Gerichtshof)
Fn	Fußnote
G	Gesetz/Legge
GD/DL	Gesetzesdekret/Decreto legge (DL), Dringlichkeits-G der Regierung, das vom Parlament in G umgewandelt werden muss
GU	Gazzetta Ufficiale (Gesetzesanzeiger der Republik Italien)
GvD	Gesetzesvertretendes Dekret/Decreto legislativo
Hg	Herausgeber
IGH	Internationaler Gerichtshof in Den Haag
infra	unterhalb, nachher im Buch
it-Vf	Italienische Verfassung
It/it	Italienisch
L	Legge/Gesetz
Lad	Ladinisch/ladino
Lit/lit	Littera/Buchstabe
Ltg	Landtag
Mio.	Millionen
o Datum	ohne Datum
Pkt.	Punkt
supra	oberhalb, vorher im Buch
Tab.	Tabelle
TnSt	Trentino-Alto Adige/Südtirol
Vf	Verfassung in geltender Fassung (wenn nicht anders angegeben, italienische)
Vf-1948	Alte Verfassung in der Fassung von 1948
Vf-G	Verfassungsgesetz
VfGH	Verfassungsgerichtshof
VZ	Volkszählung, Census
WK	Wahlkreis

Parteien

AN	Alleanza Nazionale, Nachfolgepartei des MSI, postfaschistische Partei
DC	Democrazia Cristiana
FdI	Fratelli d'Italia, rechte Regierungspartei von Ministerpräsidentin *Giorgia Meloni*
FI/PdL	Forza Italia, Popolo della Libertà, Berlusconi' Mitte-Rechts-Partei
Lega	Lega-Salvini
M5S	Movimento 5 Stelle, Bewegung gegründet von Beppe Grillo, Mitte-Links
MSI	Movimento Sociale Italiano, postfaschistische Partei
PCI	Partito Comunista Italiano
PD	Partito Democratico, Mitte-Links Partei
PSI	Partito Socialista Italiano
SVP	Südtiroler Volkspartei

Einführung

Viele der größten Konfliktherde in der Welt könnten durch angemessene Konzepte zur Regelung von Nationalitätenfragen entschärft werden. Die Staatsgrenzen stimmen selten mit den Lebensräumen der Völker und Kulturen überein. Daraus sind zahlreiche Konflikte und kriegerische Auseinandersetzungen entstanden. Wenn Menschen als Minderheit in anderen Staaten, in einem fremden Sprach- und Kulturraum leben müssen, aber auch wenn verschiedene Nationalitäten in einem bestimmten Gebiet zusammenleben, entstehen Konfliktsituationen, die einer Lösung bedürfen.

Bei der Vorbeugung und Lösung von Konflikten geht es auch um den Schutz von Menschen- und Gruppenrechten, um das Recht auf Sprache und Kultur, auf Arbeit und wirtschaftliche Grundlage, auf Mitbestimmung in der Gemeinschaft, auf Entfaltung der Persönlichkeit und der Gruppe nach den eigenen Sitten und Wertvorstellungen.

Besonders seit dem Mauerfall und der Bildung neuer Staaten im Osten Europas, aber auch in anderen Teilen der Welt, werden Autonomielösungen angestrebt, um die vielfältigen Probleme von sprachlichen Minderheiten friedlich zu lösen. Aber auch das Aufstreben der Regionen, der Wille nach Selbstbestimmung innerhalb größerer Staaten, nach Sezession und Eigenstaatlichkeit werfen die Frage auf, ob die Lösung tatsächlich in der Bildung neuer kleiner Staaten zu finden ist oder ob eine großzügige Autonomielösung diesem Streben gerecht werden oder sogar größeren Konflikten vorbeugen kann. Aktuelle Krisenherde wie in der Ukraine, in Katalonien, in der Kurdenfrage und in vielen Ländern der ehemaligen Sowjetunion harren einer Lösung.

Das Autonomiemodell Südtirols in Italien, das zu einer Beilegung offener Konflikte und auch gewalttätiger Auseinandersetzungen beigetragen hat, wird vielfach als Vorbild herangezogen. Es wird als positives Beispiel dafür beschrieben, wie Minderheitenkonflikte friedlich gelöst werden können. Hundert Jahre nach der Angliederung Südtirols an Italien bietet sich ein besonderes Untersuchungsfeld, um diese These zu überprüfen.

Dabei stellt sich die Frage nach der Nachhaltigkeit einer Autonomie, ob sie langfristig fähig ist, den Entwicklungen im Staate und im internationalen Kontext standzuhalten, oder ob zusätzliche Bedingungen erfüllt werden müssen, um einer Aushöhlung entgegenzuwirken. Viele weitere Fragen ergeben sich daraus: Welche Regierungsform des Gastgeberstaates eignet sich am besten, welches Demokratiemodell, welche Voraussetzungen sollte die Autonomie selbst erfüllen, welches Wahlsystem ermöglicht den Minderheiten ein Vertretungsrecht, wie sicher ist die Finanzierung? Diesen und anderen Fragen soll in der vorliegenden Studie am Beispiel Südtirols nachgegangen werden.

Dabei konnte ich auf meine Schriften zurückgreifen, die ich im Laufe meiner Studien zu verschiedenen Bereichen der Autonomie, dem Minderheitenschutz, der Politik in Südtirol und in Italien, zum Wahlrecht und zu den Wahlsystemen, zu Demokratiemodellen, zur europäischen Integration, zur Rentenkrise und zu ähnlichen Themen verfasst habe. Sie bilden die Grundlage, auf denen ich weiter aufbauen konnte.

Kurz ausgedrückt lautet die zentrale Frage: Hält Südtirols Autonomie, was sie verspricht? Wie sollte, nach der Analyse ihrer Stärken und Schwächen, eine ideale Autonomie aussehen?

Was bedeutet eigentlich Autonomie?

Aus den griechischen Begriffen „*autos*" (selbst) und „*nomos*" (Gesetz) abgeleitet, meint man zunächst „*Selbstgesetzgebung*" oder „*Selbstgesetzlichkeit*". Autonomie ist somit das Recht eines Gemeinwesens, seine Rechtsverhältnisse mit eigenen Bestimmungen selbst zu regeln. Im griechischen Denken bezeichnete Autonomie das Ziel der Stadtstaaten, ihre Selbständigkeit und insbesondere das Recht zu wahren, ihre inneren Angelegenheiten unabhängig bestimmen zu können. Im öffentlich-rechtlichen Sinne ist Autonomie „*die Fähigkeit, eines dem Staat eingegliederten, von ihm aber organisatorisch abgehobenen, Verbandes zur Regelung seiner Angelegenheiten, Sätze objektiven Rechtes zu schaffen*" (*W. Schick*, 1983).[2, 3]

Aus politikwissenschaftlicher Sicht definiert *Stefan Wolff* die territoriale Selbstverwaltung (territorial *self-governance*) als eines der Instrumente zur Konfliktlösung geteilter Gesellschaften.[4] Er definiert sie als die gesetzlich festgeschriebene Macht von ethnischen oder territorialen Gemeinschaften, öffentliche Politikfunktionen (legislative, exekutive und judikative) unabhängig von anderen Autoritätsquellen im Staat auszuüben, aber der allgemeinen Rechtsordnung des Staates unterworfen zu sein.[5] Die Formen, die solche Regime einnehmen können, umfassen eine breite Palette von institutionellen Strukturen, von einer verbesserten lokalen Selbstverwaltung bis hin zu ausgewachsenen symmetrischen oder asymmetrischen föderalen Regelungen. *Wolff* erwähnt zu Recht, dass sich Autonomie nicht in territorialer Selbstverwaltung erschöpft, sondern auch nichtterritoriale (kulturelle oder persönliche) Autonomie umfasst.

Die Autonomie bleibt ein nützliches Konzept, aber sie wird nur dann erfolgreich sein, „*wenn eine ausreichend starke Bereitschaft zum Zusammenleben vorhanden ist, verbunden mit einem Verständnis dafür, welche Ziele die Autonomie erfüllen soll und welche nicht*".[6] Dem kann man zustimmen und hinzufügen, dass es auch von der Qualität der Autonomie abhängt, wie befriedigend sie wirken kann.

---

2 Staatslexikon (1985–1993), Recht-Wirtschaft-Gesellschaft, 7. Auflage, Herder, Freiburg, 490–491; *W. Schick*, Der große Brockhaus (1983), 194.

3 *Peterlini, O.* (2000f de); ibid. (1997i de).

4 *Wolff, S.* (2008), 329.

5 Ibid., 329.

6 Ibid., 159.

I. Von der freien Grafschaft Tirol, über Österreich zur Autonomie in Italien

Südtirol erstreckt sich am Südhang der südlichen Alpenkette vom Brennerpass im Norden und dem Reschenpass im Westen südwärts entlang der Flüsse Eisack und Etsch, umfasst den Großteil der Dolomiten-Berge, den Talkessel von Bozen bis zur Salurner Klause, die die Sprachgrenze zum Trentino bildet. Die Faschisten tauften das Land Alto Adige (Hochetsch), um es auch durch die Bezeichnung von Tirol zu trennen und italienisch zu prägen, wie es heute noch im Italienischen offiziell heißt. Obwohl Südtirol heute zu Italien gehört, war es historisch gesehen Teil des *„Landes im Gebirge"*, das später die *Grafschaft Tirol* bildete. Es liegt im Herzen von Mitteleuropa. Das historische Tirol erstreckte sich von der nördlichen Alpenkette (Karwendelgebirge) entlang der heutigen österreichischen Grenze zu Deutschland bis zu den südlichen Ausläufern der Alpen am Gardasee. Der Brennerpass, der tiefste Einschnitt in den Alpen, ist der geografische Pass und von besonderer strategischer Bedeutung, weil er den Norden Europas mit dem Süden verbindet.[7]

Das Land Tirol, einschließlich Südtirol, war von 1248 bis 1363 ein unabhängiges Land, als es Teil des Herzogtums Österreich wurde. Allerdings konnte es seine althergebrachten Rechte wahren. So blieb Tirol mehr als 500 Jahre bei Österreich, später beim Kaiserreich Österreich-Ungarn, bis im Jahre 1918 nach dem Ersten Weltkrieg der südliche Teil, Südtirol und das Trentino, abgetrennt wurden und an Italien fielen. Nord- und Osttirol gehören nach wie vor zu Österreich und bilden das heutige Bundesland Tirol. Die südlichen Teile, Südtirol und Trentino, sind heute zwei autonome Provinzen (Bozen und Trient), gehören zu Italien und bilden zusammen die autonome Region Trentino-Südtirol (TnSt), auf Italienisch Trentino-Alto Adige genannt.[8]

Italien mit seinen rund 59 Mio. Einwohnern erstreckt sich über eine Fläche von rund 302.000 km^2. Südtirol (Provinz Bozen) umfasst rund 7.400 km^2 und das Trentino (Provinz Trient) 6.200 km^2, was 2,5 % bzw. 2,1 % der Landesfläche ausmacht. Da es sich um eine Gebirgsregion handelt, die nicht so dicht besiedelt ist wie das übrige Italien, machen die Provinzen mit 542.134 Einwohnern in Südtirol und 548.684 (1.1.2026) im Trentino jeweils weniger als 1 % der Bevölkerung des Landes aus, wobei deren Bevölkerung noch im Steigen begriffen ist, während Italiens Bevölkerung seit einigen Jahren leicht schrumpft.[9]

---

7 Dieses Kapitel I beruht in Grundzügen auf *Peterlini, O.* (2000f de), 27–197. In der Napoleonischen Zisalpinischen Republik (1797–1802) gab es südöstlich von Verona einen Bezirk Alto Adige, der nicht einmal z.T. dem heutigen Südtirol entsprach. Im. kurzweiligen Napoleonischen Königreich Italien war es (1810–1814) die Bezeichnung für das Dipartimento von Bozen-Unterland bis zum Gardasee.

8 Aufgrund der Italienisierung seitens des faschistischen Regimes (1922–1943) und der Mehrsprachigkeit sind die Ortsnamen in Südtirol auf Italienisch und Deutsch und in den ladinischen Tälern auch auf Ladinisch angegeben. Das deutsche *„Bozen"* ist das italienische *„Bolzano"*.

9 I.Stat, ASTAT; Tuttitalia.it.

Abgesehen von den kleinen Siedlungsgebieten im Fersental und in Lusern mit rund 1.500 deutschstämmigen Einwohnern, die einen althochdeutschen Dialekt sprechen, und dem ladinischen Fassatal ist die Bevölkerung der Provinz Trient überwiegend italienisch. Die Bevölkerung Südtirols ist zu fast zwei Dritteln deutschsprachig (ca. 350.000) und nur zu einem knappen Viertel (ca. 160.000) italienischsprachig (ca. 130.000).[10] Etwa 30.000 Menschen in der gesamten Region (21.000 in Südtirol und 9.000 im Trentino) sprechen die alte ladinische (rätoromanische) Sprache der ursprünglichen Einwohner (vor den Völkerwanderungen). In Südtirol leben die Ladiner in den Tälern von Gröden und Gadertal, im Trentino im Fassatal sowie darüber hinaus in der Provinz Belluno in der Gegend von Ampezzo.[11] Weitere 9.000 Personen ladinischer Abstammung (die die Sprache allerdings nicht mehr sprechen) leben im Trentino, vor allem in der Val di Non und Val di Sole.[12]

Dieses Kapitel soll einen Überblick über die historischen, politischen und rechtlichen Aspekte bieten, die zur neuen Autonomie Südtirols geführt haben. Es wird erörtert, wie das Land im Laufe der Jahrhunderte gewachsen ist, nach dem Weltkrieg das schwere Schicksal der Abspaltung und das Joch des Faschismus ertragen musste, auch nach dem Zweiten Weltkrieg von Spannungen und gewalttätigen Auseinandersetzungen erschüttert wurde, bis es endlich durch eine erweiterte Autonomie zum Frieden finden konnte.[13]

1. Von den Feldzügen der Römer zur Kaiserstraße

Unter den Regionen Italiens mit Sonderstatut nimmt die Region TnSt aufgrund der historischen Entwicklung, der internationalen Verankerung der Autonomie und der konkreten Umsetzung derselben eine besondere Rolle ein. Es ist die einzige Region, die ihre Autonomie einem internationalen Abkommen, dem *Gruber-De-Gasperi-Abkommen* vom 5. September 1946, verdankt.[14]

---

[10] ASTAT, Südtirols Bevölkerung laut jüngster Volkszählung 2024 (VZ) und Sprachgruppenerhebung, einschließlich Zuwanderer und Andere: 57,5 % Deutschsprachige, 22,6 % Italiener, 3,7 % Ladiner und 16,1 % Andere. Die neue VZ erfolgt nicht mehr an einem Stichdatum, sondern laufend, die Daten der Volksgruppen werden erst 2024 vorliegen.

[11] *Hilpold, P./Perathoner, C.* (2005); *Marcantoni, M.* (Hg) (2006).

[12] Die Entwicklung der Sprachgruppen in Südtirol, in *Peterlini, O.* (2012k de), 180.

[13] *Peterlini, O.* (2013d eng), 118–162 (118–119).

[14] Zur Geschichte Tirols und Südtirols u.a.: *Steininger, R.* (Hg) (2008) (2007) (2006) (2005); *Steininger, R.* (2017); *Steininger, R.* (2007), 169 ff, in: *Ferrandi, G./Pallaver, G.* (Hg); *Steininger, R.* (1997); *Steininger, R.* (1987); *De Biasi, M.* (2008); *Nössing, J.* (2007); *Peterlini, H.K.* (Hg) (2011) (2021); *Peterlini, H.K.* (2007); *Peterlini, H.K.* (2007a); *Peterlini, H.K.* (2005); *Peterlini, H.K.* (1995); *Peterlini, H.K.* (1992); *Kofler, A.* (2003); *Peterlini, O.* (2000f de); *Fontana, J./Haider, P.W./Leitner, W./Mühlberger, G./Palme, R./Parteli, O./Riedmann, J.* (Hg) (1988, 1987, 1986, 1985); *Lando, M./Magagnotti, P.* (1987); *Faustini, G.* (1985); *Stuhlpfarrer, K.* (1985); *Forcher, M.* (1984); *Girardi, S.* (1984); *Zieger, A.* (1981); *Magnago, S.* (1976); *Gruber, A.* (1975): *Steurer, L.* (1975/1980); *Toscano, M.* (1967); *Tolomei, E.* (1928).

Abb. 1: Gebiet Tirols zur Römerzeit

Die Römer benützen den Reschen und den Brenner für ihre Feldzüge nach Norden. Um 15 v. Chr. erobern die Stiefsöhne von Kaiser Augustus, Drusus und Tiberius, Alpen und Voralpengebiete.

Abb. 2: Römischer Meilenstein

Nach der Errichtung der Provinzen Rätien und Noricum erschließen sie das Gebiet durch gute Straßen, Kastelle und Poststationen. Längs der Staatsstraßen stellen sie runde, 2 bis 3 Meter hohe Steinsäulen auf. Sie zeigen die Entfernung von der nächsten Hauptstadt in römischen Meilen an.

Sie kolonialisieren das Gebiet nie umfassend, sondern errichteten Gutshöfe und Veteranensiedlungen. Dennoch üben das Militär, die Verwaltung, der Handel und die Christianisierung einen Einfluss besonders auf die rätische Sprache aus: Es entwickelt sich das Rätoromanische, das heute noch in den Dolomitentälern (als Ladinisch), in der rätoromanischen Schweiz und teilweise in Friaul-Julisch-Venetien in Italien (als *Furlano*) fortlebt.

Abb. 3: *Theoderich*

Die weströmischen Grenzen bröckeln gegen Ende des 4. Jh. Aguntum wird zweimal verwüstet. Odoaker und Theoderich gründen ihre Germanenreiche (476–552) mit einer lockeren Oberhoheit über Roms Alpenprovinzen. Theoderich gründet nach seinem Sieg über Odoaker das neue Ostgotenreich, das Italien, Sizilien, Dalmatien, die Donaugegend bis Belgrad und die Alpengebiete Noricum und Rätien umfasst. Das ostgotische Reich Theodorichs bleibt Teil des römischen Imperiums (Tiroler Landesmuseen).

Abb. 4: *Kaiser Karl der Große*

Er ist einer der mächtigsten Herrschergestalten des frühen Mittelalters. Sein Frankenreich umfasst alle germanischen Stämme des Festlandes und fast die gesamte abendländische Christenheit. Auf dem Höhepunkt seiner Macht erstreckte sich Karls Reich von der Nordsee bis nach Mittelitalien, von den Pyrenäen bis ins heutige Ungarn (Landesbildstelle Tirol).

Abb. 5: *Schloss Tirol*

Historische Aufnahme: Schloss Tirol bei Meran, das dem Land seinen Namen gibt, wird von den Vinschgauer Grafen, die sich ab 1141 Grafen von Tirol nennen, erbaut (Tiroler Landesmuseen). Das Titelbild des Buches zeigt eine aktuelle Aufnahme des Stammschlosses Tirol.

Die Wurzeln der Autonomie Südtirols und des Trentino reichen ins tiefe Mittelalter zurück. Das „*Land im Gebirge*" hatte schon zur Römerzeit eine strategische Bedeutung. Als tiefster Einschnitt in den Alpen bildet der Brennerpass einen wichtigen Verbindungsweg zwischen dem Norden und dem Süden Europas. Die Römer nutzten den Reschenpass und den Brennerpass für ihre Feldzüge nach Norden.[15] Schon gegen Ende des 1. Jh. zogen die deutschen Könige über den Brenner nach Süden, um dem Papst zu Hilfe zu kommen und von ihm zum Kaiser gekrönt zu werden. Am Weihnachtstag des Jahres 800 wird *Karl der Große* vom *Papst Leo III.* in Rom zum Kaiser gekrönt und gesalbt. Das Reich *Kaiser Karls* erstreckte sich von der Nordsee bis nach Süditalien, vom Atlantik im Westen bis zu den Karpaten im Osten.[16]

Die Bischöfe werden Fürsten

Ab Beginn des 11. Jh. überlagerten sich in Europa die kirchliche und weltliche Macht. Die Kaiser setzten Bischöfe und Äbte als Fürsten ein, weil diese aufgrund der mangelnden Erbfolge keine Gefahr für das Reich darstellten. Diese Fürstbistümer genossen innerhalb des Kaiserreiches eine eigene Souveränität, die sich direkt vom Kaiser ableitete.[17] Ab etwa 1000 nach Christus unterstand den Bischöfen von Trient und Brixen das gesamte Gebiet vom Inntal im Norden bis zum Gardasee im Süden, also das spätere Land Tirol.[18]

Da das geistliche Amt schwer mit der persönlichen Ausübung weltlicher Herrschaft zu vereinbaren war, setzten die Bischöfe weltliche Grafen dafür ein. Die vom Trientner Bischof im Vinschgau eingesetzten Grafen nannten sich nach ihrer Burg oberhalb von Meran „*Grafen von Tirol*". Dem *Grafen Albert III.* von Tirol gelang es 1248, die Gebiete an Eisack und Etsch – mit Ausnahme der Hochstifte Brixen und Trient – zusammenzuschließen.[19] Das Jahr 1248 bezeichnet man deshalb als Geburtsjahr des Landes Tirol.

Während ganz Europa im tiefen Mittelalter steckte und die Bauern Leibeigene der Landesherren waren, gab es in Tirol eigene demokratische Rechte und Freiheiten. Nicht allein der Adel und der Klerus, sondern auch Bürger (Stadt- und Landgemeinden) und (ab 1400) auch Bauern bestimmten durch die Stände und in der Tiroler „*Landschaft*", dem Landesparlament, die Geschicke des Landes mit.[20] Im Jahre 1342 fanden die alten Freiheiten ihren Niederschlag in einer Art Verfassung, dem sog. „*Großen Freiheitsbrief*".

---

15 *Forcher, M.* (1984), 13; *Nössing, J.* (2007), 9–12.

16 *Riedmann, J.* (1985) Band 1, 271; *Nössing J* (2007), 9–12.

17 *De Biasi, M.* (2008), 18.

18 *Riedmann, J.* (1985, Band 1, 299 ff; *Kögl, J.* (1964), 3 ff.

19 *De Biasi, M.* (2008), 19–21.

20 *De Biasi, M.* (2008), 493.

Abb. 6:
Ludwig von Wittelsbach

Abb. 7: Der Große Tiroler Freiheitsbrief

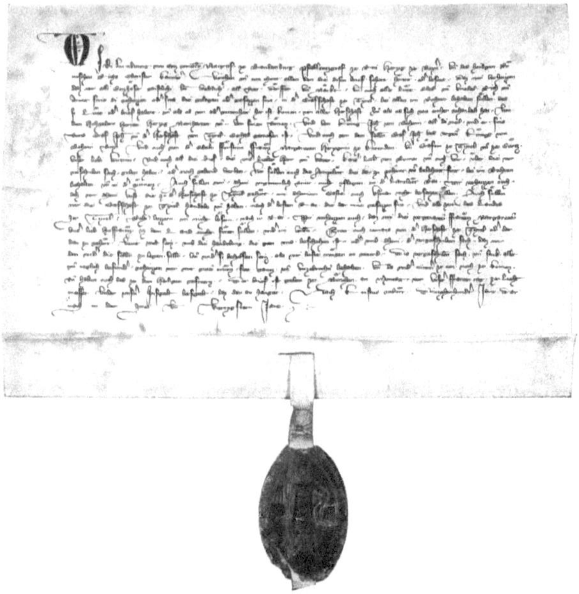

Kaisersohn und Regent im Land Tirol, erlässt den Tiroler Freiheitsbrief und besiegelt die alten Tiroler Rechte und Mitbestimmungsbefugnisse.

Abb. 8: Übergabe Tirols an Österreich

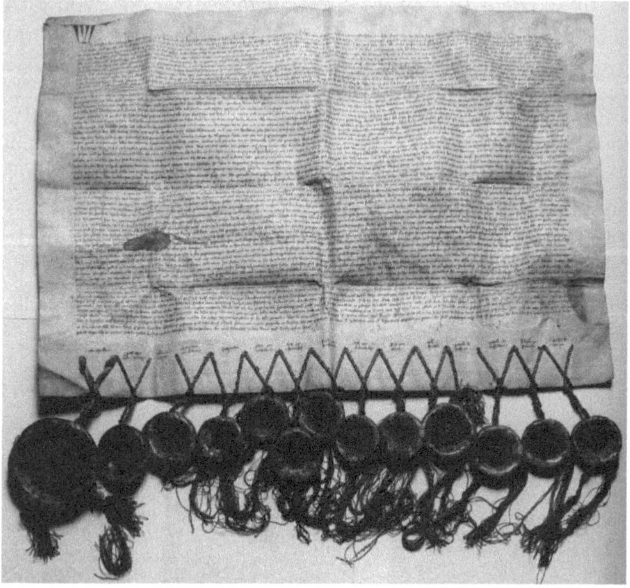

Mit dieser Urkunde übergibt *Gräfin Margarethe* (1318–1369) am 26. Jänner 1363 Tirol an *Herzog Rudolf IV. von Habsburg*. Vierzehn Tiroler Landesherren besiegeln den Anschluss Tirols an Osterreich (Bild 7 u. 8 Tiroler Landesarchiv).

2. Tirol kommt zu Österreich und behält seine Freiheiten

Im Jahre 1363 übereignete die *Gräfin von Tirol, Margareta,* alle ihre väterlichen Erblande, darunter auch das Land Tirol, ihren nächsten Anverwandten, den *Herzögen Rudolf, Albrecht und Leopold von Österreich.* Die Landstände besiegelten mit ihrer Unterschrift die Zustimmung des Landes.[21] *Rudolf von Habsburg* wurde neuer Landesherr von Tirol und gliederte das Land in die Monarchie ein.

Bei der Übergabe Tirols an Österreich wurden die alten verbrieften Rechte und Besitze gewahrt.[22]

Im Jahre 1511 bekamen die Tiroler (von *Kaiser Maximilian I.*) eine neue große Freiheit dazu: die Wehrfreiheit! Das „*Landlibell*" verpflichtete den Landesfürsten, vor einer Kriegserklärung, welche Tirol als Kampfgebiet umfasst, die Landstände um ihre Zustimmung zu fragen. Die Tiroler wurden mit dem Landlibell auch von der Verpflichtung befreit, für Kriege außerhalb ihres Landes herangezogen zu werden, verpflichteten sich aber im Gegenzuge, das eigene Land jederzeit zu verteidigen. Aus dieser Wehrfreiheit entstand das Schützenwesen, das heute noch in der Tradition des Landes Tirol, Südtirols und in einigen Gebieten des Trentino als kulturelle Einrichtung fortlebt.

Abb. 9: Das Landlibell – Wehrfreiheit für die Tiroler

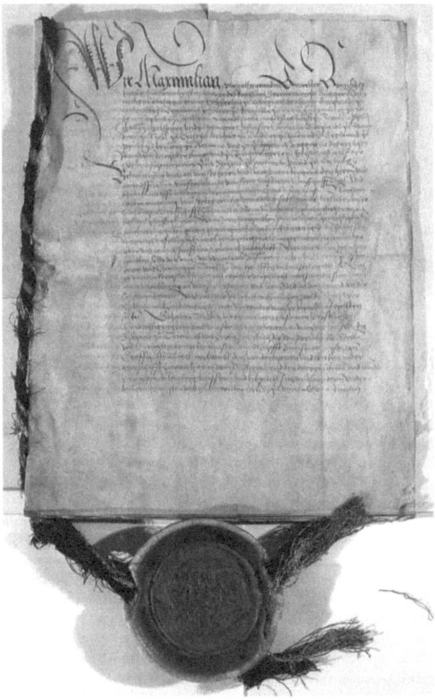

(Tiroler Landesarchiv)

[21] *De Biasi, M.* (2008), 127; *Riedmann, J.* (1985), Band 1, 426; *Peterlini, O.* (1997i de), 39; (2000f de), 33–37; *Forcher, M.* (1984), 39.

[22] *Riedmann, J.* (1985), Band 1, 428.

Tirol verteidigt seine Freiheiten: „Es lebe das Volk und der Herr“

Die Tiroler verteidigten ihre Freiheiten nach außen und nach innen. Als 1407 *Bischof Georg von Liechtenstein* die Selbstverwaltung der Gemeinden beschneiden wollte, rebellierten die Gemeinden unter der Führung des Trentiner *Rodolfo Bellenzani.*[23] Mit dem Ruf *„Es lebe das Volk und der Herr“* erhob sich Trient am 2. Februar 1407 gegen den Bischof, der gleichzeitig Landesherr war.[24] Der dem Trientner Adel entstammende *Belenzani* stieg zum *„capitano del popolo“* (*Hauptmann des Volkes*) von Trient auf. Der Aufstand griff auch auf den Nonsberg (Val di Non) und das Sulztal (Val di Sole) über. Die ländlichen Gemeinden rebellierten gegen die Beschneidung ihrer Selbstverwaltung durch den geistlichen Landesherrn. Die Bewegung fand sogleich Unterstützung bei *Herzog Friedrich IV.* und bei den Tiroler Landständen. *Belenzani* ermöglichte die Besetzung der Bischofsstadt durch *Herzog Friedrich.* Vor dieser Übermacht kapitulierte *Bischof Georg von Liechtenstein.* Er bestätigte und erweiterte die Freiheiten seiner Untertanen in Land und Stadt.

2.1. Die Bauern erheben sich gegen Adel und Geistlichkeit

Als die Bürger Anfang des 16. Jahrhunderts unter allzu großer Steuerlast der Landesherren litten, forderten die Tiroler unter der Führung von *Michael Gaismair* in den Bauernkriegen von 1525 von den bischöflichen Landesfürsten in Brixen und Trient die Abschaffung der Vorrechte für Adel und Geistlichkeit.[25] Im Mai 1525 erreichte der Bauernaufstand mit der Befreiung von *Peter Passler* seinen ersten Höhepunkt. Die Bischofsstadt Brixen wurde besetzt, das geistliche Regiment vertrieben und das Kloster Neustift geplündert. Der Aufstand weitete sich auf Nord- und Südtirol und auf das Trentino aus. Nur die Judikarien und Riva blieben dem Bischof treu. Auch das Fleimstal beteiligte sich nicht am Aufruhr, während die Stadt Trient geteilt war zwischen Aufständischen und Bischofstreuen, letztere aber die Mehrheit stellten. Es war die Zeit von *Fürstbischof Bernhard von Cles.*

Im Norden des Landes gelang es *Erzherzog Ferdinand I.* schon bald, die Bewegung nach den ersten Ausschreitungen in verfassungsmäßige Bahnen zu lenken und mit gemäßigten Anführern Verhandlungen zu führen.

---

[23] *Riedmann, J.* (1985), Band 1, 441–442.

[24] *Riedmann, J.* (1985). Band 1, 271; *Nössing, J.* (1991) (2007), 9.

[25] *Macek, J.* (1991); *Forcher, M.* (1984), 72–78; *Forcher, M.* (1974), 47–48, *Girardi, S.* (1984), 50–53, *Zieger, A.* (1981), 180–185; *Benedikter, H.* (1970).

Abb. 10: *Herzog Friedrich von Österreich Tirol*

Herzog Friedrich IV. von Österreich-Tirol (1382–1439), *„Friedl mit der leeren Tasche"* genannt, unter dem Schutzmantel der Gottesmutter (Votivbild in der Basilika Wilten). Er stellte sich entschieden auf die Seite der Tiroler Landstände.

Abb. 11: *Michael Gaismair*

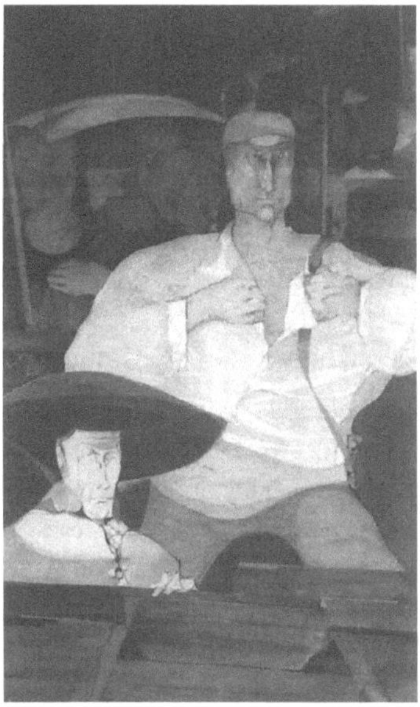

Der Rebell im Land Tirol: *Michael Gaismair* (1490–1532). Fresko der Europakapelle bei der Europabrücke (*Karl Plattner*).

Abb. 12: Das Konzil von Trient

Das Trienter Konzil (1545–1563) leitet eine echte Erneuerung der katholischen Kirche ein, besiegelt jedoch die Glaubensspaltung zwischen katholischen und evangelischen Christen. Maler unbekannt, um 1600, nach Fede Galizia (1578?–1630) Innsbruck, Tiroler Landesmuseen, Ältere kunstgeschichtliche Sammlung, Inv.Nr. Gem 1659.

In Meran hingegen kam es gegen den Willen des Landesfürsten zu einem Landtag der Bürger und Bauern. Eine friedliche Lösung des Konflikts rückte in greifbare Nähe, als *Ferdinand I.* am 12. Juni 1525 einen großen Landtag nach Innsbruck einberief. Rund 200 Bauernvertreter nahmen daran teil. Dieser *Bauernlandtag* erstellte eine neue, für die Bauern günstige Landesordnung, die – allerdings in stark abgeschwächter Form – als Grundlage für die erste gedruckte Tiroler Landesordnung von 1526 diente. Der Teilerfolg der Tiroler Bauern erregte im damaligen Europa ungeheures Aufsehen. In Wirklichkeit waren viele der Zugeständnisse aber nur taktische Manöver, um den Aufstand zu beruhigen. Zwischen August und Oktober 1525 gelang es, den letzten Widerstand um Trient in mehreren Trentiner Tälern und im Brixner Raum zu brechen.

Michael Gaismair, der an der Spitze der Bauernkriege in Tirol stand, war Sohn eines Bergwerksunternehmers und Landwirts aus der Nähe von Sterzing. Zunächst war er Schreiber und Kanzleibeamter, später wurde er zum Sekretär des Fürstbischofs von Brixen, *Sebastian Sprenz,* berufen. Der Beginn der Reformation und der folgende soziale Aufstand erfassten weite Teile Mitteleuropas. *Gaismair* wurde 1525 zum Führer der aufständischen Bauern in Brixen gewählt. Noch im gleichen Jahr wurde *Gaismair* in Innsbruck festgenommen. Nach mehreren Wochen in Gefangenschaft gelang *Gaismair* die Flucht, und er setzte sich in die Schweiz ab. *Gaismair* nahm in Zürich Kontakt mit dem Schweizer Reformator *Ulrich Zwingli* auf und übernahm seine Reformpläne.[26] Der früheren Geschichtsschreibung folgend hätte er dort den ihm zugeschriebenen Entwurf einer neuen Tiroler Landesordnung konzipiert. In Wirklichkeit stammte sie nicht von ihm, sondern war – wie *Giorgio Politi* entdeckte – eine Propagandaschrift des Brixner Fürstbischofs gegen ihn.[27]

Gaismair strebte ein selbständiges Tirol an, das den Charakter einer christlichen, sozialen und radikal-demokratischen Bauernrepublik haben sollte. Alle Menschen sollten gleich sein, Gemeinnutz sollte vor Eigennutz stehen, das Wort Gottes die Grundlage aller Gesetze bilden.

Allerdings gelang es *Gaismair* nicht, seine Vorstellungen zu verwirklichen. Die Chancen für einen erneuten Aufstand in Tirol standen schlecht, *Gaismair* musste schließlich vor der Übermacht eines Söldnerheeres der Landesfürsten zurückweichen und begab sich nach Venedig. Er hoffte auf einen Angriff Venedigs gegen die Habsburgische Stellung in Tirol. So wurde der Tiroler Bauernhauptmann zum angesehenen venezianischen Söldnerführer. Landesfürst und Regierung von Tirol setzten Spione und Mörder auf ihn an, um seiner habhaft zu werden. Im Jahre 1532 fiel *Gaismair* in Padua einem Anschlag gedungener Mörder zum Opfer.[28]

---

[26] *Albertoni*, G. (1996).

[27] *Politi, G.* (1995).

[28] *Forcher, M.* (1974), 47–48; *Peterlini, O.* (2000f de), 40–41.

Große Persönlichkeiten

Abb. 13: Claudia de Medici, Landesfürstin von Tirol

Eine turbulente Landtagssitzung in Anwesenheit der Landesfürstin *Claudia de Medici* (Ölgemälde des Südtiroler Künstlers *Karl Anrather*, um 1890).
Claudia de Medici (1604–1648), die Tochter des Großherzogs *Ferdinando von Toscana*, führt nach dem Tod ihres Gatten und *Landesfürsten Leopold* (1632) die Regierung für den erst vierjährigen Erbprinzen *Ferdinand Karl*. Die Landesfürstin verleiht im Jahre 1635 den Bozner Messen besondere Statuten und stattet sie mit einem eigenen Merkantilmagistrat aus, einem zweisprachigen Sondergericht in Handels- und Wechselsachen. Damit werden der Warenaustausch zwischen den Kaufleuten vom Norden und Süden und die entsprechenden Bank und Rechtsgeschäfte während der schwierigen Zeit des Dreißigjährigen Krieges erleichtert. Bozens Handel blüht damit auf.

Abb. 14: *Kaiserin Maria Theresia*

Abb. 15: *Kaiser Leopold II.* (1790–1792) stellt die Tiroler Freiheiten wieder her.

Kaiserin Maria Theresia (1740–1780) führt große Reformen ein, strafft aber auch die Zügel. Damit löst sie, die sonst geliebte Kaiserin, und vor allem auch ihr Sohn, *Josef II.* heftige Proteste in Tirol aus. Porträt von *Martin van Meytens d. J.* (1695–1770).

Bilder: 13 und 14 Tiroler Landesmuseen, Ältere kunstgeschichtliche Sammlung, 15 Landesbildstelle Tirol.

2.2. Gegen Wien – den „*Schlachthof der Freiheit*“

Die Tiroler verteidigten in der Folge des Spanischen Erbfolgekrieges ihr Land auch gegen die Invasion der bayrisch-französischen Truppen im Jahre 1701.[29]

Als *Kaiserin Maria Theresia* (1740–1780) mit ihrer gesamtstaatlichen Verwaltungsreform die Zügel straffte und die alten Landesfreiheiten verletzte, flammte der Protest der Tiroler sogar gegen das geliebte Herrscherhaus in Wien auf. Als ihr Sohn, *Joseph II.* (1780–1790), mit seinen radikalen Reformen der Aufklärung die Landesfreiheiten missachtete, protestierten die Tiroler gegen diesen Zentralismus und nannten Wien den „*Schlachthof der Freiheit*“.[30] Aber Habsburg stellte schon bald (*Leopold II.* um 1790) die alten Freiheiten größtenteils wieder her.[31]

2.3. Die Feuer der Herz-Jesu-Nacht gegen *Napoleon*

In der Herz-Jesu-Nacht (Samstag/Sonntag nach Fronleichnam im Juni) flammen noch heute auf den Bergen Tirols die Bergfeuer auf. Diese leuchtenden Feuer in der Nacht symbolisieren den Freiheitswillen der Tiroler und erinnern an die Kämpfe gegen *Napoleon*, in denen die Tiroler, von tiefem Glauben beseelt, einen „*Bund*“ mit dem Herzen Jesu schlossen.

Als ganz Europa vor dem übermächtigen *Kaiser Napoleon* erzitterte und die mächtigen Herrscherhäuser in Österreich, Deutschland, den Niederlanden und Italien ohnmächtig abwarteten, standen die Tiroler Bauern mit Mistgabeln, Sensen und Werkzeugen sowie mit einfachen Stutzen bewaffnet gegen die französisch-bayrischen Truppen auf. Die Tiroler Schützen vertrieben die Franzosen das erste Mal im Jahre 1797 in der Schlacht bei Spinges. Als Österreich im Jahre 1809 Frankreich und seinen Verbündeten den Krieg erklärte, brach in Tirol eine umfassende Volkserhebung aus. *Andreas Hofer* rief zum Freiheitskampf auf. In drei erfolgreichen Schlachten schlug das Tiroler Aufgebot, aus Deutschen, Italienern und Ladinern bestehend, die französisch-bayrischen Eindringlinge am Berg Isel zurück.[32] Mit dem Frieden von Schönbrunn (1809) wurde auch das Schicksal Tirols besiegelt. Im Jahre 1810 wurde *Andreas Hofer* in Mantua hingerichtet, das Beispiel des Tiroler Freiheitskampfes schrieb aber Geschichte.

---

[29] *Zieger, A.* (1981), 234–239; *Forcher, M.* (1984), 90–93; *Mühlberger, G.* (1988), 300 bis 308; *Peterlini, O.* (2000f de), 51; *Peterlini, O.* (1997i de), 52.

[30] *Nössing, J.* (2007), 17; *Peterlini, O.* (2000f de); (2000e it), 49; (1997k eng); (1997i de); (1996b de); (1996a it), 54–55.

[31] *Nössing, J.* (2007), 17; *Mühlberger, G.* (1988), 393–401; *Forcher, M.* (1974), 82; *Peterlini, O.* (1997i de), 55.

[32] *Girardi, S.* (1984), 180, unterstreicht die Bedeutung der Teilnahme aller drei Sprachgruppen am Freiheitskampf unter den Fahnen von *Andreas Hofer.*

Abb. 16: Das letzte Aufgebot gegen die Napoleonischen Truppen

Der Sieg der Tiroler gegen *Napoleon* beeindruckte das vor ihm zitternde Europa. Bild: Das letzte Aufgebot (*Ludwig Schmid-Reutte* (1862–1909) nach *Franz von Defregger* (1835–1921)), Tiroler Landesmuseen.

Abb. 17: St. Germain – das Ende eines Kaiserreiches

Das Ende der Donaumonarchie: Der Friedensvertrag (eigentlich ein Friedensdiktat) von St. Germain, einem Vorort von Paris, besiegelt den Zusammenbruch des Kaiserreiches Österreich-Ungarn, den Verlust von mehr als 80 Prozent des Gebietes und die Lostrennung Südtirols von Österreich. Bild: AlphaCentauri, Creative Commons.

2.4. Die Teilung Tirols – die Grenze am Brenner

Nach der Niederlage Österreichs im Ersten Weltkrieg und dem Zusammenbruch des Kaiserreichs Österreich-Ungarn wurde Tirol geteilt. Mit dem *Friedensvertrag von St. Germain* vom 10. September 1919 erfolgte die Trennung entlang des Alpenhauptkammes am Brenner und nicht an den „*klar erkennbaren Linien der Nationalität*" an der Sprachgrenze in Salurn[33], wie es ursprünglich *Präsident Wilson* (1918) gefordert hatte.[34] Die Südtiroler wurden damit in Italien zur sprachlichen Minderheit.

Abb. 18: Die Großen Vier entscheiden über das Schicksal Südtirols

Paris 1919: v. l.: *David Lloyd George, Vittorio Emanuele Orlando, Georges Clemenceau* und *Woodrow Wilson.*

Bild: *Edward N. Jackson* (US Army Signal Corps) – U.S. Signal Corps photo, public domain.

Welche langwierigen und dramatischen Folgen eine Grenzziehung hat, die nicht den Sprach- und Kulturgrenzen Rechnung trägt, zeigt sich im weiteren Verlauf der Geschichte, aber auch an den vielen aktuellen Problemen in der Welt. Fast schon prophetisch klingen deshalb die Worte, die selbst hochrangige italienische Repräsentanten damals im Parlament äußerten und einen „*ewigen Samen des Unfriedens und der Rebellion*" befürchteten.[35]

Mit Absicht werden zu diesen Ereignissen italienische Autoren und Politiker zitiert. Der Abgeordnete *Renato Ballardini*, Sprecher der Verfassungskommission der Abgeordnetenkammer, urteilte 1970 in seinem Bericht zum Verfassungsentwurf des neuen AuSt:

[33] Zur Grenzziehung vgl. *Steininger, R.* (2007), 169 ff.

[34] *Gruber, A.* (1975), 9–11, Pkt. 9 der „*Vierzehn Punkte*" des amerikanischen Präsidenten *Wilson*.

[35] *Filippo Turati* (1857–1932), Sozialistischer Abgeordneter und Fraktionschef, zitiert nach *Ballardini, R.* (1970), S. 2.

Die Angliederung Südtirols an Italien stellt nicht die Krönung der Ideale des Risorgimento dar und gehörte auch nicht zu den Zielen des Irredentismus von Battisti. Im Gegenteil, gegen sie erhoben sich in Italien angesehene Stimmen, um sie im Namen der Prinzipien des Risorgimento und des Patriotismus' (...), zu verhindern. (*Ballardini*, 1970)[36]

Am 28. Dezember 1918 ist *Minister Leonida Bissolati Bergamaschi* (Sozialistische Partei) vom Kabinett *Vittorio Emanuele Orlando* (1917–1919) zurückgetreten,[37] um in aufsehenerregender Weise seine unnachgiebige Opposition gegen die Annexion zu bezeugen.

Ballardini erinnerte auch an die Widerstände im italienischen Parlament gegen den *Friedensvertrag von St. Germain.* Die Linkskräfte widersetzten sich vehement der Angliederung Südtirols. Der Gründer und Leader der Sozialistischen Partei, *Filippo Turati*, mahnte am 14. Juli 1919 die Abgeordnetenkammer,

die Annexion von über einer Viertelmillion Deutschen abzulehnen, welche, stolz auf ihre Abstammung, ihre Heimat und ihre Freiheit, einen ewigen Samen des Unfriedens und der Rebellion darstellen werden (*Abg. Turati*, 2019).[38]

Abb. 19: Warnende Stimmen gegen die Annexion

Am 28. Dezember 1918 trat *Minister Leonida Bissolati* von der Regierung *Orlando* zurück, um in aufsehenerregender Weise seine unnachgiebige Opposition gegen die Annexion zu bezeugen.

Leonida Bissolati, 1857-1920, Mitbegründer des Partito Socialista Riformista Italiano.

Filippo Turati, 1857-1932 Sozialistischer Abgeordneter

Abg. Filippo Turati rief am 14. Juli 1919 die Abgeordnetenkammer dazu auf:
„die Annexion von über einer viertel Million Deutschen abzulehnen, welche, stolz auf ihre Abstammung, ihre Heimat und ihre Freiheit, einen ewigen Samen des Unfriedens und der Rebellion darstellen werden" („seme perenne di discordia e di ribellione").

Quelle: *Peterlini, O.* (2011–23): Teaching Documents.

---

36 *Ballardini, R.* (1970), 2, wörtlich: *„L'annessione dell'Alto Adige all'Italia non costituiva il coronamento degli ideali risorgimentali, ne rientrava nelle mire dell'irredentismo di Cesare Battisti Al contrario, contro di essa si levarono in Italia voci autorevoli per osteggiarla proprio in nome dei principi risorgimentali e patriottici che avevano ispirato la predicazione e l'azione di Cesare Battisti.*"

37 *Leonida Bissolati* (1857–1920), Mitbegründer des *Partito Socialista Riformista Italiano.*

38 *Turati, F.* (1950), zitiert nach *Ballardini, R.* (1970), 2, wörtlich: *Filippo Turati il 14 luglio 1919 ammoniva la Camera a respingere „l'annessione di oltre un quarto di milione di tedeschi, gelosi della loro stirpe, della loro patria, della loro libertà, seme perenne di discordia e di ribellione*".

Zunächst ließ König Viktor Emanuel III. die Südtiroler Hoffnung schöpfen: „*Unsere Tradition der Freiheit wird uns den Weg weisen für eine Lösung im höchsten Respekt vor den lokalen Autonomien und Traditionen.*“[39] Doch bald wurden die Erwartungen zunichte gemacht. „*Nach einer ersten Phase von intelligenter Toleranz*“, urteilte 1988 der spätere italienische *Ministerpräsident Giuliano Amato*, „*folgte der Faschismus, der dem Land die Italianità aufzudrücken versuchte (...) Es war ein tragischer Fehler, (...) den die Republik geerbt hat*“.[40]

3. Der Faschismus und die Option

Im Jahre 1921 gelang es den Südtirolern noch, eine Vertretung von vier Abgeordneten ins italienische Parlament zu entsenden (vgl. Kap. IV.1. Die Vertretung der Südtiroler vom Königreich bis zum Faschismus).

Die Südtiroler Parlamentsfraktion konnte allerdings die faschistische Politik der Italienisierung in Südtirol und der Unterdrückung der deutschen Kultur nicht aufhalten.

Die faschistischen Machthaber versuchten, dem Land so schnell wie möglich einen italienischen Stempel aufzudrücken. Sie verboten Sprache und Kultur des Landes, förderten die Immigration von italienischen Familien aus anderen Provinzen und entließen deutsche Lehrer und Beamte aus dem Dienst.[41] Auf parlamentarischer Ebene fällt eine detaillierte Anfrage der Südtiroler Parlamentarier *Tinzl* und *Sternbach* auf. In der gegen Ende 1925 an den Ministerpräsidenten (*Mussolini*) und an den Innenminister gerichteten Anfrage prangerten sie eine Reihe von Übergriffen der Faschisten und die Tatenlosigkeit der Polizeiorgane an.[42]

Von den Italienisierungsmaßnahmen arg betroffen waren vor allem die Schule und der öffentliche Dienst. Die deutschsprachigen Schulen wurden stufenweise geschlossen, der Unterricht in der Muttersprache verboten, die deutschsprachigen Lehrer wurden entlassen. Hart traf es auch die Beamtenschaft, die komplett durch italienischsprachige Beamte ersetzt wurde. Die deutschsprachigen Beamten wurden versetzt oder entlassen, die Gemeindesekretäre ersetzt, die gewählten Bürgermeister abgesetzt und durch Kommissare, sog. *Podestà,* ersetzt.[43] Vgl. dazu Kap. II.2.1. Ein Akt der Wiedergutmachung.

Den Höhepunkt der Entwurzelung erreichten *Hitler* und *Mussolini* durch ein Abkommen im Jahre 1939: Die Südtiroler, die deutsch bleiben wollten – so die NS-Propaganda – sollten für die deutsche Staatsbürgerschaft optieren und ins Deutsche Reich auswandern, die anderen in Italien bleiben und das italienisch-faschistische

---

[39] *Ballardini, R.* (1970), 2; Originaltext auch in: *Zeller, K.* (1989), 162 ff.

[40] *Amato, G.* (1988), 33.

[41] *Salvemini, G.* (1952), 444–448; *De Felice, R.* (1968), 498; *Tolomei, E.* (1928), 10–49; *Toscano, M.* (1967), 115.

[42] ASCD, Archivio del Regno: Interrogazione degli On. Deputati *Tinzl* e *Sternbach*, ohne Datum, aber aus der Antwort vermutlich Ende 1925.

[43] *Peterlini, O.* (1980), 14–29.

Regime akzeptieren.[44] Gehen oder dableiben? Die schmerzliche Diskussion – angeheizt durch die deutsche Propaganda – riss eine tiefe Kluft auf und zerriss sogar ganze Familien.

Abb. 20: ***Hitler*** und ***Mussolini*** teilen sich Volk und Gebiet

Hitler und *Mussolini* 1937 in München. Zwei Jahre später vereinbaren sie in Berlin die Aussiedlung der Südtiroler, Bild: Süddeutsche Zeitung 12.2.2018, Scherl/SZ, Foto.

Rund 86 % (die Zahlenangaben schwanken zwischen 69,4 % und 92,8 %) der Südtiroler entschieden sich schweren Herzens für die Auswanderung, nicht als Bekenntnis zum Nationalsozialismus, sondern zur Rettung ihrer Sprache und Kultur vor den Fängen des Faschismus.

Die anderen 14–20 % konnten es nicht über sich bringen, die Heimat zu verlassen. Eine über hundertköpfige Delegation der sog. *Dableiber* (darunter *Kanonikus Michael Gamper, Erich Amonn, Alfons Benedikter*) wurde erst nach Abschluss der Option am 20. März 1940 im Palazzo Venezia in Rom von *Mussolini* und *Außenminister Ciano* empfangen, wobei *Mussolini* (aber eben erst nachträglich) feierlich zusicherte: „*Ihr werdet ungestört in euren alten Wohnsitzen verbleiben. Niemand hat je daran gedacht oder wird daran denken, euch aus eurer Heimat zu entfernen.*“[45]

[44] Zur Frage der Umsiedlung *Gruber, A.* (1975), 215–231; *Steurer, L.* (1975/1980), 416–561; *Erhard, B.* (1989); *Stuhlpfarrer, K.* (1985).

[45] *Benedikter, A.* (1995): Denkschrift; Dolomiten vom 21.3.1940, 1; La Provincia di Bolzano, quotidiano fascista dell'Alto Adige vom 21.3.1940, *Peterlini, O.* (2000f de) (2000e it) (2000d lad) (1996a it) (1996b de), Kap. B.

Über 75.000 Südtiroler verließen ihre Heimat. Die Umsiedlung wurde durch den Krieg unterbrochen.

Abb. 21: Die Auswanderung 1939

Täglich verließen Umsiedlerzüge die Südtiroler Bahnhöfe. Bild: Aldania Wien, 21.10.2014.

4. Der Pariser Vertrag: die internationale Grundlage

Nach dem Zweiten Weltkrieg versuchten die politischen Vertreter Südtirols, die Wiedervereinigung mit Österreich zu erreichen, doch wurde die Forderung Österreichs nach einer Volksabstimmung in Südtirol von den Alliierten am 30. April 1946 abgelehnt. Nach langen Verhandlungen kam es auf Drängen vieler kleiner Staaten und durch die Vermittlung des englischen Außenministers *Ernst Bevin* am 5. September 1946 in Paris zwischen Italien und Österreich zur Unterzeichnung des sog. Pariser Vertrages durch *Karl Gruber* und *Alcide Degasperi*.[46] Am 3. Dezember 1946 beschloss die Außenministerkonferenz in New York, das Pariser Abkommen in den Art. 10 des italienischen Friedensvertrages aufzunehmen, der am 10. Februar 1947 in Paris unterzeichnet wurde.[47] Seine Bedeutung liegt in der Internationalisierung des Südtirol-Problems und in der Funktion, die Österreich als Vertragspartner des Pariser Vertrages übernimmt.

Der Pariser Vertrag sieht (im Art. 1) die Gleichstellung der „*deutschsprachigen Bewohner der Provinz Bozen und der benachbarten zweisprachigen Gemeinden der Provinz Trient*“ mit den italienischsprachigen Einwohnern vor. Im Besonderen sichert der Art. 1 den deutschsprachigen Bürgern den Unterricht in der Muttersprache, die Gleichberechtigung der deutschen und der italienischen Sprache in den Ämtern und bei der zweisprachigen Ortsnamensgebung.

[46] *Magnago, S.* (1976), 7 ff.

[47] Friedensvertrag in Ablichtung in: *Peterlini, O.* (2000f de), 84–85; (2000e it), 82–83; (2000d lad), 84–85; (1997k eng), 88; (1997i de), 90–91; (1996a it), 88–89; (1996b de), 90–91.

Der englische Originaltext des Pariser Vertrages

AUSTRIAN DELEGATION
TO THE PARIS CONFERENCE

1° – German speaking inhabitants of the Bolzano Province and of the neighbouring bilingual townships of the Trento Province will be assured a complete equality of rights with the Italian-speaking inhabitants, within the framework of special provisions to safeguard the ethnical character and the cultural and economic development of the German-speaking element.

In accordance with legislation already enacted or awaiting enactment the said German-speaking citizens will be granted in particular:

(a) elementary and secondary teaching in the mother-tongue;

(b) parification of the German and Italian languages in public offices and official documents, as well as in bilingual topographic naming;

(c) the right to re-establish German family names which were italianized in recent years;

(d) equality of rights as regards the entering upon public offices, with a view to reaching a more appropriate proportion of employment between the two ethnical groups.

- 2 -

2° - The populations of the above mentioned zones will be granted the exercise of an autonomous legislative and executive regional power. The frame within which the said provisions of autonomy will apply, will be drafted in consultation also with local representative German-speaking elements.

3° - The Italian Government, with the aim of establishing good neighbourhood relations between Austria and Italy, pledges itself, in consultation with the Austrian Government and within one year from the signing of the present Treaty:

(a) to revise in a spirit of equity and brod-mindedness the question of the options for citizenship resulting from the 1939 Hitler-Mussolini agreements;

(b) to find an agreement for the mutual recognition of the validity of certain degrees and University diplomas;

(c) to draw up a convention for the free passengers and goods transit between Northern and Eastern Tyrol both by rail and, to the greatest possible extent, by road;

(d) to reach special agreements aimed at facilitating enlarged frontier traffic and local exchanges of certain quantities of characteristic products and goods between Austria and Italy.

5. September 1946

Archivio del Ministero degli Esteri, Roma; *Archiv des Außenministeriums, Rom.*

Der Art. 2 erkennt *„der Bevölkerung obengenannter Gebiete die Ausübung einer autonomen regionalen Gesetzgebungs- und Vollzugsgewalt“* zu, verankert also die eigentliche Autonomie.

Im Art. 3 verpflichtet sich Italien, die Staatsbürgerschaften für die Deutschland-Optanten zu revidieren und ein Abkommen mit Österreich zur gegenseitigen Anerkennung von Studientiteln und für den freien Personen- und Güterverkehr zu treffen.[48]

Der Botschafter *Mario Toscano* verrät in seinem Buch über die Geschichte der Diplomatie der Südtirol-Frage auch die Gründe, die *Degasperi* dazu bewogen haben, den Pariser Vertrag abzuschließen: Ein Vertrag mit Österreich würde indirekt die Anerkennung der Brennergrenze bedeuten. Wien könne nicht mehr von einem *„Diktat“* reden und würde indirekt anerkennen, dass es freiwillig den Vertrag unterzeichne. Aus diesem Grund sei Österreich (trotz des mangelnden Widerstandes gegen *Hitler*) auch bei der Friedenskonferenz angehört worden.

Weiters hoffte *Degasperi*, dass durch einen direkten Vertragsabschluss eine eigene Autonomie-Klausel für Südtirol im Friedensvertrag vermieden werden könne. (Die Klausel wurde aber dann trotzdem eingefügt.) Auch wollte er einen Präzedenzfall für den Schutz der 180.000 Italiener in jenen Gebieten schaffen, die an Jugoslawien abgetreten werden mussten. Weiters wollte er eine Autonomie verwirklichen, wie sie 1919 bereits versprochen worden war, und eine *„liberale Erfahrung“* zugunsten der deutschsprachigen Bewohner versuchen (*Toscano,* 1967).[49]

5. Das erste Autonomiestatut von 1948: eine Enttäuschung

Mit Verfassungsgesetz (Vf-G) vom 19. Februar 1948, Nr. 5, erließ die verfassungsgebende Versammlung Italiens das erste Autonomiestatut (AuSt 1948). Es enttäuschte die Erwartungen der Südtiroler. Die Autonomie war sehr beschränkt. Sie entsprach nicht dem Wortlaut des Pariser Abkommens. Ihr Anwendungsbereich wurde nicht auf die *„deutschsprachigen Bewohner der Provinz Bozen und der benachbarten zweisprachigen Gemeinden der Provinz Trient“* (Pariser Abkommen) beschränkt, sondern auf die gesamte Provinz Trient ausgedehnt. In dieser Region *„Trentiner-Tiroler Etschland“* mit Sitz in Trient sind die deutschsprachigen Vertreter in der Minderheit. Im Rahmen der Regionalautonomie wurden zwar für die Provinzen Bozen und Trient zwei Unterautonomien mit eigenen Landtagen und Landesausschüssen eingeführt, doch waren die Zuständigkeiten dieser autonomen Provinzen derart eingeschränkt, dass von wirklichen Landesautonomien nicht die Rede sein konnte. Die autonome Gesetzgebung stand in einem Dauerkonflikt mit dem Staat.[50]

---

[48] Das Pariser Abkommen in Ablichtung aus Archivio Ministero degli Esteri in: *Peterlini, O.* (2000f de), 89–90; (2000e it), 87–88; (2000d lad), 87–90; (1997k eng), 91–92; (1997i de), 95–96; (1996a it), 93–94; (1996b de), 95–96.

[49] *Toscano, M.* (1967), XVII.

[50] *Peterlini, H.K.* (2007), 283; *Ballardini, R.* (1970), 5–6.

In seinem Bericht an die Abgeordnetenkammer fängt der Abgeordnete *Renato Ballardini* die Lage in folgendes bezeichnendes Bild ein:

> *Nochmals, wie bereits 1919, folgte einem guten Anfang zur Lösung des Problems eine Umkehrung der Tendenz. Die wenigen Maßnahmen des Statutes von 1948 wurden nur teilweise durchgeführt. Misstrauen und Verdächtigung ließen nach und nach die Beziehungen zwischen Zentralgewalt und Südtirolern einfrieren, bewirkten ein Träufeln von kleinen Nichterfüllungen, von Verzögerungen in dem Erlass der Durchführungsbestimmungen, in absurden Schlauheiten, in der spitzfindigen Abfassung der Texte.* (*Ballardini*, 1970)[51]

Abb. 22: *Degasperi-Gruber* vereinbaren 1946 den Pariser Vertrag, den Grundstein für die Autonomie

Abb. 23: Protestkundgebung 1957 in Sigmundskron

Karl Gruber und *Alcide Degasperi* unterzeichnen am 5. September 1946 das nach ihnen benannte Abkommen, das die Grundlage der heutigen Autonomie bildet. Foto: *Franz Berger*, Amt für Film und Medien, Autonome Provinz Bozen-Südtirol.

[51] *Ballardini, R.* (1970), 5.

Abb. 24: Ruf nach einer eigenen Landesautonomie: „Los von Trient"

Silvius Magnago, frisch gewählter Obmann der SVP, spricht bei der Großkundgebung auf Schloss Sigmundskron am 17. November 1957 zu den 35.000 anwesenden Südtirolern. Das Ziel ist eine eigene Landesautonomie, die nicht von Trient abhängt.
Bild 23 und 24: *Flavio Faganello*, Amt für Film und Medien.

5.1. Die Großkundgebung von Sigmundskron

Die Spannungen nahmen zu. Es kam (1956/57) zu vereinzelten Sprengstoffanschlägen. Im Oktober 1957 kündigte die römische Regierung, obwohl die Provinz seit 1948 ausschließliche Zuständigkeit dafür hatte, ein umfassendes Volkswohnbauprogramm für Bozen an, mit 5.000 Wohnräumen sowie Kirchen und Gebäuden für soziale und öffentliche Zwecke. *„Dieser Plan konnte nur mit dem seinerzeit von den Faschisten verkündeten Industrialisierungsprogramm für Bozen zum Zwecke der Italienisierung Südtirols verglichen werden"*, urteilte *Silvius Magnago*, damaliger Obmann der SVP.[52] Die Partei rief zum Protest auf. Am 17. November 1957 verlangten 35.000 Südtiroler bei einer Großkundgebung auf Schloss Sigmundskron unter dem Motto *„Los von Trient"* eine eigene Regionalautonomie für Südtirol:[53]

Das wirksamste Mittel, das der Vertrag zum Schutz der Volksgruppe vorsieht, die Autonomie, die Eigengesetzgebung und -verwaltung für das Land Südtirol allein, ist uns versagt geblieben. Ebenso sind wir von der Gleichberechtigung im Gebrauch der deutschen Sprache im öffentlichen Leben unseres Landes noch weit

52 *Magnago, S.* (1976), 21. *Ballardini, R.* (1970), 5–6; *Zeller, K.* (1994).
53 *Widmann, F.* (2012), 326–402; *Gehler, M.* (2001), 124–127; Dolomiten, 18.11.1957, 2.

entfernt und sind neun Zehntel der Stellen der staatlichen Verwaltung von Landesfremden besetzt. (Resolution Sigmundskron, 1957)[54]

1959 zog die *Südtiroler Volkspartei* aus der Regionalregierung aus. Am 21. September 1959 brachte der damalige österreichische Außenminister *Bruno Kreisky* das Südtirol-Problem erstmals vor der Vollversammlung der Vereinten Nationen in New York zur Sprache.[55] Italiens Außenminister *Giuseppe Pella* verwahrte sich gegen eine Behandlung: Die UNO sei nicht zuständig, da es sich um eine innere Angelegenheit Italiens handle.[56]

5.2. Die Feuernacht

Die Spannung in der Bevölkerung wuchs weiter an. Nach vereinzelten kleineren Anschlägen Ende der 1950er Jahre kam es 1961 zum Höhepunkt der Gewalt.[57] In der Nacht vom 11. auf den 12. Juni 1961, am traditionellen Herz-Jesu-Sonntag, an dem ganz Tirol der langen Freiheitskämpfe gegen die napoleonischen Truppen mit leuchtenden Bergfeuern gedenkt, entbrannte ein neues Feuer in Südtirol: Mit 37 Sprengstoffanschlägen auf Elektromasten[58] begannen die harten Jahre der Gewalt, der Verfolgungen, der Verhaftungen und der Folterungen.[59] Die *Südtiroler Volkspartei* (SVP), 1945 gegründet, um als Sammelpartei die Interessen aller Südtiroler gegenüber dem Zentralstaat zu vertreten, distanzierte sich offiziell von den Gewaltakten. Ihr drohte die Schließung der Partei. Erst Jahre später nahm dazu *Landeshauptmann und SVP-Parteiobmann Silvius Magnago* mit folgenden Worten Stellung:

> *Man darf sich nicht wundern, wenn Südtiroler, die jahrelang zusehen mussten, wie man bei Inanspruchnahme der demokratischen Mittel, d.h. auf dem Weg der Verhandlungen, keinerlei Fortschritte erzielte, das Vertrauen in die Instrumente der Demokratie verloren.* (*Magnago*, 1976)[60]

Die erste Welle der Sprengstoffanschläge von 1961 war zweifelsohne ein aus dem Volk erwachsener Widerstand. Obwohl der angerichtete Sachschaden groß war, waren die Männer der ersten Stunde, die sich um *Sepp Kerschbaumer* sammelten, peinlich darum bemüht, keine Menschenleben zu opfern. Und doch gab es schon zu Beginn einen Toten, *Giovanni Postal*, einen armen Straßenwärter in Salurn.[61] Die italienische Polizei griff hart durch und verhaftete den Großteil der Beteiligten an den Attentaten.[62] Leider trugen die durch die Prozesse in die Öffentlichkeit gebrachten Folterungen der Südtiroler Häftlinge nicht dazu bei,

---

54 Dolomiten, 18.11.1957, 2; *Magnago, S.* (1976), 21.

55 Autonome Provinz Bozen, South Tyrol – an introduction; *Magnago, S.* (1976), 27.

56 *Magnago, S.* (1976), 27; *Toscano, M.* (1967).

57 *Baumgartner, E., Mayr, H., Mumelter, G.* (1992); *Peterlini, H.K.* (2011).

58 *Peterlini, H.K.* (Hg) (2011) (2021); *Baumgartner, E./Mayr, H./Mumelter, G.* (1992).

59 Der Mailänder Prozess, Sammlung der Plädoyers (1969).

60 *Magnago, S.* (1976), 33.

61 *Scagnetti, G.* (2011), 89–172.

62 *Mayr, H.* (1992), 244–270 (260).

die Gemüter in Südtirol zu beruhigen. *Sepp Kerschbaumer* starb im Gefängnis. Damit geriet die Bewegung um den Freiheitskampf in Südtirol in andere Hände. Die Südtiroler (um *Georg Klotz*) waren in der Minderheit, rechtsradikale Kreise aus dem Ausland gewannen immer mehr an Einfluss. Es gab leider auch zahlreiche Tote auf beiden Seiten: italienische Soldaten, Zivilisten und – unter den Frontleuten der Südtirol-Aktivisten – *Luis Amplatz*. Die Geheimdienste schienen kräftig mitzumischen.[63] „*Vermutungen, Spekulationen und Halbwahrheiten bleiben Tür und Tor geöffnet, bis nicht die Archive der Geheimdienste zugänglich sind.*" (*Mayr,* 1992)[64]

6. Die UNO-Resolutionen

Dem *österreichischen Bundeskanzler Bruno Kreisky* gelang es schließlich doch, die Südtirol-Frage vor die UNO zu bringen. Zweimal befasste sich die Generalversammlung der Vereinten Nationen, im Oktober 1960 und im November 1961, auf Betreiben Österreichs und auf Antrag verschiedener Staaten mit dem Südtirol-Problem und der Durchführung des Pariser Vertrages.

1497 (XV). The status of the German-speaking element in the Province of Bolzano (Bozen); implementation of the Paris agreement of 5 September 1946 (31 October 1960) (item 68)

The General Assembly,

Having considered item 68 of its agenda,

Considering that the status of the German-speaking element in the Province of Bolzano (Bozen) has been regulated by an international agreement between Austria and Italy, signed in Paris on 5 September 1946,[1]

Considering that the said agreement establishes a system designed to guarantee the German-speaking inhabitants of that Province „complete equality of rights with the Italian-speaking inhabitants, within the framework of special provisions to safeguard the ethnical character and the cultural and economic development of the German-speaking element",

1497 (XV). Der Status des deutschsprachigen Bevölkerungsteils in der Provinz Bozen; Umsetzung des Pariser Abkommens vom 5. September 1946 (31. Oktober 1960) (Punkt 68) (Übersetzung)

Die Generalversammlung,

Nach Beratung ihres Tagesordnungspunktes 68,

In der Erwägung, dass der Status des deutschsprachigen Elements in der Provinz Bolzano (Bozen) durch einen in Paris am 5. September 1946 unterzeichneten Vertrag zwischen Österreich und Italien geregelt ist,[1]

In der Erwägung, dass dieser Vertrag eine Regelung trifft, die den deutschsprachigen Einwohnern jener Provinz „volle Gleichberechtigung mit den italienisch sprechenden Einwohnern im Rahmen besonderer Maßnahmen zum Schutz des Volkscharakters und der kulturellen und wirtschaftlichen Entwicklung des deutschsprachigen Bevölkerungsteils" zusichern soll,

[63] *Franceschini, C.* (2020); *Franceschini, C.* (2021).

[64] *Mayr, H.* (1992), 244–270 (260).

Bearing in mind that a dispute has arisen between Austria and Italy in regard to the implementation of the said agreement,

Desirous of preventing the situation created by the dispute from impairing the friendly relations between the two countries,

1. *Urges* the two parties concerned to resume negotiations with a view to finding a solution for all differences relating to the implementation of the Paris agreement of 5 September 1946;

2. *Recommends* that, in the event of the negotiations referred to in paragraph 1 above not leading to satisfactory results within a reasonable period of time, both parties should give favourable consideration to the possibility of seeking a solution of their differences by any of the means provided in the Charter of the United Nations, including recourse to the International Court of Justice or any other peaceful means of their own choice;

3. *Likewise recommends* that the countries in question should refrain from any action which might impair their friendly relations.

909th plenary meeting.

31 October 1960.[1]

United Nations, *Treaty Series*, vol. 49 (1950), No. 747, annex IV.

Im *Bewusstsein*, dass zwischen Österreich und Italien eine Auseinandersetzung über die Durchführung dieses Vertrages entstanden ist,

Von dem Wunsche beseelt, zu verhindern, dass die durch die Auseinandersetzung geschaffene Lage die freundschaftlichen Beziehungen zwischen den beiden Ländern beeinträchtigt,

1. *Fordert* die beiden Parteien nachdrücklich auf, wieder Verhandlungen aufzunehmen, um eine Lösung aller Differenzen hinsichtlich der Durchführung des Pariser Vertrages vom 5. September 1946 zu finden,

2. *Empfiehlt* beiden Parteien, falls die oben in Absatz 1 erwähnten Verhandlungen innerhalb einer angemessenen Frist zu keinen befriedigenden Ergebnissen führen sollten, die Möglichkeit in Erwägung zu ziehen, eine Lösung ihrer Differenzen durch jedes in der Satzung der Vereinten Nationen vorgesehene Mittel, einschließlich der Anrufung des Internationalen Gerichtshofs, oder irgendein anderes friedliches Mittel ihrer eigenen Wahl zu versuchen,

3. *Empfiehlt zugleich*, dass die betroffenen Länder sich aller Handlungen enthalten, die ihre freundschaftlichen Beziehungen beeinträchtigen könnten.

909. Plenarsitzung.

31. Oktober 1960.

Vereinte Nationen, Treaty Series, Bd. 49 (1950), Nr. 747, Anhang IV.

IX. 1661 (XVI) The status of German-speaking element in the Province of Bolzano (Bozen), 28 November 1961 (item 74)

The General Assembly,

Recalling its resolution 1497 (XV) of 31 October 1960,

Noting with satisfaction the negotiations which are taking place between the two parties concerned,

Noting further that the dispute remains as yet unresolved,

Calls for further efforts by the two parties concerned to find a solution in accordance with paragraphs 1, 2 and 3 of the abovementioned resolution.

IX. (XVI) Der Status des deutschsprachigen Bevölkerungsteils in der Provinz Bozen, 28. November 1961 (Übersetzung)

Die Generalversammlung,

unter Hinweis auf ihre Resolution 1497 (XV) vom 31. Oktober 1960,

nimmt mit Genugtuung die Verhandlungen zur Kenntnis, die zwischen den beiden betroffenen Parteien geführt werden,

stellt ferner fest, dass die Streitigkeit noch ungelöst ist,

fordert die beiden betroffenen Parteien *auf,* weitere Anstrengungen zu unternehmen, um eine Lösung in Übereinstimmung mit den Ziffern 1, 2 und 3 der obengenannten Resolution zu finden.

Italien hatte sich, wie schon 1959, der Behandlung in der UNO mit dem Argument widersetzt, es gehe um eine rein interne Angelegenheit Italiens. Die Behandlung in der Generalversammlung der UNO wurde durch die Unterstützung verschiedener Länder möglich, die für Österreich unterschrieben. Die Resolution von 1960 geht zurück auf den Entschließungsentwurf A/SPC/L50 vom 27. Oktober folgender siebzehn Länder: Argentinien, Bolivien, Brasilien, Kanada, Ceylon, Zypern, Dänemark, Ecuador, Ghana, Indien, Irak, Irland, Jordanien, Mexiko, Norwegen, Paraguay und Uruguay. Die Resolution von 1961 basiert auf dem Resolutionsentwurf A/SPC/L77/Rev. 1 & Add. 1 der Staaten: Argentinien, Chile, Griechenland, Guatemala, Indien, Indonesien, Irland, Jemen, Panama, Peru, Schweden, Uruguay, Vereinigte Arabische Republik und Zypern.

Abb. 25: Sprengungen in der Feuernacht

In der Herz-Jesu-Nacht vom 11. Juni 1961 sprengen Südtiroler eine ganze Reihe von Hochspannungsmasten, um die Weltöffentlichkeit auf das Südtirol Problem aufmerksam zu machen. Foto: *Franz Berger*, Amt für Film und Medien.

Abb. 26: *Moro Waldheim* verhandeln um das Südtirol Paket

Zögernd beginnen die Verhandlungen auch zwischen Italien und Österreich. Bild: SVP, Bozen.

Abb. 27: Rom setzt die Neunzehner Kommission ein.

Abb. 28: Vertreter Südtirols am Verhandlungstisch

Am 1. September 1961 setzt die italienische Regierung die Studienkommission über die Probleme des „Alto Adige“ unter dem Vorsitz des *Abgeordneten Paolo Rossi* ein, bekannt als Neunzehnerkommission. Auch sieben Vertreter Südtirols sitzen am Verhandlungstisch. Im rechten Bild von links SVP-Obmann *Silvius Magnago, Abg. Karl Tinzl, Senator Luis Sand, Abg. Roland Riz und Abg. Karl Mitterdorfer.* Fotos: *Franz Berger.*

Die Generalversammlung der UNO forderte die beiden Parteien schon in der ersten Resolution von 1960 „*nachdrücklich auf, wieder Verhandlungen aufzunehmen, um eine Lösung aller Differenzen hinsichtlich der Durchführung des Pariser Vertrages vom 5. September 1946 zu finden.*“[65] In der zweiten Resolution von 1961 verlangte sie, „*weitere Anstrengungen zu unternehmen, um eine Lösung zu finden*“. [66]

7. Das Südtirol-Paket

Während die Polizei den Sprengstoffattentätern entgegentritt – um die Wahrheit zu sagen, nicht immer mit glücklichen Methoden, vor allem in der ersten Zeit, entsteht am 1. September 1961 durch Dekret des Ministerpräsidenten die Studienkommission über die Probleme des „Oberetsch“ unter dem Vorsitz des Abgeordneten Paolo Rossi, bekannt als Neunzehnerkommission. (*Ballardini*, 1970)[67]

Das Ergebnis der zunächst schleppend geführten Verhandlungen zwischen Italien und Österreich und der Arbeiten der obgenannten Studienkommission (*Neunzehnerkommission*), an der auch Vertreter Südtirols teilnahmen, mündete schließlich in dem bekannten „*Paket*“ von „*Maßnahmen zugunsten der Bevölkerung Südtirols*“,[68] das die Außenminister Österreichs und Italiens, *Kurt Waldheim* und *Aldo Moro,* am 30. November 1969 in Kopenhagen abklärten.

Die Südtiroler konnten sich nur schwerlich zur Annahme dieses Kompromisses durchringen, weil dieser nicht alles enthielt, was sie sich aufgrund des Pariser Vertrages von 1946 erwartet hatten. Nach monatelangen internen Debatten, genehmigte schließlich die vierte außerordentliche Landesversammlung der *Südtiroler Volkspartei* in den frühen Morgenstunden am 23.11.1969 in Meran, mit knapper Mehrheit schließlich das *Paket.*[69] Rund 45 % stimmten gegen das Paket aufgrund des von *Peter Brugger, Alfons Benedikter* und *Joachim Dalsass* geführten Widerstandes.[70]

In einer eigenen, 61 Seiten umfassenden Broschüre „*Südtirol vor der Entscheidung*“ warnten sie vor dem Abschluss: Das Paket biete bei Weitem keine echte Autonomie gemäß den Resolutionen des Parteiausschusses und keine völkerrechtliche Verankerung.[71] Wenn auch knapp, setzte sich aber *SVP-Obmann Silvius Magnago* durch: „*Lieber den Spatz in der Hand als die Taube auf dem Dach.*“

Am 4. Dezember 1969 genehmigte die italienische Abgeordnetenkammer das Paket, am 5. Dezember desselben Jahres der italienische Senat und am 16. Dezember 1969 der österreichische Nationalrat. Es handelte sich dabei nicht um eine Ge-

---

65 *Strasser, W.* (1967), 370–1; *Toscano, M.* (1967), 536–538, 592–593.

66 *Infra* Kap. VII.2.1. UN-Resolutionen zu Südtirol.

67 *Ballardini, R.* (1970), 5–6.

68 Vgl. Paket im Literaturverzeichnis.

69 *Magnago, S.* (1976), 46: Von den 1111 Stimmrechten waren 1104 (99,4 %) durch Delegierte vertreten. Von diesen stimmten 583 (52,8 %) für und 492 (44,6 %) gegen das Paket; 15 (1,3 %) enthielten sich der Stimme und 14 (1,3 %) gaben ungültige Stimmzettel ab.

70 *Stocker, M.* (2019).

71 *Brugger, P./Benedikter, A./Dalsass, J.* (1969).

Abb. 29: Begräbnis von *Sepp Kerschbaumer*

Sepp Kerschbaumer, der Anführer des Befreiungsausschuss Südtirol (BAS) stirbt 1964 im Gefängnis. Das Begräbnis wird zu einer stillen Kundgebung.

Abb. 30: Dramatische Nacht – SVP entscheidet übers Paket

23. November 1969: Nach einer über 15-stündigen Debatte entscheidet sich die SVP in ihrer Landesversammlung im Meraner Kursaal, in den frühen Morgenstunden, mit knapper Mehrheit für die Annahme des Südtirol Paketes. Bild: SVP, Bozen.

setzesmaßnahme, sondern um die Erklärung des italienischen Ministerpräsidenten (*Mariano Rumor*) bzw. des österreichischen Bundeskanzlers (*Josef Klaus*), die die entsprechenden Maßnahmen ihrem Parlament vorschlugen und die das Parlament mit zustimmendem Beschluss guthieß. Das Paket stellt damit vor allem eine politische Verpflichtung und Grundlage der neuen Autonomie dar.

7.1. Für Italien: eine rein innere Angelegenheit

Bei dem sog. *Paket* handelt es sich auch nicht um einen Vertrag zwischen Österreich und Italien, da Italien den Standpunkt vertrat, es handle sich ausschließlich um innere Angelegenheiten Italiens. In seiner Regierungserklärung zum Paket vom 3. Dezember 1969 in der Abgeordnetenkammer unterstrich *Ministerpräsident Rumor* wörtlich Folgendes:

> *Die italienische Regierung bestätigt ihren Standpunkt, den Pariser Vertrag vom 5. September 1946 bereits angewandt zu haben. Die Maßnahmen, die die Regierung die Ehre hat, voranzutreiben, sind Frucht einer autonomen Entscheidung und bestätigen die ehrliche demokratische Auffassung, die wir über die Beziehungen zwischen dem Staat und allen Bevölkerungsgruppen haben. Darüber hinaus glaubt die Regierung, auch in Anbetracht dieser Maßnahmen, dass der bisher bestehende Streit zwischen Italien und Österreich über die Anwendung des oben genannten Pariser Abkommens dazu bestimmt ist, seine Daseinsberechtigung und seinen konkreten Inhalt zu verlieren.* (*Ministerpräsident Rumor*, 1969)

Nachdem *Rumor* dann die Maßnahmen des Paketes selbst vorstellte, kam er am Ende seiner Rede nochmals auf diesen Standpunkt zurück und bestätigte:

> *Die vorgeschlagenen Maßnahmen sind Ausdruck der unveräußerlichen italienischen Souveränität und werden internen und autonomen Charakter haben. Nach dem Degasperi-Gruber-Abkommen wurde zwischen Italien und Österreich kein neuer Vertrag abgeschlossen, außer jenem eben paraphierten, von dem ich an dieser Stelle Mitteilung gemacht habe – über die Anrufung des Internationalen Gerichtshofes von Den Haag.* (*Ministerpräsident Rumor*, 1969)[72]

7.2. Für Österreich: die Erfüllung des Pariser Abkommens

Dagegen hat *Bundeskanzler Klaus* in seiner Regierungserklärung zum Paket am 15. Dezember 1969 im Nationalrat den Rechtsstandpunkt Österreichs unterstrichen:

> *Die österreichische Bundesregierung stellt fest, dass die italienischen Maßnahmen Akte der Erfüllung des Pariser Abkommens darstellen. Nach Ansicht der italienischen Regierung jedoch sind die angekündigten Maßnahmen das Ergebnis einer freien Entscheidung und liegen nicht im Rahmen des Pariser Abkommens, das diese Regierung ihrer Auffassung nach schon erfüllt hat, eine Auffassung, der von österreichischer Seite immer widersprochen wurde.* (*Bundeskanzler Klaus*, 1969)

---

[72] Parlamentsprotokoll (*Atti Parlamentari*) der 223. Sitzung der Abgeordnetenkammer vom 3.12.1969, auch in *Zeller, K.* (1989), 138 ff.

Die Bundesregierung stellte darüber hinaus fest, dass sie im Laufe der bereits erwähnten XV. Generalversammlung der Vereinten Nationen ihrerseits den Standpunkt vertreten hatte, dass das Pariser Abkommen nur durch Gewährung einer substantiellen Regionalautonomie erfüllt werden kann. „*Jede Seite hat daher ihren Willen erklärt, den eigenen Rechtsstandpunkt unpräjudiziert zu lassen.*" Auch *Bundeskanzler Klaus* kam ein weiteres Mal auf diesen Rechtsstandpunkt zurück und betonte:

> *Die Bundesregierung vertritt die Auffassung, dass die Verwirklichung des Paketes in den Bereich der Verpflichtungen fällt, die Italien durch das Gruber-Degasperi-Abkommen übernommen hat.* (*Klaus*, 1969)

Auch nach der Durchführung der in der italienischen Regierungserklärung vom 3. Dezember angekündigten Maßnahmen bleibe – so der Bundeskanzler weiter – das Pariser Abkommen die Rechtsgrundlage für den Schutz der Südtiroler Minderheit. Das sog. *Paket* stelle daher auch keine einschränkende Interpretation des Pariser Abkommens dar, dessen Rechte und Zielsetzungen in vollem Umfang aufrecht und unverzichtbar bleiben. „*Auf dieses Abkommen werde sich daher auch weiterhin die Schutzfunktion Österreichs stützen, die wahrzunehmen wir immer als unsere heilige Pflicht erachten.*" (*Klaus*, 1969)

Anstatt eines Vertrages wurde ein verzahnter *Operationskalender* vereinbart, den beide Seiten Schritt für Schritt erfüllen sollten. Die Verhandlungen über den *Operationskalender* waren schwierig, erklärte *Klaus*, weil die Rechtsstandpunkte Österreichs und Italiens sich von allem Anfang an als unvereinbar erwiesen haben: Italien hält das Pariser Abkommen für erfüllt; Österreich betrachtet das Pariser Abkommen hingegen in wesentlichen Punkten als nicht erfüllt. Italien konnte von Anfang an nicht zu einem Verzicht auf seinen Rechtsstandpunkt, das heißt zum Abschluss eines neuen, die einzelnen Rechte des Pariser Abkommens detailliert umschreibenden völkerrechtlichen Vertrags oder zur formellen Einbeziehung des *Pakets* in den Pariser Vertrag veranlasst werden.

> *Die Bemühungen mußten sich daher darauf richten, unter Vorbehalt der Rechtsstandpunkte einen möglichst sicheren Weg ausfindig zu machen, der einerseits zur Verwirklichung des Paketes und andererseits zur Beendigung des anhängigen Streites führt. Diese Überlegung liegt sachlich allen Versuchen zugrunde, eine Formel für das Problem der Absicherung des Verhandlungsergebnisses zu finden. Sie ist auch der Grundgedanke, aus dem sich der Operationskalender entwickelt hat.* (*Bundeskanzler Klaus*, 1969)[73]

Paket und *Operationskalender* stellen demnach eine politische Verpflichtung dar, eine Reihe von Maßnahmen zugunsten Südtirols zu erlassen, die teils mit Verfassungsgesetz (AuSt), teils mit Durchführungsbestimmungen (Dfb), ordentlichen Gesetzen oder mit Verwaltungsverfügungen zu erfüllen sind.

[73] Parlamentsprotokoll (Atti Parlamentari) der 223. Sitzung der Abgeordnetenkammer vom 3.12.1969, auch in *Zeller, K.* (1989), 138 ff.

Mit der Genehmigung des *Paketes* in beiden Parlamenten trat die Entwicklung in eine neue Phase, in eine über 20-jährige Phase der Durchführung, des Ringens um die Detailformulierungen und die konkrete Übertragung der Zuständigkeiten. Im Wesentlichen wurden die Landeskompetenzen der Länder Südtirol und Trentino kräftig gestärkt, das dazugehörige Vermögen den Ländern übertragen, die Finanzierung gesichert. Die Region wurde zwar als institutionelles Dach belassen, verlor jedoch die meisten Zuständigkeiten an die autonomen Provinzen, die Schutzbestimmungen für Sprache und Kultur wurden effizienter gestaltet und abgesichert, eine Zweisprachigkeitsprüfung für den Zugang zum öffentlichen Dienst wurde eingeführt, ebenso wie der Proporz für die Vergabe von Staatstellen und die Besetzung der Regierungsämter.

Der Staat behielt sich noch zentrale Zuständigkeiten vor: die Außen-, Verteidigungs- und Innenpolitik, also das Heer und die Polizei, das Finanz- und Geldwesen samt den wichtigsten Steuerbestimmungen, die wichtigsten Transport- und Kommunikationswege bis hin zum Gerichtswesen. Die Landesgesetzgebung wurde erweitert und unterliegt präzisen Grenzen, neben der Verfassung auch den Grundsätzen der italienischen Rechtsordnung und der staatlichen Reformen sowie den nationalen Interessen, im konkurrierenden Bereich auch den Grundsätzen der Staatsgesetze.

Ein Kompromiss, der – wie sich im Laufe der folgenden Jahre zeigt – weiter ausgebaut und gefestigt werden konnte; eine Autonomie, die auch den Schutz der verschiedenen Sprachgruppen gewährleistet und dem Land auch eine fruchtbare wirtschaftliche Entfaltung ermöglicht hat.

8. Resümee zur Geschichte

Schon in der Vergangenheit haben die Menschen um Freiheitsrechte und Mitbestimmung gekämpft. Der *Tiroler Freiheitsbrief von 1342* kann als Vorbote einer Autonomie bezeichnet werden. Immer dann, wenn diese Freiheiten von außen oder auch innen gefährdet wurden, haben sich die Menschen dagegen gestellt, mit friedlichen Protesten bis zu gewaltsamen Aktionen, gegen fremde Übergriffe oder die eigene Obrigkeit.

Nach dem Ersten Weltkrieg wurde der südliche Teil Tirols von Österreich abgetrennt und zu Italien geschlagen. Auch nach dem Zweiten Weltkrieg wurde der Wunsch der Südtiroler nach Selbstbestimmung ausgeschlagen. Eine Autonomie sollte den Ersatz dafür bieten. Lange hat es aber gedauert, bis eine zufriedenstellende Lösung gefunden werden konnte.

Mit dem Paket und dem neuen Autonomiestatut trat Südtirol 1972, nach jahrelangen Spannungen, Konflikten und Bomben, in eine neue Phase. Frieden und Entspannung, Selbstgestaltung vieler wichtiger Bereiche, brachten Zufriedenheit und Wohlstand.

Mit dem Erlass des neuen Autonomiestatutes haben die Bomben schlagartig aufgehört. Ist das nicht eine klare Mahnung an alle Staaten für ihre Minderheiten?

II. Autonome Gesetzgebung, Proporz, Sprache, Schule

1. Die Autonomie der Region und der autonomen Provinzen Bozen und Trient

1.1. Mitte-Links und die Kommunisten gewährleisten die Zweidrittelmehrheit

In Durchführung des Südtirol-Paketes erließ das italienische Parlament das Verfassungsgesetz Nr. 1 vom 10. November 1971 (Vf-G 1/1971), das Änderungen und Ergänzungen zum Sonderstatut für Trentino-Südtirol von 1948 vorsieht.[74] Als Verfassungsgesetz bedurfte es zu seiner Genehmigung der von der Verfassung vorgesehenen doppelten Lesung und qualifizierten Mehrheit: Verfassungsgesetze müssen von jeder Kammer zweimal – im Abstand von mindestens drei Monaten – angenommen werden. Bei der zweiten Lesung braucht es in beiden Kammern der Zustimmung der absoluten Mehrheit der Mitglieder (Art. 138,1 Vf).

Damit ein Verfassungsgesetz keinem Volksentscheid (Referendum) unterzogen werden kann, müssen aber beide Kammern nicht nur mit der absoluten Mehrheit, sondern mit einer Zweidrittelmehrheit ihrer Mitglieder zustimmen (Art. 138,3 Vf). Das ist eine sehr hohe Latte. Diese Bestimmung wurde viele Jahre später mit einer kleinen Reform aller fünf Autonomiestatuten (mit Vf-G vom 31. Jänner 2001, Nr. 2;[75] nicht zu verwechseln mit der Verfassungsreform Nr. 3/2001) aufgehoben. Aber damals bestand sie. Die reine Regierungsmehrheit der DC mit ihren kleineren Koalitionspartnern verfügte nicht über diese hohe Mehrheit.

Diese wurde neben der Zustimmung der Mitte-links-Koalition um die DC[76] dank des PCI (*Partito Communista Italiano*) erreicht, der für das AuSt stimmte, obwohl er im Parlament in scharfer Opposition zur Regierung stand. Diese zweite entscheidende Abstimmung erfolgte in der Kammer am 22. Juli 1971 mit folgendem Ergebnis: 438 Ja, 30 Nein und 13 Enthaltungen.

Im Senat erfolgte diese entscheidende 2. Abstimmung am 27. Oktober 1971 mit folgendem Ergebnis: 233 Ja, 9 Nein und 12 Enthaltungen.[77] Nur die Rechtsopposition, der *Movimento Sociale Italiano* (MSI), die damalige Nachfolgepartei der Faschisten, stimmte dagegen.

Das *neue* AuSt trat am 20. Jänner 1972, 15 Tage nach seiner Veröffentlichung im Gesetzesanzeiger der Republik, in Kraft.[78] Am 31. August 1972 wurde mit DPR Nr. 670 der Einheitstext herausgegeben, das neue AuSt in einheitlicher Fassung.

---

[74] Die Kapitel II und III beruhen in Grundzügen auf *Peterlini, O.* (2000f de), 27–197; *Peterlini, O.* (2012k de). Die Daten und Inhalte wurden aktualisiert.

[75] Das Vf-G v. 31.1.2001, Nr. 2, sieht vor, dass über die fünf AuSt kein Referendum stattfinden darf (für Südtirol Art. 4 Abs. 1, lit. nn).

[76] Zur damaligen Regierung *Colombo* gehörten folgende Parteien: Die christdemokratische DC, die Sozialisten (PSI), die Sozialdemokraten (PSDI) und die Republikaner (PRI).

[77] *Peterlini, O.* (1980), 35.

[78] Vf-G vom 10.11.1971, Nr. 1, veröffentlicht im Gesetzesanzeiger der Republik vom 5.1.1972, Nr. 3.

1.2. Das neue Autonomiestatut – ein Verfassungsgesetz

Das AuSt steht als Verfassungsgesetz in der Stufenordnung der italienischen Rechtsquellen mit der Verfassung gleichwertig an der Spitze. Im Falle von Abweichungen oder Antinomien geht es als *lex specialis* sogar der Verfassung vor. Gleich darunter stehen die Durchführungsbestimmungen (Dfb) zum Statut, gefolgt von den einfachen Staatsgesetzen und den Verordnungen.

Das AuSt umfasst 115 Artikel, die in zwölf Abschnitte gegliedert sind: I. Errichtung der Region Trentino-Südtirol und der Provinzen Trient und Bozen; II. Organe der Region und der Provinzen; III. Genehmigung, Beurkundung und Kundmachung der Gesetze und Verordnungen der Region und der Provinzen; IV. Örtliche Körperschaften; V. Öffentliches Gut und Vermögen der Region und der Provinzen; VI. Finanzen der Region und der Provinzen; VII. Beziehungen zwischen Staat, Region und Land; VIII. Stellenpläne der Bediensteten von Staatsämtern in der Provinz Bozen; IX. Organe der Rechtsprechung; X. Kontrolle durch den VfGH; XI. Gebrauch der deutschen Sprache und des Ladinischen; XII. Schluss- und Übergangsbestimmungen.

Das neue AuSt von 1972 hat den autonomen Provinzen Trient und Bozen neue Zuständigkeiten seitens des Staates und seitens der Region übertragen. Damit stehen den beiden autonomen Provinzen weitreichende Gesetzgebungs- und Verwaltungsbefugnisse im kulturellen, wirtschaftlichen und sozialen Bereich zu. Sie wurden die eigentlichen Träger der Autonomie. Die Region blieb als gemeinsamer Rahmen mit wenigen Ordnungszuständigkeiten in einigen Bereichen aufrecht. Die beiden Provinzen Bozen und Trient verfügen im Wesentlichen über die gleichen Zuständigkeiten, Südtirol aber über zusätzliche Sicherungen für den Gebrauch der Muttersprache, die Schulen, die Kultur, die Zweisprachigkeit, den ethnischen Proporz und anderes.

Auf der Grundlage des Pariser Vertrages soll das neue AuSt von Trentino-Südtirol die Erhaltung und die sprachliche kulturelle Entwicklung der deutschen und ladinischen Minderheiten im Staat Italien fördern. Gleichzeitig bietet die Autonomie aber auch einen territorialen Entfaltungsrahmen, dessen Vorteile und erweiterte Zuständigkeiten allen drei Sprachgruppen in Südtirol und im Trentino zugutekommen.

1.3. Die Durchführungsbestimmungen

Das AuSt legte in 115 Artikeln die Grundbestimmungen der Autonomie fest. Aber die konkrete Ausgestaltung und Anwendung musste erst erarbeitet werden. Zur Verwirklichung der Verfassungsgrundsätze der Autonomie musste die Regierung „*nach Einholen einer Stellungnahme einer paritätischen Kommission*“ Durchführungsbestimmungen (Dfb) erlassen (Art. 107 AuSt). Diese Dfb wurden zunächst als Dekrete des Präsidenten der Republik (DPR), ab 1988 als eine besondere Art von gesetzesvertretenden Dekreten (GvD) erlassen. Sie regelten die gesamte, vielfach komplizierte Materie bis ins kleinste Detail.

Die *paritätische Kommission* besteht aus zwölf Mitgliedern (sog. *Zwölferkommission*), davon die Hälfte, nämlich sechs als Vertreter des Staates, und die anderen sechs der Lokalautonomien: zwei als Vertreter des Regionalrats, zwei als Vertreter des Landtags des Trentino und zwei als Vertreter des Südtiroler Landtags. Drei Mitglieder müssen der deutschen oder (seit Vf-G Nr. 1/2017) der ladinischen Sprachgruppe angehören. Diese und andere Ergänzung zugunsten der Ladiner erfolgten mit Vf-Gesetz Nr.1/2017, dem sog. kleinen *Ladiner Paket.*

Für die Bestimmungen, die ausschließlich die Provinz Bozen betreffen, wurde eine Unterkommission aus sechs Mitgliedern (sog. *Sechserkommission*) vorgesehen, die aus je drei Mitgliedern des Staates und des Landes besteht, mit drei deutschsprachigen und drei italienischsprachigen Vertretern. Die Mehrheit der Landtagsabgeordneten der deutschen oder der italienischen Sprachgruppe kann neuerdings auf die Namhaftmachung eines eigenen Vertreters zugunsten eines Mitglieds der ladinischen Sprachgruppe verzichten (Art. 107 AuSt). Die Berücksichtigung der Ladiner in den beiden Kommissionen erfolgte erst viele Jahre später im Jahre 2017 mit dem sog. *kleinen Ladiner Paket.*[79] Bis dahin waren die Ladiner von allen sog. paritätischen Kommissionen ausgeschlossen.

Abb. 31: Die Zwölfer- und Sechserkommission

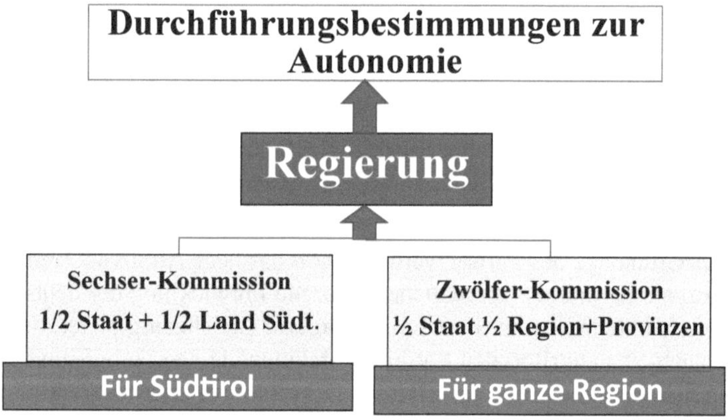

Quelle: *Peterlini, O.* (2011–23): Teaching Documents.

[79] Der Absatz des Art. 107 wurde durch den Art. 9 Abs. 1 lit. b des Vf-Gesetzes vom 4.12.2017, Nr. 1, so abgeändert.

Die Bestimmung, dass für den Erlass der Dfb eine *Stellungnahme* dieser paritätischen Kommissionen vorgesehen war, erwies sich als entscheidend für die Gestaltung der Autonomie. Die Vertreter der Autonomien konnten in paritätischen Organen mit Regierungsvertretern an der Ausarbeitung mitwirken und erzielten damit eine autonomiekonforme Auslegung. Dies erfolgte in der Praxis so, dass die Kommissionen den Text vorbereiteten und die Regierung ihn dann für die Beschlussfassung übernahm, bis dato ohne ihn abzuändern. Damit schrieben auch die Südtiroler Vertreter, in dieser historischen Phase der *Landeshauptmann-Stellvertreter Alfons Benedikter* und der *Kammerabgeordnete Roland Riz,* an den Bestimmungen mit, die das AuSt erst mit Leben füllten. Am Parlament vorbei wurden damit Akte mit Gesetzeskraft gesetzt, die das AuSt ausführten.

Der Art. 108 des AuSt sieht vor, dass die entsprechenden Dfb innerhalb von zwei Jahren nach Inkrafttreten des Statutes selbst zu erlassen sind. Bis zum 20. Jänner 1974 hätten also die Dfb erlassen sein müssen. In Wirklichkeit brauchte es dazu zwanzig Jahre – bis 1992. Die Fülle der Maßnahmen (über 200) rechtfertigten diese lange Zeit. Die Zwölfer- und Sechserkommission sind weiterhin aktiv, um Anpassungen der Dfb vornehmen zu können.

1.4. Die Region – von der Vorherrschaft zu einem gemeinsamen Dach

Der Art. 1 des Sonderstatutes (AuSt) bestimmt:

Trentino-Südtirol, das das Gebiet der autonomen Provinzen Trient und Bozen umfasst, ist innerhalb der politischen Einheit der einen und unteilbaren Republik Italien nach den Grundsätzen der Verfassung und gemäß diesem Statut als autonome Region mit Rechtspersönlichkeit errichtet.

Die *autonome Region Trentino-Südtirol/Alto Adige* bildet somit den Rahmen für die beiden autonomen Provinzen von Bozen (Südtirol) und Trient (Trentino). Die Bezeichnung „*autonome*“ für die Provinzen und „*Alto Adige*“ auch in der deutschen Bezeichnung der Region, wurde durch die jüngste Reform 2026 des AuSt dazugefügt (Kap. IV.7.2.10. Von der Regierung gewollte Änderungen). Sie reicht vom Brennerpass bis Salurn (Provinz Bozen) und bis zum Gardasee (Provinz Trient). Während im alten AuSt von 1948 der Region weitreichende Gesetzgebungs- und Verwaltungsbefugnisse zustanden, sind die wichtigsten davon mit dem neuen Statut von 1972 auf die beiden autonomen Provinzen übertragen worden.

Das gesetzgebende Organ ist der *Regionalrat,* der sich aus 70 Abgeordneten zusammensetzt. Er wurde bis 2001 in allgemeiner, direkter und geheimer Wahl von den Bürgern der Region gewählt. Aus dem Regionalrat bildeten sich die beiden Landtage Südtirols und des Trentino.

Abb. 32: Die dreipolige Struktur der Autonomie

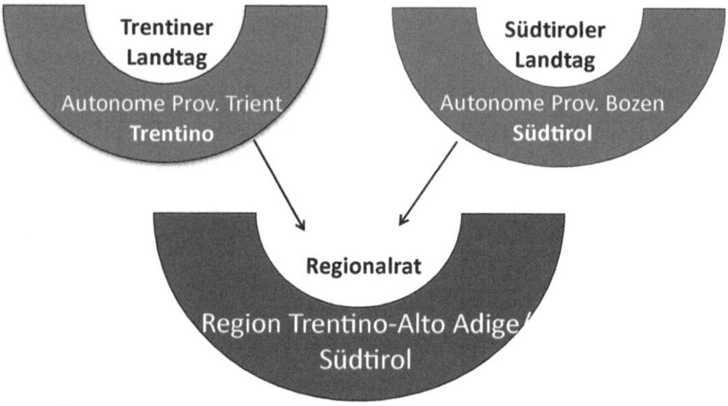

Quelle: *Peterlini, O.* (2011–23): Teaching Documents.

Seit der Verfassungsreform von 2001 ist es umgekehrt. „*Der Regionalrat besteht aus den Mitgliedern des Landtages des Trentino und des Südtiroler Landtages*“ (Vf-G Nr. 2 vom 31.1.2001).[80] Gewählt werden seitdem die Landtage. Wahlberechtigt ist in Südtirol, wer mindestens zwei Jahre ununterbrochen im Gebiet der Region ansässig ist (Art. 25 AuSt, von vier auf zwei Jahre von der *Reform 2026* herabgesetzt). Jeder Landtag zählt 35 Abgeordnete, die fünf Jahre im Amt bleiben (Art. 48 AuSt). Die Amtsdauer des Regionalrates beträgt demnach ebenso fünf Jahre. Die Tätigkeit des Regionalrates und des Südtiroler Landtages wickelt sich in zwei Zeitabschnitten gleicher Dauer ab (Art. 27 und 48/ter,3 AuSt).

Während der ersten Hälfte tagt der Regionalrat in Trient, der Präsident wird unter den Abgeordneten der italienischen Sprachgruppe gewählt; in der zweiten Hälfte tagt er in Bozen, der Präsident wird unter den Abgeordneten der deutschen Sprachgruppe gewählt. Die kleine Reform des AuSt (Vf-G Nr. 2/2001) eröffnete die Möglichkeit für die Wahl eines Ladiners: Mit Zustimmung der Mehrheit der Abgeordneten einer Sprachgruppe kann an deren Stelle für den jeweiligen Zeitraum ein Abgeordneter der ladinischen Sprachgruppe gewählt werden. Mit derselben Reform wurde auch die Zahl der Vizepräsidenten von einem auf zwei erhöht. Die zwei Vizepräsidenten werden unter den Abgeordneten gewählt, die nicht der Sprachgruppe des Präsidenten angehören (Art. 30 AuSt). Durch diese weitere Bestimmung, dass die Vizepräsidenten nicht der gleichen Sprachgruppe des Präsidenten angehören dürfen, eröffnete sich eine mögliche Stelle in diesem Dreigestirn für die Ladiner, die bis dahin von diesen Spitzenpositionen ausgeschlossen waren.

Der Regionalausschuss ist das ausführende Organ und besteht aus dem Präsidenten der Region, aus zwei (je einem italienischen und einem deutschen) Vizepräsidenten und aus Regionalassessoren. Der Regionalausschuss wird vom Regionalrat aus seiner Mitte in geheimer Abstimmung und mit absoluter Mehrheit gewählt und muss dem Sprachgruppenproporz der Abgeordneten entsprechen

[80] *Peterlini, O.* (2010l de), 124–126, *Peterlini, O.* (2010i it), 47–49.

(Art. 36 AuSt). Der ladinischen Sprachgruppe wird die Vertretung im Regionalausschuss auch abweichend von der proporzmäßigen Vertretung gewährleistet. Auch diese letztgenannte Bestimmung erfolgte mit der kleinen Reform des AuSt (Art. 4 Abs. 1 lit t, Vf-G 2/2001). Seit dem Jahre 2004 werden als Präsidenten bzw. Vizepräsidenten der Region für je eine halbe Amtsperiode die Landeshauptleute vom Trentino und von Südtirol gewählt. Dabei handelt es sich allerdings nur um eine Vereinbarung und um kein Gesetz.

Der Präsident der Region vertritt die Region. Er nimmt an den Sitzungen des Ministerrates teil, wenn Fragen behandelt werden, die die Region betreffen (Art. 40 AuSt).

Abb. 33: Die Säulen der Autonomie und des Minderheitenschutzes

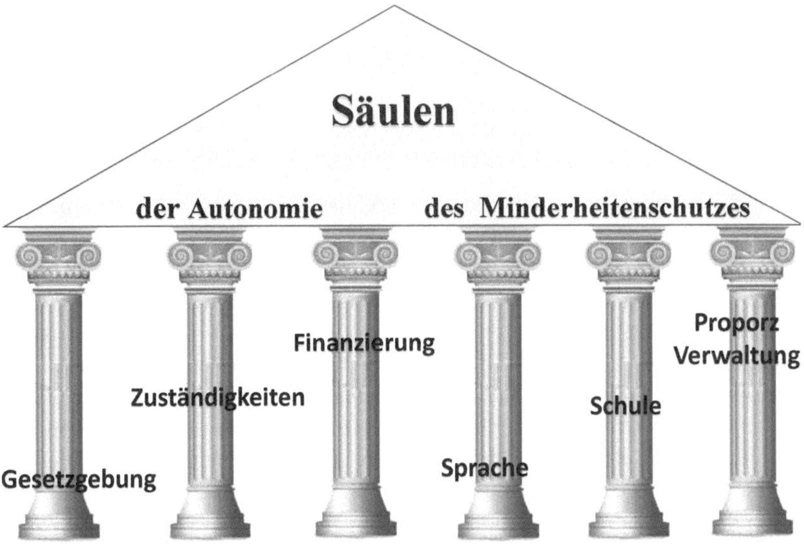

Quelle: *Peterlini, O.* (2011–23): Teaching Documents.

1.5. Die autonomen Provinzen als eigentliche Träger der Autonomie

Die *Landtage* sind die gesetzgebenden Organe der autonomen Provinzen, die vielfach auch Länder (Südtirol bzw. Trentino) genannt werden. Die beiden Landtage bestehen jeweils aus den in der betreffenden Provinz gewählten Mitgliedern, die gleichzeitig Regionalrats- und Landtagsabgeordnete sind. Ihre Amtsdauer beträgt fünf Jahre (Art. 48 AuSt).[81]

Sie wählen aus ihrer Mitte den Präsidenten, einen Vizepräsidenten im Trentino bzw. zwei in Südtirol sowie die Sekretäre (Art. 48/ter AuSt). Die Erweiterung von vormals einem Vizepräsidenten in Südtirol auf nunmehr zwei erfolgte mit der bereits zitierten kleinen Reform des AuSt (mit Vf-G Nr. 2/2001), wie im Regionalrat

[81] *Peterlini, O.* (2010i it), 49–60; *Peterlini, O.* (2010l de), 126–135.

zugunsten der Ladiner. Durch die weitere Bestimmung, dass die Vizepräsidenten nicht der gleichen Sprachgruppe des Präsidenten angehören dürfen, eröffnete sich damit eine mögliche Stelle auch in diesem Dreigestirn des Landtages für die Ladiner, die bis dahin von diesen Spitzenpositionen auch im Landtag ausgeschlossen waren. Der Ausschluss zu Beginn der neuen Autonomie von 1972 war keine böse Absicht, sondern ergab sich aus dem Bemühen, die beiden größten Sprachgruppen, Deutsche und Italiener paritätisch an wichtigen Organen zu beteiligen.

Die jeweilige *Landesregierung* ist das ausführende Organ des Landes. Die offizielle Bezeichnung im AuSt lautet „*Landesausschuss*“, vielfach wird aber auch „*Landesregierung*“ verwendet. Der Landesausschuss besteht aus dem Landeshauptmann, zwei oder drei Landeshauptmann-Stellvertretern in Südtirol und einem im Trentino sowie den Landesräten. Die Erweiterung auf mögliche drei Stellvertreter des Landeshauptmannes in Südtirol erfolgte ebenso wie die vorgenannten Bestimmungen für die Ladiner, allerdings erst im Jahr 2017 (durch das Vf-G 1/2017), das verschiedene Maßnahmen für die Ladiner vorsah (Art. 3 Abs. 1 lit. b, Vf-G vom 4. Dezember 2017, Nr. 1).

Die Mitglieder des Landesausschusses von Südtirol werden vom Landtag gemäß einer von ihm zu beschließenden Wahlordnung gewählt (Art. 47 AuSt).

Die Zusammensetzung des Landesausschusses von Südtirol muss im Verhältnis zur Stärke der Sprachgruppen stehen, wie sie im Landtag vertreten sind. Der Landtag kann mit absoluter Mehrheit auch beschließen, sich ganz oder teilweise an die Zusammensetzung der Sprachgruppen zu halten, wie sie sich aus der letzten Sprachzählung ergibt (*Reform 2026*, vgl. Kap. IV.7.2.10. Von der Regierung gewollte Änderungen). Der ladinischen Sprachgruppe kann die Vertretung im Landesausschuss von Südtirol auch abweichend von der proporzmäßigen Vertretung zuerkannt werden (eingeführt durch die kleine Reform des AuSt mit Vf-G Nr. 2/2001). Sitzt ein einziger ladinischer Vertreter im Landtag und wird er in den Landesausschuss gewählt, so muss er auf sein Amt als Präsident oder Vizepräsident des Landtags verzichten (Art. 50,3 AuSt).

Der Landeshauptmann vertritt die Provinz und nimmt an den Sitzungen des Ministerrates teil, wenn Fragen behandelt werden, die die Provinz betreffen (Art. 52 AuSt).

1.6. Die Befugnisse und die Grenzen der autonomen Gesetzgebung

1.6.1. Die Gesetzgebungsbefugnis und die Generalklausel

Die Zuständigkeiten, innerhalb derer die Region bzw. die autonomen Provinzen Bozen und Trient Gesetze erlassen können, sind in der Hauptsache in den Art. 4 bis 19 des AuSt enthalten. Es handelt sich dabei um eine taxative Aufzählung der Sachbereiche, die in die Autonomie fallen. Dies bedeutete – bis zum Inkrafttreten der Verfassungsreform im Jahre 2001 (Nr. 3) –, dass all jene Bereiche, die nicht ausdrücklich aufgezählt sind, automatisch in die Zuständigkeit des Staates fielen.

In den nach föderalistischen Prinzipien aufgebauten Bundesstaaten hingegen geht die Generalklausel (oder Residualklausel genannt) zugunsten der Länder. Der

Ansatz ist genau umgekehrt: Nach dem Subsidiaritätsprinzip gehören die Zuständigkeiten zunächst den überschaubaren örtlichen Gemeinschaften, welche einen Teil davon zwecks gemeinsamer Gestaltung dem Bund übertragen. In den Verfassungen der föderalen Staaten, beispielsweise Österreichs und Deutschlands, sind die Zuständigkeiten des Staates taxativ aufgezählt. Die Generalklausel geht zugunsten der Länder: Alles, was nicht dem Staat vorbehalten ist, gehört automatisch dem Bundesland.

Dieses föderative Prinzip bildet auch die Grundlage der neuen italienischen Verfassungsreform aus dem Jahre 2001, Nr. 3.

1.6.2. Die Gesetzgebungszuständigkeiten und ihre Grenzen

Die Gesetzgebungsbefugnisse des Regionalrates bzw. der Landtage als Gesetzgebungsorgane sind nicht unbeschränkt, sondern unterliegen klaren, engen Grenzen.

Ausschließliche Zuständigkeit

Dieser Bereich wurde vormals vom AuSt einfach nur als Zuständigkeit bezeichnet, im allgemeinen Sprachgebrauch als primär. Mit der Reform 2026 wurde diese Zuständigkeit in „*esclusiva*", also ausschließliche umgetauft (vgl. Kap. IV.7.2.5. Neue ausschließliche Zuständigkeiten). Die Regional- und Landesgesetzgebung hat sich dabei innerhalb folgender Grenzen zu bewegen (Art. 4 Abs. 1 für die Region und analog Art. 8 Abs. 1 für das Land, AuSt):

„In Übereinstimmung mit der Verfassung"

„und den allgemeinen Grundsätzen der Rechtsordnung des Staates" – es wäre zu untersuchen, welche Grundsätze wohl dazugehören, die nicht schon in der Verfassung ihre Grundlage haben, wie Gleichheit, Freiheit, Demokratie usw. Die Grundsätze können nämlich auch in ordentlichen Gesetzen grundsätzlicher Art, wie z.B. im Bürgerlichen Gesetzbuch oder in Ordnungs-Gesetzen, enthalten sein. Die Grenze geht also weiter;

„unter Achtung der sich aus der Rechtsordnung der Europäischen Union ergebenden Bindungen und der internationalen Verpflichtungen" – dieser Einschränkung muss große Bedeutung beigemessen werden, da immer mehr Zuständigkeiten von der EU wahrgenommen werden, die direkt in die Landeskompetenzen hineinreichen.

„der nationalen Interessen – in welchen jenes des Schutzes der örtlichen, sprachlichen Minderheiten inbegriffen ist" – dieser Begriff *des nationalen Interesses* ist in der Rechtslehre sehr umstritten, da er wenig konkret ist und daher mit einer gewissen Willkür angewandt werden könnte. In der Tat hat sich die Regierung bei Rückverweisungen von Landes- und Regionalgesetzen, die bis zur Verfassungsreform 3/2001 möglich waren (Art. 55 AuSt), in letzter Instanz niemals darauf berufen, weil ein solcher Interessensgegensatz nicht beim VfGH, sondern vor den Parlamentskammern ausgetragen werden musste. Eine Absicherung bildet auf jeden Fall auch der Vermerk, dass der Schutz der Minderheiten ebenfalls ein nationales Interesse darstellt, was ein Kompromiss bei den Paketverhandlungen war;

Die vormalige Grenze „*der grundlegenden Bestimmungen der wirtschaftlich-sozialen Reformen der Republik*“ wurde mit der Reform 2026 aufgehoben (vgl. Kap. IV.7.2.3. Lockerung der Grenzen der Gesetzgebung).

Diesen vier Grenzen der Gesetzgebung ist auf jeden Fall die *territoriale Grenze* hinzuzufügen, die zwar nicht ausdrücklich aufgezählt ist, sich aber aus den Grundsätzen der Rechtsordnung des Staates (Abs. 2) ergibt. Das bedeutet, dass Landesgesetze nur in Südtirol bzw. im Trentino gelten können und nicht außerhalb des Territoriums. Mit Hinweis auf diese Grenze wurde beispielsweise ein Landesgesetz rückverwiesen, mit dem (im ersten Versuch) der Bau eines Studentenheimes für Südtiroler Studenten in Innsbruck gefördert werden sollte.

Sekundäre oder konkurrierende Gesetzgebungsbefugnis

In diesem Bereich ist die Grenze nochmals enger gesetzt: Zu den oben angeführten Grenzen kommt eine weitere hinzu: „*unter Beachtung der durch die Gesetze des Staates festgelegten grundlegenden Prinzipien.*“ Die Einschränkung auf die grundlegenden Prinzipien erfolgte mit der Reform 2026. Im sekundären Bereich haben also die Region und das Land bei ihrer Gesetzgebung auch die grundlegenden Prinzipien der einfachen Staatsgesetze zu beachten. Der Begriff „konkurrierend“ bedeutet eine materielle Teilung der Zuständigkeit zwischen Staat und Regionen, ähnlich wie in Österreich, aber nicht wie in Deutschland.

Tertiäre, ergänzende oder Ausführungsbefugnis

Diese im Art. 6 für die Region (Sozialvorsorge und Sozialversicherung) und im Art. 10 für die Provinzen (Arbeitsvermittlung und -zuweisung) vorgesehene Zuständigkeit gibt der Region bzw. dem Land die Möglichkeit, in „*Ergänzung der Vorschriften der Gesetze des Staates*“ weitere Gesetzesbestimmungen zu erlassen; d.h. die Staatsgesetze gelten uneingeschränkt auch im Land und in der Region, sie können nicht abgeändert werden, wohl aber können zusätzliche Bestimmungen erlassen werden.

1.7. Die Befugnisse der Region – wenige Ordnungsbestimmungen

Die meisten Zuständigkeiten sind in den Art. 4 (primär oder ausschließlich), 5 (sekundär oder konkurrierend), 6 (tertiär oder ergänzend) und 7 (ohne genaue Präzisierung) angeführt. Die wichtigsten Zuständigkeiten der *Region* sind sog. Ordnungskompetenzen, die also den Rahmen, den Aufbau und die Organisation festzulegen haben.

Im ausschließlichen Bereich ist die Region zuständig für:

die Ordnung der regionalen Ämter und des Personals, einschließlich (seit der Reform 2026) der Regelung des Arbeitsverhältnisses und der entsprechenden Kollektivvertragsverhandlungen; die Ordnung der halbregionalen Körperschaften; die Ordnung der örtlichen Körperschaften und deren Gebietsabgrenzung; darunter fallen auch die Gemeindeordnung, das Gemeindewahlrecht (einschließlich der Wahl des Bürgermeisters); die Enteignung aus Gründen der Gemeinnützigkeit, insofern sie nicht Arbeiten zu Lasten des Staates und der Provinzen betreffen; die Anlegung und Führung der Grundbücher; die Feuerwehrdienste; die Ordnung der sanitären Körperschaften und der Krankenhauskörperschaften; die Ordnung der Handelskammern; die Entfaltung und Aufsicht über das Genossenschaftswesen; die Meliorierungsbeiträge für öffentliche Arbeiten anderer öffentlicher Körperschaften in der Region.

Konkurrierend ist die Region zuständig für:

die Ordnung der öffentlichen Fürsorge- und Wohlfahrtseinrichtungen; die Ordnung der Körperschaften für Boden- und Agrarkredit, der Sparkassen und der Raiffeisenkassen sowie der Kreditanstalten regionalen Charakters.

Tertiär oder ergänzend ist die Region zuständig für:

Sozialvorsorge und Sozialversicherung (Art. 6 AuSt).

Während viele der oben angeführten regionalen Zuständigkeiten an die autonomen Provinzen *delegiert* wurden, entfaltet die Region im Bereich der ergänzenden Sozialvorsorge eine vielfältige Tätigkeit. Sie hat verschiedene Maßnahmen für die Familie und die Altersvorsorge erlassen und die Errichtung eigener regionaler Rentenfonds gefördert. Auf der Grundlage dieser Zuständigkeit entwickelte bzw. fördert die Region ein umfassendes Zusatzrentensystem mit Rentenfonds (PensPlan, Laborfonds, Plurifonds u.a.), welches der Autor noch in seiner politischen Funktion als Präsident des Regionalrates entwerfen, aufbauen und gestalten konnte, obwohl der gesetzliche Rahmen sehr eng gesetzt war. Seit der Verfassungsreform 3/2001 ist diese Zuständigkeit zu einer konkurrierenden aufgerückt.[82]

Weitere Zuständigkeiten:

die Änderung der Gemeindegebiete und die Errichtung neuer Gemeinden (Art. 7 AuSt); das Recht, eigene Steuern in den Sachgebieten eigener Zuständigkeiten einzuführen (Art. 73 AuSt); die Grundsätze für das Dienstrecht des Gemeindepersonals (Art. 65 AuSt); die Friedensrichter (Art. 94 AuSt); das Antragsrecht für Staatsgesetze:

Auf Sachgebieten, die nicht in die Zuständigkeit der Region fallen, die aber für sie von besonderem Interesse sind, kann der Regionalrat (und übrigens auch der Landtag) *Begehrens-Anträge und -Gesetzentwürfe* verabschieden, die über die Regierung dem Parlament vorgelegt werden (Art. 35 des AuSt). Dieses Recht wurde mit Verfassungsgesetz 2/2001 auch auf die autonomen Provinzen ausgedehnt.

Weiters steht dem Regionalrat das Initiativrecht zur Änderung des AuSt zu (Art. 103 AuSt), und zwar auf Vorschlag der Landtage von Bozen und Trient nach übereinstimmendem Beschluss des Regionalrates. Das ist eine Schwierigkeit für die Reform, die nach 54 Jahren des sog. neuen AuSt fällig wäre, weil Bozen und Trient bisher nie zu einer einheitlichen Fassung gekommen sind. Vor allem ist die Haltung zur Region völlig konträr: Die Trentiner wollen diese erhalten und klam-

[82] *Peterlini, O.* (2003a, it), 138–329; *Peterlini, O.* (2000c de), 53–254.

mern sich daran fest, um ihre Sonderautonomie zu rechtfertigen, während die Südtiroler in der Region historisch eine Verhinderung ihrer Autonomie sahen, wenngleich sie in der jetzigen, ausgehöhlten Form keine Beschränkung mehr darstellt, sondern eher als überflüssig betrachtet wird.

Eine weitere Zuständigkeit jeder Region in Italien bildet das Antragsrecht für Volksbefragungen. 500.000 Wähler oder *fünf Regionalräte* können in Italien eine Volksbefragung zur Abschaffung von Staatsgesetzen erwirken (Art. 75 und 138 Vf). Über diese Bestimmung wurden einige römische Ministerien abgeschafft, deren Sachbereiche in die Zuständigkeit der Regionen fielen, z.B. für Tourismus und für Regionen, die allerdings inzwischen vom Staat wieder errichtet wurden.

Die Beteiligung an der Wahl des Staatspräsidenten: An der Wahl des Präsidenten der Republik nehmen die Regionen mit drei Delegierten teil (außer Aosta mit einem), die vom Regionalrat gewählt werden (Art. 83 Vf).

1.8. Die Befugnisse der autonomen Provinzen

Seit dem neuen AuSt von 1972 sind die autonomen Provinzen (die Länder) die Hauptträger der Autonomie. Die Region hat viele ihrer oben angeführten Kompetenzen an die Provinzen delegiert und fungiert – außer im Bereich der Vorsorge – vornehmlich als organisatorisches Dach, das immer wieder auch in Frage gestellt wird. Den Provinzen steht der Großteil der Kompetenzen zu. Die Länder sind (gemäß AuSt) in folgenden, nachstehend *zusammengefassten* Bereichen ausschließlich (Art. 8), sekundär/konkurrierend (Art. 9) oder ergänzend (Art. 10) zuständig:[83]

Im Bereich von Schule und Kultur

Ausschließlich:

Ortsnamensgebung mit verpflichtender Zweisprachigkeit in Südtirol; Schutz und Pflege der geschichtlichen, künstlerischen und volklichen Werte; örtliche Sitten und Bräuche sowie kulturelle Einrichtungen provinzialen Charakters; örtliche, künstlerische, kulturelle und bildende Tätigkeiten, für die (in Südtirol) auch Hörfunk und Fernsehen eingesetzt werden können, unter Ausschluss der Befugnis, eigene Hörfunk- und Fernsehstationen zu errichten; Kindergärten; Schulfürsorge; Schulbau; Berufsertüchtigung und -Ausbildung.

Konkurrierend:

Unterricht an den Grund-, Mittel- und Oberschulen. Während also die Kindergärten und Berufsschulen sowie das gesamte Verwaltungspersonal an *allen* Schulen in die ausschließliche Zuständigkeit des Landes fallen und die Berufsschullehrer

[83] Vgl. unter Kap. V.3.2. Die neuen Zuständigkeiten der Region und der autonomen Provinzen, welche Zuständigkeiten an der Liste durch die Verfassungsreform des Vf-G Nr. 3/2001 dazukommen.

und Beamten Landesangestellte sind, steht in den Grund-, Mittel- und Oberschulen dem Staat die Grundsatzgesetzgebung zu. Deren Lehrer sind Staatsangestellte, die allerdings seit der Delegierung im Jahre 1996 seitens des Staates vom Land bezahlt werden. Mit einer Dfb zum AuSt wurden Kompetenzen im Schulbereich ans Land delegiert (Art. 1 des GvD vom 24. Juli 1996, Nr. 434, das die Schulordnung, das DPR Nr. 89/1983, Art. 1,2 entsprechend abgeändert hat). Es stellt ein Beispiel dafür dar, wie auch nach Abschluss der Paketdurchführung und der Streitbeilegung weitere Zuständigkeiten ans Land übertragen worden sind.

Im Bereich von Wirtschaft und Verwaltung

Ausschließlich:

Folgende große Wirtschaftssektoren: *Handwerk; Fremdenverkehr und Gastgewerbe; Handel, Landwirtschaft, Forstwesen, Vieh- und Fischbestand; Gemeinnutzungsrechte; Ordnung der Mindestkultureinheiten und der geschlossenen Höfe, Almwirtschaft.*

Binnenhäfen; Messen und Märkte; Bergbau, Mineral- und Thermalwässer, Steinbrüche, Gruben und Torfstiche; Jagd und Fischerei.

Ordnung der Landesämter und des Personals, einschließlich (seit der Reform 2026) der Regelung des Arbeitsverhältnisses und der entsprechenden Kollektivverträge;

Straßenwesen, Wasserleitungen und öffentliche Verträge für Arbeiten, Dienste und Lieferungen im Interessensbereich der Provinz; Kommunikations- und Transportwesen im Interessensbereich der Provinz einschließlich der Seilbahnen; öffentliche Dienste von provinzialem und lokalem Interesse; Enteignungen im Bereich der Landeszuständigkeit.

Der Handel rückte aufgrund der Besserstellungsklausel bereits mit der Vf-Reform 3/2001 in den primären Bereich auf, durch die Reform 2026 steht er nun als exklusive Zuständigkeit auch im AuSt.

Konkurrierend:

Ortspolizei in Stadt und Land; öffentliche Vorführungen; öffentliche Betriebe; Förderung der Industrieproduktion; Nutzung der öffentlichen Gewässer, mit Ausnahme der Großableitungen zur Erzeugung von Strom, für die das Land die Konzessionen selbständig ausschreiben und vergeben kann.

Weitere Zuständigkeiten:

Art. 11 bis 15 AuSt: *Eröffnung und Verlegung von Bankschaltern, Mitbestimmungsrechte bei Konzessionen für das Kommunikations- und Transportwesen, bei der staatlichen Industrieförderung, bei staatlichen Schulbaumitteln*

Im sozialen Bereich

Ausschließlich:

Geförderter Wohnbau; Katastrophenvorbeugung und Hilfe; Gemeinde- und Landeskommissionen zur Betreuung und Beratung der Arbeiter bei der Arbeitsvermittlung; öffentliche Fürsorge und Wohlfahrt.

Konkurrierend:

Lehrlingswesen, Arbeitsbücher, Berufsbezeichnungen; Kontrolle der Arbeitsvermittlung; Hygiene und Gesundheitswesen; Sport und Freizeit mit den entsprechenden Anlagen.

Tertiär oder ergänzend:

Arbeitsvermittlung und -zuweisung mit Vorrang der ansässigen Bürger bei der Arbeitsvermittlung (Der Vorrang der Ansässigen kollidiert mit dem EU-Recht und wird deshalb nicht angewandt).

Im Umwelt- und Energiebereich

Landschaftsschutz, Schutz der Umwelt und des Ökosystems von provinzialem Interesse, einschließlich des Wildtiermanagement, Katastrophenvorbeugung und Hilfe; Abfallwirtschaft, Landverwaltung (governo del territorio) einschließlich Urbanistik, Bauwesen und Bauleitpläne, Pflanzen- und Tierschutzparks.

Wasserbauten der dritten, vierten und fünften Kategorie, kleine und mittlere Ableitungen für die Wasserkraftnutzung, Ausschreibung und Vergabe der Konzessionen der großen Wasserableitungen zur Energiegewinnung (vgl. Kap. IV.5.8. Autonomie im Energiebereich).

Einige Zuständigkeiten waren durch die Reform 2026 des AuSt dazugefügt und erweitert worden, um die Beschneidungen des VfGH wettzumachen, so die Arbeitsverträge beim Land, die Raumordnung, die öffentlichen Verträge, die Umwelt, das Wildtiermanagement, der Handel u.a. (vgl. Kap. IV.7.2. Die erzielten Neuerungen im Autonomiestatut).

1.9. Die Verwaltungsbefugnisse – parallel zur Gesetzgebung

In den Sachgebieten und in den Grenzen, innerhalb derer die Region oder die Provinzen Gesetzesbestimmungen erlassen können, werden die Verwaltungsbefugnisse, die nach der früheren Ordnung dem Staate zustanden, von der Region bzw. von der Provinz ausgeübt (Art. 16 AuSt). Neben der Gesetzgebungsautonomie besteht also eine Verwaltungsautonomie, die sich in der Regel damit deckt. Das Land und die Region sind auch für die Verwaltung und Durchführung der eigenen Gesetze zuständig.

Darüber hinaus kann der Staat der Region, der Provinz und anderen öffentlichen örtlichen Körperschaften eigene Befugnisse (mit Gesetz) zur Verwaltung übertragen (Art. 16,3 AuSt).

Die Region übt in der Regel die Verwaltungsbefugnisse aus, indem sie diese den Provinzen, den Gemeinden und anderen örtlichen Körperschaften überträgt oder sich deren Ämter bedient. Ebenso können die Provinzen einige ihrer Verwaltungsbefugnisse den Gemeinden oder anderen örtlichen Körperschaften übertragen oder sich deren Ämter bedienen (Art. 18 AuSt).

Die reformierte Verfassung von 2001 hat (Art. 118) den *Gemeinden* die Verwaltungsbefugnisse übertragen, was einen Konflikt mit den Zuständigkeiten der Region und der autonomen Provinzen ausgelöst hat, die gemäß Statut ihre Verwaltung parallel zur Zuständigkeit der Gesetzgebung ausüben. Aber die Verfassungsreform 3/2001 gilt für Normalregionen. Die Besserstellungsklausel (Art. 10 Vf-G 3/2001),[84] die die weitergehenden Autonomieformen auch auf die Sonderregionen ausweitet, gilt nur zugunsten der autonomen Regionen und Provinzen, nicht der Gemeinden. Also bleibt die Verwaltungskompetenz beim Land bzw. bei der Region.

1.10. Die Ausrichtungs- und Koordinierungsbefugnis

Mit der Begründung des nationalen Interesses und der Notwendigkeit eines einheitlichen Vorgehens hat der Staat sein zentralistisches Denken und Handeln in den 1980er Jahren stärker ausgebaut. Mit Staatsgesetz Nr. 400 vom 23. August 1988 wurde die Tätigkeit der Regierung und des Ministerratspräsidiums neu geregelt. Das Gesetz sieht (im Art. 2,3 d) eine generelle Befugnis der Regierung zur „*Ausrichtung und Koordinierung*“ (AKB) der Verwaltungstätigkeit der Regionen und „*innerhalb der Bestimmungen der Autonomiestatuten auch der Regionen mit Sonderstatut und der autonomen Provinzen Trient und Bozen*“ vor.

Mit großer Mehrheit (36 Ja, 3 Gegenstimmen) beschloss der Regionalrat von Trentino-Südtirol am 6. Oktober 1988 die Anfechtung dieser und anderer Bestimmungen des Staatsgesetzes Nr. 400/1988 vor dem VfGH. Dieser hielt die AKB allerdings nicht für verfassungswidrig. Er beschränkte sich darauf, die im Gesetz Nr. 400/1988 ebenfalls vorgesehene Befugnis der römischen Zentralregierung, *Verwaltungsakte* der Regionen und autonomen Provinzen zu annullieren, für unzulässig zu erklären (Urteil Nr. 229 und 230 vom 13. April 1989).[85]

„*Das einzige wirksame Instrument, um diese Befugnis der Regierung in unserem Land voll außer Kraft zu setzen, wäre ein Verfassungsgesetz*“, sagte SVP-Obmann *Silvius Magnago* auf der SVP-Landesversammlung 1991. Die Landesversammlung der SVP des Jahres 1988 hat in ihrer Entschließung die Abschaffung bzw. die weitestgehende Beschränkung der Ausrichtungs- und Koordinierungsbefugnis gefordert.[86]

Erzielt wurde eine Dfb, die zwar keine Abschaffung, aber zumindest eine Eingrenzung dieser AKB für die Region Trentino-Südtirol vorsieht (GvD vom 16. März 1992, Nr. 266). In den Prämissen wird auf den Pariser Vertrag Bezug ge-

[84] Vgl. Kap. V.2.2. Die Besserstellungsklausel.
[85] Vgl. Kap. V.3. Die Erweiterung der Sonderautonomie von Trentino und Südtirol.
[86] *Peterlini, O.* (1997i de), 152–153; (2000f de), 146–147.

nommen und somit erfolgt erstmals in einer Dfb eine direkte Anbindung an diesen internationalen Vertrag; ein wichtiger Aspekt, der die internationale Verankerung der Autonomie unterstreicht. Weiters wurden zum Schutze der primären und sekundären Befugnisse des Landes „*Bremsklötze*“ (*Magnago* auf der SVP-Landesversammlung 1991) eingebaut. Diese bestehen im Wesentlichen darin, dass die Koordinierungsmaßnahmen der Regierung nicht wie in den übrigen Regionen automatisch in Kraft treten, sondern dem Regionalrat und dem Landtag sechs Monate Zeit gegeben wird, die eigenen Gesetze entsprechend anzupassen. Erfolgt diese Anpassung durch den Regionalrat bzw. Landtag nicht, hat die Regierung drei Monate Zeit, die Gesetze des Regionalrates bzw. Landtages beim VfGH anzufechten.

Diese Einschränkungen bedeuten damit keineswegs eine Abschaffung der AKB und können auch die Wirksamkeit (trotz der „*Bremsklötze*“) kaum reduzieren, sondern nur verzögern. Was im Übrigen in Italien direkt per AKB wirksam wird, wirkt in Südtirol indirekt auf den Landesgesetzgeber, der sich einfach anpassen muss. Tut er es nicht, kann die Regierung vor den VfGH gehen. Die Hoffnung, dass möglicherweise die vorgesehenen Termine versäumt werden könnten, muss sich daran messen, dass die Regierung den wesentlich kürzeren Termin für die damals vorgesehene Möglichkeit der Rückverweisung von Landesgesetzen (30 Tage) in 99,9 % der Fälle niemals versäumt hat.

1.11. Die Finanzierung der Autonomie

Die im AuSt enthaltenen Finanzbestimmungen werden nicht mit dem für Verfassungsrevisionen vorgesehenen Verfahren, sondern mit einem eigenen Verfahren abgeändert. Gemäß Art. 104 können diese Bestimmungen auf *einvernehmlichen Antrag* der Regierung und, je nach Zuständigkeit, der Region oder der Provinzen mit einfachem Staatsgesetz geändert werden. Statt des erschwerten Verfassungsverfahrens gilt also der Grundsatz des Einvernehmens.

Nach dem AuSt von 1948 standen dem Land geringe Anteile an Staatssteuern und andere Erträge zu. Die Regelung bewirkte zusammen mit der fehlenden Ermächtigung, eigene Steuern einzuheben, eine völlige Abhängigkeit von Staat und Region. Nach dem neuen AuSt von 1972 erfolgte mit den neuen Zuständigkeiten zwar ein bedeutender Ausbau der finanziellen Ausstattung, aber die Finanzierung blieb weiterhin eine abgeleitete, also durch Abtretung von Anteilen staatlicher Steuern und Gebühren. Die Höhe wurde teils mit einer festen Quote festgelegt, teils mit einer variablen, die jährlich zwischen Landeshauptmann und Regierung auszuhandeln war. Daneben gab es Zuweisungen aus dem Staatshaushalt von Ausgaben für Industrieförderung, delegierte Befugnisse, Katastrophenhilfe u.a.[87]

Mit Staatsgesetz vom 30. November 1989, Nr. 386, wurde die Finanzierung der Autonomie auf eine neue Grundlage gestellt. Die entsprechenden Artikel im VI. Abschnitt des AuSt (Art. 69 bis 86 AuSt) wurden abgeändert.[88] Entsprechend der

---

[87] *Bonell, L./Winkler, I.* (2002), 60–63.

[88] Für diese Teile des AuSt sieht dieses selbst die Möglichkeit der Änderung mit einfachem Staatsgesetz vor, aber im Einvernehmen (Art. 104 AuSt).

neuen Regelung stehen dem Land etwa 90 % der in Südtirol erzielten Steuern und Abgaben zu. Neben diesen Einnahmen über die Staatssteuern gibt es noch geringfügige regionale und Landessteuern.

Die neuen Finanzbestimmungen brachten dem Land erhebliche Mehrmittel. Auch ist die neue Regelung wesentlich autonomiegerechter. Eine direkte Beteiligung am *Steueraufkommen* des Landes ist zwar noch lange keine Finanzautonomie (diese müsste die Steuerhoheit umfassen), sie ist aber doch ein Fortschritt im Verhältnis zur vorherigen Regelung, die von Staatssteuern, Staatszuweisungen und variablen Anteilen abhängig war. Die Beteiligung des Landes erfolgte zwar weiterhin in einem festen und einem veränderlichen Ausmaß. Nach der neuen Regelung stellte die Abtretung nach fester Quote etwa 85 % und nach veränderlicher Quote nur 15 % der staatlichen Mittelzuweisungen aus Steuern und Gebühren an das Land dar. Durch die Erhöhung der festen Quote waren auch mehr Unabhängigkeit und weniger Ermessensspielraum gegeben.

Die restlich verbliebene unsichere Berechnungsmethode mit festem und veränderlichem Anteil wurde im Jahre 2009 durch eine neue Regelung ersetzt. Die Region TnSt und die autonomen Provinzen haben am 30. November 2009 das sog. *Mailänder Abkommen* mit der Regierung geschlossen, das nach Aufnahme in das Finanzgesetz 2010 den VI. Titel des Statuts fast völlig neu geschrieben hat.

Das Abkommen hat die Finanzautonomie der autonomen Provinzen gestärkt, sie gleichzeitig aber auch zur Kassa (der Solidarität) gebeten: Ihr bereits vorgesehener Anspruch auf 9/10 der Steuern wurde auf das *gesamte* Steueraufkommen ihres Gebietes ausgedehnt, ihre Steuerbefugnisse wurden erweitert (Art. 73 und 80 des Statuts). Im Gegenzug haben die autonomen Provinzen und die Region auf alle in der Vergangenheit vorgesehenen zusätzlichen Einnahmen verzichtet (Ersatzbetrag für die Mehrwertsteuer auf Importe, veränderlicher Anteil, Beteiligungen an Mitteln, die in nationalen Verteilungsgesetzen vorgesehen sind). Um den Anforderungen der Solidarität gerecht zu werden, haben sie darüber hinaus die Finanzierung einiger staatlicher Aufgaben übernommen (Lehrer, Motorisierung, Straßen, lokaler Rundfunk samt Fernsehen der staatlichen RAI, Universität, Gerichtspersonal usw.).

Mit dem Stabilitätsgesetz 2014 (Gesetz Nr. 147/2013) wurde der Art. 80 des AuSt geändert. Demzufolge genießen die autonomen Provinzen seit 1. Januar 2014 die ausschließliche (bis dahin konkurrierende) Zuständigkeit im Bereich der Lokalsteuern.

Mit 1. Jänner 2015 ist ein weiteres Abkommen (sog. *Bozner Abkommen*) zwischen den autonomen Provinzen, der Region und dem Staat in Kraft getreten, das mit dem Stabilitätsgesetz des Staates für das Jahr 2015 (Gesetz Nr. 190/2014) umgesetzt wurde und erneut die Finanzbestimmungen des Statutes abgeändert hat. Darin verpflichten sich die Autonomien zu einer kräftigen Beteiligung an der Zinslast des Staates für die öffentlichen Schulden, im Tausch für stärkere Garantien zur Stabilität der künftigen Einnahmen. Das Mailänder Abkommen blieb zwar aufrecht, der im AuSt vorgesehene Anteil am Steueraufkommen von 90 % gilt weiterhin, durch die Zahlungen für die Staatsschuld bleiben aber dem Land de facto rund 85 %.[89]

Der Haushaltsvoranschlag des Landes Südtirol für das Jahr 2026 umfasst ein Gesamtvolumen von Einnahmen und Ausgaben in Höhe von 8.808 Mio. Euro,[90] jener der Region TnSt von 412 Mio. Euro.[91] Auch an diesen Zahlen kann man die Verlagerung der Macht von der Region auf die beiden Länder messen.

2. Der ethnische Proporz: Grundlage des politischen Systems

Der Faschismus hatte die Südtiroler aus der öffentlichen Verwaltung verbannt und nach dem Krieg blieb die Staatsverwaltung in Südtirol bis Mitte der 1970er Jahre weiterhin vorwiegend eine Domäne der italienischen Sprachgruppe. Der Proporz nach Sprachgruppen, auch *ethnischer Proporz* genannt, sollte Gerechtigkeit bringen. Der Proporz trat für die Staatsstellen erst mit der Dfb zum AuSt, dem DPR 752 vom 26. Juli 1976 (dem sog. Proporzdekret), am 30. November 1976 in Kraft. Er bedeutet, dass den drei Sprachgruppen in Südtirol das Recht eingeräumt wird, in der Verwaltung, bei den Regierungsstellen, bei Gericht und bei der Verteilung der sozialen und kulturellen Mittel im Verhältnis zu ihrer zahlenmäßigen Stärke berücksichtigt zu werden.[92]

2.1. Ein Akt der Wiedergutmachung

Der komplizierte Mechanismus des ethnischen Proporzes und viele andere Maßnahmen zum Minderheitenschutz sind geprägt von der „*Verfassung der Minderheiten*" in der italienischen Rechtsordnung, wie sie *Gaspare Nevola* nennt. Das gesamte institutionelle System der Provinz Bozen (und der Region) sei – bemerkt er zu Recht – vom Prinzip der Unterscheidung der verschiedenen Sprachgruppen geprägt. Diese werden dabei als eigene Rechtssubjekte anerkannt. Die formale Anerkennung der Gruppenrechte hat direkte Auswirkungen auf das tägliche Leben der Bürger in verschiedenen Bereichen, wie im öffentlichen Dienst, in der Schule oder im Sprachgebrauch.[93]

2.1.1. Die Verdrängung der Südtiroler aus dem öffentlichen Dienst

Der ethnische Proporz, den es in ähnlicher Form als Länderproporz bei den Verwaltungsstellen der Vereinten Nationen gibt,[94] als Sprachgruppen- und Regionen- Proporz in Belgien und – weniger geglückt in Bosnien-Herzegowina, findet in

[89] *Peterlini, O./Rosini, M.* (2015a it), 131–159.

[90] Autonome Provinz Bozen (12.12.2025): Haushalt 2026, https://edilizia-abitativa.provincia.bz.it/de/news/haushalt-2026-bringt-mittel-fur-soziale-gerechtigkeit, Abruf 11.2.2026.

[91] Autonome Region Trentino Südtirol (30.10.2025): Haushaltsvoranschlag 2026–2028, https://www.region.tnst.it/News/Pressemitteilungen2/HAUSHALTSVORANSCHLAG-2026-2028-GENEHMIGT, Abruf 11.2.2026.

[92] *Peterlini, O.* (1980).

[93] *Nevola, G.* (2003a), XXXI.

[94] *Peterlini, O.* (1980), 8–10.

Südtirol seine geschichtliche Begründung in der Verdrängung der deutschsprachigen Beamten und Lehrer aus dem öffentlichen Dienst in der Zeit des Faschismus'.

Vor der Annexion an Italien sind Beamte, Richter und Polizeikräfte im deutschsprachigen Teil Tirols deutsch – mit derselben Selbstverständlichkeit, wie sie im italienischsprachigen Teil, in Welschtirol (später Trentino genannt), hauptsächlich Italiener sind. Dasselbe gilt auch für die Amtssprache: in Welschtirol ist die Amtssprache italienisch, in Deutschtirol deutsch.[95]

Der Faschismus hatte sich in Südtirol zum Ziel gesetzt, die deutsche Sprache und mit ihr die Beamtenschaft und Lehrer zu eliminieren bzw. in die alten Provinzen zu versetzen. Am 15. Juli 1923 verkündete *Ettore Tolomei* sein 32 Punkte umfassendes Italienisierungsprogramm für Südtirol. Darin waren auch Maßnahmen für die öffentliche Verwaltung vorgesehen, die darauf abzielten, die Südtiroler aus dem öffentlichen Dienst zu verdrängen:[96] die Ernennung italienischer Gemeindesekretäre, die Einführung der italienischen Amtssprache, die Entlassung der deutschen Beamten bzw. deren Versetzung nach Altitalien, die Verstärkung der Carabinieri-Truppe unter Ausschluss deutscher Mannschaften, die Errichtung italienischer Kinderasyle und Schulen, die Beseitigung deutscher Banken, die italienische Gerichtssprache und anderes mehr.

Über die entstandene Lage im öffentlichen Dienst gibt *Mussolini* selbst Auskunft. Am 27. Februar 1926 gab er der Zeitung *Petit Parisien* ein Interview, in welchem er Folgendes erklärte:

> *Diese Gefahr sah ich in Südtirol: alles war dort deutsch, Beamte, Lehrer, Geistlichkeit, Post und Eisenbahn. Man sprach nur deutsch. Ich habe da Ordnung gemacht: (...) im ganzen Gebiet ist die italienische Sprache obligatorisch, alle Post- und Eisenbahnbeamten sind Italiener; italienische Familien werden überall angesiedelt; wir wollen 1.000 Familien ehemaliger Soldaten ins Land schicken, um es zu kolonisieren. In Meran haben wir 400 italienische Familien angesiedelt, weitere 100 sind in der Nachbarschaft beschäftigt. Das Land muss italienisch werden.*[97] (*Mussolini*, 1926)[98]

Zahlenmäßig besser belegt, aber im Wesentlichen die gleiche Bilanz zog Mussolini am 3. März 1928 im Parlament:

> *Es ist zweckmäßig zu wissen und auch andere wissen zu lassen, dass immer noch 376 einheimische Beamte in der Stadt Bozen und 664 in der Provinz Bozen im Dienst sind. Nachdem all dies nicht gewürdigt wird, werden diese Elemente demnächst vor die Alternative gestellt: entweder Versetzung in die anderen Provinzen des Staates oder Entlassung aus dem Dienst (...)* (*Mussolini*, 1928)[99]

---

[95] *Peterlini, O.* (1980), 14–19; *Peterlini, O.* (1997i de), 60–67; (2000f de), 54–61.

[96] *Tolomei, E.* (1928).

[97] *Salvemini, G.* (1952), 448; *Gruber, A.* (1975), 50.

[98] *Tolomei, E.* (1928), 13; ebenso *Salvemini, G.* (1952) 448; letztzitierter Satz im Original: „*Poiché tutto ciò non viene apprezzato tutti questi elementi saranno posti prossimamente al bivio: o trasferimento in altre province del regno, o esonerati e sostituiti.*“

[99] *Peterlini, O.* (1980), 25; *Salvemini, G.* (1952), 448. *Tolomei, E.* (1928), 13.

2.1.2. Situation in den Staatsdiensten vor Inkrafttreten des Proporzes

Nach dem Krieg änderte sich die Lage kaum. Im Jahre 1976 treten die neuen Proporzbestimmungen für Südtirol in Kraft. Das demokratische Italien war bis dahin nicht imstande gewesen, das faschistische Unrecht gegenüber Südtirol wiedergutzumachen. Die Staatsstellen machten einen wichtigen Teil des öffentlichen Dienstes aus.

Rund 7.000 (genau 7.371) Stellen sollten unter den Proporz fallen (nachstehend *Proporzstellen*), davon waren im Jahre 1975 rund 6.000 besetzt. Ein weiterer Teil von Staatsstellen, alle militärischen Dienste, Polizei, Carabinieri, Finanzwache usw., auch das Verwaltungspersonal des Verteidigungsministeriums, sowie die höheren Dienste der Zivilverwaltung des Inneren waren vom Proporz ausgenommen, insgesamt etwa 8.900 Stellen (einschließlich des Militärs, das damals Pflichtdienst war), davon rund 3.200 Angehörige der Polizei aller Art.[100]

Die Zahl der deutschen und ladinischen Bediensteten bei den Staatsämtern betrug 1975 genau 824 (13,9%) von insgesamt 5.932. Von den rund 8.600 Sozialwohnungen waren bis 1959 mehr als 95% ausschließlich Italienern zugewiesen worden.[101]

Das zahlenmäßige Verhältnis der in Südtirol lebenden Sprachgruppen zeigt zur gleichen Zeit jedoch ein völlig gegenteiliges Bild, nämlich 66,7% Deutsche und Ladiner sowie 33,3 % Italiener (VZ 1971).[102] Teilt man die 7.131 Planstellen nach diesem Schlüssel auf,[103] stünden den Deutschen und Ladinern 4.755 Stellen zu, von denen sie nur 824 besetzen; den Italienern stünden 2.376 Stellen zu, tatsächlich besetzen sie 5.108 Stellen.

Tab. 1: Personalstand 1975 insgesamt nach Laufbahnen

Sprachgruppen Laufbahn	**D/L**		**IT.**		
	abs.	**%**	**abs.**	**%**	**SA**
A	6	3%	204	97%	210
B	32	4%	848	96%	880
C					2.651
	786	16%	4.056	84%	
D					2.191
SA	824	14%	5.108	86%	5.932

Quelle: Eigene Erhebung, *Peterlini, O.* (1980), 86.

[100] *Peterlini, O.* (1980), 84 und 142–144.
[101] *Peterlini, O.* (1980), 136–139.
[102] VZ 1971, in Südtirol 1981, 10.
[103] Aufgliederung nach dezimalen VZ-Anteilen; Laut DPR 752/1976 wird gerundet (63 De, 4 L, 33 It).

Nur sechs Südtiroler (3 %) waren 1975 in den leitenden A-Laufbahnen und nur 32 (4 %) in den gehobenen B-Laufbahnen der Staatsämter beschäftigt. Die wenigen Südtiroler, die sich also 1975 im Staatsdienst befanden (824), waren durchwegs in den mittleren und unteren Laufbahnen (C und D) tätig, davon die meisten (370) bei der Post, vielfach als Briefträger. Bei der Bahn, dem größten damaligen Staatsbetrieb mit über 3.000 Stellen, waren 235 Südtiroler beschäftigt, die allermeisten in der mittleren bis unteren Laufbahn (C und D), sieben in der gehobenen Laufbahn, u.a. das sei der Kuriosität wegen dazugefügt, der Vater des Autors, *Eduard Peterlini*, der Stationschef in Neumarkt war.

Die nachstehende Tab. 2 zeigt die Stellenbesetzung in den verschiedenen Ämtern, die unter den Proporz fallen, vor Inkrafttreten desselben. Die verfügbaren Plan-Stellen (St, jeweils in der ersten Zeile), sind nach Laufbahnen gegliedert, wobei A die Führungspositionen (Akademiker), B die gehobene Laufbahn (Matura), C die mittlere Laufbahn (Mittelschule) und D die einfache Laufbahn bezeichnen. Die Erhebung bezieht sich auf zwei Stichdaten: den 30.9.1975 (1975, jeweils in der 2. Zeile), also knapp vor dem Inkrafttreten des DPR 752 im Jahre 1976, und den 20.1.1972 (1972, in der 3. Zeile), dem Tag, an dem das AuSt und damit der Proporz-Grundsatz in Kraft getreten, aber noch nicht in seiner Funktionsweise normiert worden war.

Der tatsächliche Personalstand von 1975 (zweite Zeile) und von 1972 (dritte Zeile) weicht in seiner sprachgruppenmäßigen Besetzung ganz wesentlich von dem Plansoll (erste Zeile) ab. Aufgrund der Größenverhältnisse der Sprachgruppen müssten zwei Drittel der Stellen, wie es sich eben aus der ersten Zeile ergibt, von Deutschen und Ladinern besetzt sein. Der tatsächliche Stand, sowohl 1975 als auch 1972, zeigt so ziemlich das Gegenteil.

Zu sehen ist auch, dass in der Periode 1972–1975, also nach Inkrafttreten des AuSt, dem Grundsatz des Proporzes nicht nur nicht entsprochen wurde, sondern der Anteil der italienischen Beamten sogar zugenommen hat, eine letzte schnelle Stellenbesetzung, bevor der Proporz in Kraft treten konnte.

Tab. 2: Stellen und Bedienstete der Ämter vor Inkrafttreten des Proporzes, 1975 und 1972

	Deutsche/Ladiner (De/L) nach Laufbahnen				**Italiener (It) nach Laufbahnen**				**Alle Sprachgruppen nach Laufbahnen**				**Insgesamt**		
Laufbahnen Ämter	A	B	C	D	A	B	C	D	A	B	C	D	De/L	It	Tot.
Reg.Kom.St.	-	11	21	11	-	5	11	5	-	16	32	16	43	21	64
75	-	-	1	1	-	14	20	10	-	14	21	11	2	44	46
72	-	-	1	1	-	14	19	9	-	14	20	10	2	42	44
Finanzamt St.	69	62	153	25	34	31	77	13	103	93	230	38	309	155	464
75	2	5	38	7	47	77	175	13	49	82	213	20	52	312	364
72	1	3	11	3	38	67	117	12	39	70	128	15	18	234	252
Zoll St.	32	80	24	46	16	40	12	23	48	120	36	69	182	91	273
75	-	3	7	5	60	57	37	30	60	60	44	35	15	184	199
72	-	3	6	5	53	20	24	20	53	23	30	25	14	117	131
Schatz St.	12	16	10	5	6	8	5	2	18	24	15	7	43	21	64
75	-	-	-	-	15	14	7	3	15	14	7	3	-	39	39
72	-	-	-	-	14	13	6	3	14	13	6	3	-	36	36
Arbeit St.	9	11	57	4	5	5	29	2	14	16	86	6	81	41	122
75	1	2	38	-	5	12	51	4	6	14	89	4	41	72	113
72	-	-	34	-	3	8	39	4	3	8	73	4	34	54	88
Bauamt St.	1	7	9	4	1	3	5	1	2	10	14	5	21	10	31
75/72	-	-	-	-	2	10	23	1	2	10	23	1	-	36	36
Telefon St.	-	55	126	25	-	27	63	12	-	82	189	37	206	102	308
75	-	-	5	-	-	7	177	16	-	7	182	16	5	200	205
72	-	-	5	-	-	7	146	14	-	7	151	14	5	167	172
Motoris. St.	1	4	14	2	1	2	7	1	2	6	21	3	21	11	32
75	-	-	-	-	2	6	23	3	2	6	23	3	-	34	34
72	-	-	-	-	2	5	21	3	2	5	21	3	-	31	31
Post St.	5	25	590	563	2	13	295	281	7	38	885	844	1183	591	1774
75	-	4	139	227	6	33	560	394	6	37	699	621	370	993	1363
72	-	3	92	204	5	31	458	352	5	34	550	556	299	846	1145
INAIL St.	16	31	21	9	8	15	11	5	24	46	32	14	77	39	116
75	2	6	5	1	10	30	28	5	12	36	33	6	14	73	87
72	2	5	4	1	6	29	25	3	8	34	29	4	12	63	75
INPS St.	17	88	41	9	8	44	20	4	25	132	61	13	155	76	231
75	-	4	27	6	11	98	36	6	11	102	63	12	37	151	188
72	-	4	1	2	10	92	14	2	10	96	15	4	7	118	125
Veterinär St.	6	1	-	4	3	-	1	2	9	1	1	6	11	6	17
75	-	-	-	-	6	-	1	-	6	-	1	-	-	7	7
72	-	-	-	-	4	-	1	-	4	-	1	-	-	5	5
Gericht St.	22	15	28	11	11	8	14	5	33	23	42	16	76	38	114
75	1	1	1	2	26	19	24	13	27	20	25	15	5	82	87
72	1	-	1	2	26	17	23	11	27	17	24	13	4	77	81
Andere St.	3	1	5	5	-	1	2	5	3	2	7	10	14	8	22
75	-	-	-	-	1	1	6	6	1	1	6	6	-	14	14
72	-	-	-	-	-	-	3	6	-	-	3	6	-	9	9
ANAS St.	5	27	21	154	3	13	11	77	8	40	32	231	207	104	311
75	-	-	2	46	7	32	23	90	7	32	25	136	48	152	200
72	-	-	2	46	7	30	23	89	7	30	25	135	48	149	197
Bahn (FS)St.	6	358	931	831	3	179	465	415	9	537	1396	1246	2126	1062	3188
75	-	7	228		6	438	2271		6	445	1197	1302	235	2715	2950
72	-	7	212		6	386	1317		6	393	1529		219	1709	1928
Alle St.	**204**	**792**	**2051**	**1708**	**101**	**394**	**1028**	**853**	**305**	**1186**	**3079**	**2561**	**4755**	**2376**	**7131**
75	**6**	**32**	**786**		**204**	**848**	**4056**		**210**	**880**	**2651**	**2191**	**824**	**5108**	**5932**
72	**4**	**25**	**633**		**176**	**729**	**2788**		**180**	**754**	**3421**		**662**	**3693**	**4355**
Alle ohne St.	198	434	1120	877	98	215	563	438	296	649	1683	1315	2629	1314	3943
Bahn 75	6	25	558		198	410	1785		204	435	1454	889	589	2393	2982
72	4	18	421		170	343	1471		174	361	1099	793	443	1984	2427

Quelle: Eigene Erhebung, *Peterlini, O.* (1980), 86.

St = Stellenpläne; 75 = Personalstand am 30. September 1975; 72 = davon im Dienst am 20. Jänner 1972. INAIL = Arbeitsunfall-Institut, INPS = Sozialvorsorge-Institut, ANAS = Straßenverwaltung.

Andere: Staatsarchiv, Notariatsarchiv, Gerichtsgefängnisse und Rechnungshof.

2.1.3. Grundlagen und Stellenverteilung in Regierung und Verwaltung

Seine zwischenstaatliche Verankerung sowie völkerrechtliche Grundlage findet der ethnische Proporz im Art. 1 lit. d des Pariser Vertrages von 1946:

Equality of rights as regards the entering upon public offices, with a view to reaching a more appropriate proportion of employment between the two ethnical groups. (Art. 1,2, lit d, Pariser Vertrag)

Dieser Grundsatz bestand aber lange Zeit nur auf dem Papier und wurde erst mit dem Südtirol-Paket 1969 (Maßnahmen 92, 94 mit Fn 19, 95, 96 und 105) so ausgehandelt und verstärkt, dass er auch von Italien umgesetzt wurde. Innerstaatlich gründet der Proporz auf einer Reihe von Bestimmungen des neuen, vom Paket reformierten AuSt von 1972 und auf den Dfb, dem DPR 752/1976, sowie späteren Abänderungen und Ergänzungen dieses Dekretes.

Im AuSt und in den Dfb ist der Proporz für folgende Bereiche vorgesehen:

Für die Aufteilung der Haushaltsmittel des Landes zu Zwecken der Fürsorge und zu sozialen oder kulturellen Zwecken; diese müssen „*im direkten Verhältnis zur Stärke und mit Bezug auf das Ausmaß des Bedarfes einer jeden Sprachgruppe*“ verteilt werden. Hier sind zwei Parameter angegeben: Proporz und Bedarf (Art. 15 AuSt). Die Mittel werden also nicht streng nach Proporz verteilt, sondern man berücksichtigt mit einem Punktesystem auch den Bedarf der Gesuchsteller.

Die Vergabe nach dem Grundsatz des Proporzes der Sprachgruppen gilt auch für die Vergabe der öffentlichen Stellen, wie sie im AuSt verankert wurde: das heißt für die *zivilen Staatsstellen* (Art. 89 AuSt, DPR 752/1976), einschließlich *Eisenbahn und Post* als größte Arbeitgeber, die *halbstaatlichen Ämter*, wie das Sozialvorsorgeinstitut INPS und das Unfallversicherungsinstitut INAIL (Paket-Maßnahme 105 und DPR 752/1976), sowie seit ihrer Privatisierung weiterhin für die Eisenbahn (GvD 32/1991) und die Post (DL 487/1993, G 71/1994), für die Richter- und Gerichtsstellen (Art. 89,6 AuSt).

Aufgrund der Landesgesetzgebung wurde der Proporz für alle Stellen des Landes, der öffentlichen und der lokalen Körperschaften vorgeschrieben, sodass sich das Prinzip wie ein roter Faden durch die gesamte Verwaltung und Justiz zieht.

Der Proporzgrundsatz beschränkt sich nicht auf Beamtenstellen und Mittel. Er betrifft auch die Regierungsorgane. Der *Regionalausschuss und der Landesausschuss von Südtirol* müssen im Verhältnis zur Stärke der Sprachgruppen zusammengesetzt werden, wie sie im Regionalrat bzw. im Landtag vertreten sind (Art. 36 und 50 AuSt). Der Landtag kann auch beschließen, den Proporz laut Volkszählung anzuwenden (Reform 2026). Die beiden Regierungen auf Landes- und Regionalebene müssen also so gebildet werden, dass die Sprachgruppen proportional vertreten sind, eine perfekte Konsensdemokratie auf Regierungsebene.

Für die kleine ladinische Minderheit (rund 4%) entsteht dadurch das Problem, dass sie (in der Regel) mit einem Abgeordneten von 35 rein zahlenmäßig nicht das Recht hätte, in der Landesregierung Platz zu finden. Neben dem Proporz gibt es auch Stellen, die paritätisch der deutschen und der italienischen Sprachgruppe vorbehalten werden. Hier zeigt sich das Problem besonders eklatant. Verschiedene Verbesserungen konnten im Laufe der Jahre die Schwierigkeiten überwinden (vgl. Kap. II.2.3. Parität, Rotation und das Problem der Ladiner), Kap. II.3.3.9. Die Ladiner – zunächst benachteiligt, dann gefördert).

Der gleiche Proporzgrundsatz gilt auch für die Organe der örtlichen öffentlichen Körperschaften (Art. 61 AuSt) sowie für verschiedene *Kommissionen* (Art. 19, 49 u.a. AuSt).

2.2. Die Erhebung der Sprachgruppen

Eine wichtige Voraussetzung für den Schutz einer sprachlichen Minderheit ist es, festzustellen, wer zu dieser Minderheit zählt. Bestimmte Rechte, die einer sprachlichen Minderheit oder einer Sprachgruppe vorbehalten sind, können nämlich nur in Anspruch genommen werden, wenn man zu dieser Gruppe gehört. Dies gilt besonders für die Aufteilung der Stellen und die anderen Maßnahmen entsprechend dem ethnischen Proporz. Für die Regierungsstellen und Ausschüsse hingegen wird die Zusammensetzung des Landtages bzw. des Regionalrates zugrunde gelegt.

Der Proporz und insbesondere die Art der Erhebung der Sprachgruppen zählten aber zu den umstrittensten Themen im Bereich des Minderheitenschutzes. Einerseits stellt die Erklärung über die Sprachgruppe die Grundlage für die Verteilung der Stellen und die Anwendung des Proporzes in den angeführten Bereichen dar, andererseits ermöglicht die Erklärung die Inanspruchnahme des entsprechenden subjektiven Rechtes seitens des Bürgers. Die Bestimmung über die Sprachgruppenerklärung wurde im Jahre 1976 mit dem Proporzdekret eingeführt (DPR 752/1976).

Bei den Volkszählungen (VZ) in Südtirol wurde schon vorher – seit Jahrzehnten – die Sprachgruppe erhoben. Für die VZ von 1981 wurden allerdings erstmals rechtsverbindliche Folgen mit der zur Pflicht erhobenen Zugehörigkeitserklärung verbunden. Mit der Erklärung wurde die Stärke der einzelnen Sprachgruppen erhoben; diese ist die Grundlage für die Verteilung der öffentlichen Stellen und zum Teil auch der Sozialmittel. Ebenso wurde damit die Zugehörigkeit der einzelnen Bürger zu einer der drei offiziellen Sprachgruppen – der deutschen, italienischen oder ladinischen – erhoben.

Die VZ von 1981, 1991, 2001, 2011 und 2024 brachten folgendes Verhältnis, das für die Berechnung des Proporzes gegolten hat, und zwar jeweils für zehn Jahre bis zur nächsten VZ. Bei dieser Verteilung sind die sog. *Anderen* nicht berücksichtigt, also die ungültigen oder weißen Erklärungen, die leeren Umschläge, die zeitweilig abwesenden Personen oder solche, die keine Erklärung, auch keine Angliederung abgeben wollten,[104] sowie die ansässigen Ausländer.

[104] Zur Angliederung an eine Sprachgruppe vgl. Kap. II.2.2.3. Eine erste Lockerung: die Regelung von 1991 bis 2005.

Tab. 3: Verhältnis der Sprachgruppen – Grundlage für die Verteilung der Stellen und sozialen Mittel

Jahr	Deutsche	Italiener	Ladiner
1981	66,40%	29,40%	4,20%
1991	67,99%	27,65%	4,36%
2001	69,15%	26,47%	4,37%
2011	69,41%	26,06%	4,53%
2024	68,61%	26,98%	4,41%

Quelle: Sprachgruppenerhebung des ASTAT, ohne die „*Anderen*".

Nach diesem Schlüssel werden die Stellen im öffentlichen Dienst vergeben, ebenso – neben dem Kriterium des Bedarfs – die sozialen und kulturellen Mittel. Die Region und das Land haben den Stellenproporz für alle Bediensteten ihrer Kompetenz eingeführt (Landes- und Regionalverwaltung, Gemeinden, Gesundheitswesen, Landesinstitute usw.).[105]

2.2.1. Eine umstrittene Maßnahme – Käfig oder Schutz?

Für die im Oktober 1981 bevorstehende Volkszählung wurde ein Präsidialdekret (DPR vom 28. September 1981, Nr. 542) erlassen, in dem u.a. auch die Sprachgruppenerklärung für die Provinz Bozen geregelt wurde. Die Erklärung musste demnach öffentlich abgegeben werden; sie gestattete nicht, sich zu einer anderen als den drei offiziellen Sprachgruppen zugehörig zu erklären, und musste auch für die Kinder aus Mischehen abgegeben werden. Der Grund für diese rigide Anwendung war aus den negativen Erfahrungen der Vergangenheit verständlich. Die SVP-Vertreter, allen voran der damalige stellvertretende Landeshauptmann *Alfons Benedikter,* der mit *Senator Roland Riz* die Verhandlungen in der Sechserkommission in Rom führte, befürchteten die Bildung einer vierte Gruppe der sog. *Anderen* oder *Gemischtsprachigen.* Diese hätte aus ihrer Sicht den vom AuSt vorgesehenen Schutz für die drei offiziellen Sprachgruppen aufweichen können. Das AuSt sieht drei zu schützende Volksgruppen vor. Und dabei sollte es nach dem Standpunkt der SVP bleiben.

Problematisch war dies wiederum für jene, die nicht zu diesen drei Gruppen gehörten, weil sie anderssprachig oder gemischtsprachig waren, oder sich nicht zuteilen lassen wollten. Dasselbe Problem stellt sich heute noch in Bosnien-Herzegowina, weil zwar alle drei anerkannten Völker möglichst gerecht vertreten und gesichert werden, die rigide Einteilung aber alle anderen ausschließt, die nicht dazugehören.

Einen erbitterten Kampf gegen diese Sprachgruppenerklärung und gegen den ethnischen Proporz führte *Alexander Langer*, damaliger Regionalrats- und Landtagsabgeordneter der *Neuen Linken/Nuova Sinistra* und später Europaparlamentari-

[105] *Pallaver, G.* (2007), 631; *Peterlini, O.* (1980), 40 ff.

er der *Grünen-Verdi-Verc*. Er verglich die Sprachgruppenerklärung mit ethnischen Käfigen und mit der fatalen Option des Jahres 1939. Er rief zum Boykott gegen die Erklärung auf und wurde 1995 (wohl bewusst) selbst Opfer dieser Bestimmung, als er wegen der mangelnden Sprachgruppenerklärung nicht zur Bürgermeisterkandidatur in Bozen zugelassen wurde. Er führte seinen Kampf bis zu seinem allzu frühen Tode (1995) fort, obwohl zwischenzeitlich wesentliche Verbesserungen die Freiheit und Geheimhaltung der Erklärung gewährleisteten.[106]

2.2.2. Gerichtsverfahren und Verfassungsklage

Mit der rigiden Anwendung der Bestimmungen ergaben sich auch rechtliche Probleme. Die Kläger setzten genau an dem Punkt an, den die SVP befürchtete und verhindern wollte, nämlich bei der Schaffung einer vierten Gruppe der Gemischtsprachigen.

Am 21. September 1981 klagte der Rechtsanwalt *Alberto Pasquali* beim Zivilgericht in Bozen und machte geltend, dass es innerhalb der Familie zu ernsthaften Meinungsverschiedenheiten über die Wahl der Sprachgruppe für seine beiden minderjährigen Kinder, *Marco* und *Stefano*, anlässlich der für den 25. Oktober 1981 anberaumten zwölften allgemeinen VZ gekommen sei. Der Kläger gab an, dass er der italienischen Sprachgruppe und seine Frau der deutschen Sprachgruppe angehöre, während die Kinder ohne Unterschied beide Sprachen sprächen, da sie in beiden Kulturen und Traditionen aufgewachsen seien. Der Kläger beantragte den Erlass einer Maßnahme, die den Erfordernissen der Einheit der Familie am besten gerecht werde, insbesondere die Ermächtigung der Ehegatten, ihre Kinder der gemischten Sprachgruppe *Italienisch-Deutsch* zuzuordnen, oder die Befreiung von der Erklärung für minderjährige Kinder. Im Bewusstsein, dass ein Richter wohl schwerlich eine Maßnahme außer Kraft setzen könne, die auf einem Verfassungsgesetz beruhe, verlangte der Kläger, in nachgeordneter Weise, die Weiterleitung der Akten an den VfGH, um die Verfassungsmäßigkeit der Bestimmung überprüfen zu lassen.

Die Klage wurde vom Bezirksrichter „*als nicht offensichtlich unbegründet angesehen*" (Art 1 Vf-G 1/1948). Wie es das erwähnte Vf-Gesetz in solchen Fällen verlangt, legte er deshalb die Dfb zur Volkszählung und zum Proporz (das DPR 216/1981, mit dem das Proporzdekret DPR 752/1976 für die VZ ergänzt worden war), wegen möglicher Verletzungen des Gleichheitsprinzips, der Rechtsfähigkeit und des Familienrechts (Art. 3, 22 und 29 Vf) zwischen Minderjährigen aus einsprachigen Ehen und solchen aus gemischtsprachigen Ehen, deren Rechte eingeschränkt würden, dem VfGH zur Überprüfung der Verfassungsmäßigkeit vor.[107]

Bevor der VfGH entscheiden konnte, wurde die Sprachgruppenerklärung auch beim Staatsrat angefochten. Dieser höchste Verwaltungsgerichtshof befasste sich mit dem Präsidialdekret 542/1981, also den Verwaltungsmaßnahmen für die allgemeine VZ, und ließ die verfassungsrechtlichen Bestimmungen des AuSt unberührt.

---

[106] *Peterlini, H.K.* (2007), 289–292; (1992), 32.

[107] Verordnung des Bezirksrichters von Bozen 1981 (Reg.-Nr. 57/1982).

Er erklärte die Bestimmungen über die Sprachgruppenerklärung des Präsidialdekretes, die ja nicht Dfb zum Autonomiestatut waren, sondern Verwaltungsakte der Regierung für die VZ, für gesetzeswidrig. Weder der Art. 89 des AuSt noch die Dfb dazu (DPR 752/1976) würden eine wahrheitsgemäße Erklärung verbieten, also müsse eine solche für Kinder von gemischtsprachigen Eltern zugelassen werden.

> *Das Präsidialdekret Nr. 542 vom 28. September 1981 ist daher in jenem Teil für nichtig zu erklären, in dem es ausschließt, dass Bürger mit Wohnsitz in der Provinz Bozen, bei der Erklärung der Sprachgruppe gemäß Art. 89 des Sonderstatutes und den einschlägigen Durchführungsbestimmungen (persönlich oder durch ihren gesetzlichen Vertreter, wenn sie minderjährig oder entmündigt sind), sich (ihrem tatsächlichen Zustand gemäß) als anders- oder gemischtsprachig erklären.* (Staatsrat, Nr. 439/1984)[108]

2.2.3. Eine erste Lockerung: die Regelung von 1991 bis 2005

Die nachfolgende Neuregelung (GvD vom 1. August 1991, Nr. 253), die inzwischen weiter reformiert wurde, gestaltete sich folgendermaßen: Die Sprachgruppe der Bürger und damit die zahlenmäßige Stärke der Sprachgruppen wird bei der allgemeinen VZ erhoben, die wie auf gesamtstaatlicher Ebene alle zehn Jahre abgehalten wird. Zusätzlich zu den in der gesamtstaatlichen Zählung vorgesehenen Informationen muss jeder Bürger ab dem 14. Lebensjahr in Südtirol eine Erklärung darüber abgeben, welcher Sprachgruppe er sich zugehörig fühlt (Art. 18–18/ter, DPR 752/76, abgeändert durch Leg D. 253/91). Für die Kinder unter 14 Jahren wird die Erklärung von den Eltern abgegeben. Das bedeutet, dass man auf einem eigenen Formular, das neuerdings vertraulich behandelt wird, erklären muss, zu welcher der drei offiziell anerkannten Sprachgruppen (deutsch, italienisch, ladinisch) man gehört.

Die Lockerung erfolgte folgendermaßen: Personen, die keiner der drei genannten Sprachgruppen angehören oder angehören wollen, können dies erklären und dann zwischen den drei offiziellen Sprachgruppen auswählen, welcher sie sich für die Inanspruchnahme der ethnischen Rechte und des Proporzes *angliedern* wollen. „*Die Erklärung bescheinigt die Zugehörigkeit oder Angliederung für sämtliche Rechtswirkungen.*“ (Art. 18,10, DPR 752/76) Eltern verschiedener Sprachgruppen brauchen ihre Kinder unter 14 Jahren nicht zu erklären.

Diese Erklärung war für zehn Jahre gültig und konnte erst bei der nächsten VZ wieder geändert werden, mit Ausnahme der Minderjährigen, die innerhalb eines Jahres eine eigene Erklärung abgeben müssen, wenn sie das 14. Lebensjahr vollenden. Nur in bestimmten Fällen, bei höherer Gewalt, Abwesenheit, bei Wiedererlangung der Handlungsfähigkeit eines geistig Entmündigten und bei Zuwanderung konnte die Erklärung nachgeholt werden (Art. 18,6 und 18,7 DPR 752/1976).

Mit dieser Regelung war das größte Problem aus der Welt geschaffen worden. Alle, auch sog. *Andere*, werden berücksichtigt und können ihre Rechte wahrneh-

[108] Consiglio di Stato, sezione IV; 1984, Nr. 439.

men. Seit der VZ 1991 sind demnach Kinder aus Mischehen von der Erklärung befreit, die Erklärung zu einer der drei Gruppen kann verweigert werden und für die Wahrnehmung der ethnischen Rechte kann eine *Angliederung* an eine Sprachgruppe erfolgen. Wer aber auch diese *Angliederung* nicht erklärt, wird von der Bewerbung um öffentliche Stellen, Ämter, Wohnungen und verschiedene Sozialleistungen ausgeschlossen.

Der vom Bozner Bezirksrichter befasste VfGH stellte das Verfahren im Falle *Pasquali* (s. dazu oben unter 2.2.2) ein (Verordnung Nr. 151 vom 3. Mai 1985).

2.2.4. Seit 2005 zwei getrennte Erklärungen

Ursprünglich gab es also eine einzige Erklärung, die jeder Bürger alle zehn Jahre bei der VZ abgeben musste. Sie hatte zweierlei Wirkung: Erstens konnte so die Stärke jeder Sprachgruppe berechnet werden; dies war die Basis für die entsprechende Verteilung der Stellen und die anderen Maßnahmen laut Proporz. Zweitens galt die Erklärung bei der VZ als Bestätigung für die individuelle Zugehörigkeit zu einer Sprachgruppe.

Mit der neuen Dfb aus dem Jahre 2005 (GvD 23. Mai 2005, Nr. 99) wurden die beiden Erklärungen getrennt. Während die Erklärung bei der VZ ihre erste Wirkung beibehält, also die Grundlage für die Sprachgruppenzählung und die Proporzverteilung bildet, wird die individuelle Zugehörigkeit für die Inanspruchnahme der Rechte getrennt erklärt. Sie ist geheim und gilt ein ganzes Leben lang, kann aber auch nach fünf Jahren geändert werden. Um Missbrauch zu vermeiden, treten die Rechtswirkungen der Erklärung und der Änderungen erst nach Ablauf verschiedener Fristen in Kraft.

Der Art. 18 der neuen Ddb zum Proporz (DPR 752/1976 in geltender Fassung)[109] sieht vor, wie die entsprechende Erklärung bei der allgemeinen VZ abzugeben ist. Der Art. 20/ter führt aus, wie die individuelle Erklärung erfolgt, um die entsprechenden Rechte wahrnehmen zu können.

Die Erklärung bei der Volkszählung, in Zukunft nicht alle zehn Jahre

Bei der VZ hat jeder Bürger im Alter von über vierzehn Jahren (der nicht wegen Geisteskrankheit entmündigt wurde) und zum Zeitpunkt der VZ in der Provinz Bozen ansässig ist, alle zehn Jahre eine anonyme persönliche Erklärung der Zugehörigkeit zu einer der drei Sprachgruppen (italienisch, deutsch, ladinisch) abzugeben. Die Personen, die sich zu keiner der drei Sprachgruppen bekennen, müssen dies erklären und haben nur eine anonyme Erklärung der *Angliederung* zu einer dieser Sprachgruppen abzugeben (Art. 18,1 des DPR 752/1976, ergänzt durch GvD 150/2021).

Die Erklärung ist auf einem mit A/2 gekennzeichneten Formblatt abzugeben, welches von der erklärenden Person in einen eigenen weißen anonymen Umschlag mit der Angabe der Gemeinde gesteckt und darin eingeschlossen wird. Über die

[109] Art. 18 Absätze 1–7 des DPR 752/1976.

Gemeinde werden die Umschläge ungeöffnet an das Volkszählungsamt der Provinz übermittelt. Die Erklärung kann in Zukunft auch auf telematischem Wege abgegeben werden. Die Daten bleiben anonym. (Art. 18,2 und 18,3 DPR 752/1976)

Die Daten über die verhältnismäßige Stärke der drei Sprachgruppen in der Provinz, wie sie sich aus den Erklärungen der Zugehörigkeit und der Angliederung ergeben, werden im Gesetzblatt der Republik Italien mit der Angabe der entsprechenden Prozentsätze bis zur zweiten Dezimalzahl veröffentlicht. Diese Daten, getrennt für jede Gemeinde der Provinz, werden in den offiziellen Veröffentlichungen des Zentralinstitutes für Statistik (ISTAT) angeführt, die auch den Gemeinden zu übermitteln sind (Art. 18,3)[110].

Auch die Bürger unter vierzehn Jahren werden bei der Festsetzung der verhältnismäßigen Stärke der drei Sprachgruppen im Rahmen der allgemeinen VZ berücksichtigt. Zu diesem Zweck wird die Erklärung von den Eltern gemeinsam oder von dem Elternteil abgegeben, der die ausschließliche elterliche Gewalt ausübt, oder von den Personen, die in Ersetzung der Eltern diese Gewalt über den Minderjährigen ausüben oder ihn vertreten (Art. 18,4).

Die Erklärung der Zugehörigkeit oder Angliederung des minderjährigen Bürgers wird in einen rosafarbenen anonymen Umschlag mit der Angabe der Gemeinde gesteckt und darin eingeschlossen (Art. 18,5).

Die Personen, die die elterliche Gewalt gemeinsam ausüben, müssen – sofern sie verschiedenen Sprachgruppen angehören – die Erklärung für die Minderjährigen nicht abgeben, falls sie sich nicht einig sind (Art. 18,6).[111]

Aufgrund der EU-Verordnung und des entsprechenden Staatsgesetzes findet seit 2018 auch in Italien nicht mehr eine einmalige VZ alle zehn Jahre zu einem bestimmten Stichdatum statt, sondern eine permanente Zählung, die auf Daten und Stichproben beruht.[112] Die Bestimmungen für die Sprachgruppenerhebung mussten erst angepasst werden.[113]

Die Erklärung für die individuellen Rechte

Die Erklärung zur Wahrnehmung der individuellen Rechte ist nicht mehr an jene der VZ gekoppelt, sie ist keine Pflicht mehr und kann geändert werden, wobei die Rechtswirkungen der Änderung allerdings zeitlich verschoben eintreten. Die Neuerungen (des Art. 20/ter, DPR 752/1976) sehen im Wesentlichen Folgendes vor: [114]

[110] Die Art. in Klammern beziehen sich in diesem Kap., wenn nicht anders angegeben, immer auf das DPR 752/1976.

[111] Art. 18, eingeführt durch Art. 1 GvD 23.5.2005, Nr. 99, ersetzt die ursprünglichen Art. 18, 18/bis e 18/ter.

[112] EG-Verordnung Nr. 763/2008; in Italien Art. 3 des GD 179/2012, umgewandelt durch Gesetz 221/2012.

[113] Autonome Provinz Bozen, Dekret des Landeshauptmanns vom 6.12.2022, Nr. 28.

[114] Art. 20/ter des DPR 752/1976 wurde eingefügt durch Art. 2 des GvD vom 23.5.2005, Nr. 99; *Peterlini, O.* (2010l de), 140–141; *Peterlini, O.* (2010i it), 68–72.

Jeder Bürger im Alter von über achtzehn Jahren, der in der Provinz ansässig (und nicht wegen Geisteskrankheit entmündigt ist), kann (und muss nicht mehr) jederzeit (also unabhängig von der VZ) eine persönliche namentliche Erklärung der Zugehörigkeit zu einer der drei Sprachgruppen – nämlich zur italienischen, deutschen oder ladinischen – abgeben. Er wird es tun, wenn er in den Genuss der Rechtswirkungen gelangen möchte, die aus der Zugehörigkeit oder der Angliederung zu einer der Sprachgruppen erwachsen, etwa wenn er um eine öffentliche Stelle oder um einen Sozialbeitrag ansuchen möchte. Die Personen, die sich zu keiner der vorgenannten Sprachgruppen bekennen, müssen dies erklären und haben nur eine namentliche Erklärung der *Angliederung* (statt der Zugehörigkeit) zu einer dieser Sprachgruppen abzugeben (Art. 20/ter,1), die dieselben Rechtswirkungen hat.

Die Erklärungen über die Zugehörigkeit oder die Angliederung zu einer der Sprachgruppen können (auf einem eigenen durch A/1 gekennzeichnete Formblatt) in einem geschlossenen, namentlichen Umschlag beim Landesgericht Bozen und der Friedensgerichte abgegeben werden. Der Umschlag wird bei der Übergabe beim Landesgericht oder bei den Friedensgerichten versiegelt. Letztere leiten die Umschläge ans Landesgericht weiter. Der Kanzleileiter des Landesgerichts verwahrt die versiegelten Umschläge und bestätigt unverzüglich auf stempelfreiem Papier sowie unentgeltlich die Zugehörigkeit oder die Angliederung zur Sprachgruppe lediglich auf Verlangen der erklärenden Person oder zu den Zwecken der Justizverwaltung, wenn dies von der Gerichtsbehörde beantragt wird. Danach versiegelt er erneut den Umschlag (Art. 20/ter,2–3).

Auch die minderjährigen Bürger im Alter zwischen vierzehn und achtzehn Jahren können die Erklärung abgeben. In diesen Fällen ist sie sofort wirksam (Art. 20/ter,6).

Die Erklärungen bescheinigen die Zugehörigkeit oder die Angliederung für sämtliche Rechtswirkungen, außer für die Wahlen. Die Erklärungen der Zugehörigkeit oder Angliederung, die für die Kandidatur bei Gemeindewahlen oder Landtagswahlen im Gebiet der Provinz Bozen erforderlich sind, werden nach den im Regional- oder Landesgesetz festgelegten Modalitäten abgegeben (Art. 20/ter,7).

Wirksamkeit und möglicher beklagter Missbrauch

Die Erklärungen entfalten ihre Wirkungen erst achtzehn Monate nach deren Einreichung. Die zeitversetzte Wirkung ist darauf ausgerichtet, opportunistische Erklärungen zu vermeiden, die in Erwartung einer Stelle oder einer Maßnahme erfolgen könnte, die der einen oder der anderen Sprachgruppe vorbehalten ist (Art. 20/ter,4).

Im Unterschied zu früher, als die Erklärungen bis zur nächsten VZ galten, bleiben die Erklärungen seit der Reform von 2005 auf unbegrenzte Zeit gültig, solange keine Änderungserklärung wirksam wird. Mindestens fünf Jahre nach deren Einreichung kann nämlich die Erklärung von der betreffenden Person jederzeit geändert werden. Die Änderungserklärung wird nach Ablauf von zwei Jahren nach der Einreichung wirksam. Die Erklärung kann jederzeit widerrufen werden. Eine weitere Erklärung kann erst nach mindestens drei Jahren ab dem Tag, an dem das Landesgericht den Umschlag mit der widerrufenen Erklärung übergibt, eingereicht werden und wird nach Ablauf von weiteren zwei Jahren wirksam (Art. 20/ter, 4).

Die Gemeinden informieren die Bürger, die volljährig geworden sind oder die ihren Wohnsitz von Gemeinden außerhalb der Provinz in eine Gemeinde der Provinz Bozen verlegt haben, sowie die entmündigten Bürger, welche die Zurechnungsfähigkeit wiedererlangt haben, über ihr Recht, die Erklärung abzugeben, sowie über deren Auswirkungen und deren eventuelle Änderungen. Die Erklärungen, die innerhalb eines Jahres ab dem Datum der Mitteilung abgegeben werden, sind ab sofort wirksam (Art. 20/ter,5).

Die letztgenannte Bestimmung erlaubt es Bürgern von außerhalb der Provinz, bei der Bewerbung um eine Stelle, die jeweils für sie opportune Sprachgruppe zu wählen, während für ansässige Bürger (außer jenen, die gerade volljährig werden) ein Wechsel erst nach 18 Monaten wirksam wird. Es wurde deshalb beklagt, dass Bewerber von anderen Provinzen sich zur deutschen Sprachgruppe erklären oder sich ihr angliedern, weil mehr Stellen proporzmäßig zur Verfügung stehen und damit die proportionale Besetzung zu Ungunsten der deutschen Bewerber verzerrt wird (vgl. Kap. II.2.5. Proporz – Kritik, Probleme und Schlussfolgerungen).

2.2.5. Proporz nicht ganz erreicht, aber entkrampft

Seit dem Inkrafttreten des Proporzdekretes fanden die deutschsprachige und die ladinischsprachige Bevölkerung wieder Zugang zum Staatsdienst, der für sie im Faschismus, aber auch im demokratischen Italien nach dem Krieg zwar nicht formal versperrt, aber doch fremd und eher schwer zugänglich war. Dazu zählten Vorbehalte der staatlichen Verwaltungen, sprachliche Barrieren, mangelnde Tradition und Erfahrung und Wettbewerbe, die großteils auf Staatsebene stattfanden. Die laufende Zunahme der deutschen und ladinischen Bediensteten nach dem Inkrafttreten des Proporzes ab 1976 beweist, dass es einer Sondernorm bedurfte, um die öffentliche Verwaltung und diese Dienste auch für die Minderheiten zugänglicher zu gestalten.

Die Abb. 34 zeigt, wie der Anteil der deutschen und ladinischen Bediensteten stetig zunahm, von 1971 und 1975 mit nur 14–15% auf fast 62% im Jahre 2016.

Abb. 34: Anteil der deutschen und ladinischen Angestellten in den Staatsstellen in Südtirol 1971–2016

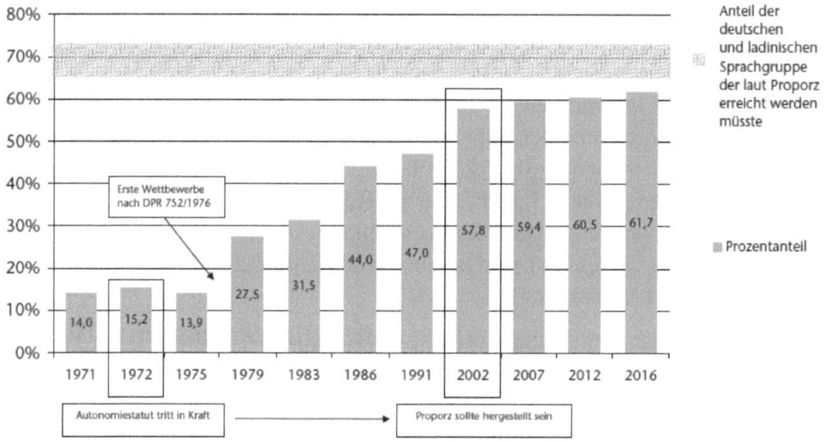

Quelle: Amt für Arbeitsmarktbeobachtung (2022): Autonome Provinz Bozen, Abteilung Arbeitsmarktservice.

Die Abbildung beweist demnach, wie gut der Mechanismus des Proporzes wirkte. Die ersten drei Kolonnen zeigen den Stand von 1971 bis 1975 vor Inkrafttreten des Proporzes. Die aufgeschlüsselten Daten nach Verwaltungen finden sich in Tab. 2 (vgl. *supra* Kap. II.2.1.2. Situation in den Staatsdiensten vor Inkrafttreten des Proporzes). Im Jahre 1976 waren nämlich mit dem DPR 752/1976 die neuen Durchführungsbestimmungen (Dfb) in Kraft getreten. Im Jahr 1977 fanden die ersten Wettbewerbe nach Proporz statt. Man sieht, wie schon bald danach, ab 1979 (vierte Kolonne) die Quote der deutschen und ladinischen Mitarbeiter kräftig zunehmen konnte, bis sie im Jahre 2016, genau 40 Jahre nach Inkrafttreten des Proporz-Dekretes, etwa 62 % erreichte.

Laut Erklärungen und Zuordnungen bei der VZ 2011 beträgt der Anteil der deutschen (69,41 %) und der ladinischen Bevölkerung (4,53 %) an der Gesamtbevölkerung zusammen knapp 74 %, dem Ziel rückte man jedoch erfolgreich näher. Dabei gab es eine Reihe von Schwierigkeiten, die sich derzeit umso krasser zeigen.

2.2.6. Der Rückgang der deutschen und ladinischen Bediensteten seit 2016

Seit dem Jahre 2016 verzeichnet man einen deutlichen Rückgang der sprachlichen Minderheiten im Staatsdienst. In Abb. 35 ist erkennbar, wie stark dieser Anteil zurückgegangen ist und 2024 nur noch knapp 45 % aller Bediensteten in den Proporzstellen des Staates und Halbstaates ausmacht. Das erfordert eine Erklärung. Die gesetzlichen Rahmenbedingungen haben sich nicht geändert.

Abb. 35: Anteil der deutschen und ladinischen Angestellten in den Staatsstellen in Südtirol 1971–2024

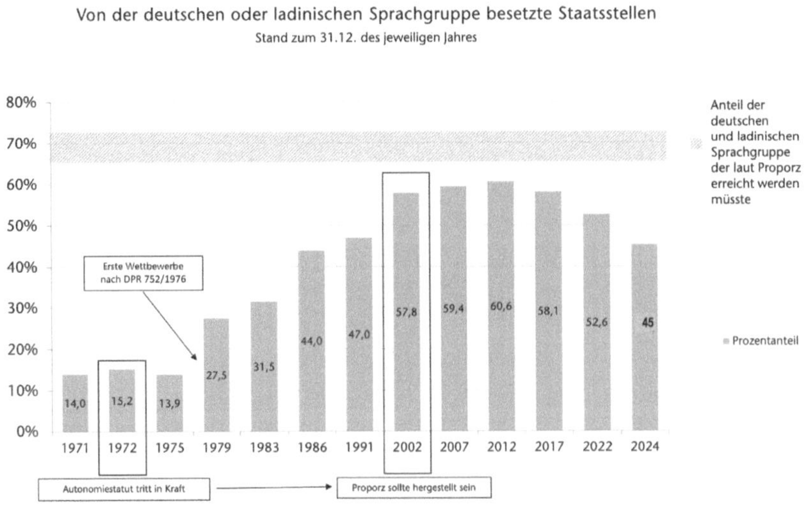

Stand zum 31.12. des jeweiligen Jahres. Quelle: Amt für Arbeitsmarktbeobachtung (2025): Autonome Provinz Bozen, Abteilung Arbeitsmarktservice. Eigene Bearbeitung.

Also liegt es an anderen Gründen, die vorher schon die Besetzung der Staatsstellen schleppend voranschreiten ließen. Zum einen hat die Privatisierung der Eisenbahn (GvD 32/1991) und der Post (DL 487/1993, G 71/1994), die sich zwar weiterhin an den Proporz halten müssen, doch zu einer flexibleren Handhabung geführt (vgl. Kap. II.2.1.3. Grundlagen und Stellenverteilung in Regierung und Verwaltung).

Ein weiterer Grund liegt in den Beschäftigungsmöglichkeiten für die verschiedenen Sprachgruppen. Die seit jeher in Südtirol ansässige deutsche und ladinische Bevölkerung sowie eine geringe Anzahl von immer schon im Lande siedelnden Italienern (mehrheitlich im Südtiroler Unterland) sind in traditionellen Bereichen, wie Landwirtschaft, Handwerk und Gastgewerbe, verwurzelt. Die Italiener, die während und nach dem Faschismus zugezogen sind, sind hingegen mehr auf die Bereiche der Industrie und der Dienstleistungen sowie vor allem auf den öffentlichen Dienst angewiesen. Um es bildlich auszudrücken: Wer einen Bauernhof, einen Gewerbebetrieb, einen Gasthof oder ein Hotel erbt oder darin aufgewachsen ist, hat auch andere Arbeitsmöglichkeiten.

Dazu kommt der demografische Wandel. Das in Südtirol geltende Höferecht sieht vor, dass nur ein Erbe den sog. geschlossenen Hof übernehmen kann. Die geburtenstarken Jahrgänge der 1960er und 1970er Jahre (Höchststand 1965 mit rund 9.000 Geburten) strömten auf den Arbeitsmarkt und fanden auch im Staatsdienst einen willkommenen Arbeitsplatz. Die Geburten sind seitdem auf die Hälfte zurückgefallen, rund 4.500 im Jahr 2024. Die Fruchtbarkeitsrate, d.h. die durchschnittliche Anzahl von Kindern pro Frau im fruchtbaren Alter, sank von drei auf eineinhalb.

Abb. 36: Lebendgeborene und Fruchtbarkeitsziffer 1960–2024

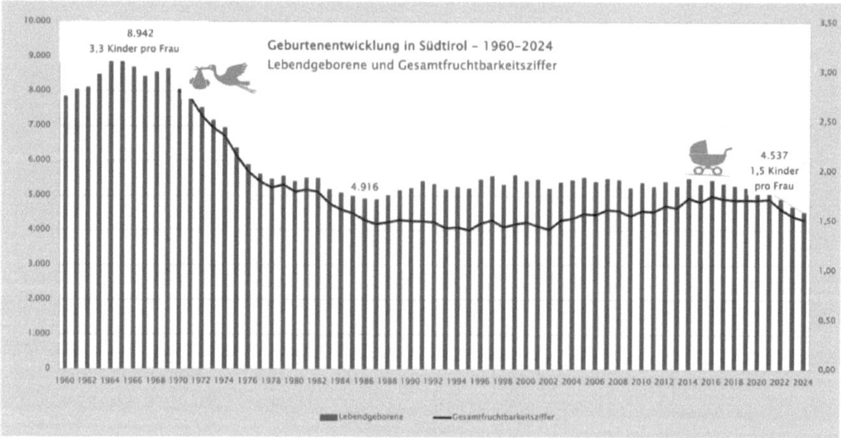

Quelle: ASTAT, eigene grafische Bearbeitung.

Dazu kommt in den jüngsten Jahren eine überhitzte Wirtschaft, die die Arbeitskräfte in allen Bereichen rar gemacht hat. Die Privatwirtschaft bietet daher vielfach attraktivere Arbeitsplätze als der Staatsdienst, in dem – abgesehen von einer Zweisprachigkeitszulage – die Gehälter gleich hoch sind wie in Süditalien, wo die Lebenshaltungskosten viel geringer sind. Besonders dramatisch wirkt sich seit Beginn des Jahrtausend die zunehmende Abwanderung von jungen Menschen ins deutschsprachige Ausland, Deutschland Österreich und die Schweiz aus (vgl. Kap. V.9.2.3. Braindrain ins deutschsprachige Ausland).

Die deutsche und die ladinische Bevölkerung strebt auch weniger in den Staatsdienst als die italienische, die überwiegend in der Stadt lebt. Die Ladiner, die eine hohe Beschäftigungsquote in ihren Tälern, besonders im Tourismus aufweisen, sind – wie die Bewerbungen seit Jahren zeigen – an Staatstellen kaum interessiert. Schuld am Rückgang waren also auch der wirtschaftliche Aufschwung und der Arbeitskräftemangel in Südtirol, welche die Attraktivität der Staatsstellen zugunsten der Privatwirtschaft verblassen ließen. Das gilt auch für die Berufe im Gesundheitswesen, für Ärzte und Pfleger, wo ein erheblicher Mangel herrscht und eine Aufweichung der Sprachbestimmungen erfolgte.

Ein weiterer Grund liegt in der starken Reduzierung der staatlichen Stellen. (vgl. infra Kap. II.2.2.8. Neuerdings eine Garantie für die Italiener) in Kombination mit den Pensionierungen. Die derzeitige große Welle ist auf die ersten großen Wettbewerbe Ende der 1970er und 1980er Jahre zurückzuführen, in denen die Südtiroler wegen des Aufholbedarfes überproportional aufgenommen worden waren. Das liegt rund vierzig Jahre zurück und diese Bediensteten gehen nun laufend in

Pension. Es hat also auch damit zu tun, dass sehr viele in den Jahren zwischen 1977 (erste Wettbewerbe) bis 1986 angestellt worden waren. In diesen Jahren ist der Anteil der deutschen und ladinischen Sprachgruppe im Staatsdienst am stärksten gestiegen. Jetzt fällt er – im nahezu gleichen Ausmaß – ab, analysierte der Leiter der Arbeitsmarktbeobachtung des Landes Südtirol, *Walter Niedermair* (2022).[115] Bei der italienischen Sprachgruppe verhält es sich genau umgekehrt. In diesen Jahren wurden weniger italienische Bedienstete angestellt bzw. über die Jahrzehnte hinweg in etwa gleich viele.

Die Eisenbahn verdient ein besonderes Augenmerk, weil sie bei Inkrafttreten des Proporzes mit rund 3.000 Stellen der größte staatliche Arbeitgeber war und 1975 nur 8% der Bediensteten der deutschen oder ladinischen Sprachgruppe angehörten.

Zusätzlich zu den genannten Gründen für den prozentuellen Rückgang der deutsch- und ladinischen Bediensteten kommt bei der Staatsbahn dazu, dass die Stellen noch viel drastischer reduziert wurden; zum einen wegen der Automatisierung (die Fahrdienst- und Kassadienste der kleinen Bahnhöfe u.a. werden alle ferngesteuert), zum anderen wegen des Überganges des Lokaltransportes in die Zuständigkeit des Landes.[116] Damit war auch vorgesehen, dass das Personal an die Transportdienste des Landes übergehen konnte, wovon vor allem Bedienstete aus Südtirol Gebrauch machten, sodass bei der Staatsbahn sich der prozentuelle Anteil der Italiener erhöhte.[117] Das Land übt seine Zuständigkeit mit landeseigenen Betrieben oder Konzessionären aus (STA, SASA, SAD u.a.). Von den damaligen 3.000 Stellen bei der Staatsbahn gibt es heute noch knapp 418 Bedienstete (31.12.2024).

Wir verzeichnen (Abb. 37) demnach bei der Staatsbahn eine stete Zunahme der deutschen und ladinischen Bediensteten bis zu den Jahren 2010 und 2011, dann ein Abflachen und ab 2016 einen steten Rückgang bis auf 37%. Die Stellen, die durch die Pensionierung bei der Staatsbahn frei werden, können nicht mehr ersetzt werden, da ein Großteil der Stellen abgebaut wurde.

[115] *Niedermair, W.* (2018/2022).

[116] Übertragung vom Staat auf das Land aufgrund des GvD vom 16.3.2001, Nr. 174, welches das DPR vom 19.11.1987, Nr. 527, entsprechend ergänzte.

[117] Ibid., Art. 4,4 DPR 527/1987.

Abb. 37: Staatsbahnen 1996–2023: Stellen nach Sprachgruppen und Anteil der deutschen Sprachgruppe

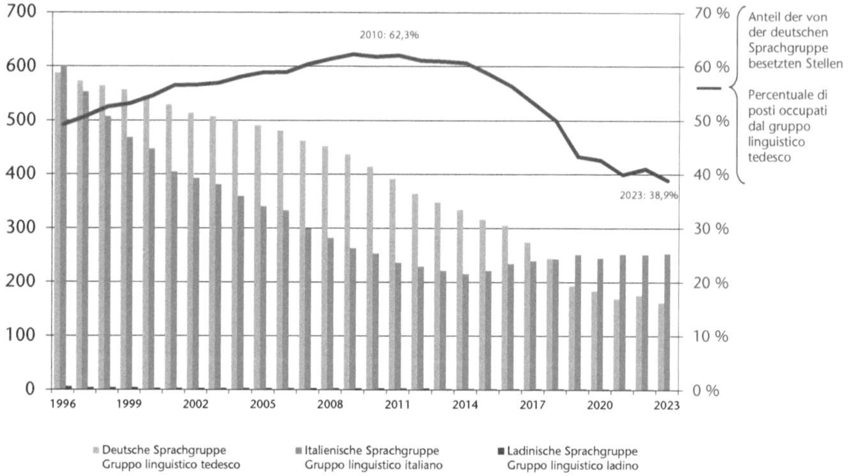

Quelle: Amt für Arbeitsmarktbeobachtung (2023): Autonome Provinz Bozen, Abteilung Arbeitsmarktservice, eigene Bearbeitung.

Der Anteil der deutschsprachigen Angestellten bei den staatlichen und halbstaatlichen Proporzstellen sank damit auf 42 %, jener der Ladiner auf 3 %. Bei der (verbliebenen) Staatsbahn machen die deutschsprachigen Angestellten 37 % aus, 20 Angestellte sind Ladiner (5 %). Am besten scheint der Proporz bei den Richtern (66 % deutschsprachige) verwirklicht zu sein, wobei dazu allerdings ein Problem mit der Sprachgruppenerklärung beklagt wird (vgl. Kap. II.2.5. Proporz – Kritik, Probleme und Schlussfolgerungen).

Tab. 4: Stand der Verwirklichung des Proporzes bei den staatlichen, halbstaatlichen und privatisierten Diensten, Besetzung der Stellen nach Sprachgruppen 2024

	Stellen								**Summe**
Porporzstellen Staat	**plan**	**frei**	**Ital**	**%**	**Deut**	**%**	**Lad**	**%**	**ab-solut**
Regierungs-kommissariat	74	37	21	57%	15	41%	1	3%	37
Verw. Öffentl. Sicherheit	62	15	37	79%	9	19%	1	2%	47
Andere staatliche Verwaltungen	249	178	41	58%	30	42%		0%	71
Richter Rechnungshof	9	6	2	67%	1	33%	0	0%	3
Richter Gericht	79	20	19	32%	39	66%	1	2%	59
Soz.Versich. INPS INAIL u.a.	324	72	113	45%	129	52%	7	3%	249
Staatsbahn	418	0	244	58%	154	37%	20	5%	418
Post	791	0	469	59%	296	37%	26	3%	791
Agentur der Einnahmen	395	187	117	56%	88	42%	3	1%	208
Agentur Zoll	163	79	22	26%	61	73%	1	1%	84
Luftfahrt, Staatsgüter	12	2	2	20%	8	80%	0	0%	10
Summe	2576	596	1087		830		60		1977
Sprachgrup-penanteil				**55%**		**42%**		**3%**	**100%**
Zustehend laut Proporz				26,98%		68,61%		4,41%	

Stichtag 31.12.2024. Ohne Polizei und Militär, die nicht unter den Proporz fallen. Bei Post, Bahn, Zivilluftfahrt ist kein Stellenplan vorhanden, deshalb wird bei den Stellen einfach die Zahl der effektiv Beschäftigten eingegeben.

Quelle: Amt für Arbeitsmarktbeobachtung (2022): Autonome Provinz Bozen, Abteilung Arbeitsmarktservice, eigene Bearbeitung.

Tab. 5: Öffentlich Bedienstete der staatlichen Verwaltungen – 2020–2024

Verwaltungen	**2020**	**2021**	**2022**	**2023**	**2024**
Staatsverwaltungen	6.184	5.987	5.988	5.842	5.718
davon Polizei (ohne Proporz)		*2.665*	*2.665*	*2.697*	
davon Militär (ohne Proporz)		*2.540*	*2.540*	*2.375*	
davon Proporzstellen	*799*				*768*
Post (mit Proporz)	833	812	812	826	791
Eisenbahn (mit Proporz)	430	423	427	414	418
Stellen mit Proporz bei Staat insgesamt	*2.062*				*1.977*
Staat insgesamt mit Post und Eisenbahn	7.447	7.222	7.227	7.082	6.927

Die Tabelle umfasst alle staatlichen Bediensteten (außer den Staatslehrern, die vom Land bezahlt werden), die Vorsorgeanstalten INPS/NISF (mit ex-INPDAP) und INAIL, auch jene Stellen, die nicht unter den Proporz fallen, wie Militär und Polizei (ca. 5.000), deren Zahlen laufend schwanken. Der Proporz wird auf die höheren Laufbahnen der Zivilverwaltung des Inneren, auf die Bediensteten der öffentlichen Sicherheit und auf die Verwaltungsbediensteten des Verteidigungsministeriums nicht angewandt. Knapp 2000 Stellen (genau 1.977) fallen unter den Proporz des Staates.

Quelle: ASTAT-info 2022-2026, ASTAT Jahrbuch 2025, 208; Regierungskommissariat, Conto Annuale des Rechnungsamtes des Staates, eigene Bearbeitung.

2.2.7. Landes- und Lokalverwaltungen

Nach 50 Jahren Anwendung des Proporzes bei der Stellenverteilung hat sich die Lage wesentlich entspannt. Von den damaligen rund 7.000 sog. Proporzstellen beim Staat und den halbstaatlichen Körperschaften[118] sind noch knapp 2.000 Stellen übriggeblieben, da viele Bereiche ans Land übergegangen sind und andere abgebaut wurden. Vor allem die inzwischen formal privatisierte Eisenbahn hat ihre Stellen von damals über 3.000 (genau 3.188) auf 418 Beschäftigte reduziert, die ebenfalls privatisierte Post von rund 1.800 auf 791 (2024).[119] Beide gehören noch dem Staat. Auf der anderen Seite steigen die Stellen beim Land und den Lokalverwaltungen (Tab. 6).

Eine aktuelle Analyse der Stellenbesetzung in der öffentlichen Verwaltung – 50 Jahre nach der Einführung des Proporzes – soll das Bild abrunden.

[118] *Peterlini, O.* (1980), 75 ff.

[119] ASTAT, Info 04, 2025.

Tab. 6: Öffentlich Bedienstete der Landes und Lokalverwaltungen nach Geschlecht und Sprachgruppe, 2023

VERWALTUNG	Geschlecht Sesso		Sprachgruppe (b) Gruppo linguistico (b)			Insgesamt Totale
	Männer Maschi	Frauen Femmine	Deutsch Tedesco	Italienisch Italiano	Ladinisch Ladino	
	Absolute Werte / Valori assoluti					
Landesverwaltung	**3.653**	**8.776**	**8.873**	**3.123**	**432**	**12.429**
Landesverwaltung im engeren Sinn	976	1.787	1.791	920	52	2.763
Hilfskörperschaften des Landes (c)	362	302	484	147	33	664
Landesforstkorps	237	17	202	36	16	254
Straßendienst	467	-	397	41	29	467
Bereich Schule	1.611	6.670	5.999	1.979	302	8.281
davon *Kindergarten*	*12*	*2.365*	*1.712*	*561*	*104*	*2.377*
Berufsschule	*567*	*763*	*964*	*354*	*12*	*1.330*
Land- und forstwirtschaftliche Berufsbildung	*97*	*189*	*273*	*	*	*286*
Musikschule	*263*	*294*	*416*	*108*	*32*	*557*
Betreuung von Menschen mit Beeinträchtigung	*60*	*617*	*446*	*	*	*677*
Schulverwaltung	*612*	*2.442*	*2.188*	*728*	*138*	*3.054*
Lehrpersonen in Schulen staatlicher Art (d)	1.944	7.596	6.983	2.184	373	9.540
Gemeinden	1.886	2.859	3.248	1.315	182	4.745
Bezirksgemeinschaften	424	1.808	1.743	379	110	2.232
Sanitätsbetrieb	2.537	7.854	6.711	3.417	263	10.391
Sonstige Körperschaften	854	3.848	652	1.097	19	4.702
Landtag	20	62	55	*	*	82
Regionalverwaltung und Regionalrat	79	152	137	*	*	231
Sonderbetrieb Sozialdienste Bozen	211	827	194	839	5	1.038
Fürsorgekörperschaften	366	2.568	....	....	....	2.934
Rundfunkanstalt RAS	17	9	14	*	*	26
Wohnbauinstitut	93	105	128	66	4	198
Handelskammer	58	87	106	*	*	145
Verkehrsämter	10	29	14	25	-	39
Berufskammer	-	9	*	*	-	9
Insgesamt	**11.298**	**32.741**	**28.210**	**11.515**	**1.379**	**44.039**
	Prozentuelle Verteilung/Composizione percentuale					
Landesverwaltung	29,4	70,6	71,4	25,1	3,5	100,0
Lehrpersonen in Schulen staatlicher Art (d)	20,4	79,6	73,2	22,9	3,9	100,0
Gemeinden	39,7	60,3	68,5	27,7	3,8	100,0
Bezirksgemeinschaften	19,0	81,0	78,1	17,0	4,9	100,0
Sanitätsbetrieb	24,4	75,6	64,6	32,9	2,5	100,0
Sonstige Körperschaften	18,2	81,8	13,9	23,3	0,4	100,0
Insgesamt	**25,7**	**74,3**	**68,6**	**28,0**	**3,4**	**100,0**

Stichtag 31.12.2023. a) Ohne Ersatz- und privat angestelltes Personal. b) Bei Lehrern ist unter Sprachgruppe die Muttersprache zu verstehen. c) Andere Strukturen, darunter Museen, Arbeitsförderungsinstitut. d) Unbefristet bzw. befristet Beschäftigte auf freier bzw. für ein Jahr verfügbare Stelle, einschließlich Direktoren, Schulsozialpädagoge, Sporttrainer und interkulturelle Mediatoren. Quelle: ASTAT, Jahrbuch 2025. Gesamtprozente vom Verfasser korrigiert.

Die öffentlichen Bediensteten der Landes- und Lokalverwaltungen machen in Südtirol Ende 2023 insgesamt 44.039 Personen aus. Abgesehen von der Geschlechterverteilung mit einem fast dreifachen Frauenanteil, gehören 28.210 der deutschen Sprachgruppe an, 11.515 der italienischen und 1.379 der ladinischen Sprachgruppe. Anteilsmäßig sieht die Lage folgendermaßen aus: 68,6% gehören der deutschen Sprachgruppe an, 28,0% der italienischen und 3,4% der ladinischen, was fast genau den Soll-Werten laut VZ 2024 entspricht (68,61% de, 26,98% it, 4,41% lad). Die Deutschen und Ladiner sind leicht unterrepräsentiert, ihr Anteil ist zurückgegangen, was aber nicht auf eine Benachteiligung, sondern eher auf mangelnde Bewerber hinweist, aus denselben, beim Staatsdienst genannten Gründe. Zusammengefasst lässt sich festhalten, dass die Landes- und Lokalverwaltungen peinlichst darauf bedacht sind, den Proporz genau einzuhalten.

2.2.8. Neuerdings eine Garantie für die Italiener

Das korrekte Sprachgruppenverhältnis bei den Staatsstellen sollte bis zum Jahre 2002, innerhalb von 30 Jahren nach Inkrafttreten des neuen AuSt, erreicht werden (Art. 46 DPR 752/1976). Die Privatisierung von Staatsdiensten stellte den Proporz zunehmend in Frage und erforderte neue Regelungen, die beispielsweise beim größten Bereich – den Eisenbahnen – nur unzureichend erfüllt werden.

Gleichzeitig verlor der Proporz aber auch seine Bedeutung bei den Staatsstellen, die im Verhältnis immer weniger wurden.

In Südtirol sind über 51.000 Personen bei einem öffentlichen Arbeitgeber angestellt. Davon arbeiten über 44.000 Personen in den Lokalverwaltungen und von diesen wiederum rund 12.400 Personen in der Landesverwaltung. Lehrpersonen (staatlich) gibt es rund 9.600. Für diese gilt kein Proporz, sondern die Auflage, dass die Lehrer der Muttersprache der Schüler angehören müssen (Art. 19 AuSt). Insgesamt rund 5.700 Personen sind in den staatlichen Verwaltungen beschäftigt, wobei die Statistik nicht nur die sog. Proporzstellen umfasst, sondern alle, auch Militär, Polizei, Carabinieri, Finanz usw. rund 5.000, die vom Proporz ausgenommen sind. Im Verhältnis zur Gesamtzahl an öffentlichen Stellen, vor allem im Landes- und Lokalbereich, nehmen sich die verbliebenen knapp 2.000 Stellen, die unter den staatlichen Proporz fallen, äußerst gering aus und machen nur 4% aus.[120]

[120] ASTAT, info 04, 2025, Öffentliche Bedienstete 2023.

Tab. 7: Alle öffentlich Bediensteten nach Verwaltung und Geschlecht – 2024

VERWALTUNG	Männer Maschi	Frauen Femmine	Insgesamt Totale	% Veränderung Variazione % 2024/2023	AMMINISTRAZIONE
Landesverwaltung	3.625	8.763	12.388	-0,3	Amministrazione provinciale
Lehrpersonen in Schulen staatlicher Art (b)	1.921	7.670	9.591	0,5	Insegnanti nelle scuole a carattere statale (b)
Gemeinden	1.901	2.904	4.805	1,3	Comuni
Bezirksgemeinschaften	453	1.881	2.334	4,6	Comunità comprensoriali
Sanitätsbetrieb	2.517	7.784	10.301	-0,9	Azienda Sanitaria
Sonstige örtliche Körperschaften	868	3.930	4.798	2,0	Altri enti locali
Lokalverwaltungen	**11.285**	**32.932**	**44.217**	**0,4**	**Amministrazioni locali**
Ministerien (c)	4.592	864	5.456	0,3	Ministeri (c)
Sozialversicherungsanstalten (d)	70	180	250	-1,6	Enti previdenziali (d)
Automobile Club d'Italia - ACI	3	9	12	-14,3	Automobile Club d'Italia - ACI
Staatliche Verwaltungen	**4.665**	**1.053**	**5.718**	**0,2**	**Amministrazioni locali**
Staatsbahn	**341**	**77**	**418**	**-2,1**	**Ferrovie dello Stato**
Post	**433**	**358**	**791**	**-2,6**	**Poste Italiane**
Insgesamt	**16.724**	**34.420**	**51.144**	**0,3**	**Totale**

(a) Ausgenommen Angestellte mit privatrechtlichem Vertrag und Ersatzpersonal
(b) Einschließlich der Schulführungskräfte, Schulsozialpädagogen, Sporttrainer und interkulturellen Mediatoren
(c) Einschließlich Ministerien (Regierungskommissariat, Gerichtswesen, Finanz- und Schatzministerium, Polizei, Militär, sonstige Ministerien), Sozialversicherungsanstalten, Automobile Club d'Italia – ACI

Quelle: ASTAT, info 16, 2026.

Abb. 38: Sitz der Landesregierung und des Landtages

Silvius Magnago Platz in Bozen. Foto: Landespresseamt des Landes Südtirol.

Abb. 39: Entwicklung der Bediensteten: Lokalverwaltungen, Staat, Bahn, Post, 2014–2023

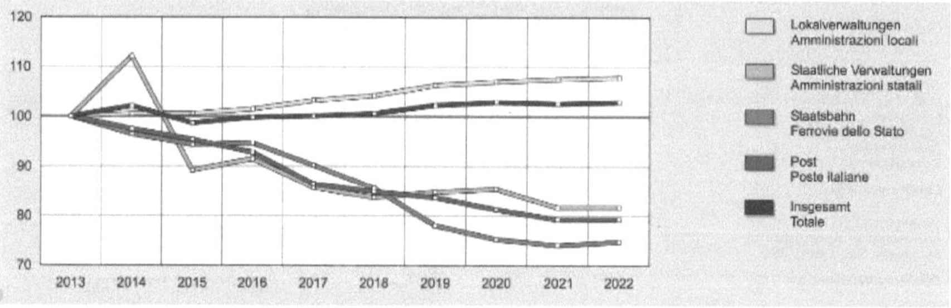

Quelle: ASTAT-info 04, 2025; 2014 = 100.

Die Tabelle zeigt deutlich, wie seit dem Jahre 2014 (in Wirklichkeit schon Jahre vorher) die Zahl der Bediensteten bei den Landes- und Lokalverwaltungen zugenommen hat; die Zahl der staatlichen Verwaltungen und der Post nimmt hingegen konstant ab, jene der Eisenbahn am meisten.

Da die Landes- und anderen Lokalstellen vorwiegend im Einflussbereich der deutschsprachigen Bevölkerung liegen, hat sich der Proporz fast zu einem Schutz der Italiener entwickelt. Es ist interessant zu verzeichnen, wie Vertreter der italienischen Rechten neuerdings den Proporz als solchen verstehen und verteidigen.[121] Trotzdem scheint die Zustimmung zu diesem Instrument abzunehmen. Auf die Frage, ob der Proporz zum friedlichen Zusammenleben beitrage, registrierte man zunächst eine abnehmende Zustimmung, besonders bei den Italienern. Für die Italiener stellen Proporz und Zweisprachigkeit doch die größten Hürden dar, wenn man bedenkt, dass sie vor dessen Inkrafttreten (1976) die meisten staatlichen Stellen besetzten und keine Kenntnisse der deutschen Sprache nachweisen mussten. Seltsamerweise gibt es die höchste Zustimmung zum Proporz bei den Ladinern, obwohl sie am Anfang von gewissen Spitzenpositionen ausgeschlossen waren. Dieser Ausschluss war wohl mehr von den Eliten zu spüren als von der Bevölkerung, die sich anscheinend durch den Proporz geschützter fühlt.

Tab. 8: Der Proporz trägt zum friedlichen Zusammenleben bei (Prozentanteil Zustimmung)

Jahr	Deutsch	Italienisch	Ladinisch	Insgesamt
1991	85%	44%	79%	70%
1997	86%	54%	81%	75%
2004	77%	44%	71%	69%
2014	68%	39%	73%	59%
2025	72%	53%	73%	66%

Quelle: ASTAT, ASTAT Nr. 244/2025 Sprachbarometer, 122; Atz, H. (2022); Atz, H. (2013), 165.

[121] Alto Adige vom 3.5.2010: Sigismondi: mai più sul palco con Seppi, über die positive Haltung des PdL-*Abg. Giorgio Holzmann* und des PdL-Koordinators *Alberto Sigismondi* zum Proporz.

Bei der jüngsten Umfrage 2025 nahm die Zustimmung wieder leicht zu (66 %), auch bei den Italienern (53 %). Umgekehrt stimmen 65 % bzw. 69 % der italienischen Sprachgruppe den negativen Aussagen über den Proporz zu („*kann die Qualität der Dienstleistungen beeinträchtigen*“, „*in Europa ohne Grenzen überholt*“), während der Proporz vor allem für die deutsche Sprachgruppe nicht überholt ist.[122]

Abb. 40: Grad der Zustimmung zum Proporz nach Sprachgruppen 2025

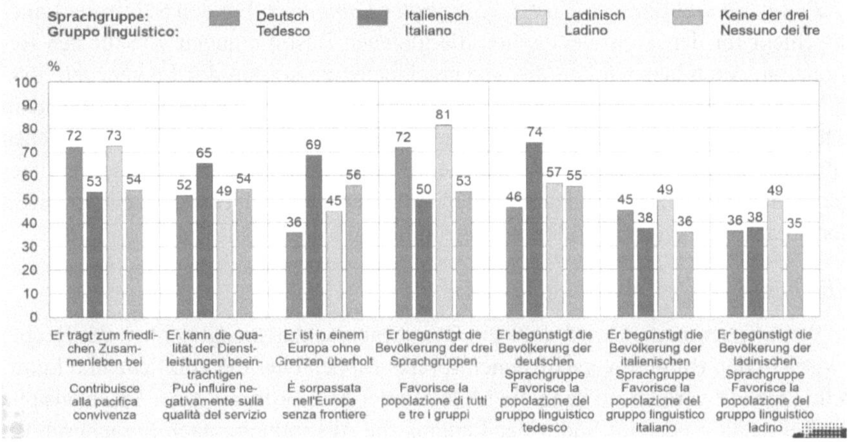

Quelle: ASTAT Nr. 244/2025, Sprachbarometer, 122.

2.3. Parität, Rotation und das Problem der Ladiner

In mehreren Bereichen ist es den Südtirolern bei den Paketverhandlungen nicht gelungen, den Proporzgrundsatz durchzusetzen. Abgesehen davon, dass der Proporz nicht für alle öffentlichen Stellen gilt (nicht für den höheren Dienst der Zivilverwaltung des Inneren, die Sicherheitspolizei und alle militärischen Einrichtungen einschließlich der Verwaltungsbediensteten des Verteidigungsministeriums), gibt es eine Reihe von Bestimmungen, die eine *Parität* der deutschen und italienischen Sprachgruppe vorsehen. Das bedeutet, dass statt des Proporzes (69:26:4) ein Verhältnis von 50 zu 50 angewandt wird. Die ersten Opfer waren die Ladiner, die bei dieser Zweiteilung ursprünglich gänzlich ausgeschlossen blieben.[123] Die Parität bzw. Rotation ist in folgenden Verfassungsartikeln des AuSt vorgesehen:

Präsident und Vizepräsident des Regionalrates: Der Präsident wird abwechselnd für jeweils 30 Monate aus den Abgeordneten der italienischen und dann der deutschen Sprachgruppe gewählt (Art. 30 AuSt). Im Falle der Region geht die Parität ausnahmsweise zugunsten der deutschen Volksgruppe, die dort nur ungefähr ein Drittel stellt. Seit 2001 kann auch ein Ladiner gewählt werden, wenn die Mehr-

[122] ASTAT Südtiroler Sprachbarometer: 2004, 181; 2006, 174; 2014, 174; 2025, 122; *Atz, H.* (2022); *Atz, H.* (2013), 165.

[123] Vgl. *Hilpold, P./Perathoner, C.* (2005).

heit der Abgeordneten einer Sprachgruppe für ihre Periode verzichtet. Während bis 2001 der Vizepräsident analog zum Präsidenten ebenfalls abwechselnd einem Italiener bzw. Deutschen zustand, wurde mit der kleinen Revision des Statutes im Jahre 2001 die Zahl der Vizepräsidenten zugunsten der Ladiner auf zwei erhöht.[124] Die Vizepräsidenten werden seitdem unter den Abgeordneten gewählt, die nicht der Sprachgruppe des Präsidenten angehören (Art. 30,3 AuSt). Damit sind an der Spitze alle drei Sprachgruppen vertreten.

Präsident und Vizepräsident des Südtiroler Landtages: Für den Südtiroler Landtag (nicht für den Trentiner) gelten die gleichen Bestimmungen wie für den Regionalrat. Auch hier wurden die Vizepräsidenten zugunsten der Ladiner auf zwei aufgestockt. Analog der regionalen Regelung werden abwechselnd der Präsident – hier zunächst aus der deutschen Sprachgruppe – und dann aus der italienischen Sprachgruppe gewählt. Ebenso kann eine Sprachgruppe zugunsten der Ladiner verzichten. Die Vizepräsidenten werden unter den Abgeordneten gewählt, die nicht der Sprachgruppe des Präsidenten angehören (Art. 48/ter AuSt).

Abstimmung nach Sprachgruppen:

Wenn angenommen wird, dass ein Gesetzesvorschlag die Gleichheit der Rechte zwischen den Bürgern verschiedener Sprachgruppen oder die volkliche und kulturelle Eigenart verletzt, so kann die Mehrheit der Abgeordneten einer Sprachgruppe im Regionalrat oder im Südtiroler Landtag die Abstimmung nach Sprachgruppen verlangen (Art. 56,1 AuSt).

In dieser Bestimmung sind die Ladiner miteingeschlossen. Wird diesem Antrag nicht stattgegeben oder wird das Gesetz trotz der Gegenstimme von zwei Dritteln der Abgeordneten jener Sprachgruppe beschlossen, die den Antrag gestellt hat, so kann die Mehrheit der Abgeordneten dieser Sprachgruppe das Gesetz beim VfGH anfechten (Art. 56,2 AuSt).

Bilanzgarantie:

Auf Antrag der Mehrheit einer Sprachgruppe muss über die einzelnen Kapitel des Haushaltsvoranschlages der Region und der Provinz Bozen nach Sprachgruppen gesondert abgestimmt werden (Art. 84,2 AuSt).

Über die Haushaltsmittel, die nicht die Mehrheit der Stimmen der deutschen oder der italienischen Sprachgruppe erhalten, entscheidet eine Kommission aus Regionalrats- bzw. Landtagsabgeordneten *„mit paritätischer Zusammensetzung aus Vertretern der beiden stärksten Sprachgruppen"* (Art. 84,3 AuSt). Dieser Artikel, der damals auch für die Ladiner galt, wurde erstmals 1995 vom Ladiner-Vertreter *Carlo Willeit* in Anspruch genommen, allerdings erfolglos, weil die genannte Kommission die Kapitel bestätigte. Wenn in der Kommission keine Mehrheit erreicht wird, entscheidet die – ebenfalls paritätisch zusammengesetzte – autonome Sektion Bozen des regionalen Verwaltungsgerichtes. Mit Verfassungsgesetz Nr.

[124] Vf-G 31.1.2001, Nr. 2 (nicht zu verwechseln mit der Verfassungsreform Vf-G Nr. 3/2001).

1/2017 wurde eine eigene Kommission für Anfechtungen seitens der Ladiner vorgesehen, die aus drei Mitgliedern besteht, eines von jeder Sprachgruppe.[125]

Verwaltungsgericht Bozen: Die Mitglieder der autonomen Sektion des Verwaltungsgerichtshofes Bozen „*müssen in gleicher Zahl den zwei stärksten Sprachgruppen angehören*" (Art. 91,1 AuSt).

„*Als Präsidenten der Sektion lösen sich für gleiche Zeiträume jeweils ein Richter italienischer Sprache und ein Richter deutscher Sprache (...) ab.*" (Art. 91,3 AuSt)

Die Zwölfer- und Sechserkommission: Während bei der sog. Zwölferkommission, welche die Dfb zum Statut für die Region und die beiden Provinzen ausarbeitet, drei Mitglieder der deutschen oder der ladinischen Sprachgruppe angehören müssen, ist die Sechserkommission, eine Unterkommission für die Bestimmungen der alleinigen Provinz Bozen, paritätisch: „*Sie besteht aus sechs Mitgliedern, davon drei in Vertretung des Staates und drei in Vertretung des Landes. Eines der Mitglieder in Vertretung des Staates muss der deutschen oder der ladinischen Sprachgruppe, eines der Mitglieder in Vertretung des Landes muss der italienischen Sprachgruppe angehören.*" (Art. 107,2 AuSt) Die mögliche Vertretung der Ladiner in diesen beiden Kommissionen wurde ebenfalls erst 2017 (Vf-G 1/2017) vorgesehen.

Kommissionen für die Zweisprachigkeitsprüfung: Auch die Kommissionen, welche die Zweisprachigkeitsprüfung abnehmen, waren bis 2017 paritätisch. Seitdem sind auch Ladiner zugelassen. Auf die Parität wurde verzichtet, dafür wurde vorgesehen, dass *sämtliche Kommissionsmitglieder die italienische und die deutsche Sprache hervorragend beherrschen müssen.* Sie werden mit Dekret des Regierungskommissärs im Einvernehmen mit dem Landeshauptmann, aufgrund des entsprechenden Beschlusses des Landesausschusses ernannt (Art. 3 DPR 752/76, abgeändert durch Art. 1 GvD 76/2017).

Prüfungskommissionen für staatliche Wettbewerbe: Die Prüfungskommissionen für die Aufnahme in die örtlichen Stellenpläne der Staatsbediensteten bestehen aus sechs Mitgliedern, davon drei italienischer und drei deutscher Muttersprache (Art. 21,1 des DPR 752/76).

Schiedsgericht für das Personal der örtlichen Stellenpläne: Auch dieses ist paritätisch. Es setzt sich aus acht Mitgliedern zusammen, je vier Mitglieder der staatlichen Verwaltungen und des Personals, davon jeweils die Hälfte deutscher und italienischer Muttersprache (Art. 23 DPR 752/76 abgeändert durch GvD 354/97).

Koordinator des Friedensrichteramtes: In der Provinz Bozen werden die Funktionen eines Koordinators des Friedensrichteramtes abwechselnd für einen Zeitraum von zwei Jahren von einem Richter italienischer Sprache und einem Richter deutscher Sprache ausgeübt (Art. 6,5 GvD 267/1992), wobei es jeweils den Dienst-

[125] Mit Vf-G vom 4.12.2017, Nr. 1, wurden verschiedene Bestimmungen des AuSt geändert, um die Ladiner stärker zu berücksichtigen; diese waren durch manche Bestimmungen, die nur die deutsche und italienische Sprachgruppe vorsahen, benachteiligt worden.

ältesten (bei gleichem Dienstalter den Älteren an trifft). In diesem Falle wird allerdings auch die Möglichkeit für einen Ladiner vorgesehen, falls er Dienstältester sein sollte.

Kommission von Sachverständigen für die Rechtssprache: Eine vom Regierungskommissar eingesetzte paritätische Kommission *„aus sechs Sachverständigen, von denen drei italienischsprachige vom Regierungskommissar und drei deutschsprachige vom Landesausschuss namhaft gemacht werden*“; sie bestimmt die Rechts-, Verwaltungs- und Fachterminologie, um ihre Übereinstimmung in italienischer und deutscher Sprache zu gewährleisten, verfasst ein Wörterbuch der Rechtsverwaltung und sonstiger Fachterminologie in beiden Sprachen und hält es auf dem neuesten Stand (Art. 6, DPR 574/1988).

Kommission von Sachverständigen für die Einschreibung in die Schule: Ob ein Schüler eine angemessene Kenntnis der Unterrichtssprache besitzt, um am Unterricht mit Erfolg teilzunehmen, entscheidet im Zweifelsfalle eine paritätische Kommission aus vier Sachverständigen und zwei Ersatzsachverständigen; *„Zwei Sachverständige und ein Ersatzsachverständiger gehören der italienischen Sprachgruppe und zwei Sachverständige und ein Ersatzsachverständiger der deutschen Sprachgruppe an.*“ (DPR 301/1988, Art. 1,2)

Verhandlungen zwischen Staat und Land

Abb. 41: Die Sechserkommission 1978

Die Sechserkommission 1978 bei der Ausarbeitung der Durchführungsbestimmungen zum Paket. V.l.n.r.: *Roland Riz, Alfons Benedikter, Mario Marosu, Alcide Berloffa, Silvio Nicolodi* und *Präfekt Franco Gravina.*

Abb. 42: Das Einvernehmenskomitee Staat-Land

Das Einvernehmenskomitee Staat-Land 1995 vereinbart die den verschiedenen Sprachgruppen vorzubehaltenden Staatsstellen. V.l.n.r.: Regierungskommissarin *Carla Scoz*, die Funktionäre *Giancarlo Thoma und Helmuth Sinn*, die Landesvertreter *Erich Achmüller*, *Romano Viola* und *Oskar Peterlini*.

Zusammenfassend kann gesagt werden, dass die Parität zum Zwecke der Gleichbehandlung der Bürger und speziell zum Schutz der italienischen Sprachgruppe vorgesehen ist. Der Grundsatz des Proporzes (Schutz der deutschen und ladinischen Minderheiten) wurde in besonderen Fällen zugunsten der Parität zurückgestellt. Der Ausschluss der Ladiner wurde in vielen Fällen behoben.

2.4. Die Mitbeteiligung an der Staatsverwaltung

Die Rekrutierung der Bediensteten für die Staatsverwaltung in Südtirol aus der örtlichen Bevölkerung gemäß Proporz bedeutet eine Beteiligung derselben an Verwaltungskompetenzen, die sich der Staat vorbehalten hat. Die Bestimmungen des Art. 89 des AuSt und der Dfb gehen noch weit darüber hinaus. Sie bedeuten ein Stück Selbstverwaltung mehr, die sich in den folgenden drei Schwerpunkten ausdrückt:

1. Mitbestimmung des Landes: Dem Land wird eine klare Mitbestimmung in Akten der staatlichen Verwaltung in Südtirol eingeräumt, bei der Ausschreibung der Stellen und dem Stellenvorbehalt für die Sprachgruppen (über das „*Einvernehmenskomitee*“ Staat – Land gemäß Art. 13 des DPR 752/76), das Einvernehmen mit dem Landeshauptmann für die Kommissionen und Richtlinien für die Zweisprachigkeitsprüfungen).

2. Dezentralisierte örtliche Verwaltung: Das Personal wird aus der örtlichen Bevölkerung rekrutiert. Die Staatsämter in Südtirol werden dezentralisiert und erhalten eine eigene örtliche Verwaltung mit Sitz in Bozen.
3. Garantien für das Personal: Für die Bediensteten wurden örtliche Stammrollen vorgesehen, die sich von den staatlichen differenzieren und den örtlichen Bediensteten das Recht auf eine Dienststelle in Südtirol garantieren. Die Wettbewerbe finden (außer für Richter) in Bozen statt. Eigene Schutzbestimmungen garantieren den Schutz der Sprachgruppen im Allgemeinen.[126]

2.5. Proporz – Kritik, Probleme und Schlussfolgerungen

Der ethnische Proporz hat – nach vielen Jahren der Ausgrenzung der Minderheiten und der Konflikte – Frieden und Gerechtigkeit gebracht. Es wurde ein ausgewogenes, wenn auch noch nicht ganz dem Proporz entsprechendes Verhältnis der Sprachgruppen im Staatsdienst erreicht. Die politischen Spannungen haben sich beruhigt. In den öffentlichen Stellen des Landes und der Lokalverwaltungen entspricht das Verhältnis der Bediensteten genau den Sprachgruppen. Natürlich sind mit diesem komplizierten Mechanismus auch Probleme verbunden, die hier aufgezeigt wurden und kleinere Gruppen wie die Ladiner betreffen oder jene, die zu keiner der drei Gruppen gehören. Sie wurden im Laufe der Jahre größtenteils gelöst.

Sprachgruppenerklärung nach Opportunität

Ein offenes Problem stellten die Erklärungen dar, die kurz vor der Stellenbewerbung aus Opportunität abgegeben werden. Grundsätzlich gilt ja das Prinzip, dass eine Erklärung und eine Änderung der Erklärung erst nach 18 Monaten seine Wirkung entfaltet; diese Regelung sollte dieses Problem hintanhalten. Das gilt aber nicht für die Ersterklärung von Bewerbern außerhalb der Provinz (vgl. Kap. II.2.2.4. Seit 2005 zwei getrennte Erklärungen).

> *Bewerber aus anderen Provinzen Italiens können sich ganz einfach einer Sprachgruppe zugehörig erklären (...), während volljährige einheimische Bewerber dies nicht machen können und erst 18 Monate nach Abgabe der Erklärung an einem Wettbewerb teilnehmen können.* (*Renzler*, 2022)[127]

Das Problem betrifft vor allem die deutsche Sprachgruppe. Es entsteht dadurch, dass sich Italiener von auswärts als Deutsche erklären oder sich dieser Gruppe zuordnen, weil mehr Stellen dieser Sprachgruppe vorbehalten sind. Der Landtagsabgeordnete *Helmuth Renzler* beklagte dieses Problem vor allem in Bezug auf die Poststellen. Gravierend wird es allerdings bei Gericht, weil diese Richter oft – trotz Zweisprachigkeitsnachweis – Schwierigkeiten haben, die deutschsprachigen Akten zu bewältigen, da diese eine fast muttersprachliche Kenntnis der Sprache erfordern.[128]

---

[126] *Peterlini, O.* (1989 de), 5.
[127] *Renzler, H.* (11.3.2022), Dolomiten, Interview, 10.
[128] Gespräche des Verfassers mit Richtern des Landesgerichtes Bozen.

Bei der Aufnahme in den öffentlichen Dienst erfolgt kein Test, ob der Bewerber auch die notwendigen fachspezifischen Sprachkenntnisse besitzt, es genügt die allgemeine Zweisprachigkeit. Ein Mittel dagegen wäre, den Wettbewerb in den zwei Landessprachen abzuhalten oder zumindest einen Teil der Prüfungen in der anderen Sprache oder der erklärten Sprache der Bewerber. Eine andere Möglichkeit wäre, die Stelle nicht nach Sprachgruppen, sondern nach Sprachen auszuschreiben, sodass eine den Deutschen reservierte Stelle mit einem deutschen Wettbewerb erfolgt und umgekehrt.[129]

Der Präsident der Sechserkommission in der vergangenen Legislaturperiode, *Roberto Calderoli* (Lega) hatte schon im Jahr 2021 eine Sondernorm „*Anti Furbetti*" (Anti-Schlaumeier) versprochen, die Abhilfe schaffen sollte.[130] Eine entsprechende Dfb wurde von der Kommission auch tatsächlich gutgeheißen und den Ministerien zur Begutachtung vorgelegt. Diese wandten allerdings, wie schon bei vormaligen Versuchen, ein, dass die Erklärung der Sprachgruppe frei sei und die Sprachkenntnis anderweitig überprüft würde.

Neuerdings mindestens eine Prüfung in der erklärten Sprache

In der aktuellen Legislaturperiode bekleidet *Calderoli* seit Oktober 2022 in der Regierung *Meloni* das Amt des Ministers für Regionale Angelegenheiten und Autonomien. Die Sechserkommission, diesmal unter dem Vorsitz des *Abg. Alessandro Urzì* der Rechtspartei FdI, legte erneut die Dfb vor und erzielte den Durchbruch. Der Ministerrat genehmigte das entsprechende Dekret am 4. Mai 2023 (GvD 65/2023).

Neben dem Einsatz von *Calderoli* erkennt man daran das Bemühen der Regierungspartei FdI der *Ministerpräsidentin Meloni,* entgegen der bis dahin autonomiewidrigen Parteilinie, sich gegenüber der Südtiroler Minderheit zu öffnen. Das Ziel war auch, in Südtirol bei den Landtagswahlen im Herbst 2023 die Mehrheit der Stimmen der Italiener zu erzielen und als stärkster italienischer Partner in die Südtiroler Landesregierung miteinzuziehen und die Vorbehalte der SVP zu überwinden, was tatsächlich erfolgte.

Die Neuerung sieht vor, dass eine der schriftlichen Prüfungen (soweit vorgesehen) bei staatlichen Wettbewerben und auf jeden Fall die mündliche Prüfung in der erklärten Sprache des Bewerbers abgelegt werden muss, sodass Opportunitätserklärungen erschwert werden und garantiert wird, dass die Bewerber die entsprechende Sprache auch effektiv gut beherrschen.[131] Die Ladiner können weiterhin die Sprache zwischen Deutsch und Italienisch für die Prüfung wählen.

[129] *Benedikter, T.* (2021), 63–73.

[130] Dolomiten, 15.7.2021. Inzwischen gab es Neuwahlen und eine neue Regierung. Alto Adige online, 9.8.2021.

[131] GvD vom 15. Mai 2023, Nr. 65.

Personalmangel weicht Proporz und Zweisprachigkeit auf

Ein weiteres Problem stellt der Personal- und Ärztemangel im Gesundheitsbereich dar und zunehmend auch in anderen Verwaltungen. Die Landesregierung war dadurch gezwungen, immer wieder Ausnahmen von der Pflicht zur Zweisprachigkeit und vom Proporz zu genehmigen, bzw. eine spätere Feststellung der Zweisprachigkeit (statt vor der Aufnahme) vorzusehen.[132]

Im Juni 2025 wurde die Proporzregel durch eine neue Dfb aufgeweicht (GvD 97/2025). Sie erlaubt in Ausnahmefällen für zeitlich beschränkte Aufnahmen von der Reservierung der Stellen nach Sprachgruppen und von der Zweisprachigkeitspflicht abzuweichen, und zwar bis zur Hälfte der unbesetzten Stellen. Im April 2026 flog ein Skandal von gefälschten Zweisprachigkeitsnachweisen auf.

Die vielen Ausnahmeregelungen hätten die Bankrotterklärung dieses Systems bereits eingeleitet (*Perini*, 2021).[133] Die Bedenken sind vor allem mit Blick auf den Arbeitskräftemangel nicht von der Hand zu weisen. Aber die Zeiten können sich auch ändern. Südtirol hat auch Zeiten erlebt, in denen Jugendliche Arbeit im Ausland suchen mussten.

Gegen den Proporz führt der Direktor des Arbeitsförderungsinstitutes Südtirols, *Stefan Perini*, auch ins Feld, dass er die Meritokratie behindere, da die Auswahl nicht nach Qualität, sondern nach Sprachgruppen erfolge. Das stimmt nur zum Teil, weil ja innerhalb der Sprachgruppen natürlich die bessere Vorbereitung zählt und man nicht davon ausgehen darf, dass eine Sprachgruppe weniger gute Voraussetzungen mitbringe als die andere. Das weitere Argument, dass die klassische Trennung der Ethnien anachronistisch sei, da immer mehr Familien einen gemischten kulturellen Hintergrund haben, erfordert mehr eine politische Antwort. Diese schließt an die Frage an, inwieweit eine Differenzierung und letztendlich die Erhaltung einer sprachlichen Minderheit in ihrer ursprünglichen Form sinnvoll sei.

Ein weiteres Argument lautet, dass der Proporz nicht mehr notwendig sei, da er sein Ziel erreicht habe und deshalb abgeschafft werden könnte. Mit dieser Forderung setzt sich u.a. *Thomas Benedikter* auseinander und kommt zu dem Schluss, dass Reformen angedacht werden sollten, die Nachteile bei einer Abschaffung aber überwiegen würden.[134] Da die meisten Stellen lokalen Verwaltungen unterstehen, denen vielfach Deutschsprachige vorstehen, ist der Proporz auch ein Schutz für die Italiener.

Aber der Proporz geht über den Bereich Arbeitsmarkt und die Beteiligung an den öffentlichen Stellen hinaus. Vor allem die Landes- und Regionalregierung, aber auch alle wichtigen Kommissionen werden nach diesem Prinzip gebildet. Damit sind alle Sprachgruppen in den Entscheidungsgremien entsprechend ihrer Stärke vertreten; keine Sprachgruppe kann die andere übervorteilen, weil es noch zusätzlich Garantiemechanismen wie die Bilanzgarantie und die Möglichkeit der

[132] Dolomiten, 22.6.2017, 11.

[133] *Perini, S.*, 13.6.2021.

[134] *Benedikter, T.* (2021), 63–69.

Berufung an den Verwaltungsgerichtshof gibt. Damit bildet Südtirol auch ein Modell für die Konsensdemokratie. Im Falle verschiedener Sprachgruppen, aber genauso in anderen gespaltenen Gesellschaften, stellt diese sicherlich das geeignetere Demokratiemodell dar als eine reine Mehrheitsdemokratie, in der die Mehrheit allein entscheidet und damit die Minderheit übergehen könnte. In diesem Lichte verblassen auch die teils berechtigten Kritiken und Schwierigkeiten, die sich in gleicher Weise in allen Systemen, die zum Schutz der Volksgruppen eine proportionale Beteiligung vorsehen, stellen.

3. Gleichstellung und Schutz der Sprachen

3.1. Die Zweisprachigkeit im öffentlichen Dienst

3.1.1. Zweisprachigkeit ist Voraussetzung

Das bereits genannte Proporzdekret verlangt als Voraussetzung für die Aufnahme in den öffentlichen Dienst in Südtirol eine *„den Erfordernissen der einwandfreien Dienstabwicklung angemessene Kenntnis der italienischen und der deutschen Sprache*“ (Art. 1, DPR 752/76). Das Proporzdekret nahm damit einige Bestimmungen zur Gleichstellung der Sprachen vorweg, die erst viel später folgten.[135]

Der Verpflichtung zur Zweisprachigkeit bei der Aufnahme unterliegen:[136] alle staatlichen Verwaltungen einschließlich jener mit autonomer Ordnung (DPR 752/76, Art. 1,1); die Richter und Gerichte (Art. 39); die öffentlichen Körperschaften und Anstalten, die durch Gesetz oder durch mit Gesetzeskraft ausgestattete Rechtsakte errichtet oder geregelt wurden (Art. 8); somit natürlich auch das Land als öffentliche Körperschaft mit seinen Anstalten und Einrichtungen, der Gesundheitsdienst, die Bezirksgemeinschaften und die Gemeinden sowie die öffentlichen Vorsorgeanstalten (INPS, INAIL und INPDAP).

Für die Unternehmen öffentlich-rechtlichen Charakters, die im freien Wettbewerb tätig sind, gilt die Pflicht nur für jene Tätigkeitsbereiche, in denen sie einen Dienst von öffentlichem Interesse im Konzessionswege ausüben (DPR 571/1978, Art. 8), und seit 1996 nur für das Personal, das zur Gewährleistung der Zweisprachigkeit notwendig ist (GvD 446/96). Zur Zweisprachigkeit verpflichtet sind auch die Lehrer der zweiten Sprache, während die anderen Lehrer ausdrücklich ausgenommen sind (DPR 846/1977, Art. 3). Für sie gilt, dass sie der Muttersprache der Schüler angehören müssen. Weiters dazu verpflichtet sind seit einer Änderung auch die Inspektoren und Direktoren der Schulen; die Post (DL 487/1993, Art. 6,12, umgewandelt in G 71/1994,) und Eisenbahn (DPR 32/1991), auch nach ihrer Umwandlung in eine Körperschaft und Privatisierung.

Die den Erfordernissen der einwandfreien Dienstabwicklung angemessene Kenntnis der beiden Sprachen wird auch für das Personal des höheren Dienstes der Zivilverwaltung des Inneren, der Sicherheitspolizei und die Verwaltungsbediens-

[135] DPR vom 15.7.1988, Nr. 574.

[136] *Peterlini, O.* (2010i it), 67–74; *Peterlini, O.* (2012k de), 154–173; *Peterlini, O.* (2000f de), 167–199.

teten des Verteidigungsministeriums verlangt, das sonst ausdrücklich vom Proporz ausgenommen ist (DPR 752/1976, Art. 1,2). Die erwähnten Verwaltungen und die nicht örtlichen öffentlichen Körperschaften und Anstalten in der Provinz Bozen, die vom Proporz ausgenommen sind, müssen für die Besetzung der freien Stellen aufgrund von Wettbewerben, auch internen Wettbewerben, Kursen, Einstufung in höhere Funktionsränge, Einstellungen jedweder Art einen Anteil der Stellen den Bewerbern vorbehalten, die die Sprachbescheinigung besitzen (Art. 2 DPR 752/1976). Das heißt, dass nur für das vereinbarte Kontigent die Sprachkenntnis Voraussetzung ist.

Ebenso müssen Gerichte, Organe und Ämter der öffentlichen Verwaltung mit *regionaler* Zuständigkeit, die ihren Sitz in der Provinz Trient haben, ein Kontingent von Bediensteten mit Zweisprachigkeitsnachweis aufnehmen, *„um die einwandfreie Dienstabwicklung auch in deutscher Sprache zu gewährleisten“* (Art. 1, DPR 752/1976). Die entsprechenden Kontingente werden im Einvernehmen mit dem Präsidenten der Region von Trentino-Südtirol und dem Landeshauptmann von Südtirol festgelegt, und zwar: für die Richter der Verwaltungsgerichtsbarkeit und für die Staatsadvokaten vom Präsidenten des Ministerrates, für die Richter der ordentlichen Gerichtsbarkeit vom Justizminister, für die üblichen staatlichen Bediensteten vom Regierungskommissar in Trient und für die Bediensteten der öffentlichen Körperschaften von den Präsidenten derselben.

Eine spätere Dfb (GvD 446/1996) sichert den Zweisprachigkeitsnachweis für alle Aufnahmen bei den *„privatisierten“* Staatsdiensten. Es handelt sich um jene Gesellschaften und Körperschaften (wie Post, Eisenbahn, Telefondienst), die (im Zuge der Privatisierungen) im Konzessionswege Dienste übernehmen, die vor dem 1. Jänner 1991 von staatlichen Verwaltungen einschließlich jener mit autonomer Ordnung und von öffentlichen wirtschaftlichen Körperschaften ausgeführt wurden. Ebenso wird der Zweisprachigkeitsnachweis für alle Versetzungen von Bediensteten aus anderen Provinzen in Ämter der Provinz Bozen verlangt.

3.1.2. Die Zweisprachigkeitsprüfung

Die *„angemessene Kenntnis der deutschen und italienischen Sprache“* ist also zwingende Voraussetzung für die Aufnahme in den öffentlichen Dienst. Sie konnte in der ersten Phase ausschließlich mit einer sog. Zweisprachigkeitsprüfung vor einer eigenen Kommission nachgewiesen werden.[137] Die Kommission bzw. die Kommissionen (weil es in der Regel mehrere sind) werden mit Dekret des Regierungskommissars im Einvernehmen mit dem Landeshauptmann von Südtirol ernannt.

Die Prüfung kann in vier verschiedenen Schwierigkeitsgraden abgelegt werden, die dem jeweiligen Studientitel entsprechen, der für den Zugang zur Stelle notwendig ist, neuerdings gemäß dem Gemeinsamen Europäischen Referenzrahmen für Sprachen (GERS). Demnach erlassen die Kommissionen Bestätigungen über die Kenntnis der zwei Sprachen für die folgenden vier Stufen: Abschluss der

[137] DPR 752/1976, Art. 3–7.

Grundschule (neuerdings als A2 qualifiziert), Mittelschulabschluss (Mittlere Reife, B1), Oberschulabschluss (Matura, B2), Laureat (C1).[138] Die Prüfungen werden von einem von der Landesregierung ernannten wissenschaftlichen Beirat verfolgt. Besitzt die betreffende Person die Bescheinigung über die Kenntnis nur einer Sprache, so wird die Bescheinigung nach Ablegen einer Prüfung ausschließlich über die andere Sprache ausgestellt.

Zur Prüfung können sich die Kandidaten – unabhängig vom Besitz des jeweiligen Studientitels – ab Vollendung des 14. Lebensjahres für die einfache und mittlere Laufbahn anmelden, ab dem 16. Lebensjahr jene, die der Matura oder dem Laureat entspricht. Die Prüfungen bestehen aus je einem Hörverständnistest, einem Leseverständnistest, einer schriftlichen Prüfung sowie einem mündlichen Teil, die dem Schwierigkeitsgrad des jeweiligen Studientitels entsprechen.

3.2. Die Kenntnis des Ladinischen, Fersentalerischen und Zimbrischen

Um in der öffentlichen Verwaltung in Südtirol eine der ladinischen Sprachgruppe vorbehaltene Stelle zu besetzen, ist es notwendig, im Besitz des Dreisprachigkeitsnachweises zu sein.[139] Die Prüfungen sind ebenfalls nach den genannten vier Bildungsabschlüssen abgestuft und erfolgen durch eine schriftliche Prüfung und ein Prüfungsgespräch. Die Feststellung erfolgt durch eine oder mehrere Kommissionen, die aus Angehörigen der ladinischen Sprachgruppe bestehen. Sie werden ebenfalls einvernehmlich mit dem Landeshauptmann mit Dekret des Regierungskommissärs für fünf Jahre ernannt (DPR 752/1976, geändert durch GvD 76/2017).

Für die Provinz Trient sind seit 2010 die Kriterien und Modalitäten für die Feststellung der Kenntnis der ladinischen Sprache und Kultur sowie der fersentalerischen und zimbrischen Sprache mit Landesgesetz festzulegen (GvD 592/1993, ergänzt durch Art. 1,2 GvD 262/2010).

3.2.1. Die Rekurse vor dem EuGH und die Reform

Der Nachweis der Zweisprachigkeit, der im Sinne der eben erläuterten (und von den Art. 3–7 des DPR 752/1976 vorgeschriebenen) Bestimmungen erworben wurde, galt gemäß der vorher geltenden Regelung als einzig gültiges Dokument für die Zulassung zum öffentlichen Dienst in Südtirol.

Aufgrund einer Klage von Bürgern[140] befasste sich der Europäische Gerichtshof mit der Angelegenheit. Mit Urteil vom 6. Juni 2000 (Streitfall 281/98) entschied der EuGH, dass diese Ausschließlichkeit dem Art. 39 des Vertrages der Europäischen Gemeinschaft widerspreche. Es sei nicht zulässig, dass für die Aufnahme in den Dienst in Südtirol von den Kandidaten ein Zeugnis über die Kenntnis der zwei

[138] Die Bezeichnungen lauteten ursprünglich genau umgekehrt: A für die höchste, B für Matura, C für Mittelschule, D für die niedrigste Laufbahn.

[139] Autonome Provinz Bozen, Bildung und Sprache, Ladinischprüfung.

[140] Die Klage wurde von *Roman Angonese* aus Kaltern eingereicht.

Sprachen verlangt werde, das ausschließlich in einem Teil des Staatsgebietes eines Mitgliedsstaates ausgestellt werde:[141]

> *45. Es stellt daher eine gegen Artikel 48 des Vertrages verstoßende Diskriminierung aufgrund der Staatsangehörigkeit dar, wenn ein Arbeitgeber für den Zugang eines Bewerbers zu einem Auswahlverfahren zur Einstellung von Personal die Verpflichtung aufstellt, daß der Bewerber seine Sprachkenntnisse ausschließlich mit einem Diplom wie der Bescheinigung nachweist, das in einer einzigen Provinz eines Mitgliedstaats ausgestellt wird.* (EuGH, Urteil 6.6.2000)[142]

Mit zehnjähriger Verspätung erließ der Ministerrat in Rom am 23. April 2010 – auf Vorschlag der paritätischen, sog. Sechserkommission – neue Dfb zum AuSt (GvD 86/2010), mit denen der Nachweis der Zweisprachigkeit in Südtirol neu geregelt wurde. Die GvD 76/2017 und 150/2021, fügten weitere Bestimmungen und Möglichkeiten der Anerkennung hinzu.

Seitdem gibt es Alternativen zum bisher einzig gültigen Nachweis in Form des Zweisprachigkeitsprüfungs-Diploms.[143] Die Dekrete ändern grundsätzlich nicht die bestehende Regelung, sondern fügen weitere Möglichkeiten zum Nachweis der Kenntnis der italienischen und deutschen Sprache hinzu, indem es zum Art. 3 des DPR 752/1976 weitere Absätze (9-*bis*, 9-*ter*, 9-*quater*, 9-*quinquies*, 9-*sexies*) anfügt.

Eine erste wichtige Gleichstellung erfolgt (mit Abs. 9-*bis*) für die auf europäischer Ebene klassifizierten Zertifikate der Stufen A2, B1, B2 e C1, die den jeweiligen Sprachnachweisen Grundschule, Mittelschule, Matura, und Laureat laut DPR 752/76 gleichgestellt werden. Sollte man mit einem solchen Diplom nur die Sprachkenntnisse in Deutsch oder Italienisch nachweisen können (und nicht in beiden Sprachen), muss man die Zweisprachigkeitsprüfung vor der Kommission nur noch in der jeweils anderen Sprache ablegen.

Am 29. Juni 2010 trat diese Neuregelung des Nachweises der Zweisprachigkeit in Kraft. Seitdem gibt es verschiedene Alternativen zu der bisher ausschließlichen Prüfung vor den Kommissionen in Südtirol. Die erste Alternative besteht in der Vorlage eines Zertifikates, das von international anerkannten Körperschaften nach Bestehen einer entsprechenden Sprachprüfung ausgestellt wird.

Dazu gehören auf deutscher Seite die Bescheinigungen des Goethe-Instituts und des Deutschen Volkshochschulen Verbands, das Österreichische Sprachdiplom (ÖSD) oder der *TestDaF* des gleichnamigen Instituts in Hagen. Für den Nachweis der Kenntnis der italienischen Sprache werden die Bescheinigungen der internationalen Universitäten („*Università per Stranieri*") von Perugia (CELI) und Siena (CILS), der Dante-Alighieri-Gesellschaft in Rom (PLIDA) sowie der Uni „*Roma*

[141] Begleitbericht zum Entwurf des GvD Nr. 86 vom 14.5.2010.

[142] EuGH, Urteil vom 6.6.2000 – C-281/98 (lexetius.com/2000,3371).

[143] GvD vom 14.5.2010, Nr. 86, Durchführungsbestimmungen zum Sonderstatut der Region Trentino-Südtirol betreffend die Gleichstellung der Bescheinigungen über die Kenntnis der italienischen und der deutschen Sprache, Abänderungen zum DPR 752/1976.

Tre" anerkannt.[144] Alle diese Bescheinigungen richten sich am Gemeinsamen Europäischen Referenzrahmen für Sprachen aus. Bescheinigung über den Besuch von Sprachkursen und anderweitig ausgestellte Sprachzeugnisse werden nicht anerkannt.

Ebenfalls als Zweisprachigkeitsnachweis gilt künftig, und zwar für die höchste Stufe *Laureat*, wenn jemand die Matura in einer Unterrichtssprache ablegt und danach ein Studium in der jeweils anderen Sprache abschließt immer vorausgesetzt es handelt sich um eine staatliche oder staatlich anerkannte Schule. Dasselbe gilt für jene, die ein Unistudium in der einen und danach ein darauf aufbauendes Studium, etwa einen Masterlehrgang, in der anderen Sprache abschließen (Abs. 9-*quater*). „*Damit lösen wir das Problem des Sprachnachweises praxisnah, können wir doch davon ausgehen, dass jemand, der es schafft, die Matura in der einen und das Studium in der anderen Sprache zu absolvieren, die beiden Sprachen auch beherrscht*", so der Landeshauptmann von Südtirol *Luis Durnwalder*, der sich erfreut darüber zeigte, dass mit der neuen Regelung auch die Forderung vom Tisch sei, allein die Matura als Zweisprachigkeitsnachweis anzuerkennen.[145]

Der Abs. 9-*quinquies* spezifiziert allerdings, dass nicht der Ort des Studiums zählt, sondern die Sprache, die bei Vorlesungen und Prüfungen verwendet werde. Studiert jemand in Italien, werden aber Vorlesungen und Prüfungen vorwiegend z.B. in Englisch abgehalten, gilt dieses Studium nicht als Sprachnachweis.

Voraussetzung ist, dass das Universitätsstudium vorwiegend (zu 80%) in deutscher oder italienischer Sprache absolviert worden ist. Das heißt auch, dass etwa das dreisprachige Studium an der Uni Bozen oder jenes an der Landesfachhochschule „*Claudiana*" oder das zweisprachige Studium des italienischen Rechts in Innsbruck nicht als Sprachnachweis anerkannt wird.[146]

Folgende Kombinationen sind beispielsweise für das höchste Niveau C1 möglich:
- Sprachzertifikat C1 in einer Sprache + einsprachige Prüfung in der anderen Sprache
- Sprachzertifikat C1 in einer Sprache + Sprachzertifikat C1 in der anderen Sprache
- Maturadiplom in einer Sprache + universitärer Studientitel in der anderen Sprache
- Zwei universitäre Studientitel unterschiedlicher Stufe in den beiden Sprachen.

Seit November 2021 sind folgende Möglichkeiten für den Erwerb des Zweisprachigkeitsnachweises C1 dazugekommen:
- Universitärer Studientitel in einer Sprache + C1-Sprachzertifikat in der anderen Sprache;

[144] Autonome Provinz Bozen, Bildung und Sprache, Anerkennung von Sprachzertifikaten.
[145] Pressemitteilung des Landes Südtirol vom 23.4.2010.
[146] Autonome Provinz Bozen, Bildung und Sprache.

- Universitärer Studientitel in einer Sprache + einsprachige Prüfung in der anderen Sprache.[147]

Im Jahre 2017 wurde auch die zweisprachige ladinische Oberschule für den Erwerb des Sprachnachweises und zusätzlich des Ladinischen anerkannt: Die Studientitel der ersten oder der zweiten Ebene und die höheren Studientitel gelten zusammen mit dem Zeugnis über den Oberschulabschluss, das an Schulen der ladinischen Ortschaften der Provinz Bozen bei einem nachgewiesenen Schulbesuch von mindestens 10 Jahren in den ladinischen Ortschaften erlangt wurde, als Bescheinigung der Kenntnis der drei Sprachen (GvD 76/2017).

3.2.2. Eine Schwierigkeit, aber große Vorteile

Die Zweisprachigkeitsprüfung wirkte bei ihrer Einführung im Jahre 1976 wie ein Schock auf die Italiener. Für sie stellt das Erlernen der deutschen Sprache eine besondere Herausforderung dar. Die deutsche Sprache wird als schwieriger eingeschätzt als das Italienische. Außerdem fehlte bis dahin den Italienern jede Notwendigkeit Deutsch zu lernen. Andererseits bildet die Kenntnis der beiden Landessprachen einen Vorteil für alle Personen in Südtirol, sei es für das soziale Leben als auch für die Arbeit. In allen Arbeitsbereichen in Südtirol werden zweisprachige Kandidaten gegenüber einsprachigen klar vorgezogen. Für den öffentlichen Dienst ist der Nachweis eine Voraussetzung, eine „*conditio sine qua non*", aber auch in der Privatwirtschaft werden zweisprachige Bewerber einsprachigen vorgezogen, weil sie den Kunden und Geschäftspartnern in Südtirol in ihrer jeweiligen Sprache begegnen können. Aufgrund dieser Voraussetzung für die öffentlichen Wettbewerbe (und der Bevorzugung für den privaten Markt) werden Kandidaten von anderen Provinzen oder anderen Teilen der europäischen Union, wenn sie nicht zweisprachig sind, ausgeschlossen (bzw. im Privaten benachteiligt); dies ist ein Vorteil für die Arbeitsuchenden aus Südtirol. Neben der florierenden Wirtschaft ist das mit ein Grund für die guten Arbeitsaussichten in Südtirol und die niedrige Arbeitslosigkeit.

Schließlich erhalten die Staatsangestellten in Südtirol und die Angestellten anderer öffentlicher Körperschaften, die den Zweisprachigkeitsnachweis besitzen, eine sog. Zweisprachigkeitszulage, also eine Zulage zum Gehalt.

Der Proporz und die Zweisprachigkeit stellen nicht nur eine Wiedergutmachung des faschistischen Unrechts gegenüber den Südtirolern dar, sondern bilden eine solide Grundlage für ein größeres Verständnis und eine bessere Zusammenarbeit zwischen den Sprachgruppen und eine Garantie für eine zwar nicht unumstrittene, aber gerechte Verteilung der Stellen in der öffentlichen Verwaltung.[148]

Aufgrund des akuten Personalmangels insbesondere im Gesundheitswesen wurden Ausnahmeregelungen getroffen, die es Ärzten und Krankenpflegern ermöglichen, den Dienst anzutreten und die Zweisprachigkeitsprüfung später nachzuholen (vgl. Kap. II.2.5. Proporz – Kritik, Probleme und Schlussfolgerungen).

---

[147] Ibid., Niveau C1.

[148] *Peterlini, O.* (2000f de), 180; *Peterlini, O.* (2000e it), 176.

3.3. Die Gleichstellung der Sprachen – ein langer Weg

Die deutsche Sprache ist in der Region der italienischen Sprache, die die amtliche Staatssprache ist, gleichgestellt. In den Akten mit Gesetzeskraft und immer dann, wenn dieses Statut eine zweisprachige Fassung vorsieht, ist der italienische Wortlaut maßgebend. (Art. 99 AuSt)

Diese Gleichstellung ist – trotz der klaren Einschränkung („*italienischer Wortlaut maßgebend*") ein Durchbruch im Vergleich zum alten AuSt von 1948. Das Statut von 1948 hielt am Prinzip fest, dass in der Region Trentino-Südtirol das Italienische die einzige Amtssprache bleibt. Eine Gleichstellung würde nämlich (so *Renato Cajoli*, 1952)[149] dem „*sprachlich und national einheitlichen Charakter des italienischen Staates*" zuwiderlaufen.

Es dauerte freilich sehr lange, bis dieser neue Grundsatz der Gleichstellung, der im Art. 100 des Statutes weiter ausgebaut wird, auch tatsächlich in der Praxis der Verwaltung und der Gerichte seinen Niederschlag fand. Der Grundsatz war im Statut aus dem Jahre 1972 verankert. Einen „*Vorschuss*" gab es durch die Pflicht zur Zweisprachigkeit bei der Aufnahme in den öffentlichen Dienst durch den ersten Teil des Proporzdekretes (Art. 1–8, DPR752/1976). Die neuen Dfb über den Sprachgebrauch (DPR vom 15. Juli 1988, Nr. 574) sind erst am 8. Mai 1989 veröffentlicht worden und traten stufenweise in Kraft. Erst am 8. Mai 1993 traten nach der vierjährigen Übergangszeit alle Bestimmungen in Kraft, somit auch die letzte betreffend das Gerichtsverfahren. Die Umsetzung der Verfassungsnorm dauerte demnach mehr als 20 Jahre.[150]

3.3.1. Der Gebrauch der deutschen und italienischen Sprache

Während Art. 99 AuSt die Sprachen gleichstellt, regelt Art. 100 das individuelle Recht des Sprachgebrauchs:

Die deutschsprachigen Bürger der Provinz Bozen haben das Recht, im Verkehr mit den Gerichtsämtern und mit den Organen und Ämtern der öffentlichen Verwaltung, die ihren Sitz in der Provinz haben oder regionale Zuständigkeit besitzen, so wie mit den Konzessionsunternehmen, die in der Provinz öffentliche Dienste versehen, ihre Sprache zu gebrauchen. (Art. 100,1 AuSt)

Geregelt wird also im Art. 100 AuSt das subjektive Recht des Bürgers gegenüber der Verwaltung. Bei den Sitzungen der Kollegialorgane gilt ebenfalls dieses Recht: In den Sitzungen der Kollegialorgane der Region, der Provinz Bozen und der örtlichen Körperschaften dieser Provinz kann die italienische oder die deutsche Sprache gebraucht werden.

Die Dfb zur Sprache (DPR 574/1988) wurden in den Folgejahren mehrmals geändert. Die Grundausrichtung blieb aber das Recht auf den Gebrauch der Muttersprache. Ersetzt wurde u.a. die Bezeichnung „*Bürger*" durch „*Personen*", so dass (wie das Dekret ausdrücklich vermerkt), d*ie Bestimmungen für alle natürli-*

[149] *Cajoli, R.* (1952), 209.
[150] *Peterlini, O.* (2000f de), 180–181.

chen und juristischen Personen gelten, ungeachtet ihrer Staatsangehörigkeit, ihres Wohnsitzes, ihres Domizils oder Sitzes. (Art. 1/bis DPR 574/1988, eingefügt durch GvD 186/2015)

Das AuSt überlässt den Dfb die Regelung der „*Fälle des gemeinsamen Gebrauchs der beiden Sprachen*", definiert aber klar die Bereiche, die zweisprachig sein müssen: „*Akte, die an die Allgemeinheit der Bürger gerichtet sind, zum öffentlichen Gebrauch bestimmte Einzelakten und Akten, die an mehrere Ämter gerichtet sind*" (Art. 100 Abs. 4 AuSt).

Die Dfb legt fest, wie das erfolgen soll: „*In den schriftlichen Akten werden beide Texte nebeneinander wiedergegeben, diese Texte müssen dasselbe Erscheinungsbild und denselben Druck aufweisen*" (Art. 4 letzter Abs. DPR 574/1988).

Unbeschadet dessen und unbeschadet der ausdrücklich vorgesehenen Fälle „*wird in den anderen Fällen der getrennte Gebrauch der italienischen oder deutschen Sprache anerkannt. Unberührt bleibt der alleinige Gebrauch der italienischen Sprache innerhalb der Einrichtungen des Militärs*" (Art. 100 AuSt). Diese sind aber, sofern sie den Sitz in der Provinz Bozen haben, verpflichtet, im externen Verkehr, bei Mitteilungen an die Allgemeinheit, bei öffentlichem Aushang oder Anschlag, bei Akten, die an mehrere Ämter und Organe gerichtet sind, die Zweisprachigkeit zu verwenden und sich im externen Verkehr immer an die Sprache der Person zu halten, die sich an sie wendet (Art. 12 DPR 574/1988).[151]

3.3.2. Welche öffentlichen Stellen sind zum Sprachgebrauch verpflichtet?

Die folgenden Organe, Ämter und Konzessionsunternehmen müssen sich bei ihren Akten und Maßnahmen und bei den vorgeschriebenen Mitteilungen oder Zustellungen an die Sprache halten, die vom Antragsteller, Anzeigeerstatter oder Erklärenden verwendet wurde (Art. 7 und Art. 1 DPR 574/1988):

Im internen und externen Verkehr: Die Organe und Ämter der öffentlichen Verwaltung und der öffentlichen Körperschaften und Anstalten, die ihren Sitz in der Provinz Bozen haben oder regionale Zuständigkeit besitzen, so wie die Konzessionsunternehmen, die in dieser Provinz öffentliche Dienste versehen. Unter Konzessionsunternehmen versteht man „*jene Rechtsträger, die Dienste besorgen, die in den Aufgabenbereich oder in die Verfügungsgewalt öffentlicher Körperschaften fallen, sowie die bestehenden ihnen gleichgestellten Dienste*" (Art. 1,1 a), Art. 2,2 DPR 574/1988).

Die Gerichtsämter und die ordentlichen Gerichte, die Verwaltungsgerichte und die Steuergerichte, die ihren Sitz in der Provinz Bozen haben. Das Oberlandesgericht, das Geschworenen-Oberlandesgericht, die Jugendsektion des Oberlandesgerichtes, die Generalstaatsanwaltschaft beim Oberlandesgericht, das Jugendgericht, das Aufsichtsgericht und das Aufsichtsamt, der Regionalkommissar für die Ablösung der Gemeinnutzungsrechte sowie jedes andere Gerichtsamt und ordentliche Gericht, Verwaltungsgericht oder Steuergericht oder der Rechnungshof, die ihren

[151] *Peterlini, O.* (2000f de), 181–182; *Peterlini, O.* (2000e it), 177–178.

Sitz in der Provinz Trient haben, aber auch für die Provinz Bozen zuständig sind (Art. 1,1 b) und c), DPR 574/1988))

Bei den Konzessionsunternehmen, die in der Provinz Bozen öffentliche Dienste versehen, muss die Tätigkeit derart organisiert werden, dass der Gebrauch der italienischen und der deutschen Sprache nach den Bestimmungen dieses Dekretes gewährleistet ist. (Art. 2,1 DPR 574/1988). Nicht das ganze Personal, aber ein gewisses Kontingent, das für die Erfüllung der Zweisprachigkeit des Dienstes notwendig ist, muss die entsprechenden Voraussetzungen (Zweisprachigkeitsnachweis) erfüllen.

Nur im externen Verkehr: Organe, Ämter, Körperschaften und Abteilungen militärisch organisierter Einrichtungen, die ihren Sitz in der Provinz Bozen oder in der Provinz Trient haben, aber auch für die Provinz Bozen zuständig sind.

Bei der Polizei: Auch bei der Tätigkeit der Polizei im Allgemeinen zur Einleitung eines Strafverfahrens oder zur Verhängung einer Sanktion sind eindeutige Schutzbestimmungen für die betroffene Person vorgesehen:

> *Auch für die Polizeikräfte, die den Streitkräften angehören, und für das Personal der Staatspolizei, das militärisch organisierten Einrichtungen untersteht, gelten für die Sprache die Bestimmungen dieses Dekretes in den Fällen, in denen Handlungen gesetzt werden, die die Tätigkeit der Polizei im Allgemeinen betreffen, die zur Einleitung eines Strafverfahrens bestimmt sind oder die eine sonstige Sanktion nach sich ziehen.* (Art. 1,2 DPR 574/1988)

Die oben genannten Organe, Ämter und Konzessionsunternehmen müssen in der Sprache antworten, deren sich der Antragsteller, Anzeigeerstatter oder Erklärende bedient hat. Wenn die Behörde aus eigener Initiative tätig wird, so muss sie die mutmaßliche Sprache des Adressaten verwenden. Im mündlichen Verkehr muss sie sich auf jeden Fall an die Sprache des Gesprächspartners anpassen (Art. 7 DPR 574/1988).

Damit sind auch die Polizei, die Carabinieri, die Finanzwache und die militärischen Organe bei ihren Straßen- oder Ausweiskontrollen, Erhebungen, Einvernahmen oder sonstigen Kontakten mit den Personen verpflichtet, dessen Sprache zu verwenden bzw. sich ihrer Sprache (Deutsch oder Italienisch) anzupassen.

Bei öffentlichen und notariellen Akten und Arzneimitteln: Die Gleichberechtigung der Sprachen gilt auch in allen öffentlichen, notariellen und ihnen gleichgestellten Akten. Die Bestimmungen zur Zweisprachigkeit betreffen auch die Versicherungsunternehmen für die Formulare der Pflichtversicherung (Art. 2,3 DPR 574/88) sowie die Arzneimittelfirmen, die (nach Art. 36) verpflichtet sind, die Etiketten und die Beipackzettel der von der öffentlichen Gesundheitsfürsorge anerkannten Arzneimittel, die in der Provinz Bozen verteilt werden, sowohl in italienischer als auch in deutscher Sprache zu verfassen. Die Zweisprachigkeitsbestimmungen gelten auch für die Notare, einschließlich des Nachweises der Zweisprachigkeit (Art. 30 und 31 DPR 574/1988) und das Konzessionsunternehmen für den

Telefonbetrieb, welches das Telefonbuch getrennt in italienischer und deutscher Sprache in einem einzigen Band verfassen muss (Art. 35, DPR 574/1988).[152]

3.3.3. Beschwerde wegen Sprachverletzungen

Verletzt die Behörde die oben angeführten Bestimmungen, so können die betroffenen Personen Nichtigkeitsbeschwerde gegen die entsprechenden Verwaltungsakte, Verwaltungsmaßnahmen, Mitteilungen oder Zustellungen erheben.

Die Beschwerde muss innerhalb der Verfallsfrist von 10 Tagen erhoben werden. Sie wurde so einfach wie möglich gestaltet, damit jede Person davon Gebrauch machen kann, ohne sich eines Anwaltes bedienen zu müssen. Sie kann auch mündlich vorgebracht werden, und zwar an einer der folgenden Stellen (Art. 8 DPR 574/88):

- entweder bei dem Organ, Amt oder Konzessionsunternehmen, das den Akt oder die Maßnahme erlassen hat oder von dem die Mitteilung oder Zustellung stammt;
- oder beim Bürgermeister der Ansässigkeitsgemeinde des Betroffenen oder bei einem vom Bürgermeister Beauftragten, falls die Behörde, gegen die sich die Beschwerde richtet, ihren Sitz in einer anderen Gemeinde hat; oder direkt beim Beamten, der den Akt zustellt.
- Wird die Beschwerde mündlich erhoben, so hat der mit einem öffentlichen Dienst Betraute eine eigene Niederschrift zu verfassen. Die Nichtigkeitsbeschwerde hat aufschiebende Wirkung.

Die Behörde, das Amt oder Konzessionsunternehmen kann innerhalb von 10 Tagen: a) der Beschwerde stattgeben und den Akt in der verlangten Sprache erneuern; b) untätig bleiben; dann verliert aber der beanstandete Akt für immer seine Wirkung; c) die Beschwerde als nicht begründet abweisen (Art. 8 DPR 574/1988). Sollte die Beschwerde abgewiesen werden, kann der Betroffene innerhalb von 10 Tagen nach der entsprechenden Mitteilung Rekurs bei der autonomen Sektion Bozen des regionalen Verwaltungsgerichtes einreichen, um den Akt, die Maßnahme, die Mitteilung oder die Zustellung nichtig erklären zu lassen.

Der Rekurs erfolgt:

- entweder durch die betroffene Person selbst, auch mündlich bei der Kanzlei, die hierüber eine Niederschrift aufzunehmen hat;
- oder auf die gleiche Art durch einen Regionalrats- oder Landtagsabgeordneten;
- oder durch Gemeinderatsmitglieder, wenn es sich um Maßnahmen der Gemeinden in der Provinz Bozen handelt und die Verletzung von der Mehrheit jener Sprachgruppe des Gemeinderates anerkannt wurde, die sich in ihren Rechten verletzt fühlt (Art. 10 DPR 574/1988 und Art. 92 des Statutes).

Die autonome Sektion des Verwaltungsgerichtes entscheidet innerhalb von 60 Tagen.

Gemäß den oben angeführten umfassenden Möglichkeiten kann sich also die betroffenen Person gegen alle öffentlichen Verwaltungen des Staates, der Region,

[152] *Peterlini, O.* (2000f de), 182–184; *Peterlini, O.* (2000e it), 178–180.

des Landes, der Gemeinden, anderer öffentlicher Körperschaften, der Gerichte, der Post und Eisenbahn, der Fürsorgekörperschaften, der Polizei, der Carabinieri, der Finanzwache usw. zur Wehr setzen. Die praktische Anwendung der Sprachbestimmungen wird dadurch erleichtert, dass sich die betroffene Person auch mündlich beschweren kann und sich (wenn die Behörde keinen Sitz in der Gemeinde hat) auch an die Gemeinde wenden kann bzw. bei einer Ablehnung ebenso persönlich und auch mündlich bei der Kanzlei der Autonomen Sektion Bozen des Verwaltungsgerichtes vorsprechen oder die Klage auch über einen Abgeordneten einreichen kann.

3.3.4. Der Sprachgebrauch bei Polizei und Gericht

Besonders schwierig war die Regelung der Zweisprachigkeit bei den Polizeiorganen jeder Art und bei der Gerichtsbarkeit. Jahrelang war um das einsprachige Verfahren und den einsprachigen Prozess gerungen worden. Entsprechend dem neuen Sprachendekret (574/1988) müssen nun die Rechtsverfahren und Prozesse in der erklärten Muttersprache des Angeklagten, in Deutsch oder Italienisch geführt werden. Das bedeutet, dass ein Prozess gegen eine Person, die Deutsch als Muttersprache erklärt hat, von allen Beteiligten (Richter, Gerichtspersonal, Rechtsanwalt, außer Vertrauensanwalt) ausschließlich in deutscher Sprache geführt werden muss bzw. umgekehrt ausschließlich in Italienisch für einen italienischsprechenden Angeklagten. Anderslautende Aussagen müssen übersetzt werden.

Die Polizei muss den Betroffenen nach seiner Muttersprache fragen. In jedem Fall muss sich die Polizei im mündlichen Verkehr der Sprache der betreffenden Person anpassen.

> *Bei Anhaltung auf frischer Tat, Festnahme oder vorbeugender Maßnahme, die sich auf die Person bezieht, bzw. bei Ausführung einer anderen Handlung gegenüber einer anwesenden Person müssen sich die handelnden höheren und einfachen Amtsträger der Gerichtspolizei, nicht nur den in den Art. 386 bzw. 293 der Strafprozessordnung vorgesehenen Pflichten anpassen, sondern sie müssen die Person, die von der vorbeugenden Maßnahme bzw. von jeder weiteren Handlung betroffen ist, fragen, ob sie italienischer oder deutscher Muttersprache ist. Gibt die Person die verlangte Erklärung ab, so werden die Akte in der angegebenen Muttersprache abgefasst.* (Art. 14,1 DPR 574/88)[153]

[153] Art. 14 wurde ersetzt durch Art. 1 des GvD vom 29.5.2001, Nr. 283, und später geändert durch Art. 2 des GvD vom 13.6.2005, Nr. 124.

Abb. 43: So kann man sich gegen Verletzungen der Sprachbestimmungen wehren

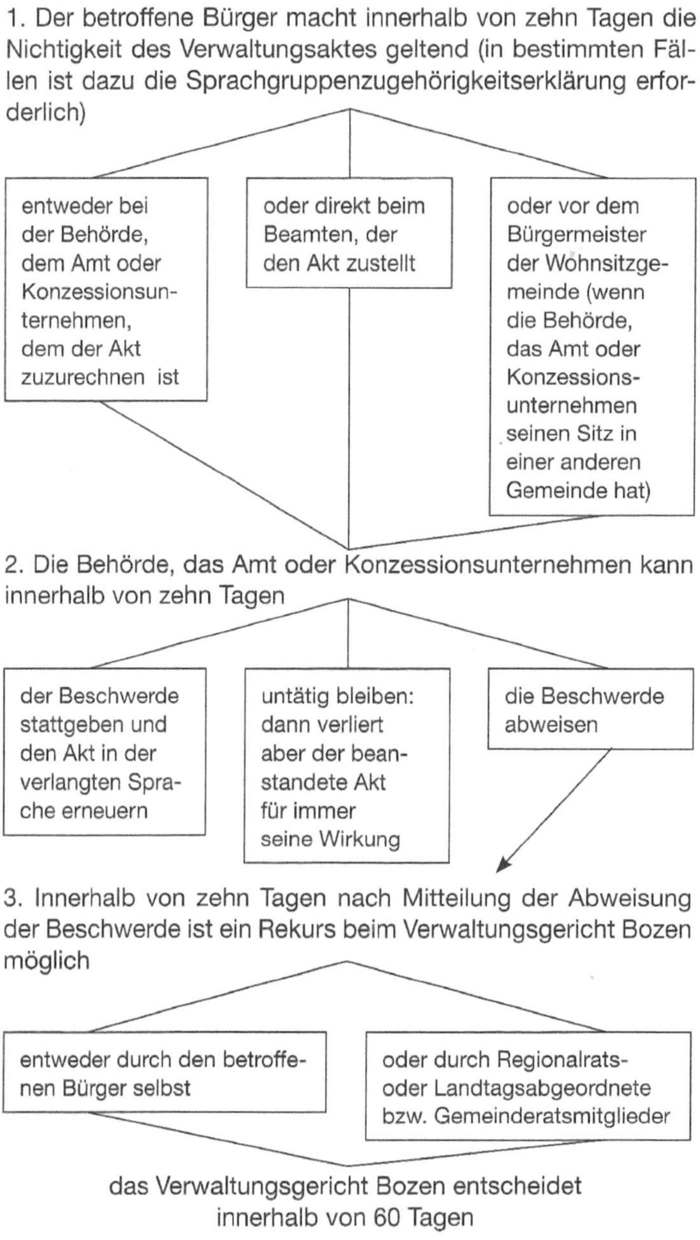

Verwaltungsakte sind nichtig, wenn das Recht auf den Gebrauch der eigenen Sprache verletzt wird. Der Weg, um solche anzufechten, ist einfach.

Abb. 44: Recht auf Muttersprache auch bei der Polizei …

Abb. 45: … ebenso bei Gericht und in der Verwaltung

Die deutsche Sprache ist in Südtirol der italienischen gleichgestellt. Die Bürger haben das Recht, im Kontakt mit der öffentlichen Verwaltung ihre Sprache, deutsch oder italienisch zu gebrauchen. Die ladinische Sprache ist in den ladinischen Tälern ebenso geschützt. Bei Nichtbeachtung dieses Rechtes kann der Akt annulliert werden. Die Einspruchsmöglichkeiten sind einfach. Man kann sich auch nur an die eigene Gemeinde wenden.

Sollte sich die betroffene Person weigern zu antworten, so wird die mutmaßliche Muttersprache, Deutsch oder Italienisch, verwendet (Art. 14,2). Alle Akte werden in die angegebene oder mutmaßliche Muttersprache, Deutsch oder Italienisch, übersetzt, sofern sie der den Erhebungen unterworfenen Person zur Verfügung zu stellen sind (Art. 14,3). Die betroffene Person kann allerdings die Sprache für das Verfahren auch ändern, sobald sie aufgrund der Zustellung der Mitteilungen und Akten über die Sprache, in der diese bis dahin geführt worden sind, in Kenntnis gesetzt worden ist. Sie hat das Recht, innerhalb der Fallfrist von fünfzehn Tagen ab der Zustellung oder Mitteilung entweder mit einer persönlich vor der Staatsanwaltschaft abgegebenen Erklärung oder mittels eines schriftlichen Antrags mit vom Verteidiger beglaubigter Unterschrift zu verlangen, dass das Verfahren in der anderen Sprache weitergeführt wird (Art. 15,2).

Sofern die Staatsanwaltschaft gegenüber einer Person, die einer vorbeugenden Maßnahme bzw. einer anderen Handlung unterworfen ist, zu deren Einvernahme schreitet und diese persönlich erscheint und nicht die Möglichkeit gehabt hat, die Erklärung der Sprache abzugeben, so muss sie die betroffene Person fragen, ob sie italienischer oder deutscher Muttersprache ist. Falls die betroffene Person die verlangte Erklärung abgibt, so ist die angegebene Sprache im weiteren Verlauf des Verfahrens zu verwenden (Art. 15,3).

Die Vorverhandlung und das Verfahren, und zwar auch das abgekürzte Verfahren, sind in der Sprache abzuhalten, die gemäß den angeführten Bestimmungen festgestellt wurde (Art. 16,1). Eine Abweichung vom einsprachigen Prozess ergibt sich bei der Wahl eines Vertrauensanwaltes, dessen Muttersprache nicht die Prozesssprache ist:

> *Sofern Vertrauensverteidiger, deren Muttersprache nicht mit der Prozesssprache übereinstimmt, mit Wortmeldungen verfahrensrechtliche Vorfragen aufwerfen oder Verteidigungen vorbringen, können diese in der genannten Muttersprache erfolgen und werden unmittelbar übersetzt sowie in der Verfahrenssprache protokolliert.* (Art. 16,2 GvD 574/1988)

Die Einvernahme oder die Vernehmung des Angeklagten erfolgt auf dessen Antrag in der von ihm angegebenen Sprache, wenn diese nicht mit der Verfahrenssprache übereinstimmt, und wird unmittelbar übersetzt sowie in der Verfahrenssprache protokolliert. Die Vernehmung der Zeugen, der Sachverständigen und der Amtssachverständigen erfolgt in der von ihnen gewählten Sprache und wird ebenfalls unmittelbar übersetzt sowie in der Verfahrenssprache protokolliert (Art. 16 Abs. 3 und 4).

Die verletzte Person und die Parteien, die nicht die angeklagte Partei und die Zivilpartei sind, sind für die Zwecke der Feststellung der Verfahrenssprache nicht zu berücksichtigen. Ihre Vernehmung erfolgt in der gewählten Sprache und wird unmittelbar übersetzt sowie in der Verfahrenssprache protokolliert (Art. 16,5). Die von den Parteien im Verfahren vorgelegten Dokumente sowie die Gutachten der Sachverständigen und der Amtssachverständigen, die in einer anderen Sprache als der Verfahrenssprache abgefasst sind, werden auf Antrag einer Partei übersetzt (Art. 16,7).

Die in der Abschlussphase des Verfahrens erster Instanz verwendete Prozesssprache ist auch die Sprache des Berufungsverfahrens. Dem Angeklagten wird trotzdem für ein einziges Mal die Möglichkeit gewährt, die Fortsetzung des Verfahrens zweiter Instanz in der anderen Sprache zu beantragen. Die erfolgte Änderung der Sprache des Prozesses bringt nicht die Übersetzung der bis dahin verfassten Akte mit sich (Art. 17-bis Abs. 1 und 2 DPR 574/88).

3.3.5. Der VfGH zum Sprachgebrauch der Anwälte

Der VfGH hat in einem grundsätzlichen Urteil (12./19. Jänner 1995, Nr. 16) die Prozesssprache gemäß der Sprache des Angeklagten und den abweichenden Sprachgebrauch des Wahlverteidigers bestätigt. Der Art. 15 Abs. 5 war angefochten worden, weil der amtliche Pflichtverteidiger sich (zum Unterschied vom Wahlverteidiger) an die Prozesssprache des Angeklagten halten muss. Der VfGH hat die Klage abgewiesen. Die Wahl des Amtsverteidigers müsse auch unter Berücksichtigung der Dfb zur neuen Strafprozessordnung (DPR 2 71/1989) erfolgen, welche verlangen, dass dabei die ethnische oder sprachliche Zugehörigkeit des Angeklagten berücksichtigt wird. Die Ratio der Sprachbestimmungen stelle nämlich den Schutz des Angeklagten in den Mittelpunkt des Systems („*ha posto al centro dei sistema la tutela dell'imputato*"). Die Bestimmungen verwirklichen im Strafprozess – so die Urteilsbegründung – den Schutz des kulturellen Vermögens der Minderheit selbst, wie er im Art. 6 der Verfassung und im Art. 100 des AuSt anerkannt wird.[154]

Ein- und zweisprachiges Verfahren

Das Verfahren wird einsprachig geführt, wenn alle Parteien erklären, dieselbe Sprache zu wählen. Ein Strafverfahren gegen mehrere Beschuldigte verschiedener Sprachgruppen oder mit einem Nebenkläger einer anderen Sprachgruppe wahrt das grundsätzliche Recht der Verdächtigten, der Nebenkläger und Zeugen, ihre Sprache zu gebrauchen, wird aber grundsätzlich zweisprachig geführt (Art. 18 DPR 574/1988): „*Das Verfahren, in dem die Angeklagten oder die Zivilpartei eine andere Sprache verwenden, ist zweisprachig.*" Im zweisprachigen Verfahren verwendet jede Partei die im Sinne der vorstehenden Artikel festgestellte Sprache.

3.3.6. Absolute oder relative Nichtigkeit bei Verletzungen der Sprachenregelung

Die Folgen einer Verletzung der Bestimmungen über den Sprachgebrauch im Strafprozess sind im Art. 18-bis des DPR 574/1988 angeführt, so wie er vom GvD 124/2005 ersetzt wurde. Je nachdem, welche Sprachenbestimmungen verletzt werden, ist die Sanktion der absoluten bzw. der relativen Nichtigkeit vorgesehen.

---

[154] Urteilsbegründung Nr. 16/1995, wie erläutert, wörtlich: „*La disciplina (...) attua nel processo penale la tutela del patrimonio culturale della stessa minoranza, tutela riconosciuta dall'art 6 della Costituzione, nonché dall'art 100, primo comma, dello Statuto speciale dei Trentino-Alto Adige.*"

Eine absolute Nichtigkeit haben die schwereren Verletzungen zur Folge, so z.B. wenn eine festgenommene Person nicht nach ihrer Muttersprache befragt wird (Art. 14,1 DPR 574/1988); nicht das Recht eingeräumt wird, die Sprache innerhalb von 15 Tagen nach Zustellung oder Mitteilung, zu ändern (Art. 15,2), wenn der Staatsanwalt zur Vernehmung schreitet ohne die betreffende Person nach der Sprache zu fragen, wenn diese nicht die Möglichkeit hatte, die Erklärung der Sprache vorher abzugeben (Art. 15,3), die Vor- oder Hauptverhandlung nicht in der angegebenen Sprache abgehalten wird; der Angeklagte die Sprache vor Ablauf von 24 Stunden nach dem Ende eines Verhörs ändert (Art 17); der Angeklagte nicht in seiner Sprache einvernommen wird, obwohl er dies beantragt hat (Art. 17 bis); der zugewiesene Amtsverteidiger einer anderen Sprachgruppe angehört als der Angeklagte (18/ter); im Berufungs- oder Vollstreckungsverfahren eine andere als die bisherige Prozesssprache verwendet wird (17/bis und 17/quater) u.a. (Art. 18/bis sieht die Nichtigkeiten vor)

Hingegen bestehen die Fälle relativer Nichtigkeit in der nicht erfolgten Übersetzung gewisser Akte, wenn eine solche vorgeschrieben ist (z.B. Art. 14,3). Aus der Erklärung einer solchen relativen Nichtigkeit entsteht die Pflicht zur Übersetzung der betroffenen Akte, ohne dass aber das Verfahren an jenen Punkt zurückversetzt wird, an dem die nichtige Verfahrenshandlung gesetzt worden ist.[155]

3.3.7. Freie Sprachenwahl im Zivilprozess

Im Zivilverfahren hat jede Partei das Recht, die Sprache zu wählen, in der sie ihre Verfahrensakte abfasst. Ist die Schrift (z.B. die Klageschrift), mit der das Verfahren eingeleitet wird, in derselben Sprache abgefasst wie die Klagebeantwortung, verläuft der Prozess einsprachig. Wählt die Gegenpartei aber eine andere Sprache als die Partei, die das Verfahren anhängig gemacht hat, kommt es zu einem zweisprachigen Prozess. „*Sollten die verfahrenseinleitende Schrift und die Klagebeantwortung oder die gleichwertigen Akte in derselben Sprache abgefasst sein, so ist das Verfahren einsprachig. Andernfalls ist das Verfahren zweisprachig.*“ (Art. 20,2 DPR 574/1988)

Wenn sich der Dritte, dem der Streit verkündet wurde, der beigetretene Dritte oder der Rechtsnachfolger einer der Parteien mit einer Eingabe, die in einer anderen Sprache als der bis dahin verwendeten Verfahrenssprache abgefasst ist, in das Verfahren einlässt, werden die Bestimmungen über das zweisprachige Verfahren angewandt (Art. 20,4). In einem solchen Prozess verwendet jede Partei die von ihr gewählte Sprache. Die gerichtlichen Verfügungen werden in beiden Sprachen verkündet und abgefasst, sofern die daran interessierte Partei nicht darauf verzichtet (Art. 20, ab 3 und 12). Die Akte und Dokumente der Parteien werden in italienischer oder deutscher Sprache abgefasst, ohne dass diese von Amts wegen übersetzt werden müssten (Art. 20,3).[156]

[155] *Bonell, L./Winkler, I.* (2006), 326–327 de Fassung.
[156] *Bonell, L./Winkler, I.* (2006), 327 de Fassung.

Im einsprachigen Verfahren werden die Urteile und die anderen gerichtlichen Verfügungen in der Verfahrenssprache abgefasst. Im zweisprachigen Verfahren werden die Urteile in italienischer und deutscher Sprache abgefasst, sofern die daran interessierte Partei nicht darauf verzichtet. (Art. 20/12)

3.3.8. Der Gebrauch der ladinischen Sprache

Die ladinische Bevölkerung sowie die Fersentaler und Zimbern der Gemeinden Fierozzo-Florutz, Frassilongo-Gereut, Palù del Fersina-Palai im Fersental und Luserna-Lusern haben das Recht auf Förderung ihrer Initiativen und ihrer Tätigkeit auf dem Gebiete der Kultur, der Presse und der Freizeitgestaltung sowie das Recht auf Wahrung ihrer Ortsnamen und Traditionen. (Art. 102,1 AuSt)

Dieser Artikel, der Schutzbestimmungen für die deutschstämmigen Minderheiten im Trentino und die Ladiner vorsieht, bezog sich ursprünglich nur auf die Ladiner und war sehr eingrenzend formuliert: „*In den ladinischen Tälern kann für die Ortsbezeichnungen auch das Ladinische gebraucht werden.*“ (Art. 73 AuSt von 1948) Die Bestimmung des neuen Statutes von 1972 war zwar umfassender, beschränkte sich allerdings auf die Ladiner (*Recht auf Förderung der eigenen Bestrebungen und Tätigkeit auf dem Gebiet der Kultur, der Presse und der Freizeitgestaltung sowie das Recht auf Wahrung ihrer Ortsnamen und der eigenen Überlieferungen).* Erst im Jahre 2001 (Vf-G 2/2001) wurde diese Schutznorm auf die deutschstämmigen Minderheiten im Trentino ausgeweitet.

Die allzu allgemein gehaltene Formulierung des AuSt erschwerte die Verhandlungen zugunsten von Schutzbestimmungen für die ladinische Sprache und die deutschstämmigen Minderheiten im Trentino. Die betroffenen Personen können das Ladinische gegenüber jenen öffentlichen Ämtern (mit Ausnahme von Armee und Polizei) und den Konzessionsunternehmen verwenden, die in den ladinischen Ortschaften ihren Sitz haben, und überdies gegenüber jenen Landesämtern, die sich ausschließlich oder hauptsächlich mit den Interessen der Ladiner befassen, auch wenn sie ihren Sitz außerhalb – z.B. in Bozen – haben, beispielsweise gegenüber dem ladinischen Schulamt. Die angeführten Ämter antworten mündlich auf Ladinisch, schriftlich auf Italienisch und (in Südtirol) auch auf Deutsch unter Beifügung einer ladinischen Version (GvD 592/1993 und DPR 574/1988, Art. 32).

Bei den übrigen Ämtern in der Provinz Bozen kann die betroffenen Person wählen, ob sie die deutsche oder italienische Sprache vorzieht. Vor Gericht kann sie jedenfalls auch auf Ladinisch aussagen, wobei ein Gerichtsdolmetscher beigezogen wird (Art. 32 DPR 574/1988).[157]

3.3.9. Die Ladiner – zunächst benachteiligt, dann gefördert

Die Ladiner wurden im Pariser Vertrag überhaupt nicht erwähnt. Auch das erste AuSt von 1948 sah nur einen Artikel und wenige Schutzbestimmungen vor: Unter-

[157] *Peterlini, O.* (2000f de), 190–195; *Peterlini, O.* (2012k de), 168–172; *Peterlini, O.* (2010i it), 74–75.

richt im Ladinischen in den Volksschulen der ladinischen Ortschaften sowie eine Verpflichtung für die Provinzen und die Gemeinden, „*die Ortsbezeichnungen, die Kultur und die Überlieferungen der ladinischen Bevölkerung zu achten*“ (Art. 87 AuSt 1948). Das war alles.

Das Paket (von Maßnahmen zugunsten der Bevölkerung Südtirols) sah erstmals das Recht der ladinischen Volksgruppe auf Vertretung im Regionalrat, im Landtag in Bozen sowie in den Organen der lokalen öffentlichen Körperschaften vor (Maßnahme 91 des Paketes). In Durchführung desselben verankerten das neue AuSt von 1972 (im Art. 48,2 AuSt) und anschließend das regionale Wahlgesetz die Rechtsvertretung von mindestens einem ladinischen Abgeordneten. Seit der Revision des Statutes im Jahre 2001 ist diese Rechtsvertretung auch auf die ladinischen Gemeinden des Trentino ausgeweitet worden, sodass jetzt zwei ladinische Vertreter im Regionalrat sitzen. „*Ein Sitz im Landtag des Trentino steht dem Gebiet zu, das die Gemeinden Moena, Soraga, Vigo di Fassa, Pozza di Fassa, Mazzin, Campitello di Fassa und Canazei einschließt, in dem die Dolomitenladiner des Fassatals ansässig sind.*“ (Art. 48,3 AuSt)

Für die Ladiner ergeben sich durch die Quotenregelung nicht nur Vorteile, sondern auch Nachteile, besonders durch die Parität, die allerdings zu einem guten Teil mit zwei kleinen Reformen des AuSt (Vf-G Nr. 2/2001 und Vf-G 1/2017) ausgemerzt werden konnten.[158] So wurden für die Ladiner die Spitzenämter im Südtiroler Landtag und in der Landesregierung sowie im Regionalrat und in der Regionalregierung zugänglich gemacht. Vorher waren ihnen durch die Rotation zwischen der deutschen und italienischen Sprachgruppe oder durch die kleine Zahl der Ladiner in der Proporzberechnung manche Ämter versperrt.

Gewisse Ämter waren nämlich entweder der deutschen oder der italienischen Sprachgruppe laut Statut vorbehalten. So standen beispielsweise das Amt des Regionalratspräsidenten, des Regionalratsvizepräsidenten, des Landtagspräsidenten und des Landtagsvizepräsidenten abwechselnd der deutschen und italienischen Sprachgruppe zu. Die zwei Vizepräsidenten des Regionalausschusses und die Landeshauptmannstellvertreter in Südtirol mussten ein Deutscher und ein Italiener sein. Für die Ladiner kamen sie damit überhaupt nicht in Frage. Auch in der Landesregierung ergab sich ein Sitz gemäß Proporz nur, wenn mindestens zwei Ladiner im Landtag saßen.

Eine wesentliche Verbesserung brachte die erwähnte kleine Reform des AuSt (Vf-G Nr. 2/2001), die für die Ämter des Präsidenten von Regionalrat und Südtiroler Landtag und für die Südtiroler Landesregierung zumindest die *Möglichkeit* der Wahl eines Ladiners vorsieht, auch in Abweichung des Proporzes: „*Der ladinischen Sprachgruppe kann die Vertretung im Landesausschuss von Südtirol auch abweichend von der proporzmäßigen Vertretung zuerkannt werden.*“ (50,3 AuSt) In der Regionalregierung wurde ihnen ein Sitz sogar garantiert: „*Der ladinischen Sprachgruppe wird die Vertretung im Regionalausschuss auch abweichend von der proporzmäßigen Vertretung gewährleistet.*“ (Art. 36,3 AuSt)

[158] Vgl. Kap. II.2.3. Parität, Rotation und das Problem der Ladiner.

Die Vizepräsidenten von Regionalrat und Südtiroler Landtag wurden auf je zwei erhöht. Sie werden unter den Abgeordneten gewählt, die nicht der Sprachgruppe des Präsidenten angehören (Art. 30,3 und 48/ter,2 AuSt). Dadurch trifft es auch je einen Ladiner, mindestens für ein Vize-Amt, wenn die Sprachgruppe, der das Präsidentenamt zusteht, nicht darauf verzichtet.

Eine weitere Stärkung der Ladiner erfolgte mit dem erwähnten Verfassungsgesetz (Nr. 1/2017), das den Ladinern u.a. eine Stelle als Stellvertreter des Landeshauptmannes reserviert, sofern ein Ladiner in der Landesregierung sitzt. Für diesen Zweck können die Stellvertreter auf drei erhöht werden (Art. 50 AuSt). In den öffentlichen Körperschaften von Landesbedeutung, in denen zwei Vizepräsidenten vorgesehen sind, müssen diese anderen Sprachgruppen als jener des Präsidenten angehören (Art. 4 Vf-G 1/2017, Art. 62 AuSt). Das Verfassungsgesetz 1/2017 ermöglicht den Ladinern auch den Zugang zu den lokalen Richterstellen (Art. 89,7 AuSt) sowie zum Staatsrat, in dem das bisherige statutarisch gesicherte Mitglied der deutschen Sprachgruppe nunmehr auch ein Ladiner sein kann (Art. 93 AuSt). Mit diesen und weiteren Bestimmungen der letztgenannten Verfassungsgesetze wurde den Ladinern der Zugang zu Positionen eröffnet, die ihnen vorher verschlossen waren.

Der Proporz wird nicht nur laut dem Verhältnis der Sprachgruppen berechnet, das sich aus der VZ ergibt, sondern in verschiedenen Fällen auch nach der sprachlichen Zusammensetzung der Organe, z.B. des Landtages für die Bildung der Landesregierung. Für die Ladiner wirkte sich der Proporz nach Zusammensetzung der Ratsversammlungen ungünstig aus, wenn dort ihre Zahl gering oder eine Vertretung gar nicht gegeben ist. Deshalb wurde die Berechnung des Proporzes gemäß den Organen zugunsten der Ladiner für die meisten Bereiche durch den Bezug auf die VZ ersetzt. Der Bezug auf den Landtag bzw. Regionalrat gilt aber laut AuSt weiterhin für die Organe, die eine direkte Ausstrahlung derselben sind, wie beispielsweise den Regionalausschuss und den Landesausschuss von Südtirol oder die Ausschüsse der Gesetzgebungsorgane. Allerdings wird der ladinischen Sprachgruppe seit der kleinen Reform (Vf-G Nr. 2/2001), wie schon hervorgehoben, die Vertretung im Regionalausschuss auch abweichend vom Proporz gewährleistet und in der Südtiroler Landesregierung ermöglicht.

Um zumindest bei der Zusammensetzung der Kollegialorgane und Kommissionen die Vertretung der Ladiner zu gewährleisten, auch wenn nach strengem Proporz keine Stelle für sie verfügbar wäre, ist eine extensive Auslegung des Art. 62 des AuSt erfolgt. Der Art. 62 sieht nämlich vor, dass die Gesetze „über *die Zusammensetzung der Kollegialorgane der örtlichen öffentlichen Körperschaften in der Provinz Bozen (...) die Vertretung der ladinischen Sprachgruppe gewährleisten*“ müssen. Dieser Artikel bezieht sich nicht auf das Land selbst, weil dieses keine örtliche Körperschaft im Sinne des Gesetzes ist. Er kann aber analog angewandt werden, etwa mit folgender Formulierung, die in verschiedenen Landesgesetzen Eingang fand: „*Die Zusammensetzung der Kommission muss dem Verhältnis der Sprachgruppen entsprechen, wie es sich aus der offiziellen amtlichen VZ ergibt, wobei die Vertretung der Ladiner zu gewährleisten ist.*“

Auch das Territorialprinzip, das für den Proporz bei manchen öffentlichen Ämtern Anwendung findet, benachteiligt die Ladiner. Beispielsweise können die Ladiner nicht in Gemeindeämtern angestellt werden, die außerhalb ihrer Täler liegen, weil ihnen dort proporzmäßig kaum eine Stelle zusteht.

Eine weitere Schwierigkeit ergibt sich bei der Stellenbesetzung in den öffentlichen Ämtern, wenn in der jeweiligen Verwaltung und Laufbahn nur eine kleine Zahl von Stellen vorgesehen ist. Eine gewisse Erleichterung in diesem Sinne bietet der Art. 46 Abs. 3 des Proporzdekretes (DPR 752/76 eingefügt durch Art. 1 DPR 760/81):

> *Um der ladinischen Sprachgruppe die tatsächliche Zuweisung des ihr zustehenden Anteiles zu gewährleisten, können die in den einzelnen Verwaltungen und Laufbahnen sich ergebenden Bruchteile von weniger als einer Einheit zur Erreichung der ganzen Quotienten zusammengezählt werden, die im Rahmen des oben erwähnten Einvernehmens zu benützen sind, wobei auch die Bestimmungen des Artikels 17 dieses Dekretes zu berücksichtigen sind.* (Art. 46,3 DPR 752/1976)

Der erwähnte Art. 17 des Proporzdekretes (DPR 752/1976) sieht vor, dass die Ladiner möglichst in ihren Tälern eingesetzt werden sollen, und hebt das Verbot auf, in der eigenen Gemeinde zu arbeiten.

Besondere Schwierigkeiten ergaben sich beispielsweise auch für die Lehrkräfte ladinischer Muttersprache, die streng genommen nur ladinische Kinder unterrichten dürfen. Der Art. 19 des AuSt schreibt nämlich vor, dass der Unterricht in Kindergärten und Schulen in der Muttersprache der Schüler, in italienischer oder deutscher Sprache, von Lehrern zu erfolgen hat, für welche diese Sprache ebenfalls Muttersprache ist (Art. 19,1 AuSt). Diese Schwierigkeit konnte aber schon mit einer Dfb (GvD 434/1996) zur Schulordnung überwunden werden:

> In die Stellenpläne der Lehrer, Direktoren usw. mit italienischer Unterrichtssprache und jener mit deutscher Unterrichtssprache „*können auch die Bürger mit ladinischer Muttersprache eingestuft werden, die das Abschlusszeugnis oder die Lehrbefähigung nach der geltenden Ordnung besitzen, die Prüfungen laut Abs. 6* (Dreisprachigkeitsprüfung) *bestanden und ein Abschlusszeugnis einer höheren Sekundarschule der ladinischen Ortschaften oder einer höheren Sekundarschule erworben haben, in welcher der Unterricht in derselben Sprache erteilt wird, in der sie ihre Tätigkeit ausüben werden*“.[159]

Wenn die ladinischen Lehrer also beispielsweise eine deutschsprachige Reifeprüfung abgelegt haben, können sie auch deutsche Kinder unterrichten. Wenn sie eine ladinische Oberschule abgeschlossen haben, in der paritätisch in Deutsch und Italienisch unterrichtet wird, können sie beides unterrichten.

Die kleine Reform des AuSt (Vf-G Nr. 2/2001) führte erstmals auch Schutzbestimmungen für die kleinen deutschstämmigen Minderheiten im Trentino (Fersen-

[159] DPR 89/1983, Art. 12,4 (Schulordnung), abgeändert durch GvD 434/1996.

taler und Luserner) ein und verstärkte die Schutzmaßnahmen für die Ladiner, im Besonderen auch für die Fassa-Ladiner im Trentino.

3.4. Der Unterricht in der Muttersprache

Die Durchführungsbestimmungen (Dfb) zur Schulordnung (DPR 89/1983) in der Provinz Bozen sind von der eben erwähnten Verpflichtung des AuSt geprägt, dass *„der Unterricht in den Kindergärten, Grund- und Sekundarschulen in der Muttersprache der Schüler, das heißt in italienischer oder deutscher Sprache, von Lehrkräften erteilt (wird), für welche die betreffende Sprache ebenfalls Muttersprache ist*" (Art. 19,1 AuSt).

In den ladinischen Ortschaften Südtirols wird die ladinische Sprache in den Kindergärten verwendet und in den Grundschulen gelehrt. Sie dient ebenfalls als Unterrichtssprache in den Schulen jeder Art und jeden Grades. An den Grund- und Sekundarschulen der ladinischen Ortschaften der Provinz Bozen wird der Unterricht auf der Grundlage gleicher Stundenzahl und gleichen Enderfolges in italienischer und in deutscher Sprache erteilt (Art. 7 DPR 89/1983, auf der Basis von Art. 19,2 AuSt).

Dementsprechend gibt es in Südtirol drei Schularten: Schulen mit italienischer Unterrichtssprache, Schulen mit deutscher Unterrichtssprache und die *„Schulen der ladinischen Ortschaften*". Die Verwaltung gipfelt ebenfalls in drei Schulämtern.[160]

3.4.1. Die zweite Sprache ist Pflicht

In Südtirols Grundschulen, ab der zweiten oder dritten Klasse (je nachdem, wie es das Landesgesetz auf bindenden Vorschlag der betreffenden Sprachgruppe bestimmt), und in den Sekundarschulen ist der Unterricht der zweiten Sprache (Italienisch bzw. Deutsch) Pflicht. Inzwischen wird die zweite Sprache aber schon ab der 1. Klasse Grundschule gelehrt.[161]

Die zweite Sprache wird von Lehrkräften erteilt, für die diese Sprache die Muttersprache ist (Art. 19,1 AuSt). Das ist eine zentrale Bestimmung des AuSt, über die auch viel diskutiert wird. Vor allem die italienische Sprachgruppe möchte nämlich zum besseren Erlernen der deutschen Sprache den Immersionsunterricht einführen. Dies würde jedoch dem Grundsatz, dass die anderen Lehrer (außer jenen für die zweite Sprache) der Muttersprache der Kinder angehören müssen, streng genommen nicht entsprechen.

3.4.2. Spannungen um die Einschreibung in deutsche Schulen

Eine besondere Sorge bereitete in der Diskussion ums Paket und später um die Streitbeilegung die deutsche Schule. Im AuSt war es gelungen, den Grundsatz fest-

[160] *Peterlini, O.* (2000f de), 195–199; *Peterlini, O.* (2010l de), 164–165.

[161] Der VfGH hat mit Verfügung 430/2006 eine Vf-Klage dagegen als unbegründet abgewiesen, weil kein Verbot zur Vorverlegung herrsche.

zulegen, dass die Schüler das Recht auf den Unterricht in ihrer Sprache haben, und zwar von Lehrern, die derselben Sprache angehören (Art. 19,1 AuSt).

Nach dem Inkrafttreten des Proporzes und der Pflicht zur Zweisprachigkeit im öffentlichen Dienst (1976) wurde vielen italienischen Eltern bewusst, wie wichtig es sei, dass ihre Kinder möglichst früh die deutsche Sprache erlernten. Der Deutschunterricht in den italienischen Schulen als Zweitsprache genügte vielen nicht, obwohl auch hierfür garantiert war, dass er, genauso wie umgekehrt der Italienischunterricht an den deutsche Schulen, von Lehrern unterrichtet würde, für die diese Sprache die Muttersprache darstellt (Art 19,1 AuSt). Das Erlernen der deutschen Sprache erwies sich allerdings schwierig, wie sich bei den hohen Durchfallquoten bei den Zweisprachigkeitsprüfungen erwies. In den ersten drei Jahren nach ihrer Einführung zwischen 1977 und 1980 schafften nur 36 % der italienischen Kandidaten die Prüfung, während sie die Deutschen zu 60 % und die Ladiner sogar zu 70 % bestanden.[162]

Die Folge war, dass immer mehr italienische Eltern ihr Kinder in die deutschen Kindergärten und Schulen einschrieben. Soweit die Kinder darauf sprachlich vorbereitet wurden, stellte das kein Problem dar. In Wirklichkeit aber beklagten sich immer mehr Lehrpersonen, dass die Kinder, die die Sprache nicht beherrschten, den Unterricht und die Entwicklung des Sprachniveaus der gesamten Klasse behindern würden. Vor allem in den größeren Städten Südtirols konnte der Unterricht nicht mehr effizient gestaltet werden, weil ein guter Teil der Schüler nicht Deutsch konnte.

Das AuSt hatte vorsorglich das Elternrecht festgeschrieben, demzufolge die Einschreibung eines Schülers in die Schulen der Provinz Bozen aufgrund eines einfachen Gesuches des Vaters oder seines Stellvertreters erfolgt (Art. 19,3 AuSt). Vorgesehen war auch, dass gegen die Verweigerung der Einschreibung Berufung bei der Autonomen Sektion Bozen des Verwaltungsgerichtes eingelegt werden könne (Art. 19,3 AuSt).

Schon die erste Dfb zu Schulordnung (DPR 116/1973, Art. 8), ein Jahr nach dem neuen AuSt, sollte einen gewissen Schutz gegen die Verfremdung der deutschen Schule bieten: „Das *Recht des Vaters oder seines Stellvertreters über die Einschreibung in die Schulen der verschiedenen Sprachgruppen zu entscheiden, darf auf keinen Fall Einfluß auf die Unterrichtssprache haben, die für die verschiedenen Schulen vorgesehen ist.*“ (Die neue, noch geltende Schulordnung, Art. 8 DPR 89/1983, änderte nur „*das Recht des Vaters*“ in „*Recht der Eltern*“ um).

Im Jahre 1988 gelang es schließlich ein Verfahren für die Fälle festzulegen, dass „*die Einschreibung von Schülern* (im Sinne des erwähnten Art. 8 des DPR 116/1973) *die Leistungsfähigkeit der Schule beeinträchtigen, da diese Schüler nicht eine angemessene Kenntnis der für die besuchte Schule vorgesehenen Unterrichtssprache besitzen, um am Unterricht in der Klasse, in der sie eingeschrieben sind, mit Erfolg teilzunehmen.*“

[162] *Peterlini, O.* (1980), 177, Tab. 87.

Zwischen dem 20. und dem 25. Tag nach Schulbeginn unterbreitet, nach Anhören des Elternteils (oder des volljährigen Schülers) die Frage:

a) (bei Kindergärten) die Kindergärtnerin mit begründetem Antrag dem Kindergarten-Beirat;
b) (bei Schulen) der Direktor, mit begründeten Antrag des Lehrers oder des Klassenrates, einer Kommission von Sachverständigen, die paritätisch aus je zwei Mitliedern und einem Ersatz der deutschen und italienischen Sprachgruppe besteht. Sie werden alle drei Jahre von den Schulamtsleitern ernannt (vgl. Kap. II.2.3., *Kommission von Sachverständigen*).

Der Kindergartenbeirat bzw. die Kommission müssen (es heißt ausdrücklich *Pflichtakt*) innerhalb der Fallfrist von zehn Tagen mit begründeter Maßnahme über eine eventuelle Einschreibung in den Kindergarten bzw. in die Schule der anderen Unterrichtssprache entscheiden (Art. 1,4 DPR 301/1988).

Gegen die Entscheidung kann der Vater oder sein Stellvertreter bei der Autonomen Sektion Bozen des regionalen Verwaltungsgerichtshofes Berufung einlegen (Art. 19,3 AuSt und DPR 301/1988, Art. 1,5).

Diese Bestimmung ist allerdings bis zum Jahr 2023 auf dem Papier geblieben. Ein einziges Mal wollte der Direktor einer Schule in den 1990er Jahren diese Norm anwenden, ließ es aber im Sperrfeuer der italienischen Medien fallen.[163] Seitdem hat sich niemand mehr daran gewagt.

Inzwischen hat sich das Problem verschärft, weil es sich nicht mehr um Italiener allein handelt, sondern auch um Kinder der Ausländer. Die Grundschuldirektoren in Bozen legten Statistiken vor, denen zufolge in machen Schulsprengeln der Anteil der deutschen Kinder in den deutschen Grundschulen nur mehr 36 % ausmacht, der Durchschnitt liegt zwischen 30 und 40 %.[164] In einer Schule, so di *Stadträtin Johanna Ramoser*, der Pestalozzi Grundschule in Bozen, sei in einer ersten Klasse für den Schulbeginn im Herbst 2023 kein einziges Kind deutscher Muttersprache eingeschrieben.[165] Dabei wurde allgemein betont, dass es nicht um ethnische Hintergründe gehe, sondern allein um die Qualität des Unterrichtes.

Ein Fall erregte im März 2023 in den Medien besondere Aufmerksamkeit, weil eine Schuldirektion, die Überstellung eines Jungen mit Migrationshintergrund von der italienischen Schule in die deutschen *Mittelschule Adalbert Stifter* abgelehnt hatte. Als Begründung führte die Schuldirektorin *Liselotte Niederkofler* die nicht ausreichenden Kenntnisse der deutschen Sprache an („*Überprüfung aufgrund des Gespräches am 19.01.2023 mit Lehrpersonen und Schüler*"). Weiters fehlten auch der Familie die notwendigen Deutschkenntnisse, „*wodurch keine Unterstützung bei den Hausaufgaben gewährleistet werden kann*," während die Familie gute Italienischkenntnisse besitze.[166]

---

[163] Neue Südtiroler Tageszeitung 21.3.2023, 6.
[164] Dolomiten, 17.3.2023, 21.
[165] Dolomiten, 16.3.2023, 21.
[166] Brief vom 6.2.2023, abgedruckt in der Neuen Südtiroler Tageszeitung, 22.3.2023, 5

Die Schuldirektorin stellte klar, dass es entgegen den Behauptungen weder einen Test gegeben habe noch die Einschreibung verweigert worden sei. Vielmehr sei, so die Direktorin, „*wie bei jedem Schulübertritt von Italienisch zu Deutsch, ein Gespräch mit dem Schüler zu führen.*“ Zwei Lehrerinnen hätten ihn gefragt, von wo er komme und was ihn interessiere. „*Wenn das Kind auf solch einfache Fragen nicht antworten kann, dann raten wir den Eltern im persönlichen Gespräch davon ab, dass das Kind die Schule besuchen soll.*“ Die Politik wurde zum Handeln aufgerufen.[167]

Der italienische Landtagsabgeordnete der Regierungspartei FdI, *Marco Galateo,* beklagte, man würde „*auf der Haut der Kinder einen ethnischen Konflikt zu Wahlkampfzwecken hochspielen.*“[168] Tatsächlich fanden im Herbst 2ß23 Landtagswahlen statt. Der Landesrat für die italienische Schule, *Giuliano Vettorato* (*Lega*), bestritt, dass es eine Flucht von Schülern aus der italienischen Schule zur deutschen gäbe. Es gäbe auch das umgekehrte Phänomen. Ganze 85 deutschsprachige Schüler besuchten die italienische Schule. Zur Lösung der Problematik schlug er vor, die deutsche Schule solle modernere Didaktiken und die Unterstützung der Sprachzentren einsetzen, wie es in der italienischen Schule der Fall sei.[169]

Die Politik sucht nach praktischen Lösungen, wie Aufteilung der Schüler in Gruppen, je nach Sprachschwierigkeit oder Verteilung der sprachlich unvorbereiteten Kinder auf verschiedene Schulen.[170] Eine strikte Anwendung der vorgesehen Maßnahmen wollen die Verantwortlichen im Sinne eines guten Zusammenlebens vermeiden. Ein Abschieben von einer Schule zur anderen löst auch nicht das Problem bei Kindern mit Migrationshintergrund, die beide Sprachen nicht beherrschen. Ein Ausweg wäre, für alle, die die Sprache der gewünschten Schule nicht kennen, ein verpflichtendes Semester oder Schuljahr zur Spracherlernung oder zumindest verpflichtende, schulbegleitende Kurse vorzusehen. Die Landesregierung plant ein verpflichtendes Kindergartenjahr einzuführen und Pflichtkurse für alle, die sprachlich nicht entsprechend vorbereitet sind.

Es geht darum, wie so oft bei Spannungen zwischen subjektiven Rechten, ein Gleichgewicht zwischen zwei verfassungsrechtlichen Grundsätzen zu finden, die gegenseitig in Konflikt stehen, einerseits dem Recht der Eltern zu entscheiden, in welche Schule sie ihre Kinder schicken wollen, und dem Recht des Kindes auf muttersprachlichen Unterricht.

Eines kann jedenfalls bei allen Schwierigkeiten positiv vermerkt werden, dass der Wille zum Erlernen der deutsche Sprache und damit auch der Integration erfreulich zugenommen hat.

[167] Dolomiten, 21.3.2023, 21.
[168] Alto Adige, 21.3.2023, 17.
[169] Alto Adige, 27.3.2023, 19.
[170] Alto Adige, 21.3.2023, 17.

4. Resümee zur neuen Autonomie

Das neue Autonomiestatut von 1972 hat die beiden Landesautonomien gestärkt, die Region auf ein gemeinsames Dach beschränkt und damit dem Pariser Vertrag und dem Wunsch der Südtiroler Rechnung getragen. Viele Zuständigkeiten bilden die Bausteine für diese Autonomie, manche allerdings nur sekundärer Art, die gefestigt und ausgebaut werden sollten.

Sprache und Kultur werden geschützt und gefördert, die Suche nach einem Gleichgewicht zwischen den Sprachgruppen wird durch eine proportionale Beteiligung gewährleitet, ein typisches Merkmal für eine Konsensdemokratie, an der alle drei Sprachgruppen mitwirken. Quotenregelungen bringen Probleme, wenn dabei andere, kleinere Gruppen benachteiligt oder ausgeschlossen werden. Für viele solcher Probleme wurden, so beispielsweise für die Ladiner brauchbare, praktikable Lösungen gefunden.

Die Suche nach einem Konsens, wie es auch am Beispiel Schule deutlich wird, ist kein Status, sondern ein Prozess, der täglichen Herausforderungen und dem Bemühen um einvernehmliche Lösungen ausgesetzt ist.

III. Von Andreottis Erklärung im Parlament zur Streitbeilegung in New York

1. Einleitung

Die Geschichte Südtirols war in den Nachkriegsjahren über viele Jahre von Spannungen, Sprengstoffanschlägen und Todesopfern geprägt. Südtirol hatte nach dem Zweiten Weltkrieg eine Rückkehr zu Österreich gefordert. Die Forderung wurde abgelehnt. Stattdessen wurde die Autonomie im Friedensvertrag verankert. Dieser wurde jedoch viele Jahre lang nicht erfüllt. In den Jahren 1960 und 1961 brachte Österreich das Südtirol-Problem vor die Vereinten Nationen. Es forderte die Erfüllung des Pariser Vertrages von 1946. Die UNO-Generalversammlung verabschiedete zwei entsprechende Resolutionen und forderte Italien und Österreich auf, „*die Verhandlungen wieder aufzunehmen, um eine Lösung für alle Differenzen zu finden* (…)“.[171] Nach Verhandlungen zwischen Italien und Österreich, einem „*Paket*“ von „*Maßnahmen zugunsten der Südtiroler Bevölkerung*“ im Jahr 1969, einem neuen Südtiroler Autonomiestatut und einer Reihe von Durchführungsdekreten war es 1992 endlich so weit.

2. Andreotti erklärt Paketabschluss im Parlament

Am 11. Juni 2017 fand in Meran die Gedenkfeier zur Streitbeilegung zwischen Italien und Österreich statt, die bei der UNO 1960/61 eröffnet und 1992 beigelegt worden war. Die höchsten Vertreter Österreichs und Italiens, *Bundespräsident Alexander Van der Bellen* und *Staatspräsident Sergio Mattarella*, waren zu diesem Anlass nach Meran gekommen, um dieser friedlichen Lösung zu gedenken und Zeugnis der Freundschaft zwischen beiden Staaten abzulegen. 25 Jahre vorher gab das italienische Parlament den Auftakt dazu.[172]

Es war am Donnerstag, den 30. Jänner 1992, gegen 16 Uhr. Die Sitzung der Abgeordnetenkammer in Rom war belastet von der schwerwiegenden Krise, die die Aufdeckung der Korruptionsaffäre (*Tangentopoli*) im politischen System Italiens ausgelöst hatte. Ein Erdbeben, das zum Ende der Ersten Republik führte. *Ministerpräsident Giulio Andreotti* sollte die vorzeitige Auflösung des Parlamentes ankündigen und Rechenschaft über seine Amtsperiode (22. April 1991 – 28. Juni 1992) ablegen. In seiner Regierungserklärung kam er auch auf die Beziehungen zu Österreich und Südtirol zu sprechen und erklärte, dass die italienische Regierung nunmehr allen Pflichten nachgekommen sei, die zur vollen Verwirklichung des „*Paketes*“ von 1969 führen sollen.[173] Damit war der Weg frei für die Beilegung des Streites mit Österreich, der seit 1948 schwelte, zu langwierigen Protesten und Gewaltakten geführt hatte und 1960/61 vor der UNO eröffnet worden war. *Andreotti* fügte seiner Rede die vollständige Liste der durchgeführten Paketmaßnahmen

[171] Vgl. Kap. I.7. Die UNO-Resolutionen

[172] Dieses Kap. III. beruht in Grundzügen auf *Peterlini, O.* (2018b), 451–480.

[173] *Andreotti, G.*, Camera, 30.1.1992, 94732–47.

bei.[174] Um 17 Uhr eilte *Andreotti* in den Senat, um die gleichlautende Erklärung zu verlesen:[175]

> *In Erfüllung der programmatischen Verpflichtungen hat die Regierung auch die Annahme von Maßnahmen zur Umsetzung des Statutes von Trentino-Südtirol fortgesetzt. Nach den bereits in der Vergangenheit genehmigten Bestimmungen hat der Ministerrat heute Morgen die verbliebenen Maßnahmen beschlossen; damit hat er die in seine Zuständigkeit fallenden Verpflichtungen vollendet, um die ‚Maßnahmen zugunsten der Bevölkerungen Südtirols' normativ umzusetzen, die vom Parlament im Dezember 1969 genehmigt worden waren.* (*Andreotti*, 1992)[176, 177]

Unter dem Titel „*Durchführung der ‚Maßnahmen zugunsten der Bevölkerungen Südtirols', vom Parlament im Dezember 1969 genehmigt*", wurde im Anhang des Protokolls die Liste der Maßnahmen auf achtzehn Seiten veröffentlicht. Dem Anhang beigefügt war auch das schriftliche Typoskript *Andreottis*, von dem er aber mündlich kaum abgewichen ist.

Abb. 46: Andreotti erklärt Erfüllung der Paketmaßnahmen

Quelle: *Peterlini, O.* (2011–23): Teaching Documents.

---

[174] Ibid., 94863–980.

[175] *Andreotti, G.*, Senato, 30.1.1992, 28–31, gleichlautende Erklärung wie in der Abgeordnetenkammer.

[176] Ibid., 28: „(...) *tenendo fede agli impegni programmatici, il Governo ha proseguito anche nell'adozione dei provvedimenti di attuazione dello statuto del Trentino-Alto Adige. Dopo le norme approvate in precedenza, il Consiglio dei ministri di questa mattina ha deliberato sulle misure residue, completando così gli adempimenti di sua competenza per la realizzazione normativa delle ‚misure in favore delle popolazioni altoatesine' approvate dal Parlamento nel dicembre del 1969.*" *Giulio Andreotti*, Camera dei deputati, Atti parlamentari, 756. Sitzung, 94746.

[177] *Andreotti, G.*, Camera, 30.1.1992, 94746-7.

Die lange Zeit (20 Jahre) bis zur Durchführung des Paketes, die eigentlich nach zwei Jahren (laut Art. 108 AuSt bis zum Jänner 1974) hätte abgeschlossen werden sollen, bezeichnete *Andreotti* als Zeugnis für das „*geschätzte und schwierige Bemühen*" um ein „*konstantes und kooperatives Verhältnis*" im Rahmen der paritätischen Kommissionen, die die Durchführungsbestimmungen (Dfb) ausgearbeitet und vorgeschlagen haben. Ausdrücklich unterstrich der Ministerpräsident die Notwendigkeit, dieses Einvernehmen auch in Zukunft zu wahren:

> *Für die Unbeschwertheit und die Entwicklung dieser Bevölkerungen, muss die erreichte Stabilität bleiben, im Einklang mit den demokratischen Systemen, die die Institutionen stützen. Bewusst offen für die europäische Perspektive, müssen wir alle dazu beitragen, im partikularen und allgemeinen Interesse.* (*Andreotti*, 1992)[178, 179]

Am Vorabend der Sitzung im Parlament hatten die Südtiroler Vertreter, der *Abg. Roland Riz* und *Landeshauptmann Luis Durnwalder*, versucht, dem Außenminister *Gianni De Michelis*, die Zusage abzuringen, dass die Paketmaßnahmen nur im Einvernehmen mit den Südtiroler Vertretern abgeändert werden könnten. Dies lehnte *De Michelis* ab. Das könne er nicht machen, sagte er. Daraufhin sprachen die Südtiroler Vertreter beim *Ministerpräsidenten Andreotti* vor. Sie wiederholten, was sie bereits dem Außenminister erklärt hatten, dass Südtirol dem Abschluss des Paketes und damit der Streitbeilegung Österreichs nicht zustimmen könnte, wenn diese Zusage nicht gegeben würde. Sie ersuchten *Andreotti*, er möge in seiner Rede festhalten, dass die Paketmaßnahmen nur im Einvernehmen mit den Vertretern Südtirols abgeändert werden könnten.[180]

Und genau auf diesen Punkt ging *Andreotti* in seiner Rede weiter ein, wenn auch in etwas weitschweifenden Worten:[181]

> *So müssen die Mitverantwortung und der politische Konsens, die bisher zwischen den zentralen Mächten und den betroffenen Bevölkerungen erreicht wurden, fortgesetzt werden, auch für den Fall einer eventuellen Notwendigkeit, normative Bestimmungen abzuändern. Dies deshalb, weil die Erfahrung dieser Jahrzehnte eine gegenseitige Bereicherung darstellte, so dass deren Wert, auch im nationalen Interesse, unverzichtbar ist.* (*Andreotti*, 1992)[182]

---

[178] Ibid., 94747: „*Per la serenità e lo sviluppo di quelle popolazioni, la stabilità realizzata deve rimanere in coerenza con i sistemi democratici che reggono le istituzioni. Consapevolmente aperti alla prospettiva europea, dobbiamo concorrervi tutti nell'interesse.*"

[179] *Andreotti, G.*, Senato, 30.1.1992, 29.

[180] *Durnwalder, L.*, 10./11.6.2017, 2.

[181] *Andreotti, G.*, Senato, 30.1.1992, 29; *Andreotti, G.*, Camera, 30.1.1992, 94747.

[182] *Andreotti, G.*, Camera, dasselbe im gleichlautenden schriftlich hinterlegten Typoskript (Anhang) 94857-8: „*così la corresponsabilità e il consenso politico conseguiti sinora tra i poteri centrali e le popolazioni interessate dovranno continuare anche per l'eventuale necessità di modifiche normative. Ciò perché l'esperienza di questi decenni è stata in termini di arricchimento reciproco, sicché il suo valore, anche nell'interesse nazionale, è irrinunciabile.*"

In der folgenden Parlamentsdebatte meldeten sich, einschließlich der darauffolgenden Tage, 38 Redner zu Wort, aber nur vier zum Paketabschluss. Der *Abg. Francesco Servello* (MSI-*Nationale Rechte*) verlangte, dass ihm der Ministerpräsident bestätigen möge, was ihm der Außenminister *Gianni De Michelis* geschrieben hatte (und was bis dahin den italienischen Rechtsstandpunkt darstellte) und zitierte diesen wörtlich:

> *Trotz des beharrlichen Drängens der Südtiroler Volkspartei für eine internationale Verankerung des ‚Paketes' von Südtirol, hat die italienische Regierung keine Absicht, die Position zu verlassen, die sie immer behauptet hat, über den rein internen Charakter dieses Paketes, wie auch kürzlich in Kontakten auf höchster Ebene mit den Österreichern bekräftigt.* (*De Michelis*, 1992)[183]

Am nächsten Tag betonte der *Abg. Massimo Scalia* (*Verdi*),[184] dass man sich für Südtirol eine Aufwertung der interethnischen Kultur und die Rückkehr zur normalen Demokratie wünsche und man sich die Abgabe der Streitbeilegung erwarte. *Arnaldo Forlani* (DC-Sekretär) hob die Verdienste der *Democrazia Cristiana* für die einvernehmliche Lösung mit der Bevölkerung hervor und bekräftigte die besondere Autonomieordnung, die auf allen Ebenen einzuhalten sei.[185] Ebenso hob *Filippo Caria* (PSDI, *Sozialdemokraten*) den Abschluss des Paketes als positive Leistung der Regierung *Andreotti* hervor.[186]

Am 1. Februar erfolgte die Abstimmung über die Regierungserklärung *Andreottis*. Abgesehen von einer zweiten kurzen Stellungnahme des *Abg. Servello* (MSI *Nationale Rechte*) und einer Resolution von *Abg. Gianni Lanzinger* (*Verdi*), die nicht zur Abstimmung kam (weil zuvor die Mehrheitsresolution angenommen wurde), meldete sich niemand zum Südtirol-Paket zu Wort. Schließlich wurde eine Resolution (*Gava* u.a.) angenommen, mit der die Regierungserklärung genehmigt wurde. *Andreotti* verlangte dazu die Vertrauensabstimmung.[187] Bei 387 Abstimmenden stimmten 242 Abgeordnete in namentlicher Abstimmung dafür, 145 dagegen.[188] Die Abgeordneten der SVP waren nicht anwesend, die politische Stellungnahme seitens der SVP sollte durch SVP-Obmann *Senator Roland Riz* im Senat stattfinden. *Riz* war damals Obmann der SVP und hatte dieses Amt von *Silvius Magnago* übernommen, um das Paket abzuschließen.

Im Senat war die Sitzung viel lebendiger als in der Abgeordnetenkammer. Schon bei seinen Ausführungen wurde *Andreotti* mehrmals kritisch unterbrochen,

---

183 *Servello, F.*, Camera, 30.1.1992, 94763, zitiert *Außenminister De Michelis*: „*Nonostante le insistenze della Südtiroler Volkspartei per un ancoraggio internazionale del ‚pacchetto' altoatesino, il Governo italiano non ha alcuna intenzione di abbandonare la posizione, sempre mantenuta, circa il carattere puramente interno di tale pacchetto, come ancora recentemente ribadito in contatti al più alto livello con gli austriaci.*"

184 *Scalia, M.*, 31.1.1992, Camera, 94924.

185 *Forlani, A.*, 31.1.1992, Camera, 94941.

186 *Caria, F.*, 31.1.1992, Camera, 94954.

187 *Gava, A./Andò, S./Battistuzzi, P./Caria, F.*, Risoluzione 6–00206, 1.2.1992, Camera, 95027.

188 *Iotti, L.*, Wortmeldung der Präsidentin, 1.2.1992, Camera, 95051.

vor allem wenn es um Südtirol ging.[189] Dem Senatsprotokoll lagen die Maßnahmen in Durchführung des Paketes ebenso bei.[190]

In der Debatte am Tag danach meldeten sich die Abgeordneten *Marco Boato* (*Federalista Europeo Ecologista*)[191] und *Roland Riz* (SVP)[192] zu Südtirol zu Wort. *Boato* verlangte u.a. Aufklärung über die Geheimorganisation „*Gladio*" und im Besonderen über den „*Terrorismus in Südtirol, der ein weiterer der eher obskuren und ungelösten Aspekte der Geschichte unseres Landes ist*". Die erste Phase der Gewaltakte wäre autochthon gewesen, aber später hätte es eine schwere und provokatorische Einschaltung (*inserimento*) der Militär- und Sicherheitsapparate des Staates gegeben, „*die mit provokativen Interventionen die historischen Ereignisse des ‚Sudtirolo' schwerwiegend beeinflusst haben*".[193]

Senator Riz anerkannte zunächst das Bemühen von *Ministerpräsidenten Andreotti* für die Durchführung der Autonomiebestimmungen, beklagte aber, dass man über die Frage der internationalen Verankerung der Autonomie gestolpert sei:

> *Bezüglich der Umsetzung verschiedener Maßnahmen, welche die Autonomie der Provinz Bozen betreffen, muss ich Ihnen meine volle Anerkennung für den Einsatz zum Ausdruck bringen, den Sie aufgebracht haben, um zu einem Abschluss zu gelangen, und ich muss Ihnen bestätigen, dass Sie sich ehrlich eingesetzt haben, um eine Lösung des bekannten Konflikts zu finden, eine Lösung, die leider über eine grundsätzliche Frage gestolpert ist, welche die internationale Verankerung des Autonomiestatutes ist.* (*Riz*, 1992)[194]

Riz erinnerte daran, dass die langsame und nicht konforme Durchführung des Pariser Vertrages von 1946 in den Jahren 1960 und 1961 zu zwei Resolutionen der Generalversammlung der Vereinten Nationen geführt hatte (Nr. 1497 [XV] und 1661 [XVI])[195], in denen Italien und Österreich aufgefordert wurden, Verhandlungen fortzuführen, um eine Lösung betreffend die Durchführung des Pariser Vertrages zu finden.

Riz verlangte deshalb, dass sich der Staat gegenüber den lokalen Bevölkerungen und gegenüber den anderen Partnern des Abkommens und des Pariser Vertrages

---

189 *Sanesi, S.*, 30.1.1992, Senato, 28, 29; *Spetic, S.*, Senato, 30.1.1992, 29, 35; *Boato, M.*, Wortmeldung, Senato, 30.1.1992, 38;

190 *Andreotti, G.*, Senato, 30.1.1992, 43–60.

191 *Boato, M.*, Senato, 31.1.1992, 3–9.

192 *Riz, R.*, Senato, 31.1.1992, 16–20.

193 *Boato, M.*, Senato, 31.1.1992, 7.

194 *Riz, R.*, Senato, 31.1.1992, 17: „*Per quanto riguarda l'attuazione di varie misure inerenti alla provincia autonoma di Bolzano, debbo esprimere il mio pieno apprezzamento per l'impegno che ella ha prodigato per giungere ad una definizione e debbo darle atto che si è onestamente impegnato per trovare una soluzione della nota vertenza, soluzione che, purtroppo è inciampata su una questione di fondo che è quella dell'ancoraggio internazionale dello Statuto di autonomia.*"

195 Siehe den Wortlaut (mit Übersetzung) der UN-Resolutionen *supra* Kap. I.7. Die UNO-Resolutionen.

verpflichte, „*unser Statut einer differenzierten Autonomie zu respektieren*".[196] Weiters solle in der Begleitnote an Österreich gesagt werden, „*dass das beiliegende Statut auf dem Pariser Vertrag gründet, so dass es gegenüber zukünftigen Verletzungen geschützt sei*".[197]

Ein einziger Redner, der *Abg. Nicola Mancino* (DC), nahm am letzten Debattentag im Senat noch Bezug auf den Paket-Abschluss und lobte die Regierung dafür.[198] In seiner kurzen Replik dankte *Andreotti* dem Senat für seinen Einsatz, ging aber nicht weiter auf die Redner ein.[199]

3. Die Meldung an Österreich

Am 22. April 1992 wurden die letzten Dfb zum Südtirol-Paket im italienischen Gesetzblatt veröffentlicht. Am selben Vormittag konnte Italien endlich den Abschluss der Paketdurchführung an Österreich melden. Der Generalsekretär des römischen Außenministeriums, *Bruno Bottai*, überreichte dem österreichischen Botschafter in Rom, *Emil Staffelmayr*, die folgende Note mit der Liste der von der italienischen Regierung und vom römischen Parlament erlassenen Durchführungsakte zugunsten der Südtiroler Bevölkerung sowie eine Kopie des AuSt, begleitet von der Regierungserklärung *Andreottis* in den Kammern. Bei der Übergabe waren weiters der zuständige italienische Abteilungsleiter, *Pietro Ercole Ago*, sowie der Gesandte an der österreichischen Botschaft in Rom, *Walter Hagg*, anwesend, der darüber Zeugnis ablegte.[200]

Diese Übergabe ist von besonderer Bedeutung, weil sie (entgegen dem italienischen Standpunkt, dass die Maßnahmen des neuen AuSt eine innere Angelegenheit Italiens seien)[201] den internationalen Charakter des Paketabschlusses unterstreicht und das AuSt und die Dfb zum Verhandlungsgegenstand erheben, die Voraussetzung für die Streitbeilegung werden. Damit würde eine einseitige, nachträgliche Änderung Italiens – ohne Absprache mit Österreich – einer Verletzung gleichkom-

196 *Riz, R.*, Senato, 31.1.1992, 18: „*È quindi più che comprensibile: se noi vogliamo chiudere la questione lo Stato deve impegnarsi nei confronti della popolazione locale nonché delle altre parti dell›accordo e del Trattato di Parigi a rispettare il nostro Statuto di autonomia differenziata.*"

197 *Riz, R.*, Senato, 31.1.1992, 18: „*Quello che noi chiediamo è estremamente giusto ed è null'altro che questo: si dica, nella nota accompagnatoria dello Statuto all'Austria, che l'allegato Statuto della regione Trentino Alto-Adige si basa sull'accordo di Parigi, per cui esso è salvaguardato da future lesioni, essendo azionabile tal caso e procedibile davanti alla Corte dell'Aja: questa è la conseguenza, non c'è bisogno neanche di dirlo; però io non voglio sottacere l'intenzione e l'intendimento.*"

198 *Mancino, N.*, Senato, 1.2.1992, 21.

199 *Andreotti, G.*, Senato, 1.2.1992, 30–31.

200 *Hagg, W.* (2011), 57–64; eine Kurzfassung, Neue Südtiroler Tageszeitung 30.9.2011, 28–29.

201 Vgl. die Regierungserklärung des italienischen *Ministerpräsidenten Rumor* bei der Genehmigung des Paketes im Parlament am 3.12.1969, in deutscher Übersetzung *Peterlini, O.* (2000f de), 99–100, im italienischen Original ders (2000e it), 97–98.

men. In der Note erfolgt auch eine Bezugnahme auf den Pariser Vertrag, den Operationskalender, das Paket und das AuSt. Besonders wichtig ist der Bezug zum Pariser Vertrag. In der Note heißt es, die Maßnahmen zielten auch darauf ab, „*die weitest mögliche Verwirklichung der Autonomie und der Zielsetzung des Schutzes der deutschsprachigen Minderheit, wie sie im Pariser Vertrag enthalten ist, sicherzustellen*".

Im Besonderen verweist die Note auch auf Art. 13 des Operationskalenders, was bedeutet, dass Österreich zur Abgabe der Streitbeilegungserklärung aufgefordert wird. Die im Operationskalender von 1969 festgelegte Frist von 50 Tagen zur Abgabe derselben beginnt mit dieser Note zu laufen. Ausdrücklich wird in der Begleitnote auch auf den Pariser Vertrag verwiesen.[202]

4. Österreich erklärt die Streitbeilegung

4.1. Die österreichische Antwortnote an Italien

Das österreichische Bundesministerium für auswärtige Angelegenheiten antwortete noch am selben Tag, dem 22. April 1992, mit folgender Verbalnote an die italienische Botschaft in Wien. Das österreichische Bundesministerium wiederholte den Text der italienischen Note in deutscher Übersetzung und behielt sich gleichzeitig vor, die Liste der Durchführungsakte im Lichte der Resolutionen der UN-Vollversammlung von 1960 und 1961 und des Paketes zu prüfen.[203]

Nachstehend links der Wortlaut der italienischen Note und rechts die österreichische Antwortnote, die den italienischen Text in deutscher Übersetzung wiedergibt, sowie einen Vor- und Nachspann enthält.

[202] Bundesministerium für auswärtige Angelegenheiten: Österreichische außenpolitische Dokumente, Wien; in Deutsch auch in: *Peterlini, O.* (2010l), 166–177; *Peterlini, O.* (2000f de), 203–225; in Italienisch: *Peterlini, O.* (2000e it), 197–220; in Englisch: *Peterlini, O.* (1997k eng) 203–223; in Ladinisch: *Peterlini, O.* (2000d lad), 193–216.

[203] Bundesministerium für auswärtige Angelegenheiten, Dokumente, 23–24.

Italienische Note:

(All') Ambasciata della

Repubblica d'Austria

ROMA

Österreichische Antwort:

An die

Italienische Botschaft Rennweg 27

1030 Wien

Das Bundesministerium für auswärtige Angelegenheiten begrüßt die italienische Botschaft und beehrt sich, den Empfang der Note zu bestätigen, die der Österreichischen Botschaft in Rom am 22. April übermittelt worden ist, und die da lautet:

"Al fine di completare le procedure previste dal Calendario operativo con riferimento al punto 13 si trasmette, nello spirito che ha sempre caratterizzato le relazioni italo-austriache in tale ambito, copia delle dichiarazioni rese sulla questione altoatesina dal Presidente del Consiglio Andreotti il 30 gennaio scorso, come riportate dal resoconto della seduta della Camera dei Deputati, resoconto che contiene l'elenco dei provvedimenti di realizzazione delle misure a favore delle popolazioni altoatesine approvate dal Parlamento nel dicembre 1969.

„Zum Zwecke der Durchführung der im Operationskalender, insbesondere in dessen Punkt 13 vorgesehenen Schritte wird in dem Geist, der die italienisch-österreichischen Beziehungen diesbezüglich seit jeher gekennzeichnet hat, der Südtirolpassus der Parlamentserklärung von Ministerpräsident Andreotti vom 30. Jänner d.]. übermittelt, wie sie in den Stenographischen Protokollen der Abgeordnetenkammer enthalten ist, welche die Liste der Durchführungsakte der Maßnahmen zugunsten der Südtiroler Bevölkerungsgruppen beinhalten, denen das Parlament im Dezember 1969 zugestimmt hat.

Si trasmette altresì, per connessione di materia, copia dello Statuto speciale della Regione Trentino-Alto Adige che, nel definire il quadro istituzionale della Provincia autonoma di Bolzano, ha anche inteso realizzare il più ampio soddisfacimento dell'autonomia e delle finalità di tutela della minoranza di lingua tedesca indicate dall'Accordo di Parigi, nel quale è, tra l'altro, prevista la concessione dell'esercizio di un potere legislativo ed esecutivo autonomo.

Weiters wird aus sachlichem Zusammenhang das Sonderstatut der Region Trentino-Südtirol übermittelt, welches im Zuge der Festlegung des institutionellen Rahmens der Autonomen Provinz Bozen auch darauf abgezielt hat, die weitest mögliche Verwirklichung der Autonomie und der Zielsetzung des Schutzes der deutschsprachigen Minderheit, wie sie im Pariser Vertrag enthalten ist, sicherzustellen, in welchem unter anderem die Gewährung der Ausübung einer autonomen Gesetzgebungs- und Vollzugsgewalt vorgesehen ist.

Il Governo italiano considera il risultato raggiunto nell'attuazione dell'autonomia per la Provincia di Bolzano come un punto di riferimento importante per la tutela delle minoranze che si sta elaborando anche nel quadro della CSCE, i cui specifici meccanismi di verifica potranno essere utilizzati pure essi per garantire la conformità del trattamento di tale minoranza ai principi che verranno codificati ai fini di una pacifica e serena convivenza nel quadro della Nuova Europa.

Die italienische Regierung sieht das Ergebnis, das bei der Verwirklichung der Autonomie der Provinz Bozen erzielt wurde, als einen wichtigen Bezugspunkt für den Minderheitenschutz an, wie er sich auch im KSZE-Rahmen herausbildet. Auch dessen spezifische Überprüfungsmechanismen können Anwendung finden, um sicherzustellen, dass die Behandlung dieser Minderheit mit den Prinzipien übereinstimmt, welche man zum Zwecke eines friedlichen und harmonischen Zusammenlebens im Neuen Europa kodifizieren wird."

Das Bundesministerium für auswärtige Angelegenheiten dankt für diese Mitteilung. Eine Feststellung zur Frage, inwieweit die im ersten Absatz dieser Note beschriebene Liste von Maßnahmen dem Verhandlungsergebnis entspricht, wie es im Lichte der Resolutionen der UN-Generalversammlung 1497 (XV) und 1661 (XVI) von den Außenministern Österreichs und Italiens am 30. November 1969 in Kopenhagen festgelegt wurde, bleibt einer weiteren Äußerung in angemessener Zeit vorbehalten.

Das Bundesministerium für auswärtige Angelegenheiten benützt auch diese Gelegenheit, um der Italienischen Botschaft den Ausdruck seiner ausgezeichneten Wertschätzung zu erneuern.

Roma, 22 aprile 1992"

Wien, am 22. April 1992

4.2. Österreich erklärt die Beilegung des Streites

In Südtirol herrschte die Befürchtung vor, dass Österreich nach der Abgabe der sog. Erklärung zur Streitbeilegung bei den Vereinten Nationen die Schutzfunktion über Südtirol verlieren würde. Das ist nicht der Fall, weil der Pariser Vertrag weiterhin voll gültig bleibt und nur der Streit beigelegt wird, der sich über die Auslegung desselben ergeben hat.

Am 25. Mai 1992 legte *Außenminister Alois Mock* dem österreichischen Parlament einen Bericht über die Durchführung der Südtirol-Autonomie vor. In einer außerordentlichen Landesversammlung am 30. Mai beschloss die SVP mit einer Mehrheit von 82% in geheimer Abstimmung, dass unter der Voraussetzung der internationalen Absicherung des Paketes, d.h. der Zitierung der italienischen Note vom 22. April 1992 in der Streitbeilegungserklärung, Österreich diese abgeben könne.[204] Zugestimmt hatten auch die Tiroler Landesregierung am 1. Juni, der Tiroler Landtag am 4. Juni und schließlich der Österreichische Nationalrat am 5. Juni 1992.

Die Österreichische Bundesregierung gab schließlich die Streitbeilegungserklärung gemäß Art. 13 des Operationskalenders in Wien gegenüber Italien am 11. Juni 1992 ab. Österreichs *Außenminister Alois Mock* übergab dem Botschafter Italiens in Wien, *Alessandro Quaroni,* persönlich die Erklärung.

Der Text der sog. Streitbeilegungserklärung (Schlusserklärung) war bereits zwischen Moro und Waldheim am 30. November 1969 in Kopenhagen vereinbart worden.

Die österreichische Bundesregierung schickte der eigentlichen, im Wortlaut vereinbarten Erklärung eine lange Prämisse voraus, in der sie den historischen Ablauf und die internationalen Aspekte unterstreicht und ausdrücklich die italienische Begleitnote vom 22. April 1992 anführt. Dieser Vorspann und der Bezug auf die italienische Note standen nicht im ursprünglichen, 1969 wörtlich vereinbarten Text zur Streitbeilegung. Diese italienische Note ist von Bedeutung, weil sie einen ausdrücklichen Hinweis auf die Parlamentsrede des *Ministerpräsidenten Andreotti* vom 30. Jänner 1992 enthält, wonach Autonomiemaßnahmen nur im Einverneh-

[204] *Hagg, W.* (2011), 29.

men mit der Volksgruppe abgeändert werden können.[205] Außerdem enthält sie einen klaren Bezug auf das Pariser Abkommen von 1946. Der Rechtsstandpunkt Italiens war bis dahin dagegen immer der, dass die Paketmaßnahmen rein interne Akte Italiens seien und der Pariser Vertrag bereits vorher erfüllt worden sei.[206] Damit gibt die italienische Regierung zu, dass auch das Paket und seine Durchführung vor allem durch das AuSt als *„subsequent Practice"* zum Pariser Abkommen zu bewerten sind.[207] Das stand natürlich nicht zufällig im Text der Begleitnote, sondern war mit der Regierung Italiens und dem *Ministerpräsidenten Andreotti* ausgehandelt worden.[208] Durch die Aufnahme in die Streitbeilegungserklärung wurde sie Gegenstand derselben vor der UNO.

Im Punkt 4 crfolgt dann die eigentliche, vereinbarte Streitbeilegung, die im Kernsatz folgendermaßen lautet:

> *[...] erklärt die österreichische Bundesregierung, daß sie die zwischen Österreich und Italien bestehende Streitigkeit, welche Gegenstand der erwähnten Resolutionen der Generalversammlung der Vereinten Nationen war und des Status des deutschsprachigen Elementes der Provinz Bozen (Bolzano) – Durchführung des Pariser Abkommens vom 5. September 1946 – betrifft, als beendet erachtet.* (Österreichische Bundesregierung, 1992)[209]

Als beigelegt gilt also der Streit über die Durchführung des Pariser Vertrages. Der Pariser Vertrag selbst wird nicht berührt. Mit der Prämisse und den auf die vereinbarte Erklärung weiter folgenden Erklärungen in den Punkten 5 bis 8 betont Österreich bewusst den internationalen Charakter des Paketes und bekräftigt damit den eigenen, immer vertretenen Rechtsstandpunkt. Wegen seiner Bedeutung wird die Erklärung Österreichs an Italien, vom 11. Juni 1992, im Originaltext wiedergegeben.[210]

---

[205] *Andreotti*: *„So müssen die Mitverantwortung und der politische Konsens, die bisher zwischen den zentralen Mächten und den betroffenen Bevölkerungen erreicht wurden, fortgesetzt werden, auch für den Fall einer eventuellen Notwendigkeit, normative Bestimmungen abzuändern."* Vgl. Kap. III.2. *Andreotti* erklärt Paketabschluss im Parlament.

[206] Vgl. die Parlamentsrede des *Ministerpräsidenten Mariano Rumor* am 3.12.1969 zum Paket, in: *Peterlini, O.* (2000f de), 100.

[207] *Mock, A.* (2018): Rede von Bundeskanzler *Alois Mock* am 5.6.1992 im Parlament in Wien, 17–22.

[208] *Riz, R.* (1992): Die letzten Etappen zur Streitbeilegung, 503–506.

[209] Bundesministerium für auswärtige Angelegenheiten, 44; *Brugger, P./Benedikter, A./Dalsass, J.* (1969), 52 ff.

[210] Ablichtung des Originals: Bundesministerium für Auswärtige Angelegenheiten; *Peterlini, O.* (2000f de), 208–211.

BUNDESMINISTERIUM
FÜR
AUSWÄRTIGE ANGELEGENHEITEN
WIEN

GZ. 605.02.00/87-II.2/92

Verbalnote

Das Bundesministerium für auswärtige Angelegenheiten entbietet der Italienischen Botschaft seine Empfehlungen und beehrt sich Nachstehendes mitzuteilen:

1. Die österreichische Regierung hat die Note des italienischen Außenministeriums vom 22. April 1992 und insbesondere den darin zum Ausdruck kommenden zukunftsweisenden und konstruktiven Geist mit Befriedigung zur Kenntnis genommen.

In seiner Verbalnote vom 22. April 1992 hat sich das Bundesministerium für auswärtige Angelegenheiten in Entsprechung der Entschließungen des österreichischen Nationalrats vom 9. Juni sowie vom 1. Dezember 1988 eine weitere Äußerung in angemessener Zeit hinsichtlich der Frage vorbehalten, inwieweit die im ersten Absatz der obgenannten italienischen Note beschriebene Liste von Bestimmungen den "Maßnahmen" entspricht, welche die italienische Regierung in ihrer Erklärung vom 3. Dezember 1969 angekündigt hat. Diese Überprüfung steht im Zusammenhang mit Punkt 13 des Operationskalenders, welcher im Zuge der im Lichte der Resolutionen der UN-Generalversammlung 1497 (XV) und 1661 (XVI) geführten Verhandlungen von den Außenministern Österreichs und Italiens am 30. November 1969 in Kopenhagen festgelegt wurde.

An die
Italienische Botschaft

Rennweg 27
1030 Wien

2. Diesbezüglich wird mitgeteilt, daß die zuständigen österreichischen Stellen diese Übereinstimmung - in der Gesamtheit der Maßnahmen gesehen - festgestellt haben. Zu diesem Zweck wird auf die Entschließung des Nationalrats vom 5. Juni 1992 verwiesen, deren Wortlaut dieser Note angeschlossen ist.

3. In Verfolg der Resolutionen der Vereinten Nationen aus 1960 und 1961 haben Österreich und Italien am 30. November 1969 eine Vorgangsweise, und zwar den sogenannten Operationskalender bestimmt, um zur Beilegung des Streitfalls betreffend die Durchführung des Pariser Abkommens vom 5. September 1946 zu gelangen.

4. Punkt 13 des genannten Operationskalenders sieht vor, daß - sobald die italienische Regierung die in der Regierungserklärung vom 3. Dezember 1969 angekündigten Maßnahmen durchgeführt hat - die österreichische Regierung eine Schlußerklärung über den Streitfall abgibt, die hiemit wie folgt abgegeben wird:

"Im Hinblick darauf, daß zwischen Österreich und Italien eine Streitigkeit über die Durchführung des Pariser Abkommens vom 5. September 1946 entstanden ist; im Hinblick darauf, daß diese Streitigkeit Gegenstand der Resolutionen 1497 (XV) und 1661 (XVI) der Vollversammlung der Vereinten Nationen war; unter Bedachtnahme darauf, daß die Vollversammlung der Vereinten Nationen Österreich und Italien in den erwähnten Resolutionen empfohlen hat, die Verhandlungen mit dem Ziel wieder aufzunehmen, eine Lösung aller Differenzen hinsichtlich der Durchführung des obgenannten Abkommens zu finden; in Anbetracht der Tatsache, daß die Wiederaufnahme der Verhandlungen stattgefunden und zur Annahme einer Methode der Beratungen geführt hat, welche geeignet war, die Beilegung der Streitigkeit ohne Präjudiz für die jeweiligen Rechtsstandpunkte der beiden Seiten herbeizuführen; mit Rücksicht darauf, daß die italienische Regierung in ihrer Regierungserklärung vom 3. Dezember 1969 detailliert aufgezählte Maßnahmen angekündigt hat, die in dauerhafter Weise die Interessen der deutschsprachigen Bevölkerung Südtirols, das friedliche Zusammenleben und die Entwicklung der Sprachgruppen Südtirols zu gewährleisten bestimmt sind; angesichts der Tatsache, daß die italienische Regierung diese in der Regierungserklärung vom 3. Dezember 1969 angekündigten Maßnahmen nunmehr verwirklicht und mit Note vom 22. April 1992 mitgeteilt hat: erklärt die österreichische Bundesregierung, daß sie die zwischen Österreich und Italien bestehende Streitigkeit, welche Gegenstand der erwähnten Resolutionen der Generalversammlung der Vereinten Nationen war und den Status des deutschsprachigen Elements der Provinz Bozen (Bolzano) - Durchführung des Pariser Abkommens vom 5. September 1946 - betrifft, als beendet erachtet."

5. Im Zuge der Verwirklichung der vorgenannten Maßnahmen haben seit Dezember 1969, für mehr als zwei Jahrzehnte, laufend Kontakte zwischen der österreichischen und der italienischen Regierung stattgefunden, um zu einer Beilegung des Streitfalles zu gelangen. Mit der vollständigen Durchführung der Maßnahmen und somit des Autonomiestatuts wird Südtirol immer mehr zu einem konstruktiven Element in den gutnachbarlichen Beziehungen zwischen Österreich und Italien.

6. Die österreichische Regierung geht unter Beibehaltung ihrer Verantwortung als Unterzeichner des Pariser Abkommens davon aus, daß die von der italienischen Regierung im Interesse der Volksgruppen Südtirols durchgeführten Maßnahmen und somit das Autonomiestatut 1972 mit seinen Durchführungsbestimmungen, ordentlichen Gesetzen und Verwaltungsakten, wie es aus dem Anhang zur Note vom 22. April 1992 hervorgeht, nicht einseitig abgeändert werden, sondern, wie der italienische Ministerpräsident in seinen Parlamentserklärungen vom 30. Jänner 1992, welche der österreichischen Seite mit der genannten Note vom 22. April übermittelt wurden, festgestellt hat, nur im Rahmen der gemeinsamen Verantwortung und des bereits bisher zwischen der Zentralgewalt und den betroffenen Volksgruppen erreichten politischen Konsenses, welche auch für den Fall fortdauern müssen, daß normative Änderungen erforderlich werden sollten.

7. Es wird mit Befriedigung festgestellt, daß in Übereinstimmung mit Punkt 13 des Operationskalenders am gestrigen Tag die Ratifikationsurkunden zum Vertrag zur Abänderung des Artikels 27 lit. a) des Europäischen Übereinkommens zur friedlichen Beilegung von Streitigkeiten in den Beziehungen zwischen Österreich und Italien ausgetauscht wurden. Dieser Vertrag stellt ebenso einen wertvollen Bezugspunkt für den Schutz der Sprachminderheiten in Südtirol auf europäischem Niveau dar.

8. Die österreichische Regierung ist schließlich davon überzeugt, daß im Lichte dieser Ausführungen auch die in Punkt 15 des Operationskalenders vorgesehene Notifikation der Streitbeilegung an den Generalsekretär der Vereinten Nationen durch Österreich und Italien in naher Zukunft wie oben angeführt stattfinden wird und gibt ihrer Hoffnung Ausdruck, daß in weiterer Folge der Vertrag nach Punkt 18 des Operationskalenders abgeschlossen werden kann.

Das Bundesministerium für auswärtige Angelegenheiten benützt diese Gelegenheit, der Italienischen Botschaft die Versicherung seiner ausgezeichneten Hochachtung zu erneuern.

Wien, am 11. Juni 1992

4.3. Italien begrüßt die Streitbeilegung

Das italienische Außenministerium antwortet mit der folgenden Note und nimmt mit „*reger Genugtuung den Erlass der Schuldtilgenden Erklärung seitens der österreichischen Regierung zur Kenntnis*". Die italienische Verbalnote wiederholt dann den Kerntext (Punkt 4) der Streitbeilegung ohne die ergänzenden Erklärungen Österreichs und verweist auf die weiteren fälligen Schritte des Operationskalenders, und zwar im Besonderen auf den Art. 15 (Notifizierung der Streitbeendigung an die UNO) und den Art. 18 (Abschluss eines österreichisch-italienischen Freundschaftsvertrages). „*Die italienische Regierung wünscht die Bedeutung dieses zukünftigen Abkommens zu unterstreichen* [...]."

Nachstehend wird links der Wortlaut der italienischen Verbalnote wiedergegeben und rechts die deutsche Übersetzung, wobei die eigentliche Streitbeilegungserklärung keine Übersetzung ist, sondern aus der Streitbeilegung Österreichs im Original (Punkt 4) entnommen wird:[211]

Italienische Antwortnote:	Deutsche Übersetzung:
Il Ministero degli Affari Esteri presenta i suoi complimenti all'Ambasciata della Repubblica d'Austria ed ha l'onore di comunicare che il Governo italiano accusa ricevuta della Nota austriaca n. 605.02.00/87-11. 2/92 dell' 11.6. 1992 e prende atto con viva soddisfazione del rilascio da parte del Governo austriaco della quietanza liberatoria che recita come segue:	Das Ministerium für auswärtige Angelegenheiten entbietet der Botschaft der Republik Österreich seine Empfehlungen und hat die Ehre mitzuteilen, dass die italienische Regierung die österreichische Note Nr. 605.02.00/87-11.2/92 vom 11.6.1992 empfangen hat und mit reger Genugtuung den Erlass der „schuldtilgenden Erklärung" seitens der österreichischen Regierung zur Kenntnis nimmt, die folgendes besagt:
	(Punkt 4 des deutschen Originals der Streitbeilegung):
"Considerato che è sorta una controversia tra l'Austria e l'Italia circa l'attuazione dell'Accordo di Parigi del 5 settembre 1946 e,	„Im Hinblick darauf, daß zwischen Österreich und Italien eine Streitigkeit über die Durchführung des Pariser Abkommens vom 5. September 1946 entstanden ist;
considerato che questa controversia è stata oggetto delle Risoluzioni 1497 (XV) e 1661 (XVI) dell'Assemblea Generale delle Nazioni Unite,	im Hinblick darauf, daß diese Streitigkeit Gegenstand der Resolutionen 1497 (XV) und 1661 (XVI) der Vollversammlung der Vereinten Nationen war;
tenuto conto che l'Assemblea Generale delle Nazioni Unite nelle predette Risoluzioni ha raccomandato all'Austria e all'Italia di riprendere le trattative allo scopo di trovare una soluzione di tutte le divergenze concernenti l'attuazione dell'Accordo predetto,	unter Bedachtnahme darauf, daß die Vollversammlung der Vereinten Nationen Österreich und Italien in den erwähnten Resolutionen empfohlen hat, die Verhandlungen mit dem Ziel wieder aufzunehmen, eine Lösung aller Differenzen hinsichtlich der Durchführung des obgenannten Abkommens zu finden;

[211] Bundesministerium für auswärtige Angelegenheiten, 23–24, Übersetzung des Verfassers.

tenuto conto che la ripresa delle trattative ha avuto luogo e ha portato all'adozione di un metodo di consultazione idoneo a promuovere il superamento della controversia senza pregiudizio delle rispettive posizioni giuridiche delle Parti,

in Anbetracht der Tatsache, daß die Wiederaufnahme der Verhandlungen stattgefunden und zur Annahme einer Methode der Beratungen geführt hat, welche geeignet war, die Beilegung der Streitigkeit ohne Präjudiz für die jeweiligen Rechtsstandpunkte der beiden Seiten herbeizuführen;

tenuto conto che il Governo italiano nella sua dichiarazione governativa del 3 dicembre 1969 ha annunciato e specificatamente indicato misure destinate ad assicurare in modo durevole gli interessi della popolazione altoatesina di lingua tedesca, la convivenza pacifica e lo sviluppo dei gruppi linguistici dell'Alto Adige;

mit Rücksicht darauf, daß die italienische Regierung in ihrer Regierungserklärung vom 3. Dezember 1969 detailliert aufgezählte Maßnahmen angekündigt hat, die in dauerhafter Weise die Interessen der deutschsprachigen Bevölkerung Südtirols, das friedliche Zusammenleben und die Entwicklung der Sprachgruppen Südtirols zu gewährleisten, bestimmt sind;

visto che il Governo italiano ha ora realizzato queste misure annunciate nella dichiarazione governativa del dicembre 1969 e ne ha dato comunicazione nella nota del 22 aprile 1992, il Governo Federale austriaco dichiara di considerare chiusa la controversia esistente tra Austria ed Italia, che ha formato oggetto delle anzidette Risoluzioni dell'Assemblea Generale delle Nazioni Unite e riguardante lo status dell'elemento di lingua tedesca nella Provincia di Bolzano (Bozen) esecuzione dell'Accordo di Parigi del 5 settembre 1946."

angesichts der Tatsache, daß die italienische Regierung diese in der Regierungserklärung vom 3. Dezember 1969 angekündigten Maßnahmen nunmehr verwirklicht und mit Note vom 22. April 1992 mitgeteilt hat: erklärt die österreichische Bundesregierung, daß sie die zwischen Österreich und Italien bestehende Streitigkeit, welche Gegenstand der erwähnten Resolutionen der Generalversammlung der Vereinten Nationen war und den Status des deutschsprachigen Elements der Provinz Bozen (Bolzano) – Durchführung des Pariser Abkommens vom 5. September 1946 – betrifft, als beendet erachtet."

Alla luce di quanto precede il Governo italiano auspica che, come previsto dal punto 15 del calendario operativo, Italia ed Austria possano rapidamente procedere alla notifica della chiusura della vertenza al Segretario generale delle Nazioni Unite. Il Governo italiano ritiene, infine, che lo spirito dei rapporti che hanno portato alla chiusura della vertenza sia pienamente favorevole all'avvio in tempi brevi del negoziato per la conclusione dell'Accordo di amicizia e collaborazione fra Italia ed Austria prevista dal punto 18 del già menzionato calendario operativo.

Im Lichte des vorher Gesagten hofft die italienische Regierung, dass Italien und Österreich schnellstens die Erklärung über den Abschluss der Streitigkeiten an den Generalsekretär der Vereinten Nationen übermitteln können, wie im Art. 15 des Operationskalenders vorgesehen. Die italienische Regierung erachtet schließlich den Geist der Beziehungen, der zum Abschluss der Streitigkeit geführt hat, als vollkommen günstig für den Beginn innerhalb kurzer Zeiten der Verhandlungen zum Abschluss des Vertrages der Freundschaft und der Zusammenarbeit zwischen Italien und Österreich, der vom Art. 18 des genannten Operationskalenders vorgesehen ist.

Il Governo italiano desidera sottolineare l'importanza di tale futuro accordo per favorire un salto di qualità nelle relazioni fra i due Paesi e le loro popolazioni, nella prospettiva di crescenti comuni responsabilità nell'ambito europeo.

Die italienische Regierung wünscht die Bedeutung dieses zukünftigen Abkommens zu unterstreichen, um einen Qualitätssprung in den Beziehungen zwischen den beiden Ländern und deren Bevölkerungen zu fördern, im Hinblick auf die zunehmenden gemeinsamen Verantwortlichkeiten im europäischen Rahmen.

Il Ministero degli Affari Esteri si avvale dell'occasione per rinnovare all'Ambasciata della Repubblica d'Austria gli atti della sua più alta considerazione."

Das Ministerium für auswärtige Angelegenheiten nimmt die Gelegenheit wahr, um der Botschaft der Republik Österreich die Akte seiner ausgezeichneten Hochachtung zu erneuern."

4.4. Österreich und Italien melden die Streitbeilegung an die UNO

Mit der folgenden Note des Ständigen Vertreters Österreichs bei den Vereinten Nationen meldete Österreich die erfolgte Streitbeilegung an den Generalsekretär der Vereinten Nationen in New York noch am gleichen Tag, dem 11. Juni 1992. Italien meldete die Streitbeilegung am 17. Juni. Österreich und Italien erinnern in den im Kern gleichlautenden Noten zunächst an die Erklärung der italienischen Regierung an das Parlament vom 3. Dezember 1969 über das Paket. In dieser Erklärung und ohne Präjudiz zu seinem Rechtsstandpunkt in Bezug auf die Frage der Durchführung des Pariser Abkommens vom 5. September 1946 hat die italienische Regierung die Absicht angekündigt, Maßnahmen zugunsten der Bevölkerung Südtirols zu erlassen, die die Befugnisse der Gesetzgebung und Verwaltung auszuweiten helfen sollen.

Die Noten erinnern weiters an die österreichische Regierungserklärung vor dem Parlament am 15. Dezember 1969, in der die Regierung angekündigt hatte, ebenfalls ohne Präjudiz des eigenen Rechtsstandpunktes bezüglich der oben angeführten Frage den Streit als beendet zu erklären, sobald diese Maßnahmen erlassen sein würden. Auch die Übergabe der erfüllten Paketmaßnahmen durch Italien an Österreich und der entsprechende Notenaustausch werden ausdrücklich erwähnt. Schließlich geben die Noten die österreichische Erklärung wörtlich wieder:

> *Der Tatsache Rechnung tragend, dass die Maßnahmen, die von der italienischen Regierung zugunsten der Bevölkerung Südtirols angekündigt worden waren, verwirklicht wurden, [...] hat die österreichische Bundesregierung schließlich am 11. Juni 1992 die Erklärung abgegeben, dass sie den oben erwähnten Streit als beendet erachtet.* (Österreich an die UNO, 1992)[212]

4.5. Der Wortlaut der Streitbeilegung Österreichs an die UNO

Am 19. Juni 1992 kam es im UNO-Hauptgebäude in New York zu „*einer denkwürdigen Szene*", so beschreibt der Zeithistoriker *Rolf Steininger* diesen geschichtlichen Moment.[213] *Peter Hohenfellner* und *Vieri Traxler*, die UN-Botschafter Österreichs und Italiens, übergaben dem UN-Generalsekretär *Boutros Boutros-Ghali* das Dokument, in dem beide Länder ihren Streit wegen der Südtirolfrage als beendet erklärten.

Wegen seiner Bedeutung wird nachstehend die österreichische Erklärung im englischen Wortlaut (links) und in deutscher Übersetzung (rechts) wiedergegeben. Zudem wird die italienische Note an die UNO im Original abgedruckt.

---

[212] Bundesministerium für auswärtige Angelegenheiten, 23, in: *Peterlini, O.* (2000f de), 207–210, 211–215.

[213] *Steininger, R.*, Dolomiten, 10./11.6.2017, 14.

Österreichische Erklärung an die UNO:

Mr. Secretary General,

I am instructed by my Government to convey to you the following statement:

"The Austrian Federal Government has the honour to communicate to the Secretary General of the United Nations the following:

As the Austrian Foreign Minister had the honour to inform the XXV Session of the General Assembly on September 30, 1970, the Italian Government in a declaration to its Parliament of December 3, 1969, and without prejudice to its legal position concerning the question of the implementation of the Paris Agreement of September 5, 1946, had announced the intention to adopt a set of measures in favour of the population of South Tyrol, aiming at extending the range of the legislative and administrative powers attributed to the Province of Bozen. In a declaration to the Austrian Parliament of December 15, 1969, the Austrian Federal Government, on its part, and again without prejudice to its legal position concerning the abovementioned question, had announced that as soon as these measures would be taken, it would declare to consider as terminated the dispute relating to the implementation of the Paris Agreement of September 5, 1946, which was the subject of UN-GA Res. 1497 (XV) and 1661] (XVI).

Taking into account the realization of the measures that were announced at that time by the Italian Government in favour of the population of South Tyrol, as communicated to the Austrian Government in a note of April 22, 1992, which was replied to by a note of the same date, the Austrian Federal Government finally stated in a declaration of June 11, 1992, that it considers as terminated the abovementioned dispute.

The Austrian Government requests the Secretary General of the United Nations to take note of the above communication."

I would be grateful If you could have this communication circulated as a document of the General Assembly.

Please accept, Mr. Secretary General, the assurances of my highest consideration."

11 June 1992

Deutsche Übersetzung:

Herr Generalsekretär,

Ich bin von meiner Regierung angewiesen, die folgende Erklärung zu übermitteln:

„Die österreichische Bundesregierung hat die Ehre, dem Generalsekretär der Vereinten Nationen folgendes mitzuteilen:

Wie der österreichische Außenminister die Ehre hatte, die XXV. Session der Generalversammlung am 30. September 1970 zu informieren, hat die italienische Regierung in einer Erklärung an ihr Parlament am 3. Dezember 1969, ohne Präjudiz zu ihrem Rechtsstandpunkt in Bezug auf die Frage der Durchführung des Pariser Abkommens vom 5. September 1946, die Absicht angekündigt, Maßnahmen zugunsten der Bevölkerung Südtirols zu erlassen, die die Befugnisse der Gesetzgebung und Verwaltung, die der Provinz Bozen zugewiesen sind, ausweiten helfen sollen. In einer Erklärung an das österreichische Parlament am 15. Dezember 1969 hat die österreichische Bundesregierung ihrerseits – und wiederum ohne Präjudiz zu ihrem Rechtsstandpunkt in Bezug auf die oben angeführte Frage – angekündigt, dass sie, sobald diese Maßnahmen erlassen sein würden, erklären würde, den Streit als beendet zu betrachten, der sich auf die Erfüllung des Pariser Abkommens vom 5. September 1946 bezieht, welcher der Gegenstand der Resolutionen der UN-Generalversammlung 1497 (XV) und 1661 (XVI) war.

Der Tatsache Rechnung tragend, dass die Maßnahmen, die von der italienischen Regierung zu jener Zeit zugunsten der Bevölkerung Südtirols angekündigt worden waren, verwirklicht wurden, wie dies der österreichischen Regierung mit einer Note vom 22. April 1992 mitgeteilt wurde, welche mit einer Note desselben Datums beantwortet worden war, hat die Österreichische Bundesregierung schließlich am 11. Juni 1992 die Erklärung abgegeben, dass sie den oben erwähnten Streit als beendet erachtet.

Die österreichische Bundesregierung ersucht den Generalsekretär der Vereinten Nationen von der obigen Mitteilung Kenntnis zu neh-men."

Ich wäre Ihnen dankbar, wenn Sie diese Mitteilung als Dokument der Generalversammlung allgemein bekanntmachen würden.

Bitte nehmen Sie, Herr Generalsekretär, die Versicherung meiner höchsten Wertschätzung an."

(Der Note war eine Kopie der Verbalnote an die italienische Botschaft in Wien beigefügt)

4.6. Italienische Erklärung an die UNO

UNITED NATIONS

General Assembly

Distr.
GENERAL

A/46/940
19 June 1992

ORIGINAL: ENGLISH

Forty-sixth session
Agenda items 98 and 135

HUMAN RIGHTS QUESTIONS

DEVELOPMENT AND STRENGTHENING OF GOOD-NEIGHBOURLINESS BETWEEN STATES

Letter dated 17 June 1992 from the Permanent Representative of Italy to the United Nations addressed to the Secretary-General

I am instructed by the Government to convey to you the following statement:

"The Italian Government has the honour to communicate to the Secretary-General of the United Nations the following:

"As the Italian Minister of State with special political competences - Head of the Italian delegation to the United Nations - had the honour to inform the General Assembly at its twenty-fifth session on 1 October 1970, the Italian Government, in a declaration to its Parliament of 3 December 1969, and without prejudice to its legal position concerning the question of the implementation of the Paris Agreement of 5 September 1946, had announced the intention to adopt a set of measures in favour of the population of Alto Adige/South Tyrol, aiming at extending the range of the legislative and administrative powers attributed to the Province of Bolzano. In a declaration to the Austrian Parliament of 15 December 1969, the Austrian Federal Government, on its part, and again without prejudice to its legal position concerning the above-mentioned question, had announced that as soon as these measures would be taken, it would declare to consider as terminated the dispute relating to the implementation of the Paris Agreement of 5 September 1946, which was the subject of General Assembly resolutions 1497 (XV) and 1661 (XVI).

"Taking into account the realization of the measures that were announced at that time by the Italian Government in favour of the

92-26357 3250h (E) 220692 220692 /...

English
Page 2

population of Alto Adige/South Tyrol, as communicated to the Austrian Government in a note of 22 April 1992, which was replied to by a note of the same date, the Austrian Federal Government finally stated in a declaration of 11 June 1992 that it considers as terminated the above-mentioned dispute.

"The Italian Government requests the Secretary-General of the United Nations to take note of the above communication."

I would be grateful if you could have this communication circulated as a document of the General Assembly under agenda items 98 and 135.

(Signed) Vieri TRAXLER
Ambassador
Permanent Representative

4.7. Österreichs Erklärung an den Europarat

Die Note des Ständigen Vertreters Österreichs beim Europarat an den Generalsekretär des Europarates in Straßburg, vom 31. Juli 1992, lautet im Wortlaut (links) und in der deutschen Übersetzung (rechts) folgendermaßen:[214]

The Permanent Representative of the Republic of Austria to the Council of Europe presents its compliments to the Secretary General of the Council of Europe and has the honour to request her, in her capacity as depositary of the European Convention for the Peaceful Settlement of Disputes, signed at Strassburg on April 29, 1957, to take note of the following: With the Agreement between the Republic of Austria and the Republic of Italy, attached to this notification, signed in Rome on July 17, 1971, which entered into force after the exchange of instruments of ratifications on June 10, 1992, it has been agreed that	Der Ständige Vertreter der Republik Österreich beim Europarat entbietet dem Generalsekretär des Europarates seine Empfehlungen und beehrt sich, Sie in ihrer Eigenschaft als Verwahrerin des Europäischen Übereinkommens über die friedliche Beilegung von Streitigkeiten, gezeichnet in Strassburg am 29. April 1957, zu ersuchen, von folgendem Kenntnis zu nehmen: Mit dem Vertrag zwischen der Republik Österreich und der Republik Italien, welcher dieser Mitteilung beigefügt ist und der in Rom am 17. Juli 1971 unterzeichnet wurde und nach dem Austausch der Ratifikationsinstrumente am 10. Juni 1992 in Kraft getreten ist, wurde folgendes vereinbart:
"the provisions of Chapter 1 of the European Convention for the peaceful settlement of disputes, signed in Strasbourg on 29.4.1957, shall apply, between Austria and Italy, to disputes concerning the interpretation and the application of bilateral agreements in force between the two States, also when such disputes refer to facts and situations prior to the entry into force of the above-mentioned Convention between the two States."	„Die Maßnahmen des Kapitel 1 des Europäischen Übereinkommens für die friedliche Beilegung von Streitigkeiten, gezeichnet in Strassburg am 29.4.1957, soll zwischen Österreich und Italien Anwendung finden auf Streitigkeiten über die Interpretation und die Anwendung von bilateralen Übereinkommen, die zwischen den beiden Staaten gelten, auch wenn sich solche Streitigkeiten auf Fakten und Situationen vor dem Inkrafttreten des obgenannten Übereinkommens zwischen den zwei Staaten beziehen.“
The Agreement will be notified at the same date to the Registrar of the International Court of Justic.	Dieser Vertrag wird mit gleichem Datum dem Kanzler des Internationalen Gerichtshofes mitgeteilt.

[214] Bundesministerium für Auswärtige Angelegenheiten, 48, in: *Peterlini, O.* (2000f de), 221.

4.8. Die Erklärung Italiens an den Europarat

L'Ambasciatore
Rappresentante Permanente d'Italia
presso il Consiglio d'Europa

N.06/92

The Permanent Representative of the Republic of Italy to the Council of Europe presents his compliments to the Secretary General of the Council of Europe and has the honour to ask her, as depositary of the European Convention for the Peaceful Settlement of Disputes, signed in Strasbourg the 29.4.1957, to take note of the following:

With the Agreement between the Republic of Italy and the Republic of Austria, attached to this notification, signed in Rome on July 17, 1971, which entered into force after the exchange of instruments of ratifications on June 10, 1992, it has been agreed that "the provisions of Chapter I of the European Convention for the peaceful settlement of disputes, signed in Strasbourg on 29.4.1957, shall apply, between Austria and Italy, to disputes concerning the interpretation and the application of bilateral agreements in force between the two States, also when such disputes refer to facts and situations prior to the entry into force of the above mentioned Convention between the two States".

The Agreement will be notified also to the Registrar of the International Court of Justice.

The Permanent Representative of the Republic of Italy to the Council of Europe avails himself of this opportunity to renew to the Secretary General of the Council of Europe the assurances of his highest consideration.

Strasbourg, July 31, 1992

5. Der Internationale Gerichtshof wird zuständig

Österreich und Italien kamen schließlich auch der Verpflichtung der Punkte 16 und 17 des Operationskalenders nach. Beide Staaten notifizierten am 31. Juli 1992 dem Europarat wie auch dem Internationalen Gerichtshof (IGH) in Den Haag den Vertrag (vom 17. Juli 1971) zwischen Italien und Österreich über das Europäische Übereinkommen zur friedlichen Beilegung von Streitigkeiten zwischen den beiden Staaten. Das Europäische Übereinkommen, das der Vertrag ausweitet, wurde schon am 29. April 1957 in Straßburg unterzeichnet. Dem Vertrag zufolge sind die Bestimmungen (des Kapitels I des Europäischen Übereinkommens) auf Streitigkeiten betreffend die Auslegung und Anwendung der zwischen den beiden Staaten in

Kraft stehenden bilateralen Verträge auch dann anzuwenden, wenn die Streitigkeiten Tatsachen oder Verhältnisse aus der Zeit vor dem Inkrafttreten des obgenannten Übereinkommens zwischen den beiden Staaten betreffen (Art. 1).[215] Das bedeutet, dass auch Streitigkeiten über den Pariser Vertrag der Zuständigkeit des Internationalen Gerichtshofes unterstellt werden.

5.1. Den Haag war der Preis für das Paket

„*The Hague was the price to be paid for the Package.*" Den Haag (also der IGH) war der Preis, der (von Österreich) für das Paket gezahlt werden musste, erinnert *Antony E. Alcock* in seiner Geschichte über die Südtirol-Frage.[216] Italien hatte schon immer das Ziel verfolgt, dass eventuelle Streitigkeiten über die Durchführung des Pariser Vertrages nicht mehr vor den politischen Organen der UNO, sondern vor dem IGH ausgetragen werden.[217]

5.2. Österreichs Erklärung an den Internationalen Gerichtshof

Die Geschäftsträgerin der österreichischen Botschaft in Den Haag, *Helga Konrad*, richtete die folgende Note (mit der gleichen Mitteilung wie an den Europarat) an den Kanzler des Internationalen Gerichtshofes in Den Haag, *Eduardo Valencia-Ospina*, am 31. Juli 1992.[218] Dieselbe Mitteilung machte am gleichen Tag auch Italien.

Österreichs Erklärung an den IGH:	Übersetzung:
Your Excellency,	Ihre Exzellenz!
On behalf of the Austrian Government I have the honour to notify the following:	Im Namen der Österreichischen Regierung habe ich die Ehre folgendes mitzuteilen:
"With the Agreement between the Republic of Austria and the Republic of Italy, attached to this notification, signed in Rome on July 17, 1971, which entered into force after the exchange of instruments of ratifications on June 10, 1992, it has been agreed that ,the provisions of Chapter 1 of the European Convention for the peaceful settlement of disputes, signed in Strasbourg on 29.4.1957, shall apply, between Austria and Italy, to disputes concerning the interpretation and the application of bilateral agreements in force between the two States, also when such disputes refer to facts and situations prior to the entry into force of the above mentioned Convention between the two States."	„Mit dem Vertrag zwischen der Republik Österreich und der Republik Italien, welcher dieser Mitteilung beigefügt ist und der in Rom am 17. Juli 1971 unterzeichnet wurde und nach dem Austausch der Ratifikationsinstrumente am 10. Juni 1992 in Kraft getreten ist, wurde folgendes vereinbart: ,Die Maßnahmen des Kapitel 1 des Europäischen Übereinkommens für die friedliche Beilegung von Streitigkeiten, gezeichnet in Strassburg am 29.4.1957, soll zwischen Österreich und Italien Anwendung finden auf Streitigkeiten über die Interpretation und die Anwendung von bilateralen Übereinkommen, die zwischen den beiden Staaten gelten, auch wenn sich solche

[215] *Zeller, K.* (1989), Dokumente 15–16.

[216] *Alcock, A.E.* (1970), 453.

[217] IGH-Abkommen, Ratifizierung, 25.11.1971. Auch in: *Zeller, K.* (1989), Dokument 15, sowie zur Vertiefung 85 ff.

[218] Bundesministerium für auswärtige Angelegenheiten, 48–49, in: *Peterlini, O.* (2000f de), 224.

Streitigkeiten auf Fakten und Situationen vor dem Inkrafttreten des obgenannten Übereinkommens zwischen den zwei Staaten beziehen."

The Federal Government of the Republic of Austria kindly requests you in your capacity as Registrar of the International Court of Justice to take note of this Agreement.

Please accept the assurances of my highest consideration.

Dr. Helga Konrad

Chargè d'Affaires a.i.

(To): H.E. Mr. Eduardo Valencia-Ospina

Registrar of the International Court of Justice

The Hague

Die Bundesregierung der Republik Österreich ersucht Sie höflichst in Ihrer Eigenschaft als Kanzler des Internationalen Gerichtshofes von diesem Vertrag Kenntnis zu nehmen.

Bitte nehmen Sie die Versicherung meiner höchsten Wertschätzung an.

Dr. Helga Konrad

Geschäftsträgerin

An S.E. Herrn Eduardo Valencia-Ospina

Kanzler des Internationalen Gerichtshofes

Den Haag

Die italienische Note ist in der eigentlichen Erklärung (Abs. 2) gleichlautend wie die österreichische.

IV. Wie Südtirol seine Vertreter ins römische Parlament entsenden konnte

1. Die Vertretung der Südtiroler vom Königreich bis zum Faschismus

1.1. Die Annexion und der Zusammenschluss zum Deutschen Verband

Nach der Niederlage Österreichs im Ersten Weltkrieg und dem Zusammenbruch des Kaiserreichs Österreich-Ungarn kam der südliche Teil Tirols mit dem Friedensvertrag von *St. Germain* vom 10. September 1919 zu Italien. Vgl. Kap. I.2.4. Die Teilung Tirols – die Grenze am Brenner.

Schon bald nach der Annexion schlossen sich die deutschsprachigen Parteien, die *Tiroler Volkspartei* und die *Deutsch-Freiheitlichen* zum *Deutschen Verband* (DV) zusammen. Im DV nicht mit dabei waren die *Sozialdemokraten*. Der *Deutsche Verband* schloss an die Tradition der Zusammenarbeit der deutschsprachigen Parteien an, wie sie bereits 1905 in Innsbruck mit dem *Tiroler Volksbund* besiegelt worden war.[219]

1.2. Die ersten Wahlen von 1921

Die ersten Wahlen nach der Angliederung Südtirols an Italien standen für den 15. Mai 1921 an. Mit eigenen Dekreten wurde das Wahlgesetz auf die neuen Provinzen ausgeweitet.[220] Die Größe der Abgeordnetenkammer blieb mit 508 Mitgliedern gleich. Der DV und der *Partito Popolare Trentino*, die dort stärkste Partei, setzten sich für zwei eigene Wahl*kreise* für Südtirol und das Trentino ein, um zu vermeiden, dass ihre Stimmen im großen Wahl*bezirk* (*Venezia Tridentina*) untergehen und ihre Vertretung geschwächt werde. *Ettore Tolomei*, der Ideologe und spätere Senator der Faschisten, wollte sogar die Region vom Norden nach Süden teilen und zu den benachbarten italienischen Provinzen im Westen und Osten schlagen. Damit hätte er eine Vertretung der Südtiroler in Rom schwächen oder möglicherweise vereiteln können.[221]

Abb. 47: Typen von Wahlsystemen

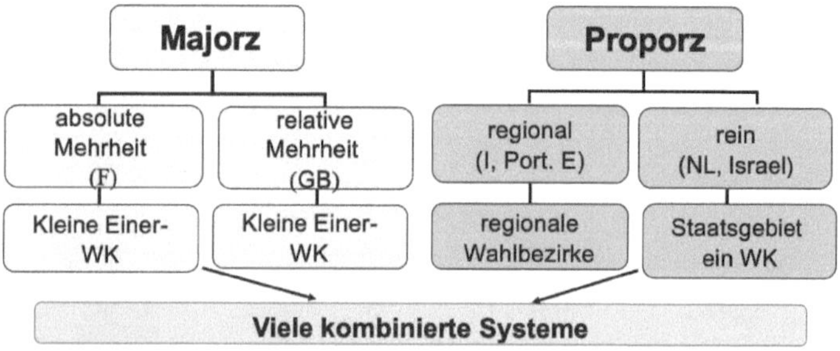

Quelle: WK = Wahlkreis, *Peterlini, O.* (2011–23): Teaching Documents.

[219] *Pallaver, G.* (2007), 130. *Forcher, M.* (1984), 218. Dieses Kap. IV beruht in Grundzügen auf *Peterlini, O.* (2012e de).

[220] Königliche Dekrete vom 18.11.1920, Nr. 1655, und vom 30.12.1920, Nr. 1861.

[221] *Steininger, R.* (1997), 55.

Mehrheitswahlsystem (*Majorz*): Das Staatsgebiet wird in Einerwahlkreise aufgeteilt. In jedem Wahlkreis gewinnt nur ein/e Kandidat/in, jene/r, die/der am meisten Stimmen erhält. Dabei unterscheidet man zwei Möglichkeiten: Man verlangt vom Sieger entweder die einfache (relative) Mehrheit (Großbritannien) oder die absolute (Frankreich) bzw. eine noch höhere Mehrheit.

Verhältniswahlsystem (*Proporz*): Alle Parteien sollen entsprechend ihrer verhältnismäßigen Stärke im Parlament vertreten sein. Es entscheidet der Anteil der Stimmen über die Verteilung der Mandate. Damit kommen auch kleine Parteien zum Zug, auch wenn sie territorial versprengt sind, aber auf Staatsebene die notwendigen Stimmen für mindestens einen Sitz erzielen können. Das System führt in der Regel zu einer starken Zersplitterung der Parteienlandschaft und kennzeichnet auch das italienische Parteiensystem bis herauf zu den Wahlreformen von 1993 und später. Allerdings bedeutet das nicht grundsätzlich, dass dieses System besser für ethnoregionale Parteien sei. Wenn diese nämlich territorial konzentriert in den entsprechenden Wahlkreisen den Charakter einer lokalen Mehrheitspartei aufweisen, ist das Mehrheitswahlsystem für sie vorteilhafter.

Kombinierte Systeme: Man kann z.B. ein Proporzsystem durch die zunehmende Verkleinerung der Wahlbezirke oder durch eine hohe Wahlhürde immer mehr in Richtung Mehrheitswahl rücken. Oder umgekehrt kann man eine Mehrheitswahl in Einerwahlkreisen nachträglich einem Proporzausgleich unterziehen, wie in Deutschland.

Italien wandte nach dem Krieg jahrzehntelang das Proporzsystem mit regionalen Wahlbezirken an, seit 1993 kombinierte Systeme an. Das geltende sog. *Rosatellum* behält knapp 63 % der Sitze dem Proporz, 37 % dem Majorz vor, d.h. dass 37 % der Abgeordneten und Senatoren in Einerwahlkreisen gewählt werden, der Rest der Sitze im Verhältnis der Stimmen verteilt wird.

Die Regierung unter Ministerpräsident *Giovanni Giolitti* beschloss am 20. März 1921, den Wünschen der Südtiroler und Trentiner entgegenzukommen und zwei Wahlkreise zu errichten.[222] Während der größte Teil des Südtiroler Unterlandes noch dem Wahlkreis Bozen zugeordnet wurde, kamen die deutschsprachigen Gemeinden im Fleimstal und am Deutsch-Nonsberg sowie die ladinischen Gemeinden zum Wahlkreis Trient.[223] Der Wahlkreis Bozen zählte laut VZ von 1911 genau 243.182 Einwohner, Trient 426.249. Südtirol wurden vier zu wählende Abgeordnete zugeteilt, dem Trentino sieben. Die Zahl der Einwohner pro Abgeordneten lag damit in Südtirol und im Trentino mit knapp 61.000 unter dem Mittel der alten Provinzen, das 70.561 betrug. Wahlberechtigt waren allerdings in Südtirol nur 19,4 %, nämlich 47.140 männliche Wähler, und im Trentino 26,2 % (111.524 Wähler). Im Durchschnitt lag die Wahlberechtigung bei den *neuen* Gebieten bei 23,4 %, in den restlichen *alten* Provinzen war sie höher, bei 31,9 %. Das Listenzeichen des DV war ein Edelweiß, mit der Aufschrift „*Deutsch*" für den Wahlkreis Bozen und der Aufschrift „*Südtirol*" für den Wahlkreis Trient.[224]

[222] Die Tabelle der Wahlkreise in den annektierten Gebieten mit der Zahl der zu wählenden Abgeordneten wurde mit Königlichem Dekret RD vom 21.3.1921, Nr. 330, erlassen.

[223] *Steininger, R.* (1997), 52–57.

[224] Ministero dell'Economia Nazionale (Wahlen 1921), X-XVIII, 155 und 158. Abbildung aus: Der Tiroler, 8.5.1921, 5, bei Landesbibliothek *Dr. F. Tessmann.*

Abb. 48: Das Listenzeichen des DV bei den Wahlen 1921

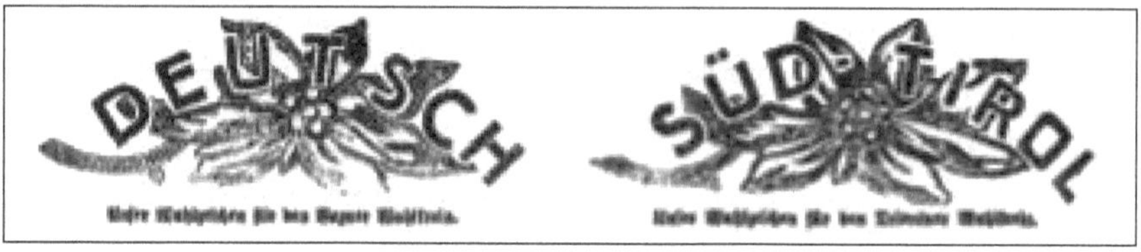

Quelle: Der Tiroler, 8.5.1921, 5.

Südtirol meldeten sich die Faschisten auf grausame Art an, schon bevor sie in Rom an die Macht kamen. Am 24. April 1921 überfielen sie in Bozen einen Trachtenumzug, schlugen auf die Teilnehmer und Zuschauer ein und erschossen den Lehrer *Franz Innerhofer*.[225]

Von den 47.140 Wahlberechtigten in Südtirol gingen 41.123 (87,24 %) zur Wahl der Abgeordnetenkammer.[226] Unter dem Schock der faschistischen Aggression wurden die Wahlen zu einem durchschlagenden Erfolg für den DV. Er erzielte 36.664 von insgesamt 40.660 gültig abgegebenen Stimmen, also 90,17 %.[227] Die restlichen 3.996 Stimmen, knapp 10 %, entfielen auf die Sozialdemokraten, die sich als einzige neben dem DV den Wahlen gestellt hatten. Diese reichten allerdings nicht für einen Abgeordneten.[228] Die Zeitungen *Der Tiroler, Südtiroler Landeszeitung, Bozner Nachrichten, Tiroler Volksblatt, Brixner Chronik, Meraner Tagblatt* hatten die Südtiroler auf die Sammelliste des DV eingeschworen und die Sozialdemokraten kaum erwähnt.[229]

Tab. 9: Abgeordnetenkammer, 15. Mai 1921 – Wahlkreis Bozen-Südtirol

Liste/Gruppe	Stimmen	%	Sitze
Edelweiß (DV)	36.664	90,17	4
Sozialdemokraten	3.996	9,83	-
Gültige Stimmen, Prozente und Sitze insgesamt	40.660	100	4

Quelle: Ministero dell'Economia Nazionale (Wahlen 1921), 157–158.

Alle vier Kandidaten des DV wurden gewählt.[230] Südtirol stellte damit erstmals in seiner Geschichte Abgeordnete im italienischen Parlament: *Eduard Reut Nicolussi, Karl Tinzl, Friedrich Graf Toggenburg* und *Wilhelm von Walther.*

[225] *Steininger, R.* (1997), 52–54.

[226] Ministero dell'Economia Nazionale (Wahlen 1921), 157.

[227] Istituto Centrale di Statistica e Ministero per la Costituente (1947), Volume II, 104. *Steininger R.* (1997), 52–57, spricht von 36.574 von insgesamt 40.567 abgegebenen Stimmen.

[228] *Hartungen, von C.* (2002).

[229] Vergleiche genannte Zeitungen in den Wochen vor der Wahl, besonders vom 12.–14.5.1921, bei Landesbibliothek *Dr. F. Tessmann.*

[230] *Steininger, R.* (1997), 52–57. In der italienischen Statistik werden die Südtiroler unter „*Slavi e Tedeschi*" geführt: Istituto Centrale di Statistica e Ministero per la Costituente, Volume 2, Compendio 1848–1934, 130–131.

Der DV erzielte auch 3.200 Listenstimmen im Trentino, die allerdings für die Sitzverteilung nicht relevant waren. Von den 111.524 Wahlberechtigten gingen im Trentino 73.434 (65,85 %) zur Wahl der Abgeordnetenkammer, somit ein wesentlich geringerer Anteil als in Südtirol (87,24 %). Fünf Listen hatten sich zur Wahl gestellt. Der *Partito Popolare* erhielt fünf Sitze, die Liberalen zwei.

Tab. 10: Abgeordnetenkammer, 15. Mai 1921 – Wahlkreis Bozen-Trentino

Liste/Gruppe	**Stimmen**	**%**	**Sitze**
Autonomista tirolese (Edelweiß mit Süd-Tirol, DV)	3.200	4,47	
Popolare Italiano	35.921	50,14	5
Liberale Democratico (Liberale)	6.790	8,48	2
Socialista ufficiale (Sozialdemokraten)	20.392	28,46	
Blocco economico (Wirtschaftsblock)	5.338	7,45	
Gültige Stimmen, Prozent und Sitze insgesamt	71.641	100	7

Quelle: Ministero dell'Economia Nazionale (Wahlen 1921), 154–156.

Der Senat wurde damals in Italien nicht gewählt, sondern vom König ernannt.

Bald nach den Wahlen begann allerdings die faschistische Machtübernahme, die sich – nach dem Überfall auf den Trachtenumzug in Bozen – mit dem *Marsch auf Rom* (28.-30. Oktober 1922) in verschärfter Form ankündigte. Am 31. Oktober 1922 beauftragte der König *Benito Mussolini* zum Ministerpräsidenten, um eine Bürgerkrieg zu vermeiden. Entgegen den ursprünglichen, hoffungsvollen Versprechungen von König *Viktor Emanuel III.* versuchten die faschistischen Machthaber Südtirol so schnell wie möglich einen italienischen Stempel aufzudrücken, verboten Sprache und Kultur des Landes, förderten die Immigration von italienischen Familien aus anderen Provinzen und entließen deutsche Lehrer und Beamte aus dem Dienst.[231] (Vgl. Kap. I.3. Der Faschismus und die Option).

Die Südtiroler Parlamentsfraktion konnte die faschistische Politik der Italienisierung in Südtirol und der Unterdrückung der deutschen Kultur nicht aufhalten. Diese leitete vor allem der 1923 zum Senator des Reiches ernannte *Ettore Tolomei*.

1.3. Die Wahlreform von 1923 und der Untergang der Demokratie

1.3.1. Der Faschismus und das Wahlgesetz von *Giacomo Acerbo*

Nachdem im Jahre 1921 nur 35 faschistische Abgeordnete gewählt worden waren, setzte sich *Benito Mussolini*, der im Oktober 1922 an die Macht kam, zum Ziel, das Wahlgesetz für die im Jahre 1924 anstehenden Wahlen zu ändern. Der Partei mit der relativen Mehrheit von einem Viertel der Stimmen sollten zwei Drittel der Sitze in der Abgeordnetenkammer vorbehalten werden. Am 21. Juli 1923

[231] *Gruber, A.* (1975); *Peterlini, O.* (2000f de), 68–77.

genehmigte die Kammer den Gesetzentwurf von *Giacomo Acerbo*, dem Staatssekretär im Ministerratspräsidium, nach dem das Gesetz später benannt wurde.

223 Abgeordnete stimmten dafür, 123 dagegen, anwesend waren insgesamt 346 Abgeordnete. Die Abstimmung war geheim. Aus dem Ergebnis und den Erklärungen lässt sich schließen, dass nicht nur der *Partito Nazionale Fascista* dafür stimmte, sondern auch ein guter Teil des *Partito Popolare Italiano*, darunter auch *Alcide Degasperi*, der *Partito Liberale Italiano* und andere Vertreter der Rechtsparteien. Dagegen stimmten der *Partito Comunista Italiano* (PCI) und der *Partito Socialista Italiano* (PSI).[232]

1.3.2. Der Appell der Südtiroler Parlamentarier

Die Südtiroler Abgeordneten des DV hatten sich gegen das Gesetz zu wehren versucht. In einem Antrag zur Tagesordnung forderten sie die Regierung auf, „*im neuen Wahlreglement den fremdsprachigen Minderheiten eine Vertretung zuzusichern, die deren zahlenmäßigen Stärke entspricht*“.[233]

Abb. 49: Apell gegen Ausschluss der Minderheiten

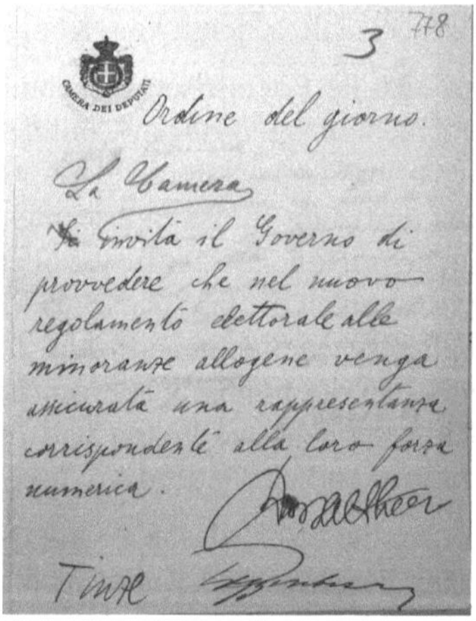
3 778
Camera dei Deputati
Ordine del giorno.
La Camera
invita il Governo di provvedere che nel nuovo regolamento elettorale alle minoranze allogene venga assicurata una rappresentanza corrispondente alla loro forza numerica.
Walther
Tinzl
Toggenburg

Die Südtiroler Abgeordneten des DV wehrten sich gegen das Acerbo-Gesetz. In einem Antrag forderten sie die Regierung auf:
„im neuen Wahlreglement den fremdsprachigen Minderheiten eine Vertretung zuzusichern, die deren zahlenmäßigen Stärke entspricht.“

Antrag *Walther, Tinzl, Toggenburg*, Camera dei Deputati,15 Juli 1923

Quelle: *Peterlini, O.* (2011–2023): Aus Camera dei Deputati, 15.7.1923, Teaching Documents.

In seiner Rede drückte der Abgeordnete *von Walther* seine schlimmste Befürchtung für die Zukunft der Südtiroler Vertretung aus:

[232] Atti del Parlamento Italiano, Camera dei Deputati sessione 1921–23 (1a della XXVI Legislatura), volume XI, tornata del 21 luglio 1923, discussioni dall'11 giugno al 21 luglio 1923, Roma, tipografia della Camera dei Deputati, 1923.

[233] Antrag *Walther, Tinzl, Toggenburg*, Atti Parlamentari, Camera dei Deputati, Legisl. XXVI, discussione Tornata del 15 luglio 1923, 10647.

Es ist vielleicht das letzte Mal für uns deutsche Abgeordnete, dass wir die Möglichkeit haben, von dieser Aula angehört zu werden. (*von Walther*, 1923)[234]

Von Walther appellierte an den liberalen Geist, den Italien bei den Friedensverhandlungen von *St. Germain* beteuert hatte, um formale Verpflichtungen für die Minderheiten ausschlagen zu können. Er erinnerte an die loyale Zusammenarbeit, die die Südtiroler Parlamentarier der Regierung angeboten hatten. Er beklagte die Maßnahmen gegen die Versammlungsfreiheit, gegen die Presse und den Unterricht in der Muttersprache.

Wenn man die Vertreter der fremdstämmigen Minderheiten ausschließen will, werden wir das mit unseren wenigen Stimmen nicht verhindern können. Aber versteht bitte mindestens, dass wir nicht das Recht haben für dieses Projekt zu stimmen, das uns den genannten Gefahren aussetzt und unsere Lage der verfassungsmäßigen Minderwertigkeit noch verschärft, unter der unser Land schon leidet. (*von Walther*, 1923)[235]

Bei der der entscheidenden Sitzung am 21. Juli 1923 scheinen die Südtiroler Abgeordneten im Protokoll nicht auf, weder als Redner noch als Teilnehmer an der Abstimmung, und auch nicht auf der Liste der (wegen Krankheit oder Missionen) entschuldigten Abwesenden. Sie hatten es wohl vorgezogen, an dieser dramatischen Abstimmung nicht teilzunehmen.

Nach der Zustimmung des Senates am 14. November 1923 (mit 165 Ja und 41 Nein bei 206 Abstimmenden)[236] konnte die Reform endgültig in Kraft treten.[237] Es handelte sich um einen klassischen Fall von „*Selbstmord einer repräsentativen Versammlung*" (*Sabbatucci,* 1989)[238], ähnlich wie im Reichstag, der mit dem Ermächtigungsgesetz vom März 1933 die volle Macht an *Hitler* übertrug. Das Gesetz sah einen einzigen nationalen Wahlkreis vor. Die Abgeordnetenkammer sollte 535 Sitze umfassen. Zwei Drittel der Sitze (356 Sitze) wurden jener Liste vorbehalten, die die relative Mehrheit von über 25 % erzielte. Die restlichen 179 Sitze sollten auf alle anderen Parteien im Proporzsystem aufgeteilt werden.

1.3.3. Die Parlamentswahlen im April 1924 und das Ende der Demokratie

Mussolini begnügte sich nicht damit, 25 % anzustreben. Bei den Wahlen, die am 6. April 1924 stattfanden, verzeichnete man die bis dahin höchste Wahlbeteiligung im Königreich Italien, mit 7.614.451 Wählern, somit 63,8 % der Wahlberechtigten.[239] Die Sammelliste (*Listone*) um *Mussolini*, nämlich die *Lista Nazionale* (*Fas-*

---

[234] Ibid.

[235] *Von Walther*, Atti del Parlamento Italiano, Fn 232, 10647–10649.

[236] Atti parlamentari della Camera dei Senatori, discussioni, Legislatura XXVI, tornata del 14 novembre 1923, volume quinto, tornate dal 12 novembre al 9 dicembre 1923, Roma, tipografia del Senato 1923.

[237] G 18.11.1923, Nr. 2444.

[238] *Sabbatucci, G.* (1989), 57–80.

[239] Ministero dell'Economia Nazionale (Wahlen 1924), XL; *Sale G.* (2006), http://www.30giorni.it/articoli_id_11922_l1.htm, Abruf 16.9.2022.

cisti, Liberali, Destra Moderata), erzielte 4.305.936 Stimmen (61,3 %) und 356 Mandate, die verbundene „*Lista PNF bis*" weitere 347.552 Stimmen (4,9 %) und 19 Mandate. Insgesamt erhielt die Regierungsmehrheit 66,3 % und 375 Mandate.[240] Die Mitte-links-Opposition erzielte 160 Sitze, obwohl sie im Norden Italiens in der Mehrheit war.

Das neue Wahlgesetz wirkte sich auch direkt auf die Südtiroler Minderheit aus.

Südtirol und das Trentino wurden zum Wahlbezirk Veneto geschlagen,[241] in dem 53 Abgeordnete zu wählen waren. In der ersten Februarwoche des Jahres 1924 vereinbarten die Verantwortlichen der slowenischen Minderheit aus Görz und der deutschen Minderheit aus Südtirol, eine gemeinsame Liste vorzulegen. Das Wahlgesetz hatte nämlich vorgesehen, dass eine Liste mindestens in zwei Wahlbezirken kandidieren müsse.[242] Der DV kandidierte mit einem entsprechend abgeänderten Listenzeichen:[243]

Abb. 50: Edelweiß und Lindenzweig 1924

Quelle: Der Landmann 24.3.1924.

> *Unsere Liste trägt als Wahrzeichen ein Edelweiß und einen Lindenzweig. Dieser ist das Symbol der Slawischen Liste, mit der wir das Abzeichen gemeinsam haben, aber die Linde galt auch bei uns von alters her als heiliger Baum und so ist es ein schönes Zusammentreffen, dass beide Symbole unserer Natur entnommen sind und wir im Edelweiß die Berge und in der Linde die Täler unserer Heimat versinnbildlicht finden.* (Tinzl, 1924)[244]

So begründete der *Abg. Tinzl* die neue Zusammenarbeit.

Der DV stellte nur mehr drei Kandidaten auf.

[240] Eines davon ging wegen des Todes des *Abg. De Nava* verloren, sodass es 374 wurden. Dazu gab es einen Sitz für „*Fascista dissidente*". Ministero dell'Economia Nazionale (1924), XL.

[241] Darin einbezogen wurden die ehemaligen Wahlkreise Trient, Bozen, Padua, Venedig, Verona und die Provinz Belluno vom Wahlkreis Udine. Istituto Centrale di Statistica e Ministero per la Costituente 1924 (siehe oben).

[242] Art. 55,3 G. 18.11.23; Der Landmann, 6.3.1924, 1.

[243] Abbildung aus: Der Landmann 24.3.1924, überprüft mit dem offiziellen Zeichen in: *oV* (1924): I 535 eletti per la XXVII legislatura, 7. In den offiziellen Wahldokumenten: *Gnafalio e ramoscello di tiglio* (Edelweiß mit Lindenzweig), der Text dazu: „*Allogeni*" (Fremdstämmige) oder „*Slavi e Tedeschi*" (Slawen und Deutsche).

[244] Der Landmann, 10.3.1924, 2.

Acht Parteien stellten sich im Wahlbezirk Veneto zur Wahl, die im Stimmzettel aufschienen.[245] Der DV erzielte 32.644 Stimmen, empfindlich weniger als 1921, als es noch 39.864 waren (36.664 in Südtirol und 3.200 im Trentino), damals also rund 20 % mehr. Insgesamt 716.537 Wähler machten von ihrem Wahlrecht in diesem großen Wahlbezirk Gebrauch. Von den 661.337 gültigen Stimmen erreichte der DV nur 4,94 %.[246]

Abb. 51: Der Stimmzettel 1924

Quelle: Der Landmann, in 2.4.1924, 1.

Die Parlamentsvertretung Südtirols wurde halbiert. Südtirol konnte bei diesen Wahlen nur mehr zwei Abgeordnete erreichen (einen vollen und einen Restsitz). Gewählt wurden *Karl Tinzl* und *Paul von Sternbach.*[247] Auch die Slowenen setzten in ihrem Wahlbezirk Venezia Giulia zwei Abgeordnete durch.[248]

Die Liste Nr. 21 der Faschisten (*Fascio Littorio*) erhielt im Wahlkreis Veneto 301.321 Stimmen (45,6 %). Von den 53 dem Wahlkreis zustehenden Sitzen wurden 35 – aufgrund der nationalen Verteilung – dieser Mehrheitsliste zugeteilt (66 %). Die Kosten für einen Sitz betrugen demnach für die Mehrheitskoalition 8.609 Stimmen. Die restlichen Listen, die nicht zur nationalen Gewinnerliste gehörten, erzielten 360.016 (also wesentlich mehr) Stimmen, aber nur 18 Mandate.[249] Der Wahlquotient (die Wahlzahl) für diese Minderheitenlisten, d.h. die Kosten für ei-

[245] Stimmzettel aus: Der Landmann, in 2.4.1924, 1, überprüft mit den offiziellen Listenzeichen in: Ministero dell'Economia Nazionale (Wahlen 1924), 1–30.

[246] Ministero dell'Economia Nazionale (Wahlen 1924), 31.

[247] *oV* (1924): Manuale, 1098–1099.

[248] Ministero dell'economia Nazionale (Wahlen 1924), 11.

[249] Ministero dell'economia Nazionale (Wahlen 1924), 31.

nen Sitz, betrugen demnach 20.001 Stimmen, mehr als doppelt so viel wie für die Gewinnerliste.

Schon damals zeigten sich die dramatischen Auswirkungen des neuen nationalen Wahlsystems auf die ethnische Minderheit. Es hatte zwar wenig zu bedeuten, da inzwischen der Parlamentarismus ohnehin schrittweise außer Kraft gesetzt wurde. Doch zeigt bereits das Ergebnis von 1924, wie einschneidend eine staatliche Änderung des Wahlgesetzes Minderheiten treffen kann.

Tab. 11: Abgeordnetenkammer, 6. April 1924 – Verteilung der Minderheitensitze

Listen	**Stimmen**	**Volle Sitze**	**Rest-stimmen**	**Sitze insg.**
Nr. 3 Sole nascente (Aufgehende Sonne)	47.528	2	7.726	2
Nr. 5 Scudo crociato (Gekreuztes Schild) Popolari (Volkspartei)	151.391	7	**11.384**	8
Nr. 10 Vanga ed Edera (Spaten und Kleeblatt) Republikaner	30.363	1	10.362	1
Nr. 11 Stella a cinque punte (Fünf-Spitz-Stern) Opposizione costituzionale (Verfassungs-Opposition)	8.830	0	8.830	0
Nr. 12 Gnafalio (Edelweiß DV) Slavi e Tedeschi (Slawen und Deutsche)	**32.644**	**1**	**12.643**	**2**
Nr. 19 Falce martello e corona di Spighe (Sichel und Hammer u. Ährenkrone) Kommunisten	32.383	1	**12.382**	2
Nr. 23 Falce martello e libro (Sichel Hammer und Buch) Socialista massimalista	56.877	2	**16.875**	3
Summe	360.016	14	80.202	18

Fett sind – neben dem *Edelweiß* des DV – die Reststimmen angemerkt, die als höchste Reste einen Restsitz erwirken konnten. Quelle: Ministero dell'economia Nazionale (1924), 31, eigene Bearbeitung.

Nach dem Auszug der Opposition aus dem Parlament am 27. Juni 1924 (*Sezession des Aventino*) und der Erklärung von *Benito Mussolini* vom 3. Jänner 1925 gegenüber der Abgeordnetenkammer, wurde der Parlamentarismus in Italien abgeschafft. *Benito Mussolini* übernahm alle Kompetenzen und führte Italien zu einer Diktatur.

Im November 1925 erließ das Parlament ein Gesetz,[250] das den Präfekten das Recht einräumte, Vereinigungen aufzulösen, die nicht die im Gesetz vorgesehenen strengen Auflagen erfüllten. Diese reichten von der Hinterlegung der Statuten, der Information über Tätigkeit und Organisationen bis zur Bekanntgabe aller Mitglieder. Auf dieser Grundlage wurden in ganz Italien im Jahr 1926 sämtliche politische Organisationen und Parteien, außer *dem Partito Nazionale Fascista* (PNF), verbo-

[250] Legge 26.11.1925, Nr. 2029.

ten. Viele lokale Verbände und Vereine wurden aufgelöst. Die einheimische Bevölkerung wurde damit ihrer Führungsschicht beraubt. Dieses Schicksal traf natürlich auch den DV. Um die Tätigkeit des Regimes gegenüber Südtirol noch wirksamer zu gestalten, wurden im Dezember 1926 im Zuge einer gesamtstaatlichen Reorganisierung zwei getrennte Provinzen Trient und Bozen geschaffen.[251]

Es folgten weitere Verschärfungen der Wahlgesetze. Im Jahre 1928 wurde die Wahl auf eine einzige Einheitsliste (*Listone*) von 400 Kandidaten reduziert. Das Gesetz stammte von Justizminister *Alfredo Rocco.*[252] Die 400 Kandidaten wurden vom *Gran Consiglio del Fascismo* aufgrund von Vorschlägen der (vom Regime) anerkannten nationalen Gewerkschaften und Verbände ausgewählt. Im Jahre 1939 wurde die Abgeordnetenkammer abgeschafft und an ihrer Stelle die „*Camera dei Fasci e delle Corporazioni*" eingesetzt. Den Höhepunkt der Entwurzelung der Südtiroler erreichten *Hitler* und *Mussolini* durch ein Abkommen im Jahre 1939, mit dem die Südtiroler ins Deutsche Reich übersiedeln sollten.

2. Das Ringen um Autonomie und eine Vertretung in Rom

2.1. Das Wahlrecht im demokratischen Italien

Als der Norden Italiens noch unter deutscher Besatzung stand, erließ der Ministerrat am 31. Jänner 1945 ein Dekret, das erstmals in der Geschichte Italiens den Frauen das Wahlrecht zuerkannte.[253] Damit konnten die Frauen bereits am 2. Juni 1946 am Referendum, das zur Abschaffung der Monarchie führte, und an den Wahlen zur Verfassungsgebenden Versammlung sowie an den vorangegangenen Verwaltungswahlen auf lokaler Ebene teilnehmen. Die Südtiroler konnten an diesen Wahlen noch nicht teilnehmen.

Die reformierte italienische Verfassung trat am 1. Jänner 1948 Kraft.[254] Der Art. 55 der Verfassung ist bis heute unverändert geblieben und sieht vor, dass das Parlament sich aus der Abgeordnetenkammer (*Camera e Deputati*) und dem Senat der Republik (*Senato della Repubblica*) zusammensetzt. Geändert wurden hingegen im Laufe der Jahre die Art. 56–68, und zwar im Hinblick auf die Wahlmodalitäten sowie die Zusammensetzung und Größe des Parlamentes. Gleich geblieben sind allerdings die Prinzipien, dass Senat und Abgeordnetenkammer aufgrund allgemeiner, unmittelbarer Wahlen gewählt werden und der Senat auf regionaler Basis. Die Abgeordnetenkammer war damals wie heute für fünf Jahre gewählt, der Senat damals für sechs, heute für fünf Jahre.

Für die Abgeordnetenkammer sah die Verfassung 1948 vor, dass ein Abgeordneter pro 80.000 Einwohner oder einen Bruchteil von über 40.000 gewählt wird. Das Wahlgesetz von 1948 sah für die Wahl der Abgeordnetenkammer das Proporzwahl-

[251] *Hartungen, von C.* (2002).

[252] Legge 2.9.1928, Nr. 1993, Riforma della rappresentanza politica, Testo Unico.

[253] Decreto legislativo Luogotenenziale 1.2.1945, Nr. 23.

[254] Costituzione della Repubblica Italiana, in Gazzetta Ufficiale 27.12.1947, Nr. 298, edizione straordinaria; promulgata dal Capo provvisorio dello Stato il 27 dicembre 1947.

system mit konkurrierenden Listen in Wahlbezirken und – je nach Größe derselben – drei bis vier Vorzugsstimmen vor.[255]

Für den Senat sah die Verfassung vor, dass jeder Region pro 200.000 Einwohnern oder einem Bruchteil von über 100.000 je ein Senator zusteht. Jeder Region wurde aber eine Mindestzahl von sechs Senatoren gewährleistet, dem Aostatal ein Senator. Die Mindestzahl wurde mit einer Verfassungsänderung 1963 auf sieben erhöht.[256] Für die Wahl des Senates war *formal* das Mehrheitswahlsystem vorgesehen. Das Wahlgesetz von 1948 sah nämlich vor,[257] dass jede Region in so viele Wahlkreise unterteilt wird, wie ihr Senatoren zustanden. Allerdings wurde die direkte Zuteilung der Sitze in diesen Wahlkreisen nur bei Erreichen von mindestens 65 % der Stimmen vorgesehen. Diese wurden direkt gewählt, die restlichen Sitze wurden hingegen auf regionaler Ebene im Proporzsystem vergeben.

Das hohe Quorum hat dazu geführt, dass über dieses beschränkte Mehrheitswahlsystem nur sehr wenige Senatoren gewählt werden konnten: im Jahre 1948 noch 15, im Laufe der Zeit immer weniger und ab 1963 nur mehr zwei oder sogar nur ein Senator. Damit war auch das System im Senat, ähnlich wie in der Abgeordnetenkammer, de facto ein überwiegendes, fast reines Proporzsystem. Für unser Thema ist interessant zu vermerken, dass einer von den wenigen direkt zugeteilten Sitzen immer auch an die SVP ging. Sie überschritt in dem überwiegend deutsch- und ladinischsprachigen Wahlkreis Brixen (abgesehen vom Jahre 1972) immer die Quote von 65 %. Erst bei den Wahlen 2008 rutschte die SVP mit nur 59 % der Stimmen weit unter dieses Limit. Relevant war dieses Quorum allerdings nur bis zur Reform von 1993. Dann wurden die Sitze in den Wahlkreisen des Senates (wie übrigens in den neu eingeführten Wahlkreisen in der Kammer) mit der relativen Mehrheit zugewiesen. Ein Viertel der Sitze in beiden Häusern wurde hingegen über das Proporzsystem gewählt.

Der Vollständigkeit halber muss erwähnt werden, dass es im Jahr 1953 eine Reform des Wahlrechts gab,[258] die allerdings ein Jahr darauf wieder abgeschafft wurde. Das Gesetz wurde bezeichnenderweise „*Legge truffa*",[259] also Betrugs-Gesetz genannt. Es hatte vorgesehen, dass den Wahlkoalitionen, die über 50 % der Stimmen erhalten, durch eine Mehrheitsprämie 65 % der Sitze zugeteilt würden. *Alcide Degasperi* verfolgte damit die Absicht, der mangelnden Stabilität der Regierungen mit einer klaren parlamentarischen Mehrheit zu begegnen. Bei den Wahlen 1953 erreichte allerdings die Wahlkoalition nur 49,8 % der Stimmen, sodass die Mehrheitsprämie nicht zum Tragen kam. Bei der Koalition dabei waren die *Democrazia Cristiana*, der *Partito Socialista Democratico Italiano*, der *Partito Liberale*, der *Partito Repubblicano* sowie – interessanterweise – auch die ethnoregionalen Parteien, nämlich der *Partito Sardo d'Azione* und die *Südtiroler Volkspartei*. Sie wollten damit in den Genuss der Mehrheitsprämie kommen.

[255] G 5.2.1948, Nr. 26.
[256] Vf-G 9.2.1963, Nr. 2, Änderung der Art. 56, 57 und 60 Vf.
[257] G 6.2.1948, Nr. 29.
[258] G 31.3.1953, Nr. 148.
[259] *Quagliariello, G.* (2003).

2.2. Die Gründung der SVP als Sammelpartei

Am 8. Mai 1945 gründeten in der Hauptsache Vertreter des NS-Widerstandes die SVP, die von den Alliierten als einzige dafür anerkannt wurden. Primäres Ziel der Partei war die Durchsetzung des Rechtes auf Selbstbestimmung, in zweiter Linie das Erlangen einer Autonomie.[260] Der Zusammenschluss baute auf den gleichen Grundgedanken auf wie die Gründung des *Deutschen Verbandes* nach der Annexion: Alle Kräfte sollten unter einem Dach gebündelt werden, um die Südtiroler Minderheit in Rom effizient zu vertreten.[261] Auch das Edelweiß als Parteizeichen des DV wurde von der SVP übernommen, wenn auch in abgeänderter Form.[262] In der Tat erwies sich dieses ethnoregionale Konzept als erfolgreich. Die SVP konnte damit die absolute Mehrheit im Südtiroler Landtag erreichen, den Landeshauptmann stellen und – in Koalition mit den italienischen autonomiefreundlichen Kräften – die Landesregierung sowie die Regionalregierung stellen. Auch sicherte sie sich seit 1948 eine mehr oder minder konstante Vertretung in Rom.

Erst ab 1992 gab es eine leichte Änderung in der Vertretung, die jeweils auf die Änderung der Wahlgesetzgebung bzw. der Wahlkreise zurückzuführen ist. Die Vertretung der Südtiroler Minderheit mit deutschsprachigen Parlamentariern erfolgte seit 1948 bis heute fast ausschließlich durch die SVP, auch durch Wahlabkommen mit anderen.

2.3. Die erste Feuerprobe im Jahr 1948

Schwierig gestaltete sich nach dem Krieg nicht nur das Ringen um die Autonomie, sondern auch die Regelung der Staatsbürgerschaft für die Südtiroler, die bei der Option 1939 für Deutschland optiert hatten.[263] Es handelte sich nicht nur um jene 75.000 Optanten, die das Land verlassen und die deutsche Staatsbürgerschaft erhalten hatten, sondern um die überwiegende Mehrheit (schätzungsweise 86 %) der Südtiroler,[264] die schweren Herzens für die Auswanderung optiert hatten. Wegen der Kriegsereignisse wurde nämlich die Umsiedlung unterbrochen, sodass die meisten nicht auswanderten. Ohne italienische Staatsbürgerschaft hätte somit die Mehrheit der Südtiroler auch nicht wählen können. Die Frage wurde im Februar 1948 – nach langen Verhandlungen zwischen Österreich und Italien – mit dem Erlass des „*Optantendekretes*“ zufriedenstellend gelöst.[265] Für den 18. April waren Parlamentswahlen und für den 28. November 1948 Regional- und Landtagswahlen angesagt. Ein guter Teil der Anträge konnte bis dahin geregelt werden. Für die Rücksiedler hingegen dauerte es noch Jahrzehnte. Mit dem alten AuSt kamen 1948

---

[260] *Forcher, M.* (1984), 240.

[261] *Pallaver, G.* (2007), 630.

[262] Im Zeichen des DV war zunächst (1921) ein Edelweiß mit der großen Aufschrift „*Deutsch*“ bzw. „*Südtirol*“ dargestellt, dann (1924) ein kleines Edelweiß mit einem Lindenzweig; in jenem der SVP eine große Edelweiß-Blüte ohne Zweig, neuerdings mit einem kleinen Untertitel „*SVP*“.

[263] *Steininger, R.* (1997), 451–468.

[264] Die Zahlen schwanken zwischen 69,4 % und 92,8 %, *Peterlini, O.* (2000f de), 72–77.

[265] GD vom 2.2.1948, Nr. 23.

auch die vorher zu Trient gehörenden elf Gemeinden des Südtiroler Unterlandes und die vier deutschen Gemeinden sowie eine Fraktion am Nonsberg zu Südtirol zurück (Art. 3 AuSt).

Die SVP erzielte bei den Parlamentswahlen im April 1948 in Südtirol ein sehr gutes Startergebnis, mit 100.752 von insgesamt 161.857 gültigen Stimmen für die Abgeordnetenkammer und damit 62,2 %.

Tab. 12: Kammer, 18. April 1948 – Südtirol

Liste/Gruppe	Stimmen	%	Sitze
P. Popolare Sudtirolese PPST (SVP-PPTT)	100.752	62,25	3
Democrazia Cristiana DC	35.237	21,77	1
Fronte Democr. Popolare FDP (Kommunisten PCI u. Sozialisten PSI)	12.828	07,93	
Unita' Socialista (Abspaltung vom PSI)	9.820	06,07	
Blocco Nazionale (Liberale u.a.)	3.220	01,99	
Gültige Stimmen, Prozent und Sitze insgesamt	161.857	100	4

Quelle: Ministero dell'Interno.

Das Stimmenergebnis aus Südtirol hat alleinstehend keine wahltechnische, sondern nur eine politische Bedeutung. Der Wahlbezirk umfasst die ganze Region. Schon bei dieser Wahl erntete die SVP in Verbindung mit der Schwesterpartei, dem *Partito Popolare Trentino Tirolese* (PPTT), 23.491 Stimmen für die Kammer im Trentino dazu. Die SVP erreichte im *regionalen* Wahlbezirk damit 124.243 Stimmen und 30,7 % insgesamt für die Kammer (27,8 % für den Senat). Sie lag damit leicht unter dem zukünftigen Durchschnitt, den sie später mit dem PPTT verbessern konnte.

Tab. 13: Kammer, 18. April 1948 – Gesamtergebnis Region Trentino-Südtirol

Liste/Gruppe	Stimmen	%	Sitze
Democrazia Cristiana DC	204.301	50,46	5
P. Popolare Sudtirolese PPST (SVP-PPTT)	124.243	30,69	3
Fronte Democr. Popolare FDP (Kommunisten PCI u. Sozialisten PSI)	38.707	9,56	0
Unita' Socialista (Abspaltung vom PSI)	31.934	7,89	1
Blocco Nazionale (Liberale u.a.)	5.668	1,40	0
Gültige Stimmen, Prozent und Sitze insgesamt	404.853	100	9

Quelle: Ministero dell'Interno.

Die Verteilung der Sitze für die Abgeordnetenkammer erfolgte im Proporzverfahren im Wahlbezirk, für Südtirol in der Region TnSt. Die Wahlzahl (im Gesetz *Wahlquotient* genannt), die für einen Sitz notwendig war, ergab sich aus der Division aller gültigen Stimmen durch die verfügbaren Sitze plus drei (oder plus zwei oder niedriger bei zu wenig verfügbaren Sitzen), also leicht korrigiert. Die Reststimmen wurden dem nationalen Wahlkreis zugeteilt, wo die verbliebenen Restsitze nach der Höhe der Reststimmen vergeben wurden (Art. 54 und 59, G 26/1948).

Zu den Wahlen der Abgeordnetenkammer traten 1948 in Italien 36 Listen an. Insgesamt wurden 26.264.458 Stimmen abgegeben. Zu vergeben waren 574 verfügbare Sitze.

Tab. 14: Kammer, 18. April 1948 – Gesamtergebnis

Listen	Stimmen	%	Sitze
Democrazia Cristiana DC	12.740.042	48,51	305
Fronte Democr. Popolare FDP (Kommunisten PCI u. Sozialisten PSI)	8.136.637	30,98	183
Unita' Socialista (Abspaltung vom PSI)	1.858.116	7,07	33
Blocco Nazionale (Liberale u.a. vorrangig aus Sizilien)	1.003.727	3,82	19
P. Nazionale Mon. Alleanza del Lavoro	729.078	2,78	14
Partito Republicano Italiano PRI	651.875	2,48	9
Movimento Sociale Italiano MSI	526.882	2,01	6
P. Popolare Sudtirolese PPST (SVP-PPTT)	124.243	0,47	3
P. Contadini D'Italia	95.914	0,37	1
Partito Cristiano Sociale	72.854	0,28	0
P. Sardo d'Azione PS D'AZ.	61.928	0,24	1
25 andere Listen ohne Sitz, mit weniger als 57.000 Stimmen	263.162	1,00	0
Insgesamt	26.264.458	100	574

Quelle: Ministero dell'Interno., eigene Zusammenfassung.

Auffallend ist die hohe Zahl von 36 Parteien, die sich aufgrund des Proporzsystems den Wahlen stellte, von denen immerhin zehn den Einzug in die Kammer schafften. Auf Staatsebene machten die Stimmen der SVP-PPTT 0,47 % aller Stimmen aus. Sie erzielte drei von insgesamt 574 Abgeordneten, somit einen Anteil von 0,52 %.

Fazit: Das Proporzsystem brachte der Minderheit ihren gerechten Anteil, weil sie genügend Stimmen aufbringen konnte.

Für den Senat, für den man (bis 2021)[266] erst ab 25 Jahren wählen konnte (und nicht schon ab 21 wie damals für die Kammer) erzielte die SVP in Südtirol 95.406 Stimmen und damit 65,4 %. (in der Kammer waren es 62,25 %, also aufgrund der Jüngeren leicht weniger). Das Ergebnis der SVP im Senat entsprach fast genau dem deutschen und ladinischen Bevölkerungsanteil von zwei Dritteln nach dem Krieg.

Die italienischsprachige Bevölkerung im Gebiet Südtirols machte vor der Annexion laut österreichischer VZ (1880–1910) 3–4 % aus, laut italienischer Zählung (1921) nach der Annexion 10,6 %. Durch die massive Zuwanderung während des Faschismus wuchs der italienische Anteil auf etwa ein Drittel an und erreichte 1961

[266] Vf-G 18.10.2021, Nr. 1, Art. 1.

mit 34,3 % den bis heute höchsten Anteil.[267] Die Ladiner machen seit jeher gut 4 % aus.[268]

Für die Wahl zum Senat ging die SVP (im Unterschied zur Wahl für die Kammer, wo sie mit dem PPTT koalierte) eine technische Wahlverbindung mit einem DC-Kandidaten (*Angelo Giacomo Mott*) im Wahlkreis Pergine (Trentino) ein, mit dem sie die notwendige regionale Gruppe (Nr. II) in mindestens drei Wahlkreisen bildete. Um an der Proporzverteilung im Senat teilnehmen zu können, musste man nämlich in mindestens drei Wahlkreisen kandidieren. Dieser Kandidat konnte damals (im Unterschied zu später) unter dem eigenen Listenzeichen der DC kandidieren und wird deshalb in den regionalen Ergebnissen zur DC gezählt.[269]

Im Senat erfolgte die direkte Zuteilung des Sitzes an die Kandidaten, sofern sie in ihrem Wahlkreis 65 % der Stimmen erreicht hatten. Dieses Quorum und damit ein direktes Mandat erzielte die SVP im Wahlkreis Brixen (mit 82,85 %), nicht aber in Bozen (48,86 %).

Tab. 15: Senat, 18. April 1948 – Wahlkreis Brixen

Liste/Gruppe	Stimmen	%	Sitze
Edelweiss (SVP)	59.086	82,85	1
DC	8.803	12,34	
PRI	1.737	2,44	
Fr. Democr. Popolare	1.691	2,37	
Gültige Stimmen, Prozent und Sitze insgesamt	71.317	100	

Quelle: Ministero dell'Interno.

Tab. 16: Senat, 18. April 1948 – Wahlkreis Bozen

Liste/Gruppe	Stimmen	%	Sitze
Edelweiss (SVP)	36.320	48,86	
DC	21.502	28,93	
Fr. Democr. Popolare	8.888	11,96	
PRI	4.079	5,49	
Blocco Nazionale	3.541	4,76	
Gültige Stimmen, Prozent und Sitze insgesamt	74.330	100	

Quelle: Ministero dell'Interno.

[267] Zwischen 1921 und 1961 gab es zwar VZ (und zwar 1931, 1936 und 1951), aber keine Sprachgruppen-Erhebung. Eine Übersicht der VZ von 1880 bis 1991 im Gebiet Südtirol nach Sprachgruppen in: *Sallustio, A.* (2001), Übersicht 6.4., 43. Auch in: *Peterlini, O.* (2000f de), 161.

[268] VZ von 1880 (4,3 %) bis 2001 (4,37 %). *Peterlini, O.* (2000f de), 161; ASTAT (2001).

[269] Bei den gesamtstaatlichen Wahlergebnissen hingegen weist das Innenministerium die Stimmen folgendermaßen aus: DC-PPST 130.348 Stimmen und zählte alle Stimmen der SVP mit denen von *Mott* zusammen: *Mott* wurde übrigens gewählt und trat der DC-Fraktion bei.

Da das Quorum von 65% nur in einem Wahlkreis erreicht wurde, wurden die verbliebenen (damals fünf) Sitze im Proporzwege auf regionaler Basis verteilt. Dabei fielen damals für die Proporzverteilung alle Stimmen der Wahlkreise weg, in denen jemand direkt gewählt war (also von Brixen), ab 1993 nur mehr jene der gewählten Senatoren. Mit den Stimmen aus Bozen errang die SVP im regionalen, proportionalen Wettbewerb ihren 2. Sitz. Bei der Proporzverteilung wurde also nicht das Gesamtergebnis der Stimmen in der Region herangezogen, sondern von diesem die Stimmen des Wahlkreises Brixen abgezogen.

Tab. 17: Senat, 18. April 1948 – Gesamtergebnis Region Trentino-Südtirol

Liste/Gruppe	Stimmen	%	Sitze
DC	179.564	52,30	4
Edelweiss SVP	95.406	27,79	2
Fr. Democr. Popolare	35.467	10,33	0
PRI	23.856	6,95	0
Blocco Nazionale	6.135	1,79	0
Altri	2.932	0,85	0
Gültige Stimmen, Prozent und Sitze insgesamt	343.360	100	6

Quelle: Ministero dell'Interno.

Die SVP baute ihre Parlamentsvertretung mit fünf Parlamentariern auf, drei Abgeordneten (*Otto von Guggenberg, Friedl Volgger* und *Toni Ebner*) und zwei Senatoren (*Karl von Braitenberg* und *Josef Raffeiner*). Auch die italienische Sprachgruppe in Südtirol erzielte einen Abgeordneten: *Angelo Facchin* (DC).

Bei den folgenden Regional- und Landtagswahlen am 28. November 1948 bekräftigte die SVP ihre Position mit 107.249 Stimmen, gleich 67,60% und 13 von den damals 20 Sitzen im Südtiroler Landtag.

3. Die Parlamentswahlen von 1948–2022

3.1. Die Wahlen zum Senat seit 1948

Das Wahlsystem für den Senat war formal ein Mehrheitswahlrecht mit Einer-Wahlkreisen, mit einer Wahlhürde für die Kandidaten von 65%. Bei Nicht-Erreichen dieser Hürde, wurden die Stimmen aber regional im Proporz verteilt. Da diese hohe Hürde nur Wenige erreichten, wurde es für die meisten de facto zu einem Proporzsystem, außer im Wahlkreis Brixen Pustertal in Südtirol.

Der Region TnSt standen ab 1948 zunächst sechs, ab 1963 mit der Verfassungsänderung sieben Senatoren zu, die Mindestzahl, die von der Verfassung garantiert wurde.[270] Bis zum Wahlgang von 1987 gab es vier Senats-Wahlkreise im Trentino und zwei in Südtirol, der siebte Senator wurde im Proporz gewählt.

Im Wahlkreis Brixen-Pustertal überschritt die SVP jahrelang (bis 2006) mit Sätzen zwischen 70% und 86% die 65%-Prozentschwelle und erreichte als eine der

[270] Vf-G 9.2.1963, Nr. 2, Änderungen der Art. 56, 57 und 60 Vf.

Wenigen das Direktmandat. Der Majorz zeigt seinen positiven Effekt bei Minderheiten in einem geschlossenen Siedlungsgebiet.

Die SVP erreichte über die regionale Verteilung auch immer einen zweiten Senator. Sie erzielte im Wahlkreis Bozen (einschließlich der Stadt Meran) zwar nicht die 65% Hürde, mit Wahlergebnissen von 49% (1948) bis 31% (1992), sicherte sich aber im regionalen Proporz ihren zweiten Sitz ab. Südtirol konnte also über die SVP bis einschließlich 1987 immer zwei Senatoren durchsetzen und in zwei Fällen (1979 und 1983) einen zusätzlichen im Trentino vom PPTT.

Im Trentino stützte sich die SVP in den meisten Wahlgängen auf eine Zusammenarbeit mit ihrer Schwesterpartei, dem PPTT, der sich ab Mitte der 1970er Jahre in PPTT-UE umbenennt und ab 1988 in den *Partito Autonomista Trentino-Tirolese* (PATT) einfließt. Das Wahlrecht blieb in Italien von 1948 bis 1993 grundsätzlich gleich.

Abb. 52: SVP in Senats-Wahlkreisen Brixen-Pustertal und Meran-Vinschgau 1992–2022

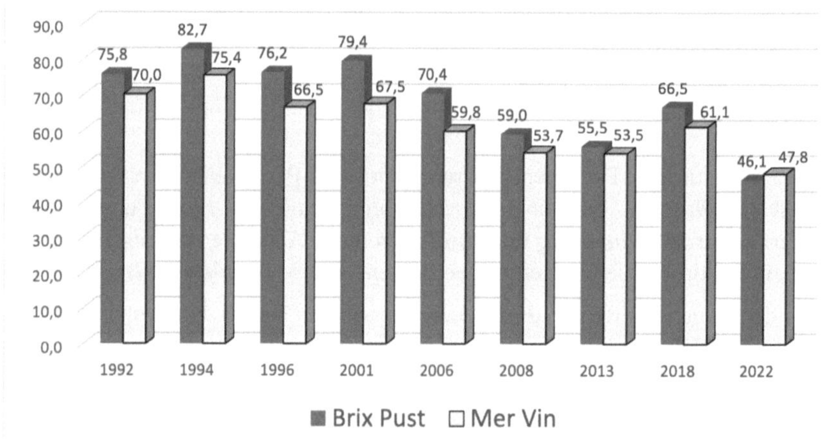

Quelle: Daten Ministero dell'Interno, eigene Darstellung.

Im Jahre 1993 fiel, aufgrund eines Referendums, und einer Reform (*Mattarellum*) die Hürde von 65% und das Wahlsystem wurde praktisch zu drei Vierteln zu einem Mehrheitswahlsystem. Die Sitze wurden mit relativer Mehrheit direkt zugewiesen. Das restliche Viertel des Senates wurde – wie die Kammer – nach dem Proporzsystem gewählt.

Zu einer Wende kam es im Senat im Jahre 1992, als die Wahlkreise in der Region neu eingeteilt wurden. Von der vormaligen Verteilung vier fürs Trentino und zwei für Südtirol, kam man im Zuge der Umsetzung des Südtirol Paketes (Maßnahme 111) zu je drei Wahlkreisen für jede Provinz. Der dritte Wahlkreis in Bozen bedeutete aber nicht automatisch eine Verstärkung der deutschsprachigen Vertretung, da der Wahlkreis Bozen-Unterland gezeichnet worden war, um eine *proportionale* Vertretung der Sprachgruppen zu begünstigen. Er setzt sich zu zwei Dritteln aus italienischer Bevölkerung zusammen.

Trotzdem konnte die SVP ihre Senatoren, zunächst wegen der Zersplitterung der italienischen Stimmen (1992 und 1994), auf drei erhöhen. Im Jahre 1996 schloss sich die italienische Rechte zusammen und gewann den Senatssitz Bozen-Unterland, während in den Wahlgängen 2001, 2006 und 2008 die SVP den Senatssitz Bozen-Unterland in Verbindung mit den Mitte-links-Parteien wieder erobern konnte und damit ein drittes Mandat im Senat erzielte. Später, in den Jahren 2013 und 2018 unterstützte die SVP jeweils einen italienischen Mitte-Links-Kandidaten. Als sie 2022 allein kandidierte, verlor sie im Wahlkreis Bozen und konnte nur mehr zwei Senatoren durchsetzen.

Diese Erfahrung bestätigt die Regel, dass es im Majorz zu einem Schub in Richtung Zusammenarbeit der Parteien führt (nicht unbedingt zu einer Fusion), und dass eine mangelnde Zusammenarbeit Verluste erbringt. Sie bestätigt auch, dass Einer-Wahlkreise im Majorz System nicht nur für Mehrheiten günstiger sind, sondern auch für ethnische Minderheiten, wenn sie im Gebiet die Mehrheit stellen.

Die Änderungen des Wahlsystems, insbesondere der Wahlkreise haben sich durch die Neueinteilung der Senatswahlkreise also sehr wohl auf die Vertretung der Südtiroler Minderheit ausgewirkt. Dass trotz der Reduzierung der Kammern die Mindestzahl von drei Senatoren für jede Region auch auf die autonomen Provinzen in der Verfassung ausgeweitet wurde (Art. 57,3 Vf) ist ein Erfolg der Südtiroler Parlamentarier, der Südtirol weiterhin drei Wahlkreise sichert.

Abb. 53: SVP und Wahlbündnisse im Senatswahlkreis Bozen-Unterland 1992–2022

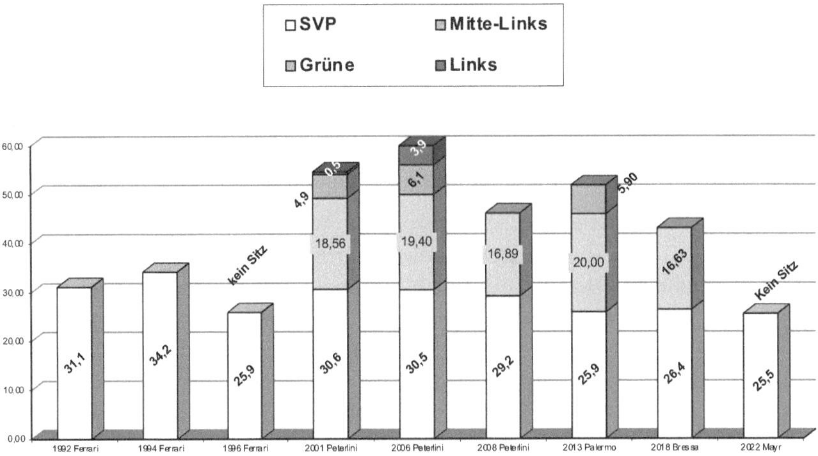

Quelle: Eigene Berechnungen zwecks Aufteilung der gemeinsam mit Mitte-Links erzielten Stimmen der SVP auf die verschiedenen Parteien. Die Verteilung erfolgte grundsätzlich im Verhältnis der Stimmen, welche die Parteien bei der Proporzwahl der Kammer erzielten, wo sie getrennt antraten, sowie vorangehender, historischer Erfahrungswerte. Die *Grünen* (im Bild dunkelgrau) und die Linksparteien (schwarz), die 2001 und 2006 bei der Koalition waren, sind 2008 von der SVP nicht mehr in die Koalition mit einbezogen worden. Mitte-Links (hellgrau) bezieht sich praktisch auf den PD und kleinere Gruppen wie IdV und *Sozialisten*). Daten: Ministero dell'Interno.

3.2. Die Wahlen für die Abgeordnetenkammer 1948–2022

Für die Abgeordnetenkammer galt von 1948 bis 1992 das Verhältniswahlsystem. Von den damaligen (aufgrund der Bevölkerungsanzahl) zehn der Region zustehenden Kammersitzen erreichte die SVP – mit einer positiven Ausnahme – immer drei Sitze mit Stimmenanteilen, die zwischen 28 % und 33 % der Stimmen in der Region schwankten. Im Jahre 1979 erzielte sie ein außerordentliches Ergebnis mit 35,8 % und erreichte ausnahmsweise vier Mandate. Der Proporz, ohne Hürde, sicherte also der Minderheit ihre anteilsmäßigen Sitze. Im Jahre 2008 fiel die SVP samt PATT auf 24 % zurück und verlor den dritten Abgeordneten.

Die Sitzverteilung erfolgt nämlich auf regionaler (nicht provinzialer) Basis, nur die Restsitze werden auf gesamtstaatlicher Basis zugeteilt. Der Beitrag der *Trentiner Tiroler* Schwesterpartei war deshalb wichtig. Der Stimmenanteil des PPTT bzw. des PATT aus dem Trentino schwankt zwischen einem Minimum von 3.300 Stimmen (1963) bis zu einem Maximum von 45.500 Stimmen. Bei den jüngsten Wahlen 2022, erzielte die Liste SVP-PATT im Trentino für den Senat 24.709, für die Kammer 16.177 Stimmen.

Während für den Senat vor allem die Erhöhung der Wahlkreise und weniger das *Mattarellum* für Südtirol ausschlaggebend war, änderte Letzteres viel für die Kammer. Die 1993 eingeführte Neuerung sah ein kombiniertes Grabenystem für Kammer und Senat vor: drei Viertel der Kammern wurden über das Mehrheitswahlrecht und in Einerwahlkreisen gewählt, ein Viertel über Proporzlisten. Für den Senat war es schon weitgehend Majorz. Das Wahlrecht galt bis einschließlich der Wahlen von 2001. Die SVP konnte ihre drei Kammermandate über die Mehrheitswahlkreise halten, blieb aber wegen der vorgesehenen 4 %-Klausel vom Proporzsystem, trotz der Rekurse beim VfGH und der EKfM, ausgeschlossen. Beide Klagen wurden abgewiesen.[271] Das zeigt deutlich, wie Sperrklauseln Minderheiten ausschließen können, wenn keine Ausnahmen gewährt werden. Allerdings muss man auch festhalten, dass die SVP in den Wahlkreisen ihre drei Kammerabgeordneten bestätigen konnte.

Im Jahre 2001 erzielte die SVP mit einem Wahlabkommen mit Mitte-Links zu Gunsten des *Ulivo-Kandidaten Gianclaudio Bressa* sogar ein viertes Mandat im Kammerwahlkreis Bozen-Leifers. Im Gegenzug unterstützten die Mitte-Links Parteien den SVP-Kandidaten (*Oskar Peterlini*) auf einer ebenfalls gemeinsamen Liste (*Ulivo-SVP*) für den Senat. Im Trentino ermöglichte das Abkommen die Wahl von vier Kammerabgeordneten über die Liste *Ulivo-SVP* und von zwei zusätzlichen Senatoren im Trentino, ein totaler Durchbruch mit dreizehn Parlamentariern aus der Region!

Die Prozenthürde im Proporzwahlrecht verhinderte allerdings eine Verstärkung der Vertretung, die im Prinzip möglich gewesen wäre. Insofern hat sich das Wahlsystem auch auf die Vertretung der Minderheit ausgewirkt.

Ab dem 31. Dezember 2005 galt in Italien für die Wahl der Abgeordnetenkammer ein Proporzsystem mit verschiedenen Prozenthürden und einer Mehrheitsprä-

[271] Vgl. *Peterlini, O.* (2012e de), 175–185.

mie für die Gewinnerkoalition. Für sprachliche Minderheiten in autonomen Regionen wurde die Hürde mit 20 % bemessen und auf die regionale Ebene herabgesetzt. Die SVP konnte aufgrund dieser Sondernorm, die im Entwurf ursprünglich nicht enthalten war, ihre Vertretung im Parlament halten. Das zeigt, dass ohne Vertretung der Minderheit im Parlament, welche die Abänderung durchsetzte, das Wahlgesetz die Minderheit ausgeschlossen hätte.

Aufgrund eines Abkommens mit dem Wahlgewinner *Prodi* schlug die Mehrheitsprämie 2006 nochmals zu Gunsten der SVP aus und führte zu einem zusätzlichen vierten Mandat (für einen Trentiner Tiroler) auf der SVP-Liste. Aber eine gegenseitige Unterstützung zwischen Kammer und Senat war nicht mehr möglich, da es für die Kammer keine Wahlkreise mehr gab.

Im Jahre 2008 schlug allerdings die Mehrheitsprämie in die entgegengesetzte Richtung aus. Infolge des Alleinganges und der damit fehlenden Mehrheitsprämie sowie wegen des schwachen Wahlergebnisses sah sich die SVP erstmals in der Geschichte Südtirols auf zwei Kammermandate reduziert. Bei weiteren Verlusten von weniger als 4 % würde sie bei geltendem Wahlrecht aus der Kammer verschwinden. Das Wahlsystem hatte sich somit erneut deutlich ausgewirkt.

Auch der Druck auf die Minderheit, mit anderen Listen zusammenzuarbeiten, wie es die SVP und die Mitte-links-Parteien bei den Wahlen von 2001 bis 2018 (mit Abstrichen in der Kammer) praktizierten, ist eine offensichtliche Folge des Wahlsystems. Allerdings wirft das auch das Problem auf, dass die Minderheit sich allein nicht, oder mindestens nicht so gut, durchsetzen kann und sich politisch binden muss.

Seit 2017 gilt ebenso wieder ein gemischtes System, das *Rosatellum*. Bis zur Verkleinerung der Kammern im Jahre 2020 standen der Region Trentino-Südtirol (TnSt) aufgrund der Bevölkerungsanzahl zunächst zehn Kammerabgeordnete, ab der Volkszählung 2011 elf Kammerabgeordnete zu, die Zahl konnte allerdings aufgrund der Sitzverteilung, die auf Staatsebene stattfindet, zwischen neun und elf schwanken, seit 2022, der Wahl nach der Verkleinerung des Parlamentes, sind es sieben.

3.3. Die Parlamentswahlen 2022 und der radikale Rechtsruck

Die Parlamentswahlen am 25. September 2022 standen unter einem doppelten Vorzeichen: Einmal war das Parlament um ein Drittel verkleinert worden (Vf-G 1/2020), weiters wiesen schon alle Umfragen darauf hin, dass die Rechtskoalition die Wahlen gewinnen würde. Tatsächlich errang *Giorgia Meloni* mit ihrer bis dahin kleinen *Partei Fratelli d'Italia* (FdI, 1,9 % 2013; 4,4 % 2018), einer Nachfolgepartei der Postfaschisten, italienweit 26 % der Stimmen und damit die Führerschaft innerhalb der Rechtskoalition, die die Wahlen mit 43,8 % klar für sich entschied. Die Partner stürzten von ihren früheren Spitzenergebnissen weit ab, die *Lega-Salvini* von 34,3 % bei den EU-Wahlen (2019) auf 8,8 %, *FI-Berlusconi* von 37,4 % (2008) auf 8,1 %.

In der Opposition geschah dasselbe: Der PD fiel von 32,2 % (2008) auf 19,1 %, die 5-Sterne-Bewegung von 32,7 % (2018) auf 15,4 %.

Abb. 54: Entwicklung der größten Parteien 2008–2024

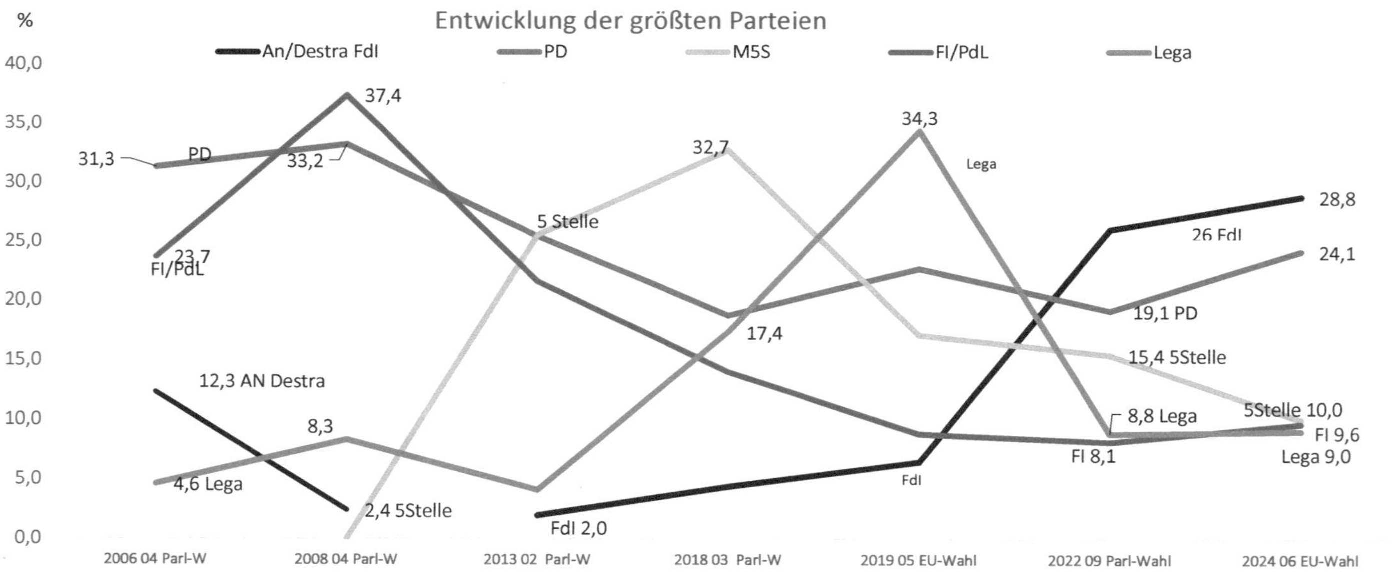

AN/Destra (Alleanza Nazionale/Rechte, postfaschistische Rechtspartei); FdI (Fratelli d'Italia-Meloni, Nachfolgerin von AN); FI/PdL (Forza Italia, Popolo della Libertà, Berlusconi); PD (Partito Democratico); Lega (Lega Nord bis 2018, dann Lega Salvini); 5 Stelle (5 Sterne).

Quelle: Daten Ministero dell'Interno, eigene Zusammenstellung.

Die Abb. 54 zeigt deutlich, wie die Wähler mit ihren Stimmen immer wieder neue Hoffnungsträger zu einem Höhenflug beflügelt haben, zunächst *Berlusconi,* dann *Renzi*, dann *Grillo* und die *5-Sterne,* dann *Salvini* – und sich alsbald wieder enttäuscht abgewandt haben. Bei den Parlamentswahlen 2022 hat es *Giorgia Meloni*, von der Rechtspartei *Fratelli d'Italia* (FdI) geschafft, die neue Hoffnungsträgerin zu sein.

3.3.1. Öffnung gegenüber Südtirol

Was dieser radikale Rechtsruck in Italien für die Autonomie und die Minderheiten mit sich bringt, lässt sich noch nicht sagen. *Ministerpräsidentin Meloni*, wurde mit viel Sorgen und Vorurteilen in Europa erwartet, sodass sie sich zurzeit bemüht, das Gegenteil zu beweisen, europafreundlich, demokratisch und auch den Minderheiten nicht feindlich. In Ihrer Regierungserklärung hat sie sogar eigens auf Südtirol Bezug genommen:

> *„Für die Provinz Bozen werden wir über die Wiederherstellung der Standards der Autonomie verhandeln, die 1992 zur Streitbeilegung bei der UNO geführt haben".*[272] (*Meloni,* 25.10.2022)

Die Formulierung war etwas unglücklich. Die Rückkehr zu 1992, würde auch bedeuten, alle danach erzielten Errungenschaften zu verlieren (vgl. *infra* Kap. V.5. Verbesserungen der Autonomie nach der Streitbeilegung). Gemeint war damit, dass die Begrenzungen der Autonomie durch den VfGH (vgl. infra Kap. V.4. Die Erkenntnisse des Verfassungsgerichtshofes) wieder gutgemacht und die Kompetenzen wieder voll hergestellt würden.

Dahinter stand freilich die Erwartung, die SVP-Parlamentarier zu einer positiven Haltung zur Regierung zu stimmen und als Rechtsblock bei der Bildung der zukünftigen Landesregierung in Südtirol miteinbezogen zu werden, was schließlich auch geschah.

Sorge bereitet trotzdem weniger die Person Melonis, auch nicht der Stimmungsumschwung in Italien, da ihre Wähler in der Mehrheit keine Faschisten sind, sondern die politische Kultur und der Führungskern ihrer Partei und ihr Umfeld, in dem sich auch bekennende Faschisten befinden.

3.3.2. Wie es zum Rechtruck kam

Warum es dazu kam? Die Linksopposition war zersplittert, der PD erreichte mit *Grünen*, *Linken* und der Splitterpartei von *Di Maio* (der aus den *5 Sternen* ausgetreten war) 26,13%. Die *5 Sterne* sackten von 34% (2018) auf 15,4% ab, die Liste der Mitte, *Azione-Italia-viva-Calenda* (mit *Renzi*) erzielte 7,9%. Alle anderen lagen unter 2%. Da rund 37% der Sitze nach dem Mehrheitswahlrecht in Einerwahlkreisen vergeben wurden, verloren die Linksparteien vor allem in diesen, da eine Vielzahl von Parteien getrennt angetreten war, während die Rechtskoalition geschlossen antrat.

[272] Camera dei deputati, Sitzung vom 25.10.2022, Wortprotokoll, 8.

Das Wahlsystem war wie bei den Wahlen 2018 das sog. *Rosatellum*, d.h. zu etwa 36,5 % mit Einerwahlkreisen und der Rest im Proporz. Aber die Sitze im Parlament sind nunmehr um ein Drittel weniger: 400 Abgeordnete, 200 Senatoren, für jede Region und autonome Provinz mindestens drei Senatoren (Vf-G Nr. 1/2020).

3.3.3. Die SVP verliert den Wahlkreis Bozen Unterland

Für die autonomen Provinzen blieben die drei Einerwahlkreise im Senat allerdings aufrecht, womit Südtirol und das Trentino überproportional im Senat vertreten sind (vgl. Kap. V.5.9. Verstärkte Parlamentsvertretung). In der Kammer wurden angesichts der Reduzierung der Parlamentssitze zwei Wahlkreise gezeichnet.

Tab. 18: Kammerwahlen 2022 Trentino-Südtirol

Region			**Gewählte**	**Gewählte**	
Listen/Koalitionen	**Stimmen**	**%**	**Proporz**	**Einer-WK**	**Insgesamt**
Rechtskoalition	157.622	31,18	1	2	3
Linkskoalition	132.938	26,3	1	0	1
SVP-PATT	117.010	23,15	1	2	3
Calenda	30.678	6,07	–		
5 Sterne	25.394	5,02	–		
Vita	22.331	4,42	–		
Andere	19.511	3,86			
Summe	505.484	100	–		7

Quelle: Ministero dell'Interno., eigene Zusammenfassung.

Die SVP erzielte in den zwei mehrheitlich deutschsprachigen Einerwahlkreisen der Kammer zwei Mandate und das dritte im regionalen Proporz.

Ebenso erzielte sie in den zwei mehrheitlich deutschsprachigen Senatswahlkreisen des Senates zwei Mandate. Im Unterschied zu den Wahlen seit 2001 (außer 2008) ging die SVP kein Wahlbündnis für den Senat ein, um sich angesichts des vorauszusehenden Wahlsieges der Rechtskoalition blockfrei zu halten. Das kostete sie ein Mandat im Senat, sodass sie nur mehr zwei Senatoren und drei Kammerabgeordnete erzielte. Neue Erkenntnisse können daraus keine gezogen werden, außer die Bestätigung der Regel, dass in dem mehrheitlich von Italienern besiedelten Senatswahlkreis Bozen-Unterland die SVP ohne Abkommen schwerlich ein Mandat erzielen kann, wenngleich das Ergebnis sehr knapp ausfiel. Den Sitz gewann die PD-Koalition, an der aber auch mehrheitlich deutsche Parteien wie die *Grünen* und das *Team K* mitwirkten. Zu vermerken sind auch die hohen Stimmenverluste der SVP gegenüber den vielen neu auftauchenden Kleinstparteien der ethnischen Minderheit. Trotzdem konnte die SVP – dank des noch stärkeren Mehrheitswahlrechtes in der Region (als im Staatsgebiet) – die Mandate einigermaßen halten.

Tab. 19: Senatswahlkreis Bozen-Unterland 2022

Listen/Koalitionen		**Stimmen**	**%**	
PD/Grüne/Linke/ Team K/+Europa	Spagnolli Luigi, *gewählt*	21.894	26,13	1
SVP	Mayr Manfred	21.401	25,54	
Rechtskoalition	Bosatra Maurizio	20.785	24,81	
5 Sterne	Roncat Renzo	5.318	6,35	
Vita	Loacker Hannes	5.200	6,21	
Calenda	Gander Stefania	4.393	5,24	
Freiheitliche	Mahlknecht Otto	1.997	2,38	
Andere		2796	3,34	
Summe		83.784	100	1

Quelle: Ministero dell'Interno., eigene Zusammenfassung.

3.4. Wahlsysteme und Ergebnisse der Minderheiten von 1948 bis 2022

Tab. 20: Wahlsysteme und Ergebnisse der SVP von 1948 bis 2022

		Südtirol KAMMER			Trentino-Südtirol KAMMER			Südtirol SENAT		Trentino-Südtirol SENAT		
1948–1993		**Proporz** regional, Restsitze staatlich 1948–1993						**Majorz** regional, Einer-WK, Direktmandat ab 65 %, de facto **meist Proporz**				
			Proporz	%	Region	%	Sitze	Senat-Südtirol	%	Senat-Region	%	Sitze
1948	SVP		100.752	62,2	124.243	30,7	3	95.406	65,4	95.406	27,8	2
1953	SVP		118.076	60,0	122.474	28,3	3	107.139	63,6	107.139	28,4	2
1958	SVP		130.986	60,8	135.491	29,3	3	117.737	65,0	120.068	30,5	2
1963	SVP		132.245	56,6	135.457	27,9	3	110.549	57,3	112.023	27,0	2
1968	SVP		139.231	58,5	14 9.118	30,0	3	111.844	54,3	131.071	30,0	2
1972	SVP		142.076	59,0	153.674	30,1	3	98.640	47,4	110.066	24,5	2
1976	SVP		162.911	59,6	184.375	32,5	3	136.579	60,5	158.584	33,4	2
1979	SVP		174.219	62,9	204.899	35,8	4	145.431	63,4	172.582	35,9	2+1
1983	SVP		168.123	59,6	184.940	32,4	3	142.480	63,2	157.444	33,7	2+1
1987	SVP		178.172	58,3	202.022	33,1	3	146.580	60,0	171.539	34,4	2
1992		Maßnahme 111 des Südtirol Paketes						Änderung der Senatswahlkreise in Region				
1992	SVP		179.900	57,3	198.431	31,1	3	147.686	57,2	168.113	31,6	3
1993		**Mattarellum** 75 % Wahlkreise in Kammer 25 % Proporz mit 4 %-Hürde						75 % Wahlkreise (bleiben) aber ohne Quorum, 25 % Proporz				
		WK	Proporz	%	Proporz	%		Senat-	%	Senat-	%	Sitze
1994	SVP	188.01	186.311	60,1	231.842	36,8	3	161.351	62,2	217.137	40,2	3
1996	SVP	156.70	72.129	27,9	99.531	17,7	3	142.680	54,9	178.425	33,4	2
2001	SVP	173.73	181.629	60,5	200.059	32,9	3	126.177	47,0	126.177	22,9	2
	SVP-	37.577					1+4	53.439	19,9	175.635	31,9	1+2
2005		**Porcellum** Staatl. Proporz mit Hürden und Prämie						Region keine Änderung Italien: Regional Proporz mit Hürden und Prämie)				
2006	SVP		165.966	53,4	182.704	28,5	3+1	117.495	42,3	117.495	20,5	2
	SVP-							56.988	20,5	198.156	34,5	1+2
2008	SVP		132.612	44,3	147.666	24,0	2	98.947	36,8	98.94	17,8	2
	SVP-							43.228	16,1	153.965	27,8	1+1
2013	SVP		132.159	44,2	146.800	24,2	4+1	97.141	36,0	97.141	17,8	2
	SVP-		--	--	--	--	--	47.623	17,6	175.278	32,2	1+3
2013		2013 3+3 WK in Südtirol u. Trentino im Majorz, restliche 5 Sitze im Proporz regional ohne Abzug für die Gewählten im WK **Rosatellum**.						3+3 WK in Südtirol und Trentino im Majorz, der restliche 7. Sitz im Proporz regional ohne Abzug für die Gewählten im WK				
2018		WK-Kand.	Liste SVP	% Liste				WK-Kand	%	Liste regional	%	
	SVP	96.308	119.039	48,8	134.651	24,2	* 3+1	89.476	64,1	128.242.	25,1	3
	PD-SVP	37.793 *					1 *	22.459	26,4			1 **
2022		Reduzierte Kammern, 2 Kammer-WK in Südt. und 2 im Trentino, 3 im Proporz regional						Trotz Verkleinerung bleiben 3 WK für Südt. und 3 fürs Trent. Mindestzahl von 3 Sen				
	SVP		104.833	44,1	117.010	23,1	3	91.294	39,2	116.003	23,1	2
		Südtirol KAMMER			Trentino-Südtirol KAMMER			Südtirol SENAT		Trentino-Südtirol SENAT		

Quelle: Eigene Berechnung und Zusammenstellung, Ministero dell'Interno, Archivio storico delle elezioni, Regierungskommissariat für die Provinz Bozen, verglichen mit: Autonome Provinz Bozen-Südtirol, Südtiroler Handbuch 2007, 2009, 2012,2019; im Zweifelsfalle wurden die Daten des Ministeriums herangezogen.

Kammer 2001 u. Senat 2001, 2006 und 2008: Die SVP kandidiert in den Wahlkreisen von Bozen und des Trentino nicht allein, wo sie mit *Ulivo, Unione* und *Autonomie* antritt. Die Angaben +1 oder +2 usw. bedeuten, dass auf einer gemeinsamen Liste weitere Parlamentarier im Trentino gewählt wurden. 1979 und 1983: 2 SVP in Südtirol + 1 SVP-PPTT Senator (*Fontanari*) im Trentino. 2001: In der Kammer 1 *SVP-Ulivo*-Abgeordneter in Südtirol (*Bressa* vom *Ulivo*) + 4 im Trentino (*Boato, De Tomas, Kessler, Olivieri* vom *Ulivo*); im Senat 1 *SVP-Ulivo* in Südtirol (*Peterlini*) +2 im Trentino (*Betta, Michelini* vom *Ulivo*). 2006: in der Kammer 3 SVP + 1 SVP-PATT Abgeordneter (*Bezzi*); im Senat 1 *SVP-Unione* in Südtirol (*Peterlini*) + 2 im Trentino (*Molinari, Tonini* von der *Unione*). 2008: 1 *SVP-Insieme p. le Autonomie* Senator in Südtirol (*Peterlini*) + 1 im Trentino (*Molinari* vom PD). Für die Namen der Parlamentarier siehe *infra* in diesem Kap. IV.3.5. Die Parlamentarier aus Südtirol in Rom 1921–1927.

Abb. 55: SVP und mehrheitlich deutsche Oppositionslisten, Parlamentswahlen 1948–2022

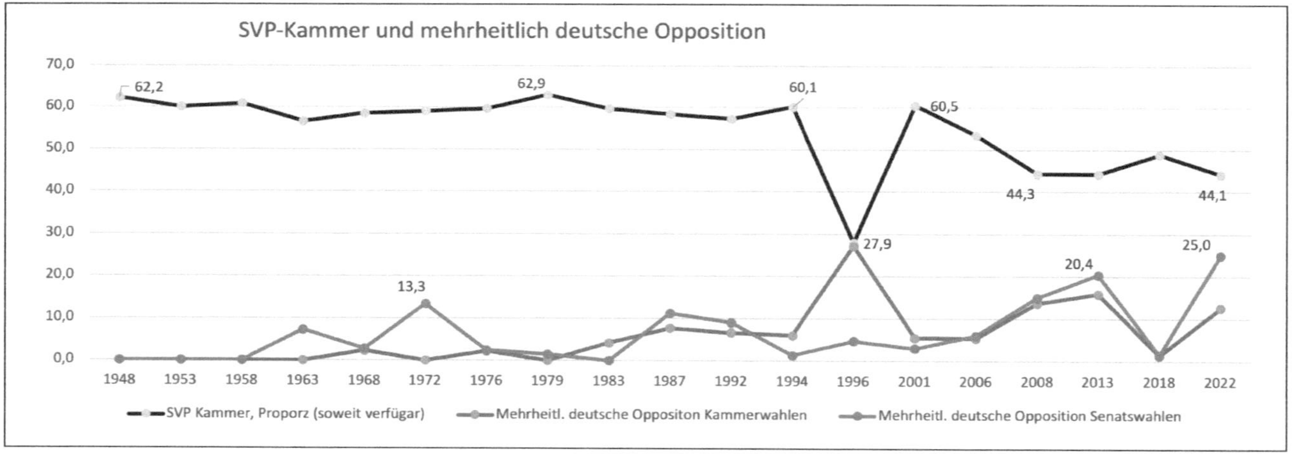

Die Stimmen der SVP beziehen sich auf die Ergebnisse bei Proporzwahlen der Kammer, soweit erfolgt, sonst auf die Summe der Wahlkreise. Die Ergebnisse der mehrheitlich deutschsprachigen Oppositionslisten wurden der Übersichtlichkeit wegen zusammengezählt, wobei auch deutsche Spitzenkandidaten auf sprachlich gemischten Listen berücksichtig wurden. Zu bemerken ist, dass sich die Opposition bei Parlamentswahlen aufgrund der geringen Chancen weniger beteiligt als im Südtiroler Landtag, wo sie entsprechend stärker vertreten ist. Bei der Opposition wurden auch die Ergebnisse der Senatswahlen (punktierte Linie) aufgezeigt, da die ersten oppositionellen Kandidaturen im Senat mit *Josef Raffeiner* („*Aufbau*" Abspaltung von SVP, später THP) erfolgten. Im Senat erzielte auch *Hans Dietl* (WdU) 1972 einen beachtlichen Erfolg (28.455 Stimmen und 13 %), wenn er auch kein Mandat erzielte). 1996 Tiefpunkt der SVP bei den Proporzwahlen zur Kammer: Erfolglose Kandidatur auf der staatsweiten Prodi-Liste des ladinischen Kandidaten *Arno Crazzolara* zur Überwindung der 4 %-Klausel.

Quelle: Daten Ministero dell'Interno, eigene Darstellung. *Peterlini, O.* (2012e de), zum Tiefpunkt 187–191.

Bis 2001 konnte die SVP (außer in der Kammer 1996) rund 60 % der Wählerstimmen *in Südtirol* auf sich vereinen, 2006 lag sie auch noch über 50 %. In den folgenden Jahren verlor sie die absolute Mehrheit. Die leichte Erholung im Jahre 2018 ist trügerisch, da die Zahl der gültigen Stimmen wegen der Abstinenz der deutschen Oppositionsparteien bei den Wahlen stark sank und somit der Prozentsatz zwar höher liegt als in den Vorjahren, die Stimmenanzahl aber zurückging. Bei den Wahlen 2022 landete die SVP bei 44,1 % (Kammer), während die deutsche Opposition sei es für die Kammer *Peterlini, O.* (2012e de)r (auf 12,6 %) als auch für den Senat (auf 25 %) hinaufschnellte.

3.5. Die Parlamentarier aus Südtirol in Rom 1921–2027

Tab. 21: Deutschsprachige Parlamentarier aus Südtirol im Königreich und Faschismus 1921–1939

	Abgeordnete (alle DV)	**Abg**	**Senatoren (vom König auf Lebenszeit ernannt)**	**Sen**	**Ins-gesamt**
1921	Eduard Reut Nicolussi Karl Tinzl Friedrich Graf Toggenburg Wilhelm von Walther	4	-	-	4
1924	Karl Tinzl Paul von Sternbach	2	-	-	2
1929	-	-	-	-	-
1934	-	-	-	-	-
1939	-	-	-	-	-

Quelle: Gentile E./Campochiaro E. (2003); Segretariato generale und Archivio storico della Camera dei Deputati (ASCD); oV (1924): I 535 eletti per la XXVII Legislatura; Ballini, P. (1988); Ministero dell'Economia Nazionale (Wahlen 1921), (Wahlen 1924).

Tab. 22: Italienischsprachige Parlamentarier aus Südtirol im Königreich und Faschismus: 1921–1939

	Abgeordnete	**Abg**	**Senatoren (vom König auf Lebenszeit ernannt):****	**Sen**	**Insg**
1921	-	-	Ab 1923 Ettore Tolomei (geb Rovereto, wohnh. Montan/Bozen und Rom)	1	1
1924	-	-	Ettore Tolomei	1	1
1929	Luciano Miori (geb Rovereto, wohnh. Pfatten/ Bozen, Podestà von Bozen). Carlo Nobile Radio de Radiis, (wohnh. in Tscherms/Meran)	2	Ettore Tolomei	1	3
1934	Luciano Miori	1	Ettore Tolomei	1	2
1939	Carlo Carretto, wohnh. Bozen Luciano Miori, Bruno Stefanini (Segr fed PNF Bozen, dort wohnh.), Almo Vanelli, (Segr fasci di combattimento Bozen, dort wohnh.)	4	Ettore Tolomei	1	5

** In der Periode von 1919 bis 1943, die Zeit des liberalen und später faschistischen Italiens, wurden sechs Senatoren aus dem Trentino *vom König ernannt*, die in Trient bzw. in Rovereto geboren waren. Unter ihnen findet man auch *Ettore Tolomei*, der 1865 in Rovereto geboren war, seinen Wohnsitz in Glen bei Montan in Südtirol und in Rom hatte, wo er 1952 starb.

Quelle: *Gentile, E./Campochiaro, E.* (2003); Segretariato generale und Archivio storico della Camera dei Deputati (ASCD); oV (1924): I 535 eletti per la XXVII Legislatura; *Ballini, P.* (1988); Archivio Storico del Senato.

Tab. 23: Deutschsprachige Parlamentarier aus Südtirol im demokratischen Italien

	Abgeordnete	**Abg**	**Senatoren (gewählt):**	**Sen**	**Insg**
1948	Otto von Guggenberg Friedl Volgger Toni Ebner	3	Karl von Breitenberg Josef Raffeiner	2	5
1953	Karl Tinzl Toni Ebner Otto von Guggenberg	3	Karl von Breitenberg Josef Raffeiner	2	5
1958	Toni Ebner Roland Riz Karl Mitterdorfer	3	Luis Sand Karl Tinzl	2	5
1963	Karl Vaja Karl Mitterdorfer Hans Dietl	3	Luis Sand Hans Saxl	2	5
1968	Karl Mitterdorfer Roland Riz Hans Dietl	3	Peter Brugger Friedl Volgger	2	5
1972	Roland Riz Karl Mitterdorfer Hans Benedikter	3	Peter Brugger Karl Zanon	2	5
1976	Roland Riz Hugo Gamper Hans Benedikter	3	Karl Mitterdorfer Peter Brugger	2	5
1979	Roland Riz Hans Benedikter *Hugo Gamper* bis Aug 1979 + dann Michl Ebner Hubert Frasnelli	4	Karl Mitterdorfer Peter Brugger	2	6
1983	Roland Riz Hans Benedikter Michl Ebner	3	Karl Mitterdorfer Peter Brugger bis Apr. 1986+	2	5
1987	Michl Ebner Ferdinand Willeit Hans Benedikter	3	Roland Riz Hans Rubner	2	5
1992	Michl Ebner Helga Thaler Außerhofer Hans Widmann	3	Karl Ferrari Roland Riz Hans Rubner	3	6
1994	Siegfried Brugger Hans Widmann Karl Zeller	3	Helga Thaler Außerhofer Karl Ferrari Roland Riz	3	6
1996	Siegfried Brugger Hans Widmann Karl Zeller	3	Helga Thaler Außerhofer Armin Pinggera	2	5

Fortsetzung Tab. 23: Deutschsprachige Parlamentarier aus Südtirol im demokratischen Italien

	Abgeordnete	**Abg**	**Senatoren (gewählt):**	**Sen**	**Insg**
2001	Siegfried Brugger Hans Widmann Karl Zeller	3	Helga Thaler Außerhofer Alois Kofler Oskar Peterlini (SVP-Ulivo)	3	6
2006	Siegfried Brugger Hans Widmann Karl Zeller	3	Helga Thaler Außerhofer Manfred Pinzger Oskar Peterlini (SVP-Unione)	3	6
2008	Siegfried Brugger Karl Zeller	2	Helga Thaler Außerhofer Manfred Pinzger Oskar Peterlini (SVP-Autonomie)	3	5
2013	Renate Gebhard Albrecht Plangger Manfred Schullian Daniel Alfreider Florian Kronbichler, Grüne-Linke	5	Hans Berger Karl Zeller	2	7
2018	Renate Gebhard Albrecht Plangger Manfred Schullian	3	Julia Unterberger Dieter Steger Meinhard Durnwalder	3	6
2022	Renate Gebhard Manfred Schullian Dieter Steger	3	Julia Unterberger Meinhard Durnwalder	2	5

Seit 1948 alle SVP, aber 2001–2013 *Oskar Peterlini* Senat Wahlbündnis *SVP-Ulivo* (2001); *SVP-Unione* (2006); *SVP-Insieme per le Autonomie* (2008); 2013 erstmals ein Nicht-SVP deutschsprahiger Abg.: *Florian Kronbichler* in der Kammer *Grüne-Linke*. + 1979 *Hugo Gamper* während der Legislaturperiode verstorben.

* 2013 zusätzlich auf der Koalitionsliste SVP-PD folgende Italiener gewählt: *Francesco Palermo* (Senat WK Bozen) und SVP-PATT im Trentino *Franco Panizza* (Senat WK Trient) und *Mauro Ottobre* (Kammer Proporz).

** 2018 zusätzlich mit SVP gewählt: In der Kammer im WK Bozen *Maria Elena Boschi* (SVP-PD), im Senat *Gianclaudio Bressa* (WK Bozen, SVP-PD), im Trentino SVP-PATT: *Emanuela Rossini* (Kammer Proporz).

Quelle: Eigene Zusammenstellung nach Daten des Innenministeriums und der Südtiroler Handbücher der Autonomen Provinz Bozen.

Tab. 24: Italienischsprachige Parlamentarier aus Südtirol im demokratischen Italien

	Abgeordnete	**Abg**	**Senatoren (gewählt):**	**Sen**	**Insg**
1948	Angelo Facchin DC	1	-	-	1
1953	Angelo Facchin DC	1	-	-	1
1958	Alcide Berloffa DC	1	Candido Rosati (ab 1962) DC	1	2
1963	Alcide Berloffa DC	1	Candido Rosati DC	1	2
1968	-	-	-	-	--
1972	Alcide Berloffa DC	1	Candido Rosati DC	1	2
1976	-	-	-	-	-
1979	-	-	-	-	-
1983	Valentino Pasqualin DC	1	-	-	1
1987	Andrea Mitolo MSI-DN bis Aug. 1991+, dann Diego Senter. Gianni Lanzinger Verdi Grüne	2	Lionello Bertoldi PCI, ab 1991 in PDS umbenannt	1	3
1992	-	-	-	-	-
1994	Pietro Mitolo AN	1	-	-	1
1996	Franco Frattini FI Pietro Mitolo AN	2	Adriana Pasquali	1	3
2001	Gianclaudio Bressa Ulivo-SVP	1	-	-	1
2006	-Michaela Biancofiore FI Gianclaudio Bressa Ulivo -Giorgio Holzmann AN	3	-	-	3
2008	Manuela di Centa PdL* Gianclaudio Bressa PD -Luisa Gnecchi PD Giorgio Holzmann PdL	4	-	-	4
2013	Gianclaudio Bressa PD Marialuisa Gnecchi PD Michaela Biancofiore FI	3	Francesco Palermo PD-SVP	1	4
2018	Maria Elena Boschi PD-SVP	1	Gianclaudio Bressa PD-SVP	1	2
2022	-	-	Luigi Spagnolli (PD, Grüne, T-K)	1	1

\+ *Mitolo* ist während der Legislaturperiode verstorben. Von 1948–1987 und von 2006–2013 wurden alle ital. Abg. aus Südtirol (wie alle anderen) in der Kammer im regionalen Wahlbezirk mit Proporz gewählt, 1994–2001 im WK Bozen-Leifers.
Die ital. Senatoren von 1948–1987 im Proporz, ab 1996 im Senats-WK Bozen-Unterland im Majorz.

* *Di Centa* stammt aus Udine, wurde aber im regionalen Wahlbezirk Trentino-Südtirol gewählt und ersetzte *Michaela Biancofiore*, die aus Bozen stammt, aber 2008 in Kampanien gewählt wurde.

Quelle: Eigene Zusammenstellung nach Daten des Innenministeriums, des Archivio Storico del Senato della Repubblica und der Südtiroler Handbücher der Autonomen Provinz Bozen.

4. Analyse und Erkenntnisse aus den Wahlsystemen

4.1. Analyse der Auswirkungen von Wahlsystemen

Die These lautet: Nationale Wahlsysteme können die Vertretung einer Minderheit stärken, schwächen oder ganz eliminieren. Eine positive Diskriminierung ist in manchen Fällen notwendig. Proporzsysteme erleichtern die Vertretung von Minderheiten, aber nur, wenn sie gebietsmäßig verstreut sind. Sie wirken hingegen eher nachteilig, wenn Minderheiten in einem geschlossenen Siedlungsgebiet leben. Dort wirken Mehrheitswahlkreise günstiger.

Diese These kann, in der über 100-jährigen Geschichte, an den verschiedenen Systemen überprüft werden.

4.1.1. Nach der Annexion und im Faschismus: abhängig vom Wahlkreis

Wie dramatisch sich staatliche Wahlgesetze auf ethnische Minderheiten auswirken können, wurde den Südtirolern schon unter dem Faschismus vorgeführt. Die Parlamentsvertretung des Deutschen Verbandes wurde aufgrund des *Acerbo*-Gesetzes und des großräumigen Wahlbezirkes von vier (1921) auf zwei (1924) halbiert. Ab 1928 gab es nur mehr die faschistische Großliste (*Listone*).

Schlussfolgerungen:

Minderheiten, die konzentriert in einem Siedlungsgebiet leben, profitieren von Wahlkreisen, die ihrem Siedlungsgebiet entsprechen. Um diesen Vorteil der territorialen Konzentration in Wahlkreisen ausschöpfen zu können, müssen die Minderheiten allerdings in ethnoregionalen Parteien zusammenwirken. Je weiter die Wahlkreise über das Siedlungsgebiet hinaus auf weitere Regionen erweitert werden, desto kleiner wird die Quote, die diese Minderheit ausmacht, und umso schwieriger wird eine Vertretung.

Die Wahlkreiseinteilung kann Minderheiten begünstigen oder benachteiligen. Eine disproportionale Verteilung der Wahlkreise erinnert an das *Gerrymandering,* vor allem der Versuch von *Senator Tolomei*, die Südtiroler Minderheit auf *zwei* große Wahlbezirke künstlich aufzusplittern.

Die Mehrheitsprämie senkt die Kosten für einen Sitz für die Mehrheit und erhöht die Kosten für einen Sitz zu Lasten der Minderheiten. Das bedeutet, dass in der Regel Mehrheitsprämien auf gesamtstaatlicher Ebene oder in großen Wahlbezirken ethnische Minderheiten auch dann benachteiligen, wenn sie konzentriert in einem geschlossenen Siedlungsgebiet leben. Am konkreten Beispiel der Sitzverteilung im Wahlkreis Veneto im Jahre 1924 zeigen sich die negativen Auswirkungen für die ethnische Minderheit.[273]

4.1.2. Nach dem Krieg bis 1993: Kammer im Proporzsystem

Seit 1948 sind die Südtiroler über die *Südtiroler Volkspartei* sowohl in der Abgeordnetenkammer als auch im Senat vertreten. In der Abgeordnetenkammer galt von

[273] Vgl. Kap. IV.1.3.3. Die Parlamentswahlen im April 1924 und das Ende der Demokratie.

1948 bis 1992 das Verhältniswahlsystem. Südtirol gehörte mit dem Trentino zum Wahlbezirk TnSt. Von den grundsätzlich zehn der Region (aufgrund der Bevölkerungsanzahl) zustehenden Kammersitzen erreichte die SVP, mit einer Ausnahme, immer drei Sitze mit Stimmenanteilen, die zwischen 28 % und 33 % der Stimmen in der Region schwankten. Im Jahre 1979 erzielte sie ein außerordentliches Ergebnis mit 35,8 % und erreichte ausnahmsweise vier Mandate.

Entscheidend für die Restsitzverteilung war der Anteil der Stimmen auf Staatsebene: Schon 1948 erzielte die SVP mit dem PPTT 23.491 Stimmen für die Kammer, auf Staatsebene 0,47 % aller Stimmen. Sie erzielte drei Abgeordnete, was von 630 Abgeordneten 0,47 % ausmachte. Das Proporzsystem brachte der Minderheit ihren gerechten Anteil, weil sie genügend Stimmen aufbringen konnte.

Schlussfolgerungen:

Ein Proporzsystem ermöglicht einer Minderheit – sofern diese groß genug ist, um die notwendige Quote für einen oder mehrere Sitze zu erzielen – eine verhältnismäßige Vertretung, wenn sie nicht durch Wahlhürden ausgesperrt oder durch Mehrheitsprämien benachteiligt wird. Bei einem uneingeschränkten Proporzsystem ist es im Prinzip nicht notwendig, dass die Minderheit in einem geschlossenen Siedlungsgebiet lebt, wenn die Berechnung und die Verteilung der Sitze auf Staatsebene erfolgt. Verstreute Minderheiten können ihre Chancen auf einen Sitz erhöhen.

4.1.3. Senat bis 1992: Wahlkreise mit 65 %-Hürde und Proporzausgleich

Im Senat blieb das Wahlrecht von 1948 bis 1993 ebenfalls grundsätzlich gleich. Es baute zwar auf Wahlkreisen auf, war aber im Prinzip ein Verhältniswahlsystem, weil die Direktwahl nur bei über 65 % der Stimmen im Wahlkreis erfolgte.

Schlussfolgerungen:

Die Konzentration der Minderheit im Siedlungsgebiet und im Wahlkreis sowie deren Zusammenwirken in einer einzigen ethnoregionalen Partei ermöglichten es der Südtiroler Minderheit, im Einerwahlkreis Brixen-Pustertal seit 1948 immer die hohe Wahlhürde von 65 % und das direkte Mandat zu erzielen. Es war dies in den meisten Wahlgängen das einzige Direktmandat von ganz Italien, somit einer der wenigen Wahlkreise, in denen die hohe Wahlhürde von 65 % von einer Partei erreicht wurde. Ausschlaggebend für den Erfolg waren beide Faktoren: der kleine, auf die Minderheit passende Wahlkreis und das Zusammenwirken in einer ethnoregionalen Partei.

Die Verteilung der restlichen Sitze im Proporz auf regionaler Ebene ermöglichte der Südtiroler Minderheit, ein weiteres Mandat entsprechend dem verbliebenen Anteil zu erzielen. Hier wirkte die zweite Regel: Das Proporzsystem berücksichtigt Minderheiten entsprechend ihrer Stärke.

In zwei Fällen (1979 und 1983) erzielte die SVP aufgrund einer regionalen Koalition einen zusätzlichen Senator im Trentino vom PPTT.

Schlussfolgerungen:

Die autonomistische und Minderheitenpartei im Trentino PPTT konnte aus eigenen Kräften im Proporz auf regionaler Ebene niemals einen Sitz im Senat erringen, weil ihre Quote zu klein war. Die Koalition mit der SVP konnte die gemeinsame Quote in zwei Fällen so erhöhen, dass ein weiteres Mandat möglich war. Das bedeutet, dass zu kleine Parteien, die die Quote für einen Sitz alleine nicht aufbringen, im Zusammenschluss mit anderen profitieren können. Die Lehre bezüglich der ethnischen Minderheiten: Je größer ihr Zusammenwirken auch im Proporzsystem war, desto höher wurde ihre proportionale Quote und entsprechend höher ihre Vertretung.

4.1.4. Änderungen der Wahlkreise 1992 für den Senat

Zu einer Wende kam es im Senat schon im Jahre 1992, als die Wahlkreise in der Region neu eingeteilt wurden. Bis dahin standen dem Trentino vier Wahlkreise zu und Südtirol zwei. Diese Verteilung wurde aufgrund des Paketes zu Gunsten von Südtirol auf drei zu drei abgeändert. Der dritte Wahlkreis in Bozen bedeutete aber nicht automatisch eine Verstärkung der deutschsprachigen Vertretung, da der Wahlkreis Bozen-Unterland gezeichnet worden war, um eine *proportionale* Vertretung der Sprachgruppen zu begünstigen.

Er setzt sich zu zwei Dritteln aus italienischer Bevölkerung zusammen. Trotzdem konnte die SVP ihre Vertretung, zunächst wegen der Zersplitterung der italienischen Stimmen (1992 und 1994), auf drei erhöhen. Im Jahre 1996 schloss sich die italienische Rechte zusammen und gewann den Senatssitz Bozen-Unterland, während in den Wahlgängen 2001, 2006 und 2008 die SVP den Senatssitz Bozen-Unterland in Verbindung mit den Mitte-links-Parteien wieder erobern konnte – mit einem Kandidaten allerdings, der von den Italienern voll akzeptiert und breit gewählt wurde. Damit erzielte sie ein drittes Mandat im Senat. Die Änderungen des Wahlrechtes durch die Neueinteilung der Senatswahlkreise haben sich also sehr wohl auf die Vertretung der Südtiroler Minderheit ausgewirkt.

Schlussfolgerungen:

Die Wahlkreiseinteilung kann Minderheiten begünstigen oder benachteiligen. Diese These, die schon 1921 und 1923 ihre Bekräftigung fand, zeigte sich erneut. Eine unproportionale Verteilung der Wahlkreise erinnert an das *Gerrymandering*: Das Trentino hatte nur deshalb einen Senator mehr als Südtirol, weil die Wahlkreise so aufgeteilt waren.

Der Wahlkreis Bozen-Unterland wurde künstlich so gezeichnet, dass die italienische Bevölkerung überwog. In diesem Falle wurde zwar kein *Gerrymandering* praktiziert, wohl aber eine politische Zielsetzung durch die Einteilung der Wahlkreise verfolgt. Die ursprünglichen Versuche, die in den Verhandlungen auftauchten, das Gebiet Unterland selbst künstlich aufzusplittern, wären dem *Gerrymandering* sehr nahegekommen.[274]

---

[274] Vgl. *Peterlini, O.* (2012d de).

Das Mehrheitswahlrecht im Einerwahlkreis zeigte im neuen Wahlkreis Bozen-Unterland seine Wirkung: Zunächst gewann die SVP mit ihrer relativen Mehrheit. Dann bewirkte das Wahlsystem einen Zusammenschluss der italienischen Rechts-Parteien und einen entsprechenden Erfolg derselben und schließlich eine Koalition der SVP mit Mitte-Links, die diesen Wahlkreis seitdem drei Mal eroberte. Hier erkennt man deutlich die Schubkraft des Wahlsystems auf das Verhalten der Parteien.

4.1.5. Vorwiegend Majorz von 1993 bis 2005, ohne Hürde im Senat

Im Jahre 1993 fiel aufgrund eines Referendums die hohe Wahlhürde im Senat. Mit der Reform wurde das Wahlsystem praktisch zu drei Vierteln zu einem Mehrheitswahlsystem, die Sitze wurden mit relativer Mehrheit in den Wahlkreisen direkt zugewiesen. Das restliche Viertel des Senates wurde – wie die Kammer – nach dem Proporzsystem gewählt. Für Südtirol wirkte sich diese Änderung im Senat nicht aus, da in einem Wahlkreis (Brixen), von 1972 abgesehen (64,6 %), immer die 65 %-Hürde überwunden wurde, und zwar mit Sätzen zwischen 70 und 86 %. Im Wahlkreis Bozen (einschließlich der Stadt Meran) konnte die SVP vor 1992 zwar diese Hürde niemals erreichen, mit Wahlergebnissen zwischen 31 % (1992) bis 49 % (1948) im Wahlkreis sicherte sie sich aber auf regionaler Ebene ihren zweiten Sitz leicht ab. Südtirol konnte also über die SVP bis einschließlich 1987 immer zwei Senatoren durchsetzen.

Schlussfolgerungen:

Im konkreten Fall änderte sich zwar wenig für die Vertretung der Südtiroler Minderheit im Senat, aber die Konzentration der Minderheit machte es dieser noch leichter, die Wahlkreise zu erobern, auch den zweiten (Meran), in dem sie vorher nicht das hohe Quorum erreichen konnte. Seit die relative Mehrheit für die Eroberung eines Wahlkreises genügt, konnte die SVP in jedem der beiden (für sie mehrheitlichen) Wahlkreise Meran und Brixen-Pustertal ein Direktmandat erringen.

Es bestätigt sich erneut die These, dass kleine Wahlkreise, die dem Siedlungsgebiet entsprechen, die dort konzentrierten Minderheiten fördern.

4.1.6. Vorwiegend Majorz von 1993 bis 2005 auch in der Kammer

In der Abgeordnetenkammer wurde im Jahre 1993 das kombinierte System wie im Senat eingeführt; drei Viertel der Kammern wurden über das Mehrheitswahlrecht und in Einerwahlkreisen gewählt, ein Viertel über Proporzlisten mit einer 4 %-Hürde. Das Wahlrecht galt bis einschließlich der Parlamentswahlen von 2001. Die SVP konnte ihre drei Kammermandate über die Mehrheitswahlkreise halten, blieb aber vom Proporzsystem trotz Rekurses beim VfGH und der EKfM ausgeschlossen. Die Klagen wurden beide abgewiesen.

Im Jahre 2001 erzielte die SVP mit einem Wahlabkommen mit Mitte-Links zu Gunsten des *Ulivo-Kandidaten Gianclaudio Bressa* das vierte Mandat im Kammerwahlkreis Bozen-Leifers. Im Trentino ermöglichte das Abkommen die Wahl von vier Kammerabgeordneten über die Liste *Ulivo-SVP* und von zwei zusätzlichen Senatoren im Trentino. Die Änderung des Wahlrechtes zwischen 1993 und 2001 hatte Südtirols Vertretung in Rom in der Kammer nicht geändert. Es blieb bei drei SVP-Vertretern, allerdings kam 2001 ein *SVP-Ulivo*-Vertreter (*Gianclaudio Bressa*) dazu. Die Prozenthürde im Proporzwahlrecht verhinderte allerdings eine Verstärkung der Vertretung, die im Prinzip möglich gewesen wäre. Insofern hat sich das Wahlsystem auch auf die Vertretung der Minderheit ausgewirkt.

Schlussfolgerungen:

Die Einführung der Wahlkreise auch in der Kammer ermöglichte es der SVP, drei sichere Direktmandate zu erzielen. Es bestätigte sich die bereits genannte These, dass kleine Wahlkreise im Siedlungsgebiet der Minderheiten diese eindeutig fördern.

Im zusätzlichen Wahlkreis der Kammer in Bozen-Leifers übte das Wahlsystem seine Schubkraft auf die Parteien aus. Die SVP verbündete sich mit Mitte-Links und ermöglichte dieser Koalition die Eroberung des Wahlkreises und kassierte die Gegenleistung im Senatswahlkreis.

Mit der Wahlhürde (von 4 %) auf gesamtstaatlicher Ebene im Proporzsystem wurde die Minderheit vom proportional gewählten Teil der Kammer ausgeschlossen. Wahlhürden können also eine klare Diskriminierung hervorrufen.

4.1.7. Proporz mit Hürden und Mehrheitsprämie in der Kammer ab 2005

Ab dem 31. Dezember 2005 galt in Italien für die Wahl der Abgeordnetenkammer ein Proporzwahlsystem mit verschiedenen Prozenthürden. Für sprachliche Minderheiten in autonomen Regionen wurde die Hürde auf die regionale Ebene herabgesetzt und mit 20 % bemessen. Die SVP konnte aufgrund dieser Sondernorm, die allerdings im Entwurf ursprünglich nicht enthalten war, ihre Vertretung in der Kammer halten. Sie erzielte 23,96 %. Ein weiterer Verlust von mehr als 3,96 % würde die SVP aus der Kammer ausschließen. Zusätzlich gibt es eine Mehrheitsprämie für die siegreiche Koalition oder Liste.

Aufgrund eines Abkommens mit dem Wahlgewinner *Prodi* schlug diese Mehrheitsprämie 2006 zu Gunsten der SVP aus und führte zu einem zusätzlichen vierten Mandat (für einen Trentiner Tiroler auf der SVP-Liste). Im Jahre 2008 bewirkte die Mehrheitsprämie das Gegenteil: Aufgrund des Alleinganges und der damit fehlenden Mehrheitsprämie sowie eines schwachen Wahlergebnisses sah sich die SVP erstmals in der Geschichte Südtirols auf zwei Kammermandate reduziert. Bei weiteren Verlusten von weniger als 4 % würde sie bei gleichem Wahlrecht aus der Kammer verschwinden. Das Wahlsystem hatte sich somit erneut deutlich ausgewirkt. Auch der Druck auf die Minderheit, mit anderen Listen zusammenzuarbeiten, wie es die SVP und die Mitte-links-Parteien bei den Wahlen von 2001 bis 2008 praktizierten, ist eine offensichtliche Folge des Wahlsystems.

Schlussfolgerungen:

Die Wiedereinführung des Proporzes und die gesamtstaatliche Zuteilung der Sitze bedeuten für die Sammelpartei der Südtiroler Minderheit den Verlust des Vorteiles, der sich durch die Einerwahlkreise in ihrem Siedlungsgebiet ergeben haben. Stimmenverluste, die im Wahlkreis nicht entscheidend sind, wirken sich unbarmherzig in der proportionalen Verrechnung aus.

Die Mehrheitsprämie übte ihre Schubkraft auch auf die Südtiroler Minderheit aus, sodass diese eine Koalition mit *Prodi* abschloss und tatsächlich in deren Genuss kam. Im darauffolgenden Wahlgang ohne Koalition stand die SVP allerdings auf der Verliererseite. Sie verlor nicht nur ihr viertes, sondern nach 60 Jahren auch ihr traditionelles drittes Kammermandat, dies auch aufgrund der Stimmenverluste, die nicht mehr im Wahlkreis verdeckt werden konnten.

Die Wahlhürde (von 20 %) auf regionaler Ebene statt (von 4 %) auf staatlicher Ebene ermöglichte der SVP die Zulassung zur Sitzverteilung. Geschützte sprachliche Minderheiten in Sonderregionen mussten nämlich statt der vorgeschriebenen 4 % (heute 3 %) auf staatlicher Ebene mindestens 20 % auf regionaler Ebene erreichen. Sie erzielte beim jüngsten Wahlgang (2022) 23,14 % in der Region. Bei weiteren Verlusten von weniger als 4 % würde sie bei gleichem Wahlrecht aber aus der Abgeordnetenkammer verschwinden. Die positive Diskriminierung zugunsten der Minderheiten rettete diese, zwingt sie allerdings zum Zusammenhalt, um die regionale Hürde zu überwinden und nicht von der Abgeordnetenkammer ausgeschlossen zu werden. Das zunehmende Auftreten von Südtiroler Oppositionsparteien kann diese auf die SVP zugeschnittene Klausel in Frage stellen. Allerdings sind seit 2017 (*Rosatellum*) auch wieder Einerwahlkreise vorgesehen, über die sich die Minderheit retten kann.

4.2. Zusammenfassung der Erkenntnisse aus den Wahlsystemen

Nationale Wahlsysteme können die Vertretung einer Minderheit durch eine ethnoregionale Partei stärken oder schwächen. Diese These kann eindeutig belegt werden. Wahlsysteme wirken sich einschneidend auf die Vertretung von sprachlichen Minderheiten im Parlament aus. Wie *Nohlen* allerdings zu Recht feststellt, sind diese Auswirkungen erst dann bestimmbar, wenn die technischen Details, ihr Zusammenwirken im System und das Verhalten der politischen Kräfte erfasst werden.[283] Der DV und die SVP als ethnoregionale Parteien, die bisher eine Vertretung in Rom erzielten, bilden dafür empirisch erprobte Beispiele. Jedes Mal, wenn Rom an der Schraube der Wahlsysteme drehte, wirkte sich das unmittelbar auf die Minderheit in Südtirol aus – angefangen von der zunächst teilweisen, dann völligen Verdrängung durch die faschistischen Systeme bis zu den Reformen nach dem Krieg, der Änderungen der Senatswahlkreise 1992 sowie des Wahlsystems 1993, 2005 und 2017.

[275] *Nohlen, D.* (2007), *128.*

V. Italien stärkt die Regionen, wie wirkt sich das auf Südtirol aus?

1. Einleitung und Problemstellung

Die Verfassungsreform von 2001 (Vf-G 3/2001), die sich auf die Regionen mit ordentlichem Statut und die Lokalkörperschaften beschränkt, hat umwälzende Neuerungen und Erweiterungen der Zuständigkeiten für die Regionen Italiens gebracht. Sie stellt einen wichtigen Schritt zu mehr Föderalismus dar.[276]

Die Sonderstatuten der fünf Regionen sind gleichgeblieben. Um zu verhindern, dass ordentliche Regionen in einigen Bereichen mehr Autonomie erhalten und die Sonderregionen zurückbleiben, wurde für sie eine Übergangsbestimmung (Art. 10 Vf-G 3/2001) vorgesehen: Die weitergehenden Formen von Autonomie werden auch auf die Sonderautonomien (bis zur Anpassung der AuSt) direkt angewandt. Somit besteht in vielen Bereichen ein Gegensatz zwischen dem formalen Wortlaut der Autonomiestatuten und der neuen Verfassung.

Die Herausforderung dieses Kapitels ist es nun, die Neuerungen der Reform in die Statuten zu projizieren und deren weittragenden Auswirkungen auszuleuchten. Faszinierend wird die Untersuchung auch deshalb, weil die reformierte Verfassung Italiens eine Generalklausel zugunsten der Regionen gebracht hat, die die Residualzuständigkeiten in Zukunft den Regionen – statt wie bisher dem Staat – vorbehält (Art. 117,4 Vf).

Nach der Verfassungsreform von 2001 hat allerdings der VfGH einige Zuständigkeiten eingeschränkt. Deshalb stellt sich auch die Frage, ob die Fortschritte oder die Einschränkungen überwiegen. Es sollen deshalb die Erweiterungen und deren Qualität den Beschneidungen der Autonomie gegenübergestellt und eine Bilanz gezogen werden.

2. Die Auswirkungen der Vf-Reformen auf die Sonderautonomien

Schon im Jänner 2001 erfolgte eine kleine Reform aller fünf Autonomiestatuten mit Vf-Gesetz Nr. 2/2001: direkte Wahl der Landtage, statt des Regionalrates, Autonomie für Regierungsform, direkte Demokratie u.a. (vgl. die Kap. II.1.4. Die Region – von der Vorherrschaft zu einem gemeinsamen Dach; Kap. II.3.3.9. Die Ladiner – zunächst benachteiligt, dann gefördert).

Im Oktober desselben Jahres trat, nach einem zustimmenden Referendum, die umfassende Verfassungsreform (Vf-Gesetz Nr 3/2001) in Kraft. Die Reform galt grundsätzlich nur für die ordentlichen Regionen, aber sie hatte direkte und indirekte Auswirkungen auch auf die Sonderregionen.

---

276 Dieses Kap. V beruht in Grundzügen auf: *Peterlini, O.* (2008e de), 189–265; *Peterlini, O.* (2012k de), 114–194.

2.1. Die Sonderautonomien bestätigt

Neu gefasst wurde von der Reform (Vf-G 3/2001) der Artikel über die Regionen mit Sonderstatut. Die Sonderautonomien wurden bestätigt. Der Artikel wurde gegenüber der ursprünglichen Fassung von 1948 erweitert.

> *Friuli-Venezia Giulia, la Sardegna, la Sicilia, il Trentino-Alto Adige/Südtirol e la Valle d'Aosta/Vallée d'Aoste dispongono di forme e condizioni particolari di* autonomia, secondo i rispettivi statuti speciali adottati con legge costituzionale. (Art. 116,1 Vf).

> *Friaul-Julisch Venetien, Sardinien, Sizilien, Trentino-Alto Adige/Südtirol und Aostatal/Vallée d'Aoste verfügen über besondere Formen und Arten der Autonomie gemäß Sonderstatuten, die mit Verfassungsgesetz genehmigt werden.* (Art. 116,1 Vf)

Neu sind die zweisprachigen Namen für Südtirol und das Aostatal, die neben der italienischen Bezeichnung hier Eingang finden. Damit stehen die deutsche und französische Bezeichnung erstmals auch in der italienischen Verfassung. Allerdings ist die verfassungsrechtliche Verankerung des Namens Südtirol nicht neu, da er bereits in das neue AuSt von TnSt von 1972 (mit Vf-G 1/1971, Art. 64) Eingang gefunden hatte. Die alte Bezeichnung „*Trentino Tiroler Etschland*" war demnach im Art. 114 des neuen AuSt, wenn auch nur in Klammern für die Zwecke der Übersetzung, durch die Bezeichnung „*Trentino-Südtirol*" ersetzt worden (Art. 114 AuSt).

Neu ist auch die Reihung der Regionen, die in alphabetischer Reihenfolge nach ihrer italienischen Bezeichnung angeführt werden. Bedeutungsvoll ist auch die Formulierung, mit der die genannten fünf Regionen mit besonderen Formen und Arten der Autonomien ausgestaltet werden. Im *alten* Art. 116 wurde diese Autonomie „*verliehen*" (*attribuite*). In der neuen Formulierung wird diese hierarchische Herkunftsbestimmung abgeschafft. Demnach „*verfügen*" nunmehr diese Regionen über besondere Formen und Arten der Autonomie.

Neu ist auch der Aufbau der Region TnSt. Laut AuSt von TnSt im geltenden *formalen* Wortlaut (das vorher, 1971 erlassen worden war), sind die Provinzen Trient und Bozen noch Gliederungen der Region. „*Die Region umfasst die Provinzen von Trient und Bozen*", lautet der Art. 3 des AuSt (DPR 670/1972). Die neue Verfassung stellt mit ihrem Art. 116 Abs. 2 auch dieses Prinzip auf den Kopf:

> *Die autonomen Provinzen Trient und Bozen bilden die Region Trentino-Alto Adige/Südtirol.* (Art. 116,2 Vf)

Dieser neue Rechtsstatus der autonomen Provinzen unterstreicht nicht nur das Subsidiaritätsprinzip und den Aufbau von unten nach oben, sondern findet erstmals auch Eingang in die italienische Verfassung. Das Subsidiaritätsprinzip wird in der neuen Verfassung an drei Stellen ausdrücklich angeführt (Art. 118,1, 118,4 und 120,2). Bis dahin waren die autonomen Provinzen zwar im Autonomiestatut der Region, aber nicht in der Verfassung selbst verankert.

2.2. Die Besserstellungsklausel

Nur in wenigen Artikeln nahm die Vf- Reform 3/2001 Bezug auf die Sonderregionen und autonomen Provinzen, so im erwähnten, neuen Vf-Art. 116 Abs. 1 und 2 Vf (Sonderstatuten und autonome Provinzen), im neuen Art. 117 Abs. 5 Vf (Teilnahme der Regionen und autonomen Provinzen an EU-Beziehungen) und in der Übergangsbestimmung direkt im Art. 11 des Vf-Gesetzes 3/2001 selbst (Teilnahme der Regionen und autonomen Provinzen an der Parlamentskommission für regionale Angelegenheiten). Die ganze Verfassungsreform betraf ja die ordentlichen Regionen, da die Sonderregionen nicht von der Verfassung, sondern von den jeweiligen Autonomiestatuten geregelt werden.

Eine undifferenzierte Anwendung der Verfassungsreform auf die Regionen mit Sonderstatut hätte eine Gleichschaltung aller Regionen bedeutet und die Sonderbestimmungen, die auf geschichtlichen, kulturellen und internationalen Gründen beruhen, außer Kraft gesetzt. Das war aber nicht die Absicht des Gesetzgebers. Umgekehrt hätte eine reine Ausklammerung der Regionen mit Sonderstatut zur Folge gehabt, dass in verschiedenen Bereichen die Regionen mit ordentlichem Statut eine umfassendere Autonomie erhalten hätten, als sie die AuSt der Sonderregionen vorsehen. Das war weder sinnvoll noch beabsichtigt. Die Anwendung der Verfassungsreform auf die Regionen mit Sonderstatut bedarf einer Überarbeitung der jeweiligen Verfassungsgesetze. Das konnte nicht so schnell erfolgen.

Dieses Dilemma wurde mit einer Übergangsbestimmung gelöst, die im Art. 10 der Verfassungsreform (Vf-G 3/2001) verankert ist. Dieser Artikel geht davon aus, dass die AuSt der Regionen mit Sonderstatut an die Verfassungsreform angepasst werden. Er setzt aber dafür keinen Termin. Vielmehr bestimmt der Artikel, dass bis zur Anpassung der Statuten die Bestimmungen der Verfassungsreform auch auf die Regionen mit Sonderstatut und auf die autonomen Provinzen von Bozen und Trient anzuwenden sind, allerdings nur *für jene Teile, welche weitergehende Formen von Autonomie als jene bereits zugeteilten vorsehen.*

Abb. 56: Die Besserstellungsklausel

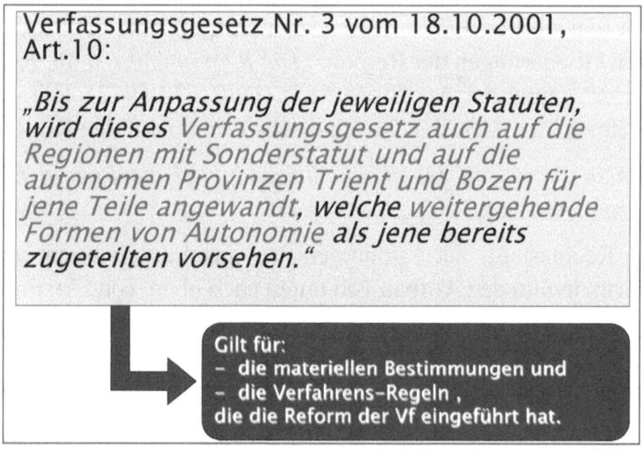

Für die Spezialregionen wurde also eine *Besserstellungsklausel* eingeführt. Ihre Zuständigkeiten werden nicht berührt, aber um die neuen Bereiche erweitert, die den ordentlichen Regionen zugestanden wurden. Das bedeutet, dass die Neuerungen der Verfassungsreform, sofern sie Besserstellungen, d.h. weitergehende Formen von Autonomie vorsehen, *unmittelbar* auch auf die Regionen mit Sonderstatut und auf die autonomen Provinzen Anwendung finden.

Keines der fünf AuSt wurde bisher angepasst. Die AuSt sind deshalb unter Beachtung dieser Bestimmung zu lesen, sodass manche Teile keine Anwendung mehr finden und andere Teile aufgrund der Verfassungsänderungen als erweitert zu betrachten sind. Welche Teile das sind, soll nachstehend für das AuSt von TnSt herausgearbeitet werden.

Abb. 57: Die Quellen der autonomen Gesetzgebung

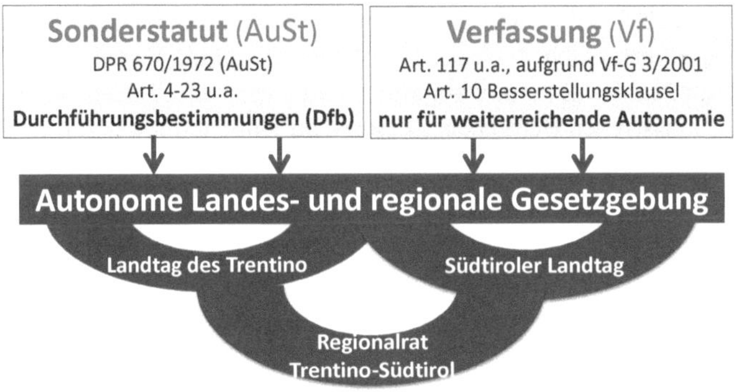

Quelle: *Peterlini, O.* (2011–23): Teaching Documents.

2.3. Die Gleichstellung der Gesetzgebungsbefugnis von Staat und Region

Die wesentliche Neuerung der Verfassungsreform betrifft die Verteilung der Zuständigkeiten zwischen Staat und Regionen.

Der alte Art. 117 der Verfassung hatte die wenigen Zuständigkeiten der Regionen als konkurrierende dem Staatsgesetz unterworfen, das die Grundsätze festzulegen hatte. Als weitere Grenzen für die regionale Gesetzgebung galten das nationale Interesse und das Interesse anderer Regionen.

Im ersten Absatz des Art. 117 der *neuen* Verfassung wird nun die Gesetzgebungsbefugnis der Regionen – zumindest formal – auf die *gleiche* Ebene wie jene des Staates gestellt. Der Anwendungsbereich hängt nicht mehr von einer Hierarchie ab, sondern von den Kompetenzen.

> *Staat und Regionen üben unter Wahrung der Verfassung sowie der aus der gemeinschaftlichen Rechtsordnung und aus den internationalen Verpflichtungen erwachsenden Einschränkungen die Gesetzgebungsbefugnis aus.* (Art. 117,1 Vf)

Die Grenzen der Gesetzgebung werden ebenfalls für den Staat wie auch für die Regionen gleich definiert. Staat *und* Regionen müssen folgende Ordnungen einhalten:

- die Verfassung;
- die Rechtsordnung der Europäischen Gemeinschaft (die damit erstmals Eingang in die Verfassung findet, wenn auch in einem untypischen Zusammenhang);
- die internationalen Verpflichtungen.

Dies gilt für die sog. primären Zuständigkeiten der Regionen, bei den konkurrierenden kommt die Grenze der „*wesentlichen Grundsätze*“ der Staatsgesetze dazu.

2.4. Die Kompetenzverteilung

2.4.1. Die ausschließlichen Zuständigkeiten des Staates

Im Unterschied zur vorhergehenden Verfassung, in der die Kompetenzen der Regionen aufgezählt waren und die Residualkompetenz dem Staat überlassen war, zählt die neue Verfassung die ausschließlichen Zuständigkeiten des Staates auf. Sie werden im Art. 117,2 taxativ angeführt und umfassen 17 Bereiche. Sie reichen von den vier klassischen Bereichen, „*Fahne*“ für Außenpolitik und Einwanderung, „*Schwert*“ für Militär, Verteidigung und Sicherheit, „Münze“ für Währung, Haushalt, Finanzen und Spartätigkeit, „*Waage*“ für Justiz, über Mindestleistungen für die Wahrung der Grundrechte, bis zum Umwelt-, Ökosystem- und Kulturgüterschutz. [277]

2.4.2. Die konkurrierende Gesetzgebung der italienischen Regionen

Den Regionen bleiben aber auch weiterhin konkurrierende Bereiche. Es handelt sich dabei um geteilte Zuständigkeiten zwischen Staat und Regionen, die nicht mit den zeitlich konkurrierenden Zuständigkeiten des deutschen Grundgesetzes zu verwechseln sind. In diesen Bereichen der konkurrierenden Gesetzgebung steht den Regionen die Gesetzgebungsgewalt zu, während der Staat die *wesentlichen* Grundsätze festlegt. Diese Bereiche sind im Abs. 3 des Art. 117 der italienischen Verfassung aufgezählt und eröffnen den Regionen neue Bereiche, wie internationale Beziehungen und zur EU, Außenhandel, Arbeitsschutz und -sicherheit, Unterricht, Gesundheit, Sport, Zivilschutz, Raumordnung, Energie, Verkehrswege, Kommunikation u.a.

2.4.3. Die Beteiligung der Regionen an der Europäischen Union

Die Regionen und die autonomen Provinzen Trient und Bozen nehmen für die in ihre Zuständigkeit fallenden Sachgebiete an den Entscheidungen im Rahmen des Rechtssetzungsprozesses der Europäischen Union teil. Sie sorgen für die Anwendung und Durchführung von völkerrechtlichen Abkommen und Rechtsakten der

---

[277] Die Punkte wurden hier leicht zusammengefasst wiedergegeben, in ihrem Wortlaut findet man sie im Art. 117 Abs. 2 der italienischen Verfassung, siehe Vf im Normenverzeichnis.

Europäischen Union. Dabei müssen sie die Verfahrensbestimmungen beachten, die mit Staatsgesetz festgesetzt werden (Art. 117,5 Vf).

Die Region kann für Sachbereiche in ihrem Zuständigkeitsbereich auch Abkommen mit Staaten und Vereinbarungen mit Gebietskörperschaften eines anderen Staates abschließen, allerdings in den *durch Staatsgesetz geregelten Fällen und Formen* (Art. 117,9 Vf).

2.4.4. Die Generalklausel zugunsten der Regionen

Die eigentliche Revolution in der Verteilung der Zuständigkeiten enthält Abs. 4 des Art. 117.

Der *alte* Art. 117 der Verfassung hatte insgesamt 18 Gesetzgebungszuständigkeiten den Regionen vorbehalten und das auch nur im konkurrierenden Bereich. Diese waren taxativ aufgezählt und umfassten Zuständigkeiten von rein örtlichem Charakter, so beispielsweise: die Ordnung der eigenen Ämter, lokale Stadt- und Landpolizei, Messen und Märkte, die öffentliche Wohlfahrt, die Gesundheits- und Krankenhausfürsorge, die Berufsausbildung, die Museen, die Bibliotheken, die Raumordnung, den Tourismus, örtliche Verkehrsmittel, örtliche Bauarbeiten, Binnenschifffahrt und -Häfen, Mineral- und Thermalwässer, Bergbau, Jagd, Fischerei, Land- und Forstwirtschaft und das Handwerk.

Alle nicht ausdrücklich der Region vorbehaltene Zuständigkeiten fielen automatisch in die Zuständigkeit des *Staates*.

Der neue Art. 117 hat dieses Prinzip zugunsten der Regionen auf den Kopf gestellt. Taxativ aufgezählt werden im Art. 117 nunmehr die Zuständigkeiten des Staates (im Abs. 2) und die konkurrierenden Zuständigkeiten der Regionen (Abs. 3). Abschließend heißt es dazu im Abs. 4:

Für alle Sachbereiche, die nicht ausschließlich der staatlichen Gesetzgebung vorbehalten sind, steht den Regionen die Gesetzgebungsbefugnis zu. (Art. 117,4 Vf)

Das ist ein Kernpunkt im bundesstaatlichen Sinne, der tatsächlich einen wesentlichen Schritt in diese Richtung darstellt und ein Merkmal des Föderalismus umsetzt.

Die Verfassung nennt diese residualen Zuständigkeiten aufgrund der Generalklausel zwar nicht *ausschließlich* (wie sie jene des Staates im Art. 117,2 Vf nennt), sondern verwendet nur allgemein den Begriff *Gesetzgebungsbefugnis*.

Auch die Verordnungsgewalt

In den Bereichen, in denen der Staat die ausschließliche Gesetzgebungszuständigkeit hat, steht ihm auch die Verordnungsgewalt („*Reglementierungsgewalt*") zu. Auch hier gilt die Generalklausel zugunsten der Regionen: „*Für* alle weiteren Sachgebiete steht die Verordnungsgewalt den Regionen zu." (Art. 117,6 Vf)

3. Die Erweiterung der Sonderautonomie von Trentino und Südtirol

3.1. Die Generalklausel zugunsten der Sonderautonomien

Die Umkehrung der Generalklausel zugunsten der Regionen (Art. 117,4 Vf) wirkt – aufgrund des Verfassungsgesetzes (Art. 10 Vf-G 3/2001) – direkt auf die Regionen mit Sonderstatut und die autonomen Provinzen Trient und Bozen ein. Die *weitergehenden Formen der Autonomie* der Verfassungsreform werden nämlich auch auf diese angewandt. Die beiden Bestimmungen ergeben kombiniert folgendes: „*Für alle Sachbereiche, die nicht ausdrücklich der staatlichen Gesetzgebung vorbehalten sind, steht ihnen die Gesetzgebungsbefugnis zu.*"

Zunächst ist festzuhalten, dass die im AuSt in den Artikeln 4 ff. angeführten Zuständigkeiten der Region aufrechtbleiben, da ja nur weitergehende Zuständigkeiten auf die Sonderregionen übergehen und auf keinen Fall die Beschränkungen, die in der Verfassungsreform vorgesehen sind. Dasselbe gilt für die in den Artikeln 8 ff. vorgesehenen Zuständigkeiten der autonomen Provinzen Bozen und Trient.

Zu diesen Zuständigkeiten kommen nun die Bereiche hinzu, die aufgrund der Generalklausel zugunsten der Regionen der Region TnSt und den Provinzen Bozen und Trient zustehen.

3.2. Die neuen Zuständigkeiten der Region und der autonomen Provinzen

Die neuen konkurrierenden Zuständigkeiten der Region

Für die Region TnSt ergeben sich aus der Besserstellungsklausel (Art. 10 Vf-G 3/2001) folgende neue, konkurrierende Zuständigkeiten, die im Autonomiestatut nicht angeführt sind:

- *die internationalen Beziehungen der Regionen und zur Europäischen Union*;
- *Abkommen mit Staaten und Vereinbarungen mit Gebietskörperschaften anderer Staaten* (Art. 11, 3 Vf);
- *die Ergänzungs- und Zusatzvorsorge* (Art. 117,3 Vf); im formellen Wortlaut des AuSt nur als *ergänzende* (*integrierende*) Zuständigkeit der Region (Art. 6 AuSt) vorgesehen. Die Region konnte nur *in Ergänzung der Vorschriften der Gesetze des Staates* Gesetzesbestimmungen auf dem Gebiete der sozialen Vorsorge und der Sozialversicherungen erlassen und kann auch eigene Institute errichten oder ihre Errichtung fördern.
- *die Teilnahme am Rechtssetzungsprozess der Europäischen Union* (Art. 117,5 Vf).

Die neuen konkurrierenden Zuständigkeiten der Provinzen

Für die autonomen *Provinzen* kommen aufgrund der Vf-Reform folgende *neue konkurrierende* Zuständigkeiten dazu, die im AuSt nicht angeführt sind:

1. *internationalen Beziehungen zur Europäischen Union* (Art. 117,3 Vf);
2. *Abkommen mit Staaten* und Gebietskörperschaften anderer Staaten;

3. *Außenhandel* (Art. 117,3 Vf, bisher nur Handel im AuSt im Art. 9);
4. *Arbeitsschutz und Arbeitssicherheit* (Art. 117,3 Vf), vorher nur im Delegierungswege);
5. *Berufe* (Art. 117,3 Vf);
6. *wissenschaftliche* und *technologische Forschung* (Art. 117,3 Vf);
7. *Ernährung* (Art. 117,3 Vf);
8. *Sportordnung* (Art. 117,3 Vf);
9. *Zivilschutz* (Art. 117,3 Vf);
10. *Häfen* und *Zivilflughäfen* (Art. 117,3 Vf);
11. *große Verkehrs-* und *Schifffahrtsnetze* (Art. 117,3 Vf);
12. *Kommunikationswesen* (Art. 117,3 Vf);
13. *Produktion,Transport und gesamtstaatliche Verteilung der Energie* (Art.117,3 Vf);
14. Teilnahme am *Rechtssetzungsprozess der Europäischen Union* (Art.117,5Vf);

Abb. 58: Einige neue konkurrierende Zuständigkeiten

Quelle: Eigene Zusammenstellung, siehe Bildernachweis.

Einige wichtige, neue konkurrierende Zuständigkeiten der Regionen (Art. 117,3), die (aufgrund der Besserstellungsklausel) auch den autonomen Ländern Südtirol und Trentino zustehen. Sie stehen nicht im Autonomiestatut. Die Ergänzungs- und Zusatzvorsorge steht der Region zu.

Die neuen ausschließlichen Zuständigkeiten der Region

Für die Region wird somit, aufgrund der bereits bestehenden Zuständigkeit, die folgende konkurrierende Zuständigkeit zu einer ausschließlichen:
- Ordnung der Fürsorge und Wohlfahrtseinrichtungen (Art. 5 Pkt. 2 AuSt)

Neue ausschließlichen Zuständigkeiten der Autonomien

Folgende Bereiche rücken aufgrund der Residualklausel von der konkurrierenden in die ausschließliche Zuständigkeit auf:

Für die Region:

- Ordnung der Fürsorge und Wohlfahrtseinrichtungen (Art. 5 Pkt. 2 AuSt)

Für die autonomen Provinzen:

Tab. 25: Neue primäre Landeszuständigkeiten

Gemäß Residualklausel primäre Zuständigkeit und nicht mehr konkurrierende oder ergänzende

- ***Ortspolizei in Stadt und Land (vorher konkurrierend)*** **ergänzt durch *örtliche Verwaltungspolizei***
- ***Handel*, da nur mehr *Außen*handel konkurrierend ist;**
- ***Lehrlingswesen, Arbeitsbücher und Berufsbezeichnungen der Arbeiter***
- ***Arbeitsvermittlung***
- ***öffentliche Vorführungen*, soweit sie *nicht* die öffentliche Sicherheit betreffen**
- ***öffentliche Betriebe*, außer der Aufsichtsbefugnis des Staates zur Gewährleistung der öffentlichen Sicherheit**
- ***Lizenzen*, die nicht ausdrückliche Zuständigkeiten des Staates betreffen.**

Der hier vorgenommene Versuch einer inhaltlichen Neufassung beruht auf einer Interpretation der Sachbereiche, die theoretisch auch enger oder weiter ausfallen kann. Über die konkrete Auslegung und Anwendung entscheidet – wie bereits betont – zum einen der Regional- und Landesgesetzgeber und zum anderen der staatliche Gesetzgeber und schlussendlich der VfGH. Diese Zuständigkeiten bezeichnen wir weiterhin primär, außer den Handel, der nach der Reform 2026 auch formal im AuSt in die Liste der exklusiven Zuständigkeiten des Landes aufgerückt ist.

4. Die Erkenntnisse des Verfassungsgerichtshofes

Die neue Verfassung (Vf-G Nr. 3/2001) ist nach der positiven Zustimmung im Referendum mit Wirkung vom 8. November 2001 in Kraft getreten. Die Konflikte, die vor dem VfGH ausgetragen werden mussten, haben seitdem in einem noch nie da gewesenen Ausmaß zugenommen. Der VfGH hat sich schon in den ersten fünf Jahren in insgesamt 500 Fällen befasst. Auch wenn berücksichtigt werden muss, dass sich die Rechtsprechung in Entwicklung befindet und auch Änderungen erfahren kann, so ist trotzdem eine klare Linie in der Auslegung erkennbar.[278]

Bis zum Jahre 2003 waren es die Richter, die im Inzidenzverfahren den größten Teil der Verfahren vor dem VfGH aufgeworfen hatten. Aber schon im Jahre 2003 machen die Streitigkeiten zwischen Staat und Regionen mehr als 50 % der Urteile aus, wenn man die Hauptverfahren und die Streitigkeiten zwischen den Körperschaften zusammenzählt.[279] Ab 2004 haben die direkten Streitigkeiten zwischen Staat und Regionen das Ausmaß der Inzidenzverfahren (nicht nur der Urteile) überschritten.

4.1. Der VfGH zu den Zuständigkeiten der Sonderregionen

4.1.1. Die Auswirkungen auf die konkurrierenden Zuständigkeiten

Zunächst muss untersucht werden, inwieweit sich – nach der Auslegung des VfGH – die neuen Zuständigkeiten der Regionen mit *ordentlichem* Statut auf die Regionen mit *Sonder*statut übertragen lassen. Bei den konkurrierenden Zuständigkeiten hat der VfGH die neue Liste, die im Art. 117,3 der neuen Verfassung enthalten ist, für die Sonderregionen anerkannt. Obwohl beispielsweise im AuSt der Region Friaul-Julisch Venetien keine Zuständigkeit für Elektroanlagen vorgesehen ist, hat der VfGH ihr die Zuständigkeit für „*Produktion, Transport und gesamtstaatliche Verteilung von Energie*“ zugesprochen (Urteil Nr. 8/2004).[280]

Auf derselben Linie liegt ein Urteil (Nr. 312/2004), in dem der VfGH der autonomen Provinz Bozen die Zuständigkeit für die „*Ordnung (Regelung) des Kommunikationswesens*“ zuspricht (Urteil Nr. 312/2004). Dasselbe gilt für ein Urteil zugunsten der autonomen Provinz Trient, ebenfalls für die *Produktion, den Transport und für die gesamtstaatliche Verteilung von Energie,* die mit Urteil (383/2005) als konkurrierende Zuständigkeit der Provinz bestätigt wird. Ähnliches gilt für die Zuständigkeit über die Häfen (Urteil Nr. 378/2005) und über den Arbeitsschutz (384/2005).

Der VfGH hat aber *nicht* das entsprechende Staatsgesetz zur Neuregelung der Arbeit (das sog. *Biagi-Gesetz,* Gesetz Nr. 30/2003) außer Kraft gesetzt, sondern nur die im Widerspruch stehenden Bestimmungen des Arbeitsschutzes. Die im Staatsgesetz vorgesehene Aufsicht über die Arbeit wird hingegen – obwohl konkur-

[278] *Marcelli, F./Giammusso, V.* (2006). Das Buch enthält in zusammengefasster Form die Urteile und Beschlüsse des VfGH von 2001 bis 2006.

[279] Ibid, 7.

[280] *Marcelli, F./Giammusso, V.* (2006), 103.

rierende Zuständigkeit der Regionen – bestätigt und die entsprechende Klage der autonomen Provinz Trient abgewiesen. Bis die Regionen nicht selbst die Materie regeln, gelte im Sinne der Kontinuität das Staatsgesetz. Gewisse Inspektions- und Aufsichtszuständigkeiten seien auf das Bürgerliche Gesetzbuch zurückzuführen, welches auch die Regelung der Arbeitsverhältnisse beinhalte, urteilte der VfGH.[281]

4.1.2. Konkurrierende Kompetenz für Gesundheitsschutz ausgeweitet

Die Besserstellungsklausel könne auch, so urteilte der VfGH, die *„Grenzen eines Sachbereiches ausweiten"*, so beispielsweise im Bereich Gesundheitsschutz, der – gemäß neuer Verfassung – der konkurrierenden Zuständigkeit der Regionen vorbehalten ist. Der VfGH bestätigt (mit Urteil 270/2005) die weitergehende Zuständigkeit des „*Gesundheitsschutzes*" gegenüber den vorhergehenden Zuständigkeiten der „*Gesundheits- und Krankenhausfürsorge*", wie sie im Art. 117 der alten Verfassung vorgesehen war. Gleichzeitig bestätigte er aber auch die Möglichkeit für den Staat, eigene Forschungseinrichtungen einzurichten, *„in Bezug auf Forschungsaktivitäten, die mit der Ausübung von staatlichen Funktionen eng zusammengehören*" (Urteil Nr. 270/2005). Schon im Jahre 2002 hatte der VfGH (mit Urteil 282/2002) ein Regionalgesetz als verfassungswidrig erklärt, das gewisse Therapien aufgehoben hatte, nicht weil es die Zuständigkeit des Staates im Bereich der Grundversorgung verletze, sondern weil es auf die *Grundrechte der Personen einschneide, ohne sich auf spezielle technisch wissenschaftliche Errungenschaften zu gründen.* Die erweiterte Autonomie gegenüber der vorhergehenden reinen Krankenhausfürsorge sei aufgrund der Besserstellungsklausel auch auf die Regionen mit Sonderstatut auszuweiten; dies allerdings auch unter der Auflage, dass auf diese die neuen Grenzen Anwendung finden, die ausdrücklich oder implizit in den Zuständigkeiten des Staates enthalten sind. Der VfGH verweist (Urteil Nr. 134/2006) in diesem Zusammenhang ausdrücklich auf die ausschließliche Zuständigkeit des Staates für die „*Festsetzung der wesentlichen Leistungen im Rahmen der bürgerlichen und sozialen* Grundrechte" (Art. 117,2 m Vf).

Im Umkehrschluss urteilt der VfGH (Urteil Nr. 75/2006) gegen ein Regionalgesetz der autonomen Region Friaul-Julisch Venetien. Mit Regionalgesetz wollte die Region Freibeträge für die Immobiliensteuer ICI einführen. Es handle sich um eine ausschließliche Zuständigkeit des Staates, für die auch nicht die Besserstellungsklausel greifen könne, auf die sich die Region berufen hatte, urteilte der VfGH.[282]

4.1.3. Ärzteausbildung – Gesundheitsschutz oder Berufsausbildung?

Eine interessante Klärung der Zuständigkeit der autonomen Provinz Bozen im Grenzbereich zwischen Gesundheitswesen und Berufsertüchtigung ergab sich aufgrund der Anfechtung eines Landesgesetzes (24. Mai 2016, Nr. 10) von Seiten der Regierung am 29. Juli 2016 (Urteil VfGH Nr. 126/2017). Die Regierung hatte das erwähnte Landesgesetz angefochten, weil es für die Beauftragung von Ärzten als

[281] Ibid., 67, 103 und 530 ff.

[282] *Marcelli, F./Giammusso, V.* (2006), 104, 596 ff.

Tutoren für die Ärzteausbildung ein kürzeres Vertragsverhältnis mit dem öffentlichen Gesundheitsdienst vorausgesetzt hatte als in den staatlichen Gesetzen und den EU-Richtlinien vorgesehen (nur sechs Jahre statt zehn).[283]

Die Regierung verwies auf die nur konkurrierenden Zuständigkeit des Landes für „*Hygiene und Gesundheitswesen, einschließlich der Gesundheits- und Krankenhausfürsorge*“ (Art 9, Pkt. 10 AuSt). Bei den genannten staatlichen Bestimmungen handle es sich um wesentliche Grundsätze, die bei der konkurrierenden Gesetzgebung der Regionen und autonomen Provinzen zu respektieren seien (Art 117, Abs. 3 Vf).

Das Land bestritt einerseits, dass es sich bei der Festlegung der Zeitdauer des Vertragsverhältnisses um einen „*wesentlichen Grundsatz*“ handle und berief sich, neben der im AuSt verankerten, konkurrierenden Zuständigkeit für „*Hygiene und Gesundheitswesen, einschließlich der Gesundheits- und Krankenhausfürsorge*, auch auf die ebenfalls konkurrierende Zuständigkeit aller Regionen für Gesundheitsschutz (laut Art. 117, Abs. 3 Vf und die Besserstellungsklausel, Art 10, VfG- 3/2001). Andererseits berief es sich auf die autonome, primäre Zuständigkeit im Bereich der Berufsertüchtigung und Berufsausbildung.[284]

Der VfGH wies die Klage der Regierung ab, erklärte sie als verfassungsmäßig unbegründet und bestätigte somit diese Bestimmung des Landesgesetzes. Von der Urteilsbegründung lassen sich zwei Grundsätze ableiten:

Der Gerichtshof bekräftigte seine bereits zitierten Urteile, dass die konkurrierende Gesetzgebungskompetenz im Bereich des „*Gesundheitsschutzes*“, die den ordentlichen Regionen durch Artikel 117, Abs. 3 Vf zugewiesen wird, „*viel umfassender*“ ist als diejenige, die den autonomen Provinzen durch das AuSt im Bereich der „*Krankenhausfürsorge*“ zugewiesen wird (Urteil Nr. 162 von 2007; Urteile Nr. 134 von 2006 und Nr. 270 von 2005). Die in Artikel 117, dritter Absatz, der Verfassung verwendete Formel drücke nämlich auch „*die Absicht einer klareren Unterscheidung zwischen der regionalen Gesetzgebungs-Kompetenz in diesen Angelegenheiten und der staatlichen Kompetenz aus, die sich auf die Festlegung der Grundprinzipien der Disziplin beschränkt*“ (Urteil Nr. 282 von 2002). Daraus bestätigt der VfGH auch Jahre später, dass die neue Zuständigkeit für Gesundheitsschutz aller Regionen weiter reicht als jene im AuSt und somit für die autonomen Provinzen aufgrund der Besserstellungsklausel (Art. 10 Vf-Gesetz 3/2001) anzuwenden ist.

Zum anderen stellt sich der VfGH die entscheidende Frage, ob die ärztliche Ausbildung in den Gesundheitsschutz oder in die Berufsertüchtigung falle. Es

[283] Art. 27, Abs. 3 GvD Nr. 368 vom 17.8.1999 (Umsetzung der Richtlinie 93/16/EWG über die Freizügigkeit der Ärzte und die gegenseitige Anerkennung ihrer Diplome, Prüfungszeugnisse und sonstigen Befähigungsnachweise sowie der Richtlinien 97/50/EG, 98/21/EG, 98/63/EG und 99/46/EG zur Änderung der Richtlinie 93/16/EWG).

[284] In einem anderen Teil der Klage, der die Qualifikation für Spezialaufträge betraf, gab das Land nach und änderte das Landesgesetz, sodass es zu keinem Urteil kam und nicht von Relevanz ist.

kommt zum klaren Schluss, dass es sich auch im ärztlichen Bereich um „*Berufsertüchtigung und Berufsausbildung*“ handle, wofür das Land primäre Kompetenz hat (Art 8, Pkt. 29 AuSt).

4.1.4. Die Auswirkung auf die ausschließlichen Zuständigkeiten

Der VfGH hat grundsätzlich bestätigt, dass all jene Zuständigkeiten, die nicht bereits den Sonderregionen zustehen und aufgrund der Residualzuständigkeiten den Regionen mit ordentlichem Statut zugestanden werden, auf die Sonderregionen auszuweiten sind (Urteil Nr. 239/2004). Die Klage wird zwar aufgrund anderer Argumente abgewiesen, gleichzeitig wird aber dieses Prinzip bestätigt.

Bedeutungsvoll ist auch, dass der VfGH anerkannt hat, dass eine neue ausschließliche Zuständigkeit des Staates keinen Einfluss auf die Sonderstatuten hat, sofern diese im entsprechenden Bereich primäre Zuständigkeit haben. Das ergibt sich klar aus der Besserstellungsklausel, weil es ja nicht um *eine weitergehende Form von Autonomie*, sondern um Eingrenzungen ginge, die auf die Sonderautonomien nicht Anwendung finden können. So beschloss der VfGH, dass die primäre Zuständigkeit der Region Sardinien im Bereich der Ordnung der örtlichen Körperschaften, die die neue Verfassung (Art. 117,2) dem Staat vorbehält, von dieser Neueinteilung nicht betroffen wird (Urteil 48/2003).

4.2. Die Grenzen der Gesetzgebung

4.2.1. Weniger Grenzen für die Normalregionen als für die Sonderregionen

Eine große Neuerung für die Regionen mit ordentlichem Statut betrifft die Grenzen der Zuständigkeit. Gemäß dem neuen Art. 117,1 der Verfassung gelten als Grenzen der Gesetzgebung, für Staat *und* Regionen, die Verfassung, die EU-Rechtsordnung und die internationalen Verpflichtungen. Das gilt für die ausschließlichen Zuständigkeiten des Staates und für die primären Zuständigkeiten der Regionen.

Für die konkurrierende Gesetzgebung kommt gemäß Art. 117,3 für die Regionen folgende Grenze dazu: Dem staatlichen Gesetzgeber wird die Befugnis vorbehalten, die wesentlichen Grundsätze festzusetzen. Die Gesetzgebung der Region und der autonomen Länder im konkurrierenden Bereich bewegt sich also im Rahmen von „*wesentlichen Grundsätzen*“, die durch Staatsgesetz festgelegt werden.

Die Grenzen der Gesetzgebung der Sonderregionen (außer Sizilien) sind wesentlich enger gesetzt. Für die Region TnSt sind diese im AuSt (in den Art. 4 für die ausschließlichen und 5 für die konkurrierenden Zuständigkeiten) definiert. Die Art. 8 und 9 nehmen darauf Bezug und dehnen sie entsprechend auf die Provinzen aus.

Für die als *primär* geltenden Zuständigkeiten waren im AuSt die nachstehenden *fünf* Grenzen angeführt: die Verfassung, die Grundsätze der Rechtsordnung, die internationalen Verpflichtungen, die nationalen Interessen (einschließlich des Schutzes der sprachlichen Minderheiten) sowie die grundlegenden Bestimmungen der wirtschaftlich-sozialen Reformen der Republik (vgl. Kap. II.1.6.2. Die Gesetzgebungszuständigkeiten und ihre Grenzen). Die Grenze der wirtschaftlich-sozialen Reformen wurde erst mit der Reform 2026 aufgehoben (vgl. Kap. V.7.2.1. Lockerung der Grenzen der Gesetzgebung).

Für die *ordentlichen* Regionen und den Staat hingegen gelten (gemäß Art. 117,1 Vf) nur folgende *drei* Grenzen: die Verfassung, die gemeinschaftliche (europäische) Rechtsordnung und die internationalen Verpflichtungen.

Damit sind für die Regionen mit *ordentlichem* Statut die *„Grundsätze der Rechtsordnung“* als Grenze weggefallen, die aber ohnehin bereits Bestandteil der Verfassung sind. Jene Grundsätze der Rechtsordnung hingegen, die darüber hinaus gehen, würden demnach nicht mehr als Grenze gelten.

Nicht mehr erwähnt werden weiters die *nationalen Interessen*, ein dehnbarer Begriff, der auch für die Anfechtung von Regional- und Landesgesetzen vorgesehen war, über die die Kammern des Parlamentes zu entscheiden hatten.

Der Begriff wurde abgeschafft. Die Wahrung des Allgemeininteresses lebt in einer Ersatzbefugnis für die Regierung fort (aber nicht mehr als nationales Interesse, Art. 120,2 Vf): Bei Nichtbeachtung internationaler oder europäischer Normen oder bei großer Gefahr für die öffentliche Ordnung und Sicherheit sowie für den Schutz der Rechts- und Wirtschaftseinheit und die wesentlichen Dienstleistungen für die Bürger- und Sozialrechte *ist die Regierung befugt, an Stelle der Regionen und Lokalkörperschaften zu handeln.* Das Gesetz muss allerdings das Verfahren festlegen, welches das *„Prinzip der Subsidiarität und das Prinzip der loyalen Zusammenarbeit“* gewährleisten muss. An dieser eigentlich unorganischen Stelle wird also der Begriff der Subsidiarität ausdrücklich angeführt, der die gesamte Reform beseelt. Der VfGH hat diese Ersatzbefugnis auch für die Regionen mit Sonderstatut bekräftigt (Urteil Nr. 236/2004).

Ebenso gestrichen wurde die Grenze der grundlegenden Bestimmungen der wirtschaftlich-sozialen Reformen der Republik, an die sich die Regionen mit *ordentlichem* Statut nicht mehr zu halten haben.

Neu als Grenze eingeführt wurde erstmals die Wahrung der gemeinschaftlichen (europäischen) Rechtsordnung, auch wenn diese mit der Grenze der internationalen Verpflichtungen schon abgedeckt war.

Die *konkurrierende* Zuständigkeit der *autonomen* Regionen und Provinzen wird in der Formulierung des AuSt (gemäß Art. 5) folgendermaßen zusätzlich begrenzt:

- *„durch die grundlegenden Prinzipien* der Staatsgesetze“; Während die autonomen Regionen und Provinzen also bei den primären (seit der Reform 2026 ausschließlichen) Zuständigkeiten die oben angeführten Grenzen einhalten müssen, müssen sie sich im konkurrierenden Bereich auch an die grundlegenden Prinzipien der einfachen Staatsgesetze halten. Die Einschränkung auf die *„grundlegenden“* Prinzipien erfolgte mit der Reform 2026, vorher hieß es Prinzipien.

Es stellte sich damit die Frage, ob bzw. wie weit die Lockerung der Grenzen für die ordentlichen Regionen einfach auf die Regionen mit Sonderstatut und auf die autonomen Provinzen übertragen werden kann. Der VfGH hat eine klare Grenzlinie gezogen.

4.2.2. Keine uneingeschränkte Lockerung der Grenzen

Die für die Regionen mit ordentlichem Statut gelockerten Grenzen finden – laut Rechtsprechung des VfGH – nicht uneingeschränkte Anwendung auf die Regionen mit Sonderstatut. Der VfGH ist peinlich genau darauf bedacht, die Besserstellungen den Regionen mit Sonderstatut zu gewähren, sofern es sich um neue Bereiche handelt, in denen die ordentlichen Regionen eine Ausweitung erfahren haben. Somit gilt nicht – wie man annehmen könnte – eine generelle Aufhebung der eng gesetzten Grenzen der Regionen mit Sonderstatut, wie sie in den Artikeln 4 und 5 auch für die Region TnSt festgehalten sind (und mit den Artikeln 8 und 9 für die Provinzen Bozen und Trient gelten). Die Grenzen bleiben aufrecht. Nur in jenen Bereichen, in denen den ordentlichen Regionen Zuständigkeiten zustehen, und die evtl. aufgrund der Besserstellungsklausel auf die Regionen mit Sonderstatut übertragen werden, gelten gleichzeitig auch die neuen lockereren Grenzen.

Bei den Zuständigkeiten, die den Regionen mit Sonderstatut bereits vorher zustanden und die den ordentlichen Regionen nicht zuerkannt werden, gelten hingegen die *alten* Gesetzesgrenzen, wie sie in den Sonderstatuten vorgesehen sind.

Der VfGH hat beispielsweise (mit Urteil Nr. 536/2002) die Verfassungswidrigkeit eines Regionalgesetzes der Region Sardinien festgestellt, das die Jagdzeit im regionalen Gebiet ausgedehnt hatte. „*Die Umwelt sei kein Sachbereich, sondern ein transversaler Wert, für den es dem Staat zustehe, die Mindeststandards festzulegen.*“ Der Schutz der Umwelt und des Ökosystems sind ausschließliche Zuständigkeiten des Staates, erinnerte der VfGH in seinem Urteil. Die Region habe sich deshalb an die (alten) Grenzen der Gesetzgebung zu halten, wie sie im AuSt festgehalten sind, u.a. „*an jene, die von der Beachtung der internationalen Verpflichtungen und der grundsätzlichen wirtschaftlich sozialen Reformen abzuleiten sind*“ (Urteil 536/2002). Die Zuständigkeit über die Jagd sei zwar der Gesetzgebungsgewalt der Region vorbehalten, mit seiner Zuständigkeit über den Umweltschutz und das Ökosystem habe aber der Staat das Recht, Mindeststandards und einheitliche Maßstäbe für den Schutz der Fauna vorzusehen, die sich auf seine ausschließliche Zuständigkeit zurückführen lassen.

Der VfGH bestätigt die Grenze der „*Grundsätze der Rechtsordnung der Republik*“ in einem Verfahren, das die Regierung gegen ein Regionalgesetz der autonomen Region Sardinien angestrebt hatte. Das Regionalgesetz hatte die Räte der Lokalautonomien vorzeitig aufgelöst. Der VfGH bestätigt zwar (Urteil 48/2003), dass der Region die primäre Zuständigkeit zur Ordnung der örtlichen Körperschaften zustehe. Andererseits falle die „*Wahlgesetzgebung*“ (Art. 117,2 p) in die ausschließliche Zuständigkeit des Staates. Die Region habe sich an die Grundsätze der Rechtsordnung zu halten. Dazu gehöre auch die Länge der Amtsdauer der Organe, über die die Region nicht willkürlich verfügen könne. Auch in diesem Falle hat der VfGH eine Grenze in Erinnerung gerufen, die zwar im AuSt steht, aber nicht mehr für die neuen Zuständigkeiten der Regionen mit ordentlichem Statut gilt, wohl aber noch für die *alten* Zuständigkeiten der Regionen mit *Sonder*statut. Ein analoges Urteil fällte der VfGH (29/2003) in Bezug auf die Unvereinbarkeiten mit dem Amt eines Regionalratsabgeordneten. Der Region Sardinien steht (aufgrund des Vf-G 2/2001) die ausschließliche Zuständigkeit für die Wahlordnung zu. Die Regionen mit *ordentlichem* Statut haben allerdings nur *konkurrierende* Zuständigkeit, sodass sich daraus keine Besserstellungsklausel für die Regionen mit Sonderstatut ableiten lässt. Laut VfGH haben daher auch die *alten Grenzen ihre Gültigkeit, und darunter die Grundsätze der Rechtsordnung der Republik.*

Unter Berufung auf die Grundsätze der Rechtsordnung hat der VfGH (mit Urteil 321/2005) ein Landesgesetz der autonomen Provinz Bozen als verfassungswidrig erklärt, *für jene Teile, in denen den Lokalbehörden die Zuständigkeit übertragen wird, auch die staatlichen Maßnahmen zu leiten und zu koordinieren.*[285] Die „*Maßnahmen zur Katastrophenvorbeugung und zur Soforthilfe*“ stehen den autonomen Provinzen Bozen und Trient (gemäß Art. 8 Pkt. 13 AuSt) im ausschließlichen Bereich zu. Der VfGH berief sich in seinem Urteil auf den Art. 87 des Autonomiestatuts, in dem der Regierungskommissar für die Koordinierung der staatlichen Ämter vorgesehen wird. Das Urteil verweist aber auch auf die Zuständigkeiten des Ministerpräsidenten für die Ernennung des Zivilschutzkommissars auf Staatsebene.

Auch ein Landesgesetz der Provinz Trient wurde vom VfGH als verfassungswidrig erklärt, weil es die vom Staat festgelegten Jagdzeiten abändert (Urteil Nr. 227/2003). Der VfGH erinnert an die Notwendigkeit, die Mindeststandards und die Einheitlichkeit des Faunaschutzes im gesamten Staatsgebiet zu gewährleisten und erkennt die entsprechenden Staatsgesetze als grundsätzliche wirtschaftliche soziale Reformen an, an die sich die autonome Provinz zu halten hat. Der VfGH erklärt auch ein Regionalgesetz der Region Sizilien für verfassungswidrig, mit dem Maßnahmen für das Personal der Region getroffen werden. Der Gerichtshof verweist darauf, dass die Kollektivverträge zu den grundsätzlichen wirtschaftlichen und sozialen Reformen der Republik gehören, ebenso wie die Regeln für die Pensionierungen (Urteil 314/2003).

Der VfGH bestätigte die Verfassungsmäßigkeit des Finanzgesetzes 2004 (Urteil Nr. 425/2004), das auch den Sonderregionen Beschränkungen für die Verschuldung auferlegt. Der Rekurs der Sonderregionen wurde abgewiesen. Ausdrücklich verweist der VfGH darauf, dass die Besserstellungsklausel nur Anwendung finden könne, wenn den Regionen mit ordentlichem Statut *mehr* Zuständigkeiten zuerkannt werden. Im Bereich der Grundsätze für die Koordinierung des Finanzwesens seien aber für die ordentlichen Regionen wesentlich schärfere Grenzen vorgesehen worden. Die Finanzverwaltung der Regionen mit Sonderstatut seien Teil der „*erweiterten öffentlichen Finanzen*“, einem Bereich, für den der Staat weiterhin die allgemeinen Regelungen und Koordinierungen zu erlassen habe (Urteile 425/2004

[285] *Marcelli, F./Giammusso, V.* (2006), 511.

und 536/2002). Der VfGH verweist (im Urteil Nr. 536/2001) auch auf den Art. 119 der Verfassung. Dieser verbietet (Art. 119,6 Vf) den Gemeinden, Provinzen, Großstädten und Regionen, sich für andere Zwecke als für Investitionsausgaben zu verschulden. An diese Norm hätten sich auch die Sonderautonomien zu halten, weil es sich um eine Reform wirtschaftlich-sozialen Charakters handle (Urteil 425/2004).

Ganz ausdrücklich erklärt und bestätigt der VfGH seine Linie bezüglich der Grenzen der Gesetzgebung der Regionen mit Sonderstatut auch in einem Urteil, mit dem ein weiteres Regionalgesetz der autonomen Region Sardinien als verfassungswidrig erklärt wird (Urteil Nr. 62/2005). Die Region Sardinien wollte auf ihrem Gebiet Schutzmaßnahmen gegen radioaktive Substanzen erlassen. Die Zuständigkeit im Bereich Wohnbau und Raumordnung sei nicht allumfassend. Und im Bereich des Umweltschutzes haben die ordentlichen Regionen nicht mehr Zuständigkeiten erhalten, sondern weniger. Deshalb müsse sich die Region an die grundsätzlichen wirtschaftlich-sozialen Reformen und an die internationalen Abkommen halten (Urteil 62/2005). In dieselbe Richtung gehen auch die Urteile Nr. 105/2005, Nr. 392/2005 und Nr. 51/2006.[286]

4.2.3. Bei neuen Zuständigkeiten die Grenzen gelockert

Umgekehrt verhält es sich hingegen in all jenen Bereichen, in denen die Regionen *neue* primäre Zuständigkeiten erhalten haben. In diesem Falle werden diese auf die Sonderregionen ausgedehnt, einschließlich der weniger scharfen Grenzen. Das gilt in erster Linie für alle neuen residualen Zuständigkeiten, die aufgrund der neuen Verfassung (Art. 117,4) den ordentlichen Regionen zustehen und mit der Besserstellungsklausel auf die Regionen mit Sonderstatut ausgeweitet werden.

In einem Verfahren, das die Regierung gegen ein Regionalgesetz der Region Sardinien angestrengt hat, legt der VfGH zwei Grundsätze fest, die für die Auslegung und die Abgrenzung der Zuständigkeiten von Bedeutung sind (Urteil Nr. 274/2003). Es geht im Regionalgesetz um „*sozial nützliche Arbeiter*". Der Staat hatte das Regionalgesetz wegen Verletzung des Grundsatzes der öffentlichen Wettbewerbe und der entsprechenden staatlichen Gesetzgebung angefochten. Die Region Sardinien hat gemäß Autonomiestatut (Art. 3 AuSt Sardinien) primäre Zuständigkeit für die Ordnung der Ämter und der Verwaltungskörperschaften der Region sowie für den juridischen und wirtschaftlichen Status des Personals.[287]

Nachdem der VfGH festgestellt hatte, dass auch nach der Reform von 2001 der Staat im Hauptverfahren Regionalgesetze anfechten kann, in dem er sich auf *jedweden* Parameter der Verfassung berufen kann, und nicht ausschließlich auf die Aufteilung der Zuständigkeiten, hat er folgende Grundsätze festgelegt:

Auch nach der Verfassung von 2001 sei dem Staat eine besondere Situation vorbehalten. Diese ergebe sich aus folgenden Verfassungsgrundsätzen: einmal auf-

286 *Marcelli, F./Giammusso, V.* (2006), 106.

287 Die „*Ordnung der Regionalämter (bzw. Landesämter) und des zugeordneten Personals*" gehören auch in die primäre, ausschließliche Zuständigkeit der autonomen Region und der Provinzen Trentino Südtirol.

grund des Art. 5 der Verfassung, wonach die *eine unteilbare Republik* die lokalen Selbstverwaltungen anerkennt und fördert, andererseits aufgrund *der wiederholten Berufung eines einheitlichen Auftrages,* der sich aus der Verfassung und den Grenzen der regionalen Gesetzgebung durch die europäischen und internationalen Verpflichtungen ergebe (Art. 117,1 Vf, Art. 120,2 Vf). Interessant ist auch in diesem Zusammenhang der Art. 114 der Verfassung, der Gemeinden, Provinzen, Großstädte, Regionen und Staat gleichberechtigt als konstituierende Elemente der Republik anführt. Der VfGH führt dazu aus:

> *Der Art. 114 führe keineswegs zu einer totalen Gleichstellung zwischen den Körperschaften, die über tiefgreifende unterschiedliche Zuständigkeiten verfügen: man brauche nur zu bedenken, dass ausschließlich dem Staat die Zuständigkeit zur Verfassungsreform zustehe und dass die Gemeinden, die Großstädte und Provinzen (abgesehen von den autonomen) keine Gesetzgebungsgewalt haben.* (Urteil Nr. 274/2003)

Ausdrücklich betont der VfGH aber auch, dass die Verfassungsreform „*die Grenze der Grundsätze der wirtschaftlich sozialen Reformen der Republik eliminiert hat – in den Bereichen der exklusiven Zuständigkeiten der Spezialautonomien, die sich mit den ausschließlichen (residualen) Zuständigkeiten der ordentlichen Regionen decken*“. Wenn nämlich diese Grenze bleiben würde, wären die autonomen Regionen (und Provinzen) unsinnigerweise in engere Grenzen verwiesen als die ordentlichen Regionen. Für diese gelten nämlich – erinnert der VfGH – nur die Grenzen gemäß Art. 117,1 der Verfassung. Eine weitere Grenze ergebe sich nur durch „*jene, die sich indirekt von der ausschließlichen Zuständigkeit des Staates ableiten, in Bereichen, die aufgrund ihrer Beschaffenheit fähig wären, in die untersuchten Zuständigkeiten einzugreifen*“. Ausdrücklich unterstreicht der VfGH, dass (aufgrund des Art. 10 des Vf-G 3/2001)

> *die besondere Form der Autonomie“, welche sich aus dem Art. 117 der Verfassung in ordentlichen Regionen ergebe, auf die Regionen mit Sonderstatut, wie Sardinien, und auf die autonomen Provinzen angewandt wird, insofern es sich um eine weitergehende Autonomie als die bereits in den Sonderstatuten vorgesehene, handelt.* (Urteil Nr. 103/2003)

Die Klage des Staates gegen das Regionalgesetz von Sardinien wurde abgewiesen.

Natürlich gelten auch für die Sonderregionen hingegen die Grenzen, die sich (gemäß Art. 117,1 Vf) aus den *internationalen Verpflichtungen* ergeben. Demzufolge könne auch eine Sonderregion nicht Maßnahmen, beispielsweise jene der Milchquoten, erlassen, die im Gegensatz zu diesen Bestimmungen stehen (Urteil Nr. 286/2005).

Der VfGH bestätigte auch die Zuständigkeit der Spezialautonomien, die den Regionen internationale Aktivitäten aufgrund des Art. 117 der Verfassung ermöglichen. Die sog. Besserstellungsklausel weitet diese Zuständigkeit auch auf die Regionen und Provinzen mit Sonderstatut aus (Urteil Nr. 238/2004).

Die Besserstellungsklausel findet keine Anwendung, wenn in Abwägung der Zuständigkeiten von Staat und Regionen die staatlichen Zuständigkeiten überwiegen. *Das Kriterium des „Überwiegens“ (prevalenza) schließt die Besserstellungsklausel aus* (Urteil Nr. 234/2005). Der VfGH hatte beispielsweise (mit Urteil 234/2005) die Anfechtungen der Provinzen Trient und Bozen zu einem Staatsgesetz abgewiesen, das Komitees gegen die Schwarzarbeit eingerichtet hat. Der Staat habe ausschließliche Zuständigkeiten im Bereich der Steuergesetzgebung und der Vorsorge, und diese überwiegen – laut VfGH – gegenüber den Zuständigkeiten der Provinzen im Bereich der Arbeit. Dieses Kriterium des Überwiegens lasse auch nicht einen Vergleich der Zuständigkeiten auf der Grundlage der Besserstellungsklausel zu (Urteil 234/2005).

4.3. Die Verwaltung und die Schutzklausel

4.3.1. Die Verwaltungsbefugnisse in den autonomen Regionen

Die neue Verfassung teilt die Verwaltungsbefugnisse den Gemeinden zu. Sie lässt allerdings auch die Möglichkeit zu, dass sie den Provinzen, Großstädten mit besonderem Status, Regionen und dem Staat zugewiesen werden, *„um deren einheitlichen Ausübung auf der Grundlage der Prinzipien der Subsidiarität, der Differenzierung und der Angemessenheit zu entsprechen“* (Art. 118 Vf). Diese Möglichkeit wird allerdings ausdrücklich nur für die Fälle vorgesehen, in denen es im Sinne der Subsidiarität, Differenzierung und Angemessenheit opportuner ist, die Sachgebiete auf höherer Ebene zu verwalten. Die Autonomie der Gemeinden wurde also wesentlich erweitert und eine Generalklausel zu ihren Gunsten eingeführt: Die Verwaltung steht grundsätzlich den Gemeinden zu. Der neue autonome Status der Gemeinden wurde schon im Art. 114 der Verfassung verankert.

Nun stellt sich die Frage, ob diese erweiterte Form der Autonomie für die Gemeinden auch auf die autonomen Regionen und Provinzen mit Sonderstatut übertragen werden kann. Das würde zwar eine Erweiterung der Kompetenzen der Gemeinden ergeben, gleichzeitig aber eine Beschränkung der Kompetenzen der autonomen Regionen und Provinzen in ihren Verwaltungsbefugnissen, die parallel zu ihren Gesetzgebungsbefugnissen gestaltet sind. Das AuSt der Region TnSt sieht (im Art. 16) vor, dass *auf den Sachgebieten und in den Grenzen* ihrer Gesetzgebungsbefugnis die Region oder die Provinz die entsprechenden Verwaltungsbefugnisse ausübt. Darüber hinaus muss berücksichtigt werden, dass der Region – gemäß Autonomiestatut (Art. 4) – die ausschließliche Zuständigkeit für die *„Ordnung der örtlichen Körperschaften“* zusteht.

Da die Besserstellungsklausel für die autonomen Regionen und die Provinzen Bozen und Trient gilt, während die Gemeinden nicht angeführt sind, ist anzunehmen, dass die Zuständigkeiten der Regionen und der autonomen Provinzen nicht beschränkt werden können. Der VfGH hat diese Auslegung bekräftigt (Urteil Nr. 236/2004): Für alle Gesetzgebungszuständigkeiten, die ihr Fundament im Sonderstatut haben, behält der Grundsatz seine Gültigkeit – der im Statut enthalten ist –, dass die Gesetzgebungsfunktionen und die Verwaltungsfunktionen parallel verknüpft sind. Die im Staatsgesetz vorgesehene Übertragung von Verwaltungszuständigkeiten an die Lokalkörperschaften finde deshalb keine Anwendung.

Das bedeutet, dass den autonomen Provinzen und Regionen weiterhin die Verwaltungszuständigkeiten zustehen, dort wo sie ihre Zuständigkeit aus Bestimmungen der AuSt beziehen. Genauso klar bestimmt allerdings der VfGH, was für die darüber hinausgehenden neuen Zuständigkeiten gilt:

„*Für die anderen, weitergehenden Zuständigkeiten der Spezialautonomien aufgrund der Besserstellungsklausel, findet der Art. 11 des Gesetzes 131/2003 Anwendung.*“[288] Dementsprechend erfolgt die Übertragung der Zuständigkeiten nach den in den Durchführungsbestimmungen (Dfb) vorgesehenen Formen unter Beteiligung der paritätischen Kommissionen, der sog. Zwölfer und Sechserkommission.

4.3.2. Die Schutzklausel im Staatsgesetz

In den Staatsgesetzen sind vielfach Schutzklauseln zu Gunsten der Sonderautonomien enthalten, wonach deren Zuständigkeiten ausdrücklich unter Vorbehalt gestellt werden. Die Formel lautet vielfach: „*Unberührt bleiben die Zuständigkeiten der Regionen und autonomen Provinzen von Bozen und Trient.*“ Der VfGH hat sich mit der Frage auseinandergesetzt, ob der staatliche Gesetzgeber mit dieser Schutzklausel seiner Verpflichtung zum Respekt der Kompetenzen der Sonderregionen Genüge tue, wenn (trotz der Formel) das Staatsgesetz in diese autonomen Zuständigkeiten eingreift.

Diese Frage hat der VfGH sehr klar in einer Reihe von Urteilen entschieden (Urteil Nr. 228/2993, 303/2003, 29/2004, 236/2004, 273/2004, 412/2004, 214/2005, 249/2005, 384/2005, 407/2005 und 132/2006). Im folgenden Fall beschränkte sich die Schutzklausel auf einen Teil des Gesetzes und war beim entsprechenden Artikel positioniert. Das könnte zur Vermutung Anlass geben, dass der Vorbehalt der Zuständigkeit zugunsten der rekurrierenden autonomen Provinz sich eben nur auf diesen Teil beschränke. Dem sei aber nicht so, argumentiert der VfGH:

> *Mangels gegenteiliger Anhaltspunkte ergibt sich daher aus der ausdrücklichen Bekräftigung der Beibehaltung der provinzialen Zuständigkeiten – unabhängig vom Wortlaut der Bestimmung und ihrer Lokalisierung – die implizite Bestätigung des Zuständigkeitsbereichs der autonomen Provinzen auf der Grundlage des Sonderstatutes und der einschlägigen Durchführungsbestimmungen (Dfb). Bezeichnend ist auch, dass die Anwaltschaft des Staates selbst die fraglichen Rechtsvorschriften dahingehend auslegt, dass die Befugnisse der staatlichen Stellen, die in die Zuständigkeiten der Sonderregionen oder autonomen Provinzen eingreifen könnten, in jedem Fall „unter Beachtung der für die jeweiligen Körperschaften geltenden Vorschriften“ ausgeübt werden müssen.* (Urteil 228/2003, 4.3)

[288] Es handelt sich um das sog. *La Loggia-Gesetz*, das die Verfassungsreform des Vf-Gesetzes 3/2001 umgesetzt hat.

Wenn hingegen das Staatsgesetz keine diesbezügliche Schutzklausel vorgesehen hatte und die entsprechenden Normen eine direkte Anwendung oder Verpflichtungen auch für die Spezialautonomien ergaben, hat sie der VfGH als verfassungswidrig erklärt (Urteile 91/2003, 276/2003, 145/2005). Diese Urteile des VfGH zwingen praktisch den staatlichen Gesetzgeber dazu, bei jedem Staatsgesetz eine entsprechende Klausel zum Schutze der Spezialautonomien vorzusehen, um zu verhindern, dass der VfGH die Gesetze als verfassungswidrig erklärt.

Die *generelle* Schutzklausel zu Gunsten der Sonderautonomien genügt aber auch nicht, wenn sie nur ganz allgemein formuliert ans Ende eines umfangreichen Gesetzes gestellt wird, ohne zu definieren (wie es zum Beispiel bei Finanzgesetzen der Fall ist), welche Teile nun auf die Regionen anzuwenden sind und welche nicht (Urteile Nr. 88/2006, 118/2006, 134/2006). Der VfGH hat sich in diesen Fällen vorbehalten, zu entscheiden, inwieweit die staatlichen Bestimmungen eine ungesetzliche Einschränkung der Zuständigkeiten der Spezialregionen ergeben oder nicht.[289]

Der VfGH legt auch Wert darauf zu präzisieren, dass von Schutzklauseln keine neuen Zuständigkeiten für die autonomen Regionen und Provinzen abgeleitet werden können (Urteil Nr. 201/2005). Die autonome Provinz Bozen hatte das Staatsgesetz angefochten, das den Präfekten (in Südtirol dem Regierungskommissar) Zuständigkeiten für die Arbeitsvermittlung von Einwanderern vorbehält. Die Provinz hatte dabei auf die eigenen Zuständigkeiten im Bereich der Arbeit verwiesen. Die Anfechtung wurde vom VfGH abgewiesen, weil das Thema der Einwanderung der Zuständigkeit des Staates vorbehalten bleibt (Urteil Nr. 201/2005). Daran ändere auch die Schutzklausel nichts, weil – so urteilte der VfGH – ein ordentliches (einfaches) Staatsgesetz nicht geeignet sei, Gesetzgebungszuständigkeiten zu ergänzen, die in den Sonderstatuten und in der Verteilung der Zuständigkeiten gemäß Art. 117 der Verfassung vorgesehen sind.

4.3.3. Residualzuständigkeiten abgegrenzt

Der VfGH hat beispielsweise festgelegt, dass die in den Artikeln 117 Abs. 2 und 3 vorgesehenen Zuständigkeiten des Staates bzw. jene konkurrierenden der Regionen trotz der taxativen Aufzählung nicht erschöpfend sind. Die Residualklausel zu Gunsten der Regionen kann deshalb nicht auf alle nicht ausdrücklich erwähnten „*Materien*“ angewandt werden (Urteil Nr. 370/2003 und Nr. 1/2004).

In diesem Sinne hat der VfGH eine Reihe von Residualzuständigkeiten (gemäß Art. 117,4) den Regionen *ab*gesprochen, so beispielsweise: die öffentlichen Arbeiten und die Urbanistik (Urteil Nr. 303/2003), das Steuersystem der Lokalkörperschaften (Urteil Nr. 37/2004), die Regelung der „*Nestkindergärten*“ (Urteil Nr. 320/2004), die Regelung des Verkehrs (Urteil Nr. 428/2004), die Unterstützung der Unternehmen (Urteil Nr. 354/2004), die Unterstützung der öffentlichen Aufführungen und die Aufführungen im Allgemeinen (Urteile Nr. 255/2004, 205/2005, 285/2005). Obwohl diese Materien nicht ausdrücklich im Art. 117 der Verfassung

289 *Marcelli, F./Giammusso, V.* (2006), 109.

angeführt sind, sind diese – aufgrund der Legitimierung des VfGH – den ausschließlichen Zuständigkeiten des Staates zuschreibbar.

Ähnliches gilt auch im Bereich *Produktion, Transport und gesamtstaatliche Verteilung von Energie.* Die Bezeichnung *gesamtstaatlich* bedeute nicht, dass die lokale Verteilung der Energie in die Residualzuständigkeiten falle. Die lokale Verteilung stelle nämlich keine eigene Materie im Sinne der Zuständigkeiten dar und gehöre insgesamt zum Energiebereich (Urteil Nr. 383/2005).

Positiv bestätigt hat der VfGH hingegen folgende Zuständigkeiten der Regionen: Das Handwerk hingegen teilt er klar den Residualzuständigkeiten der Regionen zu (Urteil Nr. 162/2005), ebenso die Förderung zum Erwerb der Erstwohnung (Urteil Nr. 118/2006). Das gilt ebenso für folgende Bereiche: Handel (Urteil Nr. 1/2004), Landwirtschaft (Urteile Nr. 12/2004, 282/2004, 116/2006), Berufsausbildung (Urteil Nr. 51/2005), Sozialpolitik (Urteile Nr. 427/2004, 219/2005, 118/2006), Industrie und Tourismus (Urteil Nr. 107/2005), örtlicher lokaler Transport (Urteile Nr. 222/2005, 80/2006), die Regelung der Berggemeinschaften (Urteile Nr. 244/2005, 456/2005). Eine Reihe von Urteilen bestätigen auch die Residualzuständigkeit der Regionen für die Organisation und die Regelung der Ämter (Urteile Nr. 274/2003, 2/2004, 345/2004, 318/2004, 417/2005).[290]

4.3.4. Ausschreibung von öffentlichen Arbeiten und Vertragswesen

Sehr einengend für die Zuständigkeiten der Regionen im Bereich Ausschreibung von öffentlichen Arbeiten wirkt ein umfangreiches Urteil des VfGH (Nr. 401/2007), welches am 28. November 2007 im Amtsblatt der Republik veröffentlicht worden ist. Die Regionen Toskana, Veneto, Piemont, Latium, Abruzzen und die autonome Provinz Trient hatten ein Staatsgesetz über das Vertragswesen der öffentlichen Arbeiten und Dienste angefochten (GvD 163/2006). Der VfGH hat die Klagen abgewiesen. Er verweist auf ein früheres Urteil (Nr. 303/2003) und bekräftigt, dass die öffentlichen Arbeiten *„nicht eine eigene Materie darstellen, sondern sich nach dem Objekt qualifizieren, auf das sie sich beziehen"*. Sie seien deshalb von Fall zu Fall je nach Sachbereich den verschiedenen Zuständigkeiten staatlicher oder regionaler Art zuzuweisen (so beispielsweise den Kulturgütern, die zu den ausschließlichen Zuständigkeiten des Staates gehören oder anderen Bereichen). Es sei deshalb weder eine Materie der öffentlichen Arbeiten des Staates und umso weniger eine Materie der öffentlichen Arbeiten im Regionalbereich vorstellbar.

Das gelte nicht nur für das Vertragswesen der öffentlichen Arbeiten, sondern insgesamt für das gesamte Vertragswesen der öffentlichen Verwaltung. Der VfGH teilt dieses öffentliche Vertragswesen der ausschließlichen Zuständigkeit des Staates zu, und zwar mit Verweis auf die ausschließliche Zuständigkeit des Staates im Bereich der Konkurrenz (Art. 117,2 Buchstabe e), der zivilen Rechtsordnung, der Rechtsprechung (...) und der Verwaltungsgerichtsbarkeit (Art. 117,2 Buchstabe l). Abgewiesen wurde auch die Klage der autonomen Provinz Trient (mit Ausnahme des Bereichs Kulturgüter), die im Bereich *„öffentliche Arbeiten im Interessensbe-*

[290] *Marcelli, F./Giammusso, V.* (2006), 12 und 13.

reich der Provinz" genauso wie die Provinz Bozen primäre ausschließliche Zuständigkeit hat (Art. 8 Pkt. 17 AuSt).

4.3.5. Öffentlicher Dienst und Amtszeit der Bürgermeister

Der VfGH identifiziert auch sog. „*implizite staatliche Zuständigkeiten*", so beispielsweise die Begrenzung der Aufnahmen in den öffentlichen Dienst und die Anwendung der Mobilität: Nur der Staat könne Normen erlassen, die für alle Verwaltungen gelten (Urteil Nr. 388/2004). Es kommt hier ein Prinzip zum Tragen, das man mit *Interesse der Einheitlichkeit* überschreiben kann.

In jüngster Zeit sorgte auch ein Urteil des VfGH für Aufsehen, das die Mandatsbeschränkung für direkt gewählte Bürgermeister betrifft (Urteil Nr. 60/2023). Der Präsident des Ministerrates hatte ein Regionalgesetz der autonomen Region Sardinien (vom 11. April 2022, Nr. 9) angefochten, das abweichend vom Staatsgesetz längere Amtszeiten für die Bürgermeister vorgesehen hatte: vier aufeinanderfolgende Amtszeiten für Gemeinden bis zu 3.000 Einwohner, drei bis zu 5.000 Einwohner. Die Regierung begründete den Rekurs damit, dass die Bestimmung eine Ungleichbehandlung erzeuge und damit die Art. 3 und 117,2 litt. p) der Vf verletzte und die Zuständigkeiten der autonomen Region überschreite. Das Staatsgesetz (GvD 267/2000) sehe eine Begrenzung von zwei Amtszeiten vor, für Gemeinden unter 5000 Einwohnern maximal drei. Auch wenn es sich um eine primäre Zuständigkeit der Region handle, habe sich diese an die Grundsätze der Verfassung zu halten. Diese verlangten: „*a) die Einheitlichkeit der Regelung der Leitungsorgane der lokalen Gebietskörperschaften im gesamten Staatsgebiet; und b) den demokratischen Charakter der Organisation der lokalen Gebietskörperschaften unter dem Gesichtspunkt des notwendigen regelmäßigen Wechsels der herrschenden Klasse*".

Die Region wandte dagegen ein, dass es immer schwieriger sei, besonders auf der Insel Sardinien, Kandidaten für das Bürgermeisteramt zu finden und es deshalb notwendig sei, erfahrenen Bürgermeistern die Möglichkeit einer längeren Amtszeit einzuräumen.

Der VfGH hielt dagegen, das das Argument, wenn schon für das gesamte Staatsgebiet gelten könne, der Gesetzgeber sich aber dagegen und für einen Wechsel an den Verwaltungen entschieden habe. Er schloss sich den Argumenten der Regierung an und erklärte die entsprechenden Bestimmungen des Regionalgesetzes als verfassungswidrig. Er berief sich dabei auf die Art. 3 (Gleichheitsprinzip) und den Art. 51 der Verfassung, der gleiche Bedingungen für den Zugang zu öffentlichen Ämtern verlangt.

Dieses Urteil betrifft zwar nicht direkt Südtirol, da aber das entsprechende Regionalgesetz von TnSt auch den Bürgermeistern über 5.000 Einwohnern drei Amtszeiten ermöglicht, würde es bei einer Anfechtung ebenfalls fallen.

Auch in diesem Fall beruft sich der VfGH auf die „*Notwendigkeit der Einheitlichkeit im gesamten Staatsgebiet*" (*esigenza di uniformità in tutto il territorio nazionale*). Die Region müsse sich deshalb an diese Grundsätze der staatlichen

Gesetzgebung halten. Der Art. 51 der Verfassung garantiert ein politisches Grundrecht, das jedem Bürger als unverletzlich zuerkannt wird (gemäß Art. 2 Vf: Urteile Nr. 25/2008, Nr. 288/2007 und Nr. 539/1990), wie bereits im Urteil Nr. 277/2011 festgestellt worden sei.

Dieses Prinzip der Einheitlichkeit steht klarerweise im diametralen Widerspruch zu einer Autonomie, die sich ja gerade wegen der Möglichkeit der Differenzierung auszeichnet, natürlich mit der Grenze der Grundrechte. Ob solche durch eine längere Amtsperiode und eine Abweichung vom übrigen Staatsgebiet tatsächlich verletzt würden, ist zumindest diskutabel.

Im letzteren Falle handelt es sich um eine Region mit Sonderstatut. Auch wenn ein Teil der Urteile nur die Regionen mit ordentlichem Status betrifft, muss auf die indirekten Auswirkungen dieser Urteile auf die Sonderautonomien hingewiesen werden. Da die Besserstellungsklausel die Residualzuständigkeiten der Regionen auch auf die Sonderregionen und Provinzen ausweitet, werden durch die beschränkenden Auslegungen des VfGH auch dieselben beschränkt.

4.4. Die Ausrichtung der Rechtsprechung des VfGH

Generell muss festgestellt werden, dass der VfGH sehr wohl die Zuständigkeiten der Regionen und autonomen Provinzen mit Sonderstatut bestätigt. Dies gilt selbstverständlich auch für die Anwendung der Besserstellungsklausel und damit für die Übertragung der neuen Zuständigkeiten auf die Sonderautonomien. Dabei geht er aber alles eher als großzügig vor, vielmehr versucht er mit äußerstem Bedacht, die Zuständigkeit des Staates so weit wie möglich zu retten. Das zeigt sich vor allem an folgenden Beispielen:

- Die Bestätigung der „*alten*" Grenzen für die „*alten*" Zuständigkeiten in der Gesetzgebung der Sonderautonomien, speziell jene der grundlegenden Bestimmungen der wirtschaftlich-sozialen Reformen. Damit ergibt sich die Absurdität, dass grundsätzlich für den Staat und für die ordentlichen Regionen nur die im Art. 117,1 vorgesehenen Grenzen (Verfassung, europäische und internationale Verpflichtungen) gelten, während für die Zuständigkeiten, die darüber hinaus den Sonderregionen zustehen, die alten Grenzen aufrecht bleiben.
- Das Überwiegen von Zuständigkeiten des Staates bei der Abwägung der regionalen und staatlichen Zuständigkeiten, so beispielsweise der Umweltschutz gegenüber den Jagdgesetzen, die Einwanderung gegenüber den Zuständigkeiten im Arbeitsbereich.
- Der Ausschluss der Besserstellungsklausel für die Regionen und Provinzen mit Sonderstatut im Falle des Überwiegens der Zuständigkeit des Staates.
- Die Feststellung, dass trotz der Gleichstellung von Gemeinden, Provinzen, Großstädten und Staat gemäß Art. 114 der Verfassung der Staat aufgrund seiner Zuständigkeiten und seiner Rolle, die sich aus der Verfassung ergebe, bei Weitem nicht gleichgestellt sei.

In der Periode zwischen 2001 und 2006 wurden unter den genannten Kriterien eine Reihe von Staatsgesetzen bestätigt, in denen die Regionen mit Hinweis auf ihre Zuständigkeiten eine Anfechtung angestrengt hatten. Der VfGH ist in seinen Urteilen darauf bedacht, die zentrale Rolle des Staates zu schützen.

Tab. 26: Beschneidungen des VfGH

- ❑ ***„Alte" Grenzen für "alte" Zuständigkeiten*** der Sonderautonomien, speziell wirtschaftlich soziale Reformen. Absurdität: Für Staat und Normal-Regionen nur Grenzen von Artikel 117/1 (Verfassung, europäische und internationale Verpflichtungen);
- ❑ **Staatsbereiche sind transversal und überwiegen im Konflikt:** zB Umweltschutz zu Jagd, Einwanderung zu Arbeit, Vertragswesen zu öffentlichen Arbeiten usw.
- ❑ **implizite staatliche Zuständigkeiten",** zB Begrenzung der Aufnahmen im öffentlichen Dienst und Mobilität: Nur der Staat könne Normen erlassen, die für alle Verwaltungen gelten. Prinzip: *Interesse der Einheitlichkeit.*
- ❑ **Ausschluss der Besserstellungsklausel im Falle des Überwiegens der Zuständigkeit des Staates.**
- ❑ **Trotz Gleichstellung** von **Gemeinden**, Provinzen, Großstädten und Staat (Art 114 Vf), Begründung einer **besonderen Rolle für Staat**

5. Verbesserungen der Autonomie nach der Streitbeilegung

5.1. Keine präventive Kontrolle von Regional- und Landesgesetzen mehr

Die Regional- und Landesgesetze Trentino-Südtirols werden vom Regionalrat bzw. vom Landtag genehmigt. Sie treten damit laut AuSt noch nicht in Kraft.

Der Art. 55 des AuSt sah vor, dass die Regional- und Landesgesetze dem Regierungskommissar des Staates zum Sichtvermerk zugeleitet werden müssen. Die Zentralregierung prüfte die Gesetzesvorlagen auf ihre Rechtmäßigkeit und meritorisch auf einen möglichen Interessenskonflikt. Sie hatte 30 Tage Zeit, dem Gesetz den Sichtvermerk zu erteilen oder es – im negativen Falle – an den Regionalrat oder an den Landtag mit dem Einspruch zurückzuverweisen, dass das Gesetz die autonomen Befugnisse überschreitet oder gegen nationale Interessen oder gegen die Interessen einer der beiden Provinzen der Region verstößt. Ließ die Regierung diese 30 Tage untätig verstreichen, galten die Gesetzesvorlagen stillschweigend als rechtmäßig, wurden beurkundet und traten nach der Veröffentlichung in Kraft. Dasselbe galt natürlich für Gesetze, die mit dem Sichtvermerk versehen worden waren.

Rückverwiesene Gesetzesvorlagen konnte der Regionalrat bzw. der Landtag entweder gemäß den Einwänden der Regierung abändern und sich beugen oder mit absoluter Stimmenmehrheit der Mitglieder (im Landtag 18 von 36, im Regionalrat 36 von 70) einen sog. Beharrungsbeschluss fassen, d.h. das Gesetz in der gleichen Fassung nochmals beschließen. In diesem Fall konnte die Regierung das Gesetz nicht mehr *rückverweisen*, sondern nur mehr – innerhalb von 15 Tagen – beim VfGH (wegen Verfassungswidrigkeit) *anfechten* oder vor den Parlamentskammern den Interessensgegensatz in der Sache geltend machen. Blieb die Regierung untätig, so konnte das Gesetz 15 Tage nach Übermittlung an den Regierungskommissar beurkundet werden.

Eine Erhebung in den 1980er Jahren ergab, dass die Regierung rund einem Drittel der Südtiroler Landesgesetze den Sichtvermerk verweigerte und dem Landtag diese zur neuerlichen Behandlung rückverwies und damit den Entscheidungsrahmen des Landtages erheblich eingrenzte.[291] Der entsprechende Art. 55 stand bis zur Reform 2026 immer noch so im AuSt.

Während also für die ordentlichen Regionen die präventive Kontrolle der Regionalgesetze durch die Regierung wegfiel, stand bis 2026 noch das erschwerte Verfahren mit präventiver Kontrolle und Rückverweisung in den Sonderstatuten, für Südtirol im Art. 55 des AuSt. Die Regierung beharrte auch auf dessen Einhaltung. Die Region Aosta beschloss, das *neue* erleichterte Verfahren für das Inkrafttreten der Gesetze (aufgrund des neuen Art. 127 Vf) anzuwenden und nicht mehr den Sichtvermerk (wie im Statut noch vorgesehen) der Regierung einzuholen. Die Regierung focht den entsprechenden Beschluss der Region Aosta beim VfGH an.

Der VfGH wies (mit Beschluss Nr. 377/2002) die Klage der Regierung als unzulässig ab, mit der Begründung, dass aufgrund der Besserstellungsklausel das neue Verfahren der ordentlichen Regionen auch auf die Sonderregionen anzuwenden sei und somit das Regionalgesetz nicht einer präventiven Kontrolle unterliegen könne. Ein ähnliches Urteil erging später gegenüber der autonomen Provinz Bozen (Urteil Nr. 408/2002).

Seit der Verfassungsreform von 2001 treten also die Landes- und Regionalgesetze ohne präventive Prüfung und ohne Sichtvermerk nach ihrer Beurkundung in Kraft. Die Regierung kann sie nur mehr beim VfGH anfechten. Die Anfechtung beim Parlament wegen Verletzung der nationalen Interessen fiel weg.

Abb. 59: Erleichterter Weg der autonomen Gesetzgebung

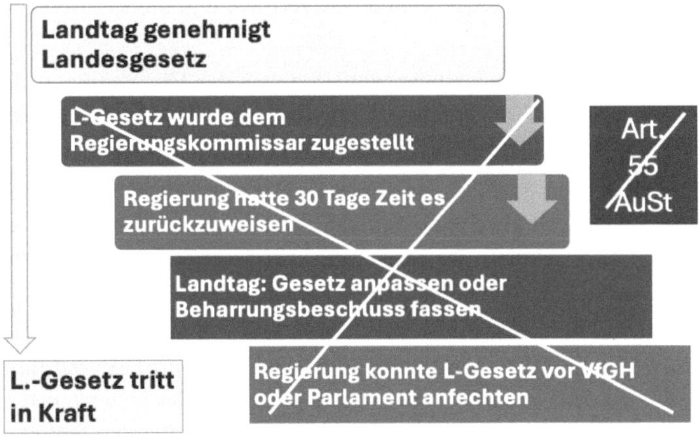

Die Vf-Reform von 2001 Nr. 3 hat die Möglichkeit der Rückverweisung von Gesetzen durch die Zentralregierung abgeschafft. Landes- und Regionalgesetze können nun direkt in Kraft treten. Quelle: Eigene Darstellung.

[291] *Peterlini, O.* (1988b de it).

5.2. Das „*interne*" Statut der Regionen und des Landes

Schon vor der Vf-Reform von 2001wurde den Regionen die Möglichkeit geboten, sich ein eigenes Statut zu geben (Vf-G 1/1999). Dabei handelt es sich um ein oder auch mehrere Regionalgesetze, die mit einem verstärkten Verfahren genehmigt werden. Die Regionalräte können darin die Regierungsform und die wesentlichen Grundsätze des Aufbaus und der Arbeitsweise der Region regeln. Sie können darin auch die Ausübung des Rechts auf Volksinitiative und die Volksbefragung auf regionaler Ebene vorsehen.

Diese Statuten sind nicht mit den Sonderstatuten (AuSt) zu verwechseln, die Verfassungsgesetze des Staates sind, nur die Sonderregionen betreffen und deren Aktionsfeld festlegen, während es sich bei den Statuen der Regionen um „*interne*" Regelungen der Arbeitsweise handelt, eine Art „*innerer Verfassung*" der Region. Sie werden vom Regionalrat mit absoluter Mehrheit und einem erschwerten Verfahren, zweimaliger Lesung mit absoluter Mehrheit im Abstand von zwei Monaten, mittels einem so verstärkten Regionalgesetz beschlossen und geändert (Art. 123 Vf).

Für die Sonderregionen wurde diese Möglichkeit eines statutarischen Gesetzes (ohne es Statut zu nennen) mit der kleinen Reform der fünf Autonomiestatute, dem Vf-Gesetz Nr. 2/2001 eingeführt, das – wie bereits erwähnt – alle Autonomiestatute erweitert hat (*supra* V. 2. Die Auswirkungen der Vf-Reformen auf die Sonderautonomien). Für Südtirol und das Trentino ist die Bestimmung seitdem im Art. 47,2 AuSt verankert.

Für den Erlass dieser statutarischen Gesetzes gelten für die Sonderregionen strengere Grenzen als für die ordentlichen Regionen (im Art. 123 Vf). Der Art. 123 nennt für letztere als Grenze nur die „*Übereinstimmung mit der Verfassung*", obwohl laut Art. 117,1 auch die internationalen Verträge und die EU-Bestimmungen zu beachten sind.

Für die Regionen mit Sonderstatut werden neben der Verfassung ausdrücklich auch die *internationalen Verpflichtungen* und darüber hinaus auch die *Grundsätze der Rechtsordnung der Republik* als Grenze angeführt (47 AuSt).

Sogar für die Region Sizilien, deren Grenzen im AuSt (Art. 14 AuSt Sizilien) viel lockerer gesetzt sind als für die anderen Sonderregionen, wurde für die Ordnung und die Wahl der Organe die neue zusätzliche Grenze der *Rechtsordnung des Staates* eingeführt.

Die Statuten für die *ordentlichen* Regionen wurden hingegen erst mit der Verfassungsreform (Vf-G 3/2001) in Kraft gesetzt und sehen als Grenzen für die Gesetzgebung die Grundsätze der Rechtsordnung nicht vor. Der Unterschied ist allerdings nur sehr fein, weil – wie bereits betont – die Grundsätze der Rechtsordnung im Wesentlichen in der Verfassung verankert sind oder sich daraus ableiten lassen, allerdings darüber hinausgehen können.

Innerhalb der genannten Grenzen kann der Landtag dieses spezielle Gesetz erlassen; dafür braucht es die absolute Mehrheit seiner Mitglieder zur Genehmigung, ein etwas vereinfachtes Verfahren gegenüber den ordentlichen Regionen, bei denen eine doppelte Lesung mit absoluter Mehrheit vorgeschrieben ist (Art. 123,2 Vf). Das Landesgesetz bestimmt:

die Regierungsform der Provinz und insbesondere die Modalitäten für die Wahl des Landtages, des Landeshauptmannes und der Landesräte, die Beziehungen zwischen den Organen der Provinz, die Einreichung und die Genehmigung des begründeten Misstrauensantrages gegen den Landeshauptmann, die Fälle von Unwählbarkeit und Unvereinbarkeit im Zusammenhang mit diesen Ämtern. (Art. 47 AuSt)

Weiters regelt das Landesgesetz das Initiativrecht der Bürger zur Einbringung von Landesgesetzen und das Verfahren zur Durchführung der Volksabstimmung zur Abschaffung von Landesgesetzen sowie der Volksbefragung auf Landesebene im Zusammenhang mit der Billigung von Vorhaben bzw. der Verwirklichung von Projekten (Art. 47,2 AuSt). Interessant ist, dass die Instrumente der direkten Demokratie auf Landesebene weiter reichen als auf Staatsebene, wo nur das Referendum, die Volksinitiative und das Petitionsrecht vorgesehen sind.

Für dieses besondere Gesetz, das die wesentlichen Regeln für die Organe der Provinz festlegen kann, gelten – neben der erwähnten absoluten Mehrheit bei der Genehmigung – besondere Fristen für die Anfechtung seitens der Regierung (30 statt 60 Tage) sowie besondere Verfahren für die Volksabstimmungen (Absätze 4 bis 6 Art. 47 AuSt).

5.3. Einige wesentliche Merkmale des Bundesstaates umgesetzt

Die Reform der Verfassung aus dem Jahre 2001 beschränkt sich auf den Titel V: die Regionen, Provinzen, Hauptstädte und Gemeinden. Dadurch fehlen einige wesentliche Merkmale des Bundesstaates, die in anderen Teilen der Verfassung abgeändert werden müssten.

Gegeben sind hingegen folgende Merkmale des Bundesstaats:

a) Die Regionen können sich eigene Statuten geben (die Statuten der autonomen Regionen sind zusätzlich verfassungsrechtlich geschützt);
b) Es gilt die Generalklausel der Zuständigkeit zugunsten der Regionen und Länder;
c) Die Gesetzgebung der Regionen unterliegt nicht mehr der Kontrolle der Regierung, sondern nur mehr jener des VfGH;
d) Die Stellung der Gliedstaaten wurde gegenüber den Zentralorganen gestärkt.

Nur teilweise gegeben sind folgende Merkmale:

a) Die Regionen haben zwar auch Zuständigkeiten im Bereich der öffentlichen Sicherheit, allerdings beschränkt auf die „*lokale Verwaltungspolizei*“[292];

[292] Art. 117 Abs. 2 Vf definiert als ausschließliche Zuständigkeit des Staates die öffentliche Sicherheit, „*ausgenommen die lokale Verwaltungspolizei*“.

b) Es wird ein Steuerföderalismus eingeführt, begrenzt durch eine Grundsatz- und Koordinierungszuständigkeit des Staates und durch Ausgleichsfonds zu Gunsten der ärmeren Regionen, Provinzen und Gemeinden.

Nicht gegeben sind folgende wichtige Merkmale eines Bundesstaates:

a) Die Republik ist nicht durch den Zusammenschluss der Regionen entstanden. Das vorherige Königreich Italien vereinigte zwar die verschiedenen Teile, aber nicht durch einen föderalen Zusammenschluss. Der Faschismus bekräftigte schließlich den Zentralismus. Die republikanische Verfassung von 1948 sah die Regionen als eine Gliederung der Republik vor.

b) Die Regionen können an der Gesetzgebung der Zentralorgane nur durch die Einbringung von Gesetzesentwürfen teilnehmen, aber nicht durch Mitwirkung in einer Länder- oder Regionenkammer.[293]

Der Verfassungsgeber war sich beim Erlass der neuen Verfassung dessen bewusst, zumal er sich auf den Titel V derselben beschränkte. In einer Übergangsbestimmung (Art. 11 Vf-G 3/2001) *ermöglicht* er deshalb, bis zur Revision des Titels I der Verfassung, die Teilnahme von Vertretern der Regionen, Provinzen und Lokalkörperschaften am Parlamentsausschuss für regionale Angelegenheiten. Die Kammern *können* – gemäß dieser Bestimmung – in ihren Reglements diese Vertretung vorsehen, was sie allerdings noch nicht getan haben. Gesetze im Bereich der konkurrierenden Zuständigkeiten der Regionen (Art. 117,3 Vf) und der Finanzregelung (Art. 119 Vf) können, bei negativem oder bedingtem Gutachten des so erweiterten regionalen Parlamentsausschusses, vom Parlament nur mit *absoluter* Mehrheit ihrer Mitglieder beschlossen werden.

5.4. Autonomie für Lokalkörperschaften

Im Gegensatz zu den Befürchtungen, dass die Autonomie nach der Streitbeilegung Österreichs stehenbleiben würde, gelang schon ein Jahr danach ein wichtiger Durchbruch. Mit Verfassungsgesetz Nr. 2 vom 23. September 1993 wurden die Sonderstatuten aller fünf autonomen Regionen – neben Südtirol auch Aosta, Friaul-Julisch Venetien, Sardinien und Sizilien – um eine wichtige Zuständigkeit erweitert: Die regionale Zuständigkeit für örtliche Körperschaften wurde von konkurrierend zu primär aufgewertet und unterliegt damit nicht mehr den Grundsätzen der Staatsgesetze. Dadurch erweiterte sich der autonome Rahmen für die Organisation der Gemeindearbeit.

5.5. Direktwahl des Landtages, Schutz vor Referendum, Minderheiten im Trentino

Eine weitere, die kleine Reform der fünf Sonderstatuten (Vf-G 2/2001) betraf ebenso direkt das Autonomiestatut. Der Landtag wurde aufgewertet, statt der Wahlen zum Regionalrat werden seitdem direkt die Landtage gewählt, die die Region

[293] Der Vf-Ausschuss der Abgeordnetenkammer hat einen neuen Anlauf zur Errichtung eines „*Senates der Regionen*" genommen und am 17.10.2007 dem Plenum zugeleitet (Nr. C 553-A).

bilden, statt umgekehrt. Vorher waren sie Unterorganisationen des Regionalrates. Erstmals wurden der Schutz und die Entwicklung der ladinischen und deutschstämmigen Minderheiten im Trentino verankert und ein eigener Sitz für die Ladiner im Trentiner Landtag reserviert. Den Ladinern wurden erstmals die Spitzenpositionen im Landtag und Regionalrat und in der Landes- und Regionalregierung ermöglicht. Die wohl wichtigste Neuerung ist, dass bei Änderungen des AuSt kein Referendum auf Staatsebene mehr erfolgen kann, wie es 1971 beim neuen Autonomiestatut nur damit vermieden werden konnte, dass auch die oppositionelle, kommunistische Partei dafür stimmte.

5.6. Primäre Zuständigkeit für Lokalfinanzen

Neben den gennannten Reformen von 2001, den neuen Zuständigkeiten samt den eingrenzenden Auslegungen, erfolgten nach der Streitbeilegung noch folgende verfassungsrelevante Erweiterungen der Autonomie, die erhebliche Verbesserungen erbrachten.

Die Zuständigkeit des Landes im Bereich der Lokalfinanzen (Art. 80 AuSt) wurde von konkurrierend zu primär (Gesetz 147/2013, Art. 1,518) aufgewertet, was dem Land die Gelegenheit gibt, die Gemeindesteuern nach den lokalen Bedürfnissen eigenständig zu regeln.

5.7. Erweitertes Ladiner-Paket

Ein erweitertes Ladiner-Paket folgte erst vor wenigen Jahren (Vf-G 1/2017) und verstärkte die Schutzbestimmungen für die Ladiner sowie für die deutschstämmigen Minderheiten im Trentino (Fernsentaler und Luserner):

Im Regionalrat und im Südtiroler Landtag können Sondersitzungen zur Behandlung der Rechte der ladinischen Sprachminderheit, der fersentalerischen und der zimbrischen Sprachgruppe stattfinden (Art. 27,2 und 49 AuSt).

Die Stellvertreter des Landeshauptmannes in Südtirol waren bis dahin der deutschen und der italienischen Sprachgruppe vorbehalten. Wie bei vielen ursprünglich vorgesehenen paritätischen Organen waren die Ladiner nicht berücksichtigt. Die neue Bestimmung sieht nun die Möglichkeit vor, drei Stellvertreter zu wählen, von denen einer der ladinischen Sprachgruppe angehören muss, sofern ein Mitglied des Landesausschusses der ladinischen Sprachgruppe angehört (Art. 50 AuSt).

Den Ladinern werden auch die Spitzenpositionen in öffentlichen Körperschaften eröffnet: In den öffentlichen Körperschaften von Landesbedeutung, in denen zwei Vizepräsidenten vorgesehen sind, müssen diese anderen Sprachgruppen als jener des Präsidenten angehören. Damit muss also einer von den dreien ein Ladiner sein. In den örtlichen Körperschaften der mittleren Ebene, die Gemeinden mit ladinischer Bevölkerungsmehrheit umfassen, bekleidet eine Person der ladinischen Sprachgruppe das Amt des Vizepräsidenten; es sei denn, eine Person der ladinischen Sprachgruppe bekleidet in derselben Körperschaft das Amt des Präsidenten (Art. 62, 2 und 3).

Zum Schutz der Ladiner wurde auch die Haushaltsgarantie verstärkt: Die Kapitel, die nicht die Mehrheit der Stimmen der ladinischen Sprachgruppe erhalten haben, werden binnen drei Tagen einer aus drei Regionalrats- bzw. Landtagsabgeordneten bestehenden Kommission unterbreitet. Diese besteht aus je einem Abgeordneten der italienischen, deutschen und ladinischen Sprachgruppe und wird vom Regionalrat bzw. vom Landtag zu Beginn der Legislaturperiode für deren ganze Dauer gemäß der Entsendung durch jede dieser Gruppen gewählt (Art. 84,3/bis AuSt).

Die Proporzbestimmungen und die Garantie des Dienstsitzes in der Provinz Bozen für die Richter waren bis dahin nur für die deutsche und italienische Sprachgruppe vorgesehen. Nun wurden diese Ungleichheiten aufgehoben und die Ladiner wurden miteingeschlossen (Art. 89,6 und 7 AuSt).

Den Dolomitenladinern des Fassatales im Trentino kann auch eine Verwaltungsautonomie gewährt werden: Die Region und die Provinz Trient können der im Gebiet ihrer Gemeinden errichteten übergemeindlichen Körperschaft „*Comun General de Fascia*“ Verwaltungsbefugnisse, Aufgaben oder Tätigkeiten zuweisen, übertragen oder delegieren, die für die Aufwertung der ladinischen Sprachminderheit von Bedeutung sind (Art. 102,3 AuSt).

5.8. Autonomie im Energiebereich

Südtirol bezieht Strom aus der eigenen Wasserkraft. Die Konzessionsvergabe für große Wasserableitungen wurde bereits vor Inkrafttreten der neuen Verfassung im Delegierungswege an die Provinzen Bozen und Trient übertragen.[294] Im Jahre 2017 änderte das Parlament, auf einvernehmlichen Antrag der Provinzen Bozen und Trient sowie der Regierung, den Art. 13 des AuSt und übertrug die Zuständigkeit für die Vergabe der Konzessionen für große Wasserableitungen in den ausschließlichen Bereich der Provinzen (Art. 1,833, Gesetz 205/2017). Damit kann das Land die Strompolitik autonom gestalten.

5.9. Verstärkte Parlamentsvertretung

Die Parlamentskammern wurden in Italien von 630 auf 400 (Kammer) und von 315 auf 200 (Senat) gekürzt (Vf-G 1/2020). Die Sitze werden proportional verteilt. Im Senat besteht aber eine Mindestvertretung für jede Region, die von sieben auf drei reduziert wurde. Diese Mindestvertretung wurde auf die autonomen Provinzen ausgeweitet (Vf-G 1/2020). Sie garantiert Südtirol (trotz Kürzung der Parlamentarier um ein Drittel) weiterhin drei Senatoren, für je 180.000 Einwohner einen, während es im Staatsgebiet 300.000 braucht. Im 200-köpfigen Senat, der um ein Drittel reduziert wurde, hat Südtirol damit seine Vertretung wesentlich verstärkt.

[294] GvD 11.11.1999, Nr. 463 änderte die Dfb zur Energie DPR 26.3.1977, Nr.235.

6. Bilanz über Fortschritte und Rückschläge

Bei all den erwähnten Erweiterungen der Autonomie geht es um fest verankerte Grundlagen, die durch die starre Verfassung und die Verfassungsgesetze (zu denen das AuSt gehört) nur mit erschwertem Verfahren abgeändert werden können und deshalb ein solides Fundament bilden.

Zusammenfassend kann festgehalten werden, dass die Verfassungsreform von 2001 mit ihrem föderalistischen Ansatz die Autonomie der Regionen und unmittelbar auch jene der Sonderregionen sowie die Autonomie Südtirols und des Trentino wesentlich erweitert hat.

Dem VfGH ging dies zu weit, sodass er – soweit er konnte – einige Bereiche eingrenzte. Er konnte zwar nicht umhin, die gelockerten Grenzen auch den autonomen Regionen und Provinzen zuzugestehen, aber nur für die *neuen* Zuständigkeiten. Obwohl die Verfassungsreform Regionen, Provinzen und Staat auf die gleiche Ebene stellt (Art. 114), teilte der VfGH dem Staat eine übergeordnete Rolle zu. In der Folge legte er fest, dass Staatszuständigkeiten als *transversale Bereiche* im Konflikt überwiegen: z.B. Umweltschutz gegenüber Jagd, Einwanderung gegenüber Arbeit, Vertragswesen gegenüber öffentlichen Arbeiten. Auch „*erfand*“ er sog. *implizite* staatliche Zuständigkeiten, z.B. die Begrenzung der Aufnahmen in den öffentlichen Dienst und die Mobilität: Nur der Staat könne Normen erlassen, die für alle Verwaltungen gelten (im Interesse der Einheitlichkeit). Bei Überwiegen der Zuständigkeit des Staates könne die Besserstellungsklausel nicht angewandt werden.

Trotzdem überwiegen die Fortschritte. Die Verfassungsreform hat für die Autonomie Südtirols und des Trentino Sachbereiche hinzugefügt, die in den schwierigen und langjährigen Verhandlungen um die Südtirol-Autonomie nicht erreicht werden konnten. Viele neue Zuständigkeiten, die der Staat den Regionen gewährte, stehen nicht im AuSt, sondern gehen dank der Verfassungsreform 3/2001 weit darüber hinaus: internationale Beziehungen und Beziehungen zur EU; Außenhandel; Berufe; wissenschaftliche und technologische Forschung; Ernährung; Zivilschutz; Häfen und Zivilflughäfen; große Verkehrs- und Schifffahrtsnetze; Energie und viele andere.

Zusätzlich hat sie die Beschränkungen der Autonomie reduziert, durch die Lockerung der Grenzen der Gesetzgebung in den Bereichen, die auch die ordentlichen Regionen genießen, wie auch durch die Generalklausel zugunsten der Regionen. Diese Generalklausel hat nicht nur neue Zuständigkeiten gebracht, sondern auch bestehende konkurrierende Zuständigkeiten in ausschließliche umgewandelt.

Neben den vielen neuen Zuständigkeiten sind die wichtigsten Errungenschaften nach dem Paketabschluss vor allem die Öffnung der Autonomie für internationale Zusammenarbeit und zur EU und der Wegfall der präventiven Kontrolle der Landesgesetze. Landesgesetze *müssten* laut Text des Autonomiestatutes (Art. 55) dem Regierungskommissar vorgelegt werden, die Regierung kann sie zurückweisen, der Landtag muss sie korrigieren oder darauf beharren, der Staat kann sie sogar vor das Parlament bringen. Aufgrund der Verfassungsreform 3/2001 treten Landesgesetze seitdem ungehindert sofort in Kraft.

Dazu kommen ca. 50 Dfb, viele Delegierungen und Finanzbestimmungen, die über das Paket hinausgehen.

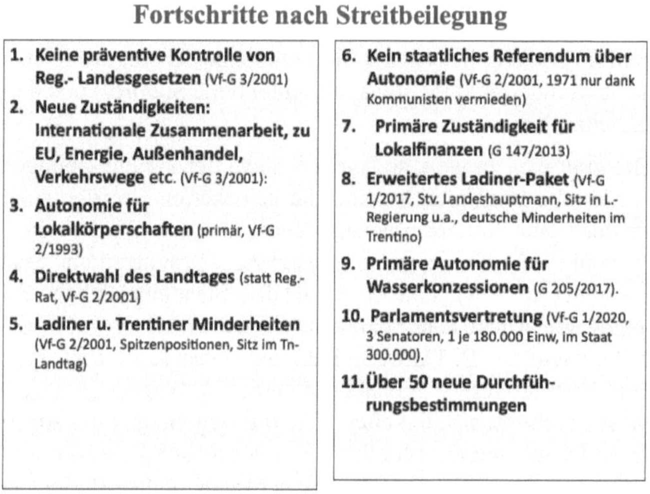

Abb. 60: Wichtigste Erweiterungen der Autonomie, die nicht im neuen AuSt von 1972 standen

7. Die jüngste Reform des Autonomiestatuts

Im Juni 2026 trat eine Reform des AuSt in Kraft (Vf-Gesetz Nr. 2/2026), die mit dem Ziel gestartet worden war, die Beschneidungen der Autonomie durch den VfGH zu reparieren.

7.1. Die Forderungen des Landes

Drei Jahre zuvor, am 3. Oktober 2023 überreichte der Südtiroler Landeshauptmann, *Arno Kompatscher*, als Koordinator der Regionen mit Sonderstatut zusammen mit vier anderen Sonderregionen, der Präsidentin des Ministerrates, *Giorgia Meloni*, einen Gesetzentwurf, mit dem die Autonomiestatuten der Spezial-Regionen überarbeitet werden sollten. Das Anliegen wurde damit begründet, dass die Vf-Reform 3/2001 (im Art. 10, der Besserstellungsklausel) davon ausgeht, dass die Autonomiestatuten angepasst werden, was seit über 20 Jahren nicht erfolgt ist.[295]

Der Art. 4 sah die Änderungen für das Südtiroler AuSt vor. Die wichtigsten darin enthaltenen Forderungen waren:

1. *Lockerung der Grenzen der Gesetzgebung*: Die Grenzen sollten für die primären Kompetenzen auf drei begrenzt werden, wie es bereits für die ordentlichen Regionen der Fall ist, nämlich auf die Verfassung, die Rechtsordnung der EU und die internationalen Verpflichtungen (mit dem Zusatz: *„zu denen der Schutz der örtlichen Sprachminderheiten gehört*"), (vgl. dazu die einschränkende Auslegung des VfGH: V.4.2.2. Keine uneingeschränkte Lockerung der Grenzen). Für die sekundären Zuständigkeiten bleiben zusätzlich die Grundsätze der Staatsgesetze. Wegfallen sollten die Grundsätze der Rechtsordnung, die nationalen Interessen und die Grundsätze der wirtschaftlich-sozialen Reformen.

2. *Wiederherstellung der durch Urteile des VfGH verlorenen Zuständigkeiten*: Die vom VfGH beschnittenen Zuständigkeiten sollten wieder hergestellt werden. (vgl. dazu V.4. Die Erkenntnisse des Verfassungsgerichtshofes). Im Besonderen geht es um folgende Bereiche, die dazukommen oder ergänzt werden sollen:

- Vertragsrecht für das Personal;
- Ergänzung der Raumordnung mit Raumentwicklung und Bauwesen (*governo del territorio, edilizia*);
- Ergänzung der *„öffentlichen Arbeiten*" mit öffentlichen Verträgen einschließlich der Vergabeverfahren samt Phase der Vertragsausführung für Bau-, Dienstleistungs- und Lieferaufträge;
- Übernahme öffentlicher Dienste in Eigenverwaltung: dazu: Errichtung, Organisation, Betrieb und Regulierung von öffentlichen Diensten im provinzialen und lokalen Interesse.

---

[295] Disposizioni concernenti l'adeguamento degli Statuti delle Regioni a statuto speciale in attuazione dell'articolo 10 della legge costituzionale del 18 ottobre 2001, n. 3., XIX Legislatura, https://assets-eu-01.kc-usercontent.com/f6962ad0-581f-014c-d417-008ef1986434/fbc08a16-d8f0-491a-8adc-de3520d10661/2023.10.03_DDL%20Cost.%20Adeguamento%20Statuti%20speciali.pdf, 14.3.2026.

Es ging praktisch um Formulierungen, die verhindern sollten, dass der VfGH die Zuständigkeiten einengend auslegt. Als neue primäre Zuständigkeiten sollten folgende dazugefügt werden:

- Schutz der Umwelt und des Ökosystems, einschließlich Wildtiermanagement;
- Handel, einschließlich Handelsurbanistik und Regelung der Öffnungszeiten der Handelsbetriebe.

3. *Kodifizierung des Gesetzes-Iter:* Der Art. 55 AuSt sollte an das durch die Vf-Reform 3/2001 vereinfachte Verfahren, ohne Rückverweisung durch die Regierung, angepasst werden, eine Kodifizierung bereits geltender und angewandter Praxis.

4. *Einvernehmen für Änderung des Autonomiestatutes:*

Damit sollten Änderungen des AuSt nur im Einvernehmen mit den Landtagen und dem Regionalrat erfolgen, also nicht allein über den Weg für Verfassungsgesetze durch das Parlament, ein alter Wunsch, der zwar mehrmals vom Parlament gutgeheißen worden war, aber letztendlich nie Gesetzeskraft erhielt.[296] Nach der ersten Lesung im Parlament sollte ein Einvernehmen mit dem Regionalrat und den Landtagen gefunden werden, die mit absoluter Mehrheit ihrer Mitglieder über den Wortlaut befinden.

5. *Konkurrierende Zuständigkeiten, in primäre aufwerten:* Mit Staatsgesetz sollten im Einvernehmen zwischen Regierung, Region und Provinzen, konkurrierende Zuständigkeiten der Regionen laut Art. 117, 3 Vf, in primäre aufgewertet werden können. Das Staatsgesetz würde eine absolute Mehrheit erfordern.

6. *Sechser- und Zwölferkommission mit bindendem Gutachten:*

Die Gutachten der Sechser- und Zwölferkommission sollten – laut Gesetzentwurf – bindend werden, sodass die Regierung die Durchführungsbestimmungen nur mehr ratifizieren sollte, eine sehr weitgehende Forderung, weil sie eine beratende Kommission defacto in ein Gesetzgebungsorgan umwandeln würde. Ebenso weitreichend war die Bestimmung, dass die Durchführungsbestimmungen auch die Beziehung zwischen der Gesetzgebungsbefugnis des Staates sowie der Region und der Provinzen in Bezug auf die Zuständigkeiten regeln sollten.

Insgesamt also ein Gesetzentwurf mit weitreichenden Forderungen, wenn auch keine umfassende, organische Reform des AuSt.

7.2. Die erzielten Neuerungen im Autonomiestatut

7.2.1. Das Ziel – Wiederherstellung der eingeschränkten Kompetenzen

Ministerpräsidentin Giorgia Meloni (Fratelli d'Italia), hatte in ihrer Regierungserklärung am 25.Oktober 2022 vor dem Parlament versprochen, *„über die Wiederherstellung der Standards der Autonomie zu verhandeln, die 1992 zur Streitbeilegung bei der UNO geführt haben*" (vgl. Kap. IV.3.3.1. Öffnung gegenüber Südtirol).

[296] Vgl. *Peterlini, O.* (2023d): Autonomie als Friedenslösung, 458 ff, 469 ff.

Nach etwa zweijährigen Verhandlungen der Südtiroler Vertreter vorrangig mit der Ministerpräsidentin, dem *Regionenminister Roberto Calderoli* (Lega) und dem Präsidenten der Sechserkommissionon, *Abg. Alessandro Urzì* (Fratelli d'Italia), dem späteren Berichterstatter in der Kammer, sowie mit einer technischen Arbeitsgruppe, einigte man sich auf einen Kompromisstext, der einen Teil des Südtirol betreffenden Artikels des Gesetzentwurfes der Regionen übernahm.

Der Kritik, dass die Vorlage keine organische und vollständige Reform der Autonomie sei und erhebliche Mängel aufweise, wie es in verschiedenen Gutachten zum Ausdruck kam,[297] entgegnete man, dass das auch nicht in der Absicht des Gesetzgebers lag. Das erklärte Ziel war es, die verlorenen Zuständigkeiten wieder herzustellen. Politisch ging es darum, die Zusage der Ministerpräsidentin wahrzunehmen und diese Gelegenheit nicht zu verpassen. Trotz teils schwerwiegender Kritiken kam ein guter Teil der Gutachter, in Abwägung der Stärken und Schwächen, zur Empfehlung, die Reform anzunehmen.

Der Südtiroler Landtag und der Trentiner Landtag, sowie der Regionalrat, die aufgrund des AuSt eine obligatorische, wenn auch nicht bindende Stellungnahme abgeben mussten, gaben je ein positives Gutachten und die Empfehlung zur Annahme des Gesetzentwurfes mit einer Reihe von Anmerkungen ab.[298]

7.2.2. Die Besserstellungsklausel bleibt weiterhin aufrecht

Der Autor dieses Buches hatte in seinem Gutachten vor allem auf einen heiklen Punkt hingewiesen.[299] Während im ursprünglichen Gesetzentwurf *Kompatschers* (mit den autonomen Regionen) vorgesehenen war,[300] dass es sich nicht um die volle Anpassung an die Vf-Reform 3/2001 (Art. 10) handelte, fehlte diese Bestimmung im vereinbarten Gesetzentwurf der Regierung. Die Befürchtung war, dass damit die Besserstellungklausel als erfüllt gewertet wird und man aller anderen, den ordentlichen Regionen gewährten Zuständigkeiten, verlustig ginge.

Diesem Einwand hat man in den Gutachten der Landtage von Bozen und Trient, des Regionalrates, der Staat-Regionen Konferenz und der Ständigen Kommission für Südtirol, der s.g. 137-Kommission (laut Südtirol Paket) ausdrücklich Rechnung

[297] *Alessi, N.P.* (27.10.2025); *Denicolò, G./Pallaver, G* (27.10.2025), 29; *Denicolò, G./Pallaver, G.* (2025), 13–16; *Hilpold. P.* (2025), 3–12; *Kollmann, C.* (2025), 34–43; *Palermo, F.* (27.10.2025); *Postal, G.F.* (27.10.2025); *Toniatti, R.* (2025), 28–33; *Toniatti, R.* (27.10.2025), *Peterlini, O.* (2025), 17–27.

[298] Camera die deputati, Atti Parlamentari, Nr. 2423, Disegno di legge costituzionale, Vf-Gesetzentwurf *Calderoli/Casellati*, eingericht am 19.6.2025, 5, samt Begleitbericht und Gutachten, https://www.camera.it/leg19/126?leg=19&idDocumento=2473, Abruf 14.3.2026.

[299] *Peterlini, O.* (2025), 17–27.

[300] Disposizioni concernenti l'adeguamento degli Stauti, Fn. 295, Art. 6.

getragen.[301] Tatsächlich bekräftigt auch der Begleitbericht des Gesetzentwurfes der Regierung diesen Standpunkt:

> *Alle konsultierten Organe haben bei der Abgabe ihrer zustimmenden Stellungnahme zu den Inhalten des Verfassungsgesetzentwurfs übereinstimmend festgestellt, dass die Änderung des Sonderstatuts keine Anpassung im Sinne von Artikel 10 des Verfassungsgesetzes vom 18. Oktober 2001, Nr. 3 darstellt, was im Übrigen auch aus dem Fehlen einer Bestimmung im Text hervorgeht, die das Außerkrafttreten der Wirkungen des genannten Artikels 10 festlegt. (Begleitbericht zum Vf-Gesetzentwurf Nr. 2423 zur Änderung des Autonomiestatutes)*[302]

Damit bleibt eine umfassende Reform und Anpassung der Autonomie an die Vf-Reform 3/2001 noch offen und die Besserstellungsklausel kann inzwischen weiterhin wirken. Zusätzlich zu den zitierten Stellungnahmen der Organe, bekräftigt auch die Regierung im Begleitbericht diesen Standpunkt mit dem Hinweis, dass jegliche Bestimmung, die das Außerkrafttreten der Wirkungen des genannten Artikels 10 (Besserstellungsklausel) vorsieht, fehlt. Zur Bedeutung dieser „*Rettung*" der Besserstellungsklausel vgl. Kap. V. Italien stärkt die Regionen, wie wirkt sich das auf Südtirol aus?

Das Vf-Gesetz Nr. 2/2026 der Reform besteht aus einem einzigen Artikel und ändert verschiedene Artikel des AuSt ab. Es übernimmt verschiedene Maßnahmen aus dem Gesetzentwurf der Regionen, die im Art. 4 für Trentino-Südtirol vorgesehen worden waren. Es war zu erwarten, dass nicht alle Forderungen und nicht in dem vorgesehenen Umfang erfüllt würden. Es war das Maximale, das in den Verhandlungen erzielt werden konnte. Außerdem fanden neue Regelungen Platz, die als Gegenleistung und Konzession zugunsten der italienischen Sprachgruppen vom Abg. *Alessandro Urzì* verlangt worden waren.

7.2.3. Lockerung der Grenzen der Gesetzgebung

Ausschließliche Zuständigkeiten

Sei es für den Staat, als auch für die ordentlichen Regionen gelten folgende drei Grenzen, an die sie sich bei ihrer Gesetzgebung halten müssen: die Verfassung, die internationalen Verpflichtungen und die Rechtsordnung der EU. Für Südtirol und das Trentino galten zusätzliche drei Grenzen: die Grundsätze der Rechtsordnung, die nationalen Interessen, in welchen der Minderheitenschutz inbegriffen ist; sowie die grundlegenden Bestimmungen der wirtschaftlich-sozialen Reformen der Republik. Innerhalb dieser Grenzen können die Länder Südtirol, Trentino und die Region Gesetze erlassen.

[301] Camera die deputati, Atti Parlamentari, Nr. 2423, Fn. 298, Anhänge 1–5: Regionalrat Trentino Südtirol, Beschluss Nr. 13 vom 14.5.2025, 9; Trentiner Landtag Beschluss Nr. 2 vom 7.5.2025, 15; Südtiroler Landtag, Beschluss Nr. 3 vom 7.5.2025 Nr. 3, 21; Permanente Staat-Regionen Konferenz, Beschluss vom 29.5.2025, 24, Ständige Kommission für die Probleme der Provinz Bozen, 12.6.2025, 26.

[302] Camera die deputati, Atti Parlamentari, Nr. 2423, Fn. 298, 5.

Der VfGH hat diese zusätzlichen Grenzen für die besonderen Zuständigkeiten des AuSt bestätigt (Vf-Urteil 48/2003), obwohl die Besserstellungsklausel vorsieht, dass die "*weitergehenden Formen der Autonomie*", die die Vf-Reform Nr. 3/2001 ordentlichen Regionen gewährte, auch auf die Sonderregionen anzuwenden seien (vgl. Kap. V. 4. 2. 2. Keine uneingeschränkte Lockerung der Grenzen). Südtirol könnte diese lockereren Grenzen nur auf die neuen Befugnisse der ordentlichen Regionen anwenden, für die darüber hinausgehenden gelten die alten Grenzen, so der VfGH (ex plurimis Urteile Nr. 536/2002, Nr. 29/2003, Nr. 48/2003; Nr. 321/2005, Nr. 227/2003)[303]

Die Grenze der *wirtschaftlich-sozialen Reformen* bedeutete, dass Südtirol seine Landesgesetze an solche staatliche Reformen anpassen musste. Mit der Reform 2026 fällt für die Landes- und Regionalgesetze diese Grenze weg. Damit fällt eine wichtige Beschränkung der Autonomie. Der autonome Rahmen, also der Freiraum für die Landesgesetze wird erweitert.

Allerdings bleiben zwei weitere Grenzen aufrecht, die über jene der ordentlichen Regionen hinausgehen, *die allgemeinen Grundsätze der Rechtsordnung* und *die nationalen Interessen, in welchen jenes des Schutzes der örtlichen sprachlichen Minderheiten inbegriffen ist.* (Art. 4 AuSt).

Eine kleine Lockerung brachte die Reform 2026 auch zur Grenze der Rechtsordnung: Der Landesgesetzgeber muss sich nicht mehr an die „*Grundsätze der Rechtsordnung*", sondern nur mehr an die „*allgemeinen Grundsätze*" derselben halten. Dies ist eine Lockerung gegenüber der Rechtsprechung des VfGH, der unter die *Grundsätze* sogar die Einheitlichkeit der Verwaltung eingeordnet hat (vgl. Kap. V.4.3.5. Öffentlicher Dienst und Amtszeit der Bürgermeister).

Sekundäre oder konkurrierende Zuständigkeiten

In diesem Bereich ist die Grenze nochmals enger gesetzt: Zu den oben angeführten Grenzen kommt (für alle Regionen) eine weitere hinzu: „*unter Beachtung der durch die Gesetze des Staates festgelegten grundlegenden Prinzipien.*" Die Einschränkung auf die *grundlegenden* Prinzipien erfolgte mit der Reform 2026. Vor der Reform mussten sich Landes- und Regionalgesetze an die "*Prinzipien*" der Staatsgesetze halten, nach der Reform nur mehr an die "*grundlegenden Prinzipien*" (Art. 5 AuSt), ein feiner, aber wichtiger Unterschied.

7.2.4. Wiederherstellung der Verluste durch Urteile des VfGH

Die Zuständigkeiten werden ausschließlich

Während bisher allein die Zuständigkeiten des Staates im Art. 117 Vf als *ausschließlich* (*esclusiva*) bezeichnet wurden, die Zuständigkeiten der Regionen und der autonomen Provinzen hingegen einfach nur als *Gesetzgebungsbefugnisse*, benennt das reformierte AuSt die Regional- und Landeskompetenzen auch als *ausschließlich* (*esclusive*).

303 *Peterlini, O.* (2022g): Südtirols Autonomie im Spannungsfeld, 213–215.

Der VfGH hat immer wieder betont, dass es sich bei den Bereichen des Staates um eine besondere Rolle und um höher gelegene Werte handelt, die transversal zu verstehen sind (ex plurimis Urteil 274/2003, 2.1.).[304] Aber in der Terminologie bezeichnet selbst der VfGH die regionalen Kompetenzen schon als exklusiv.

Demnach kann diese, zumindest in der Terminologie verwendete Gleichbezeichnung mit dem Staat bei der Auslegung vor dem VfGH eine Stärkung darstellen, sicherlich aber keine Gleichstellung mit der dem Staate vom VfGH zugeteilten übergeordneten Rolle.

Genauere und umfassendere Definitionen von Zuständigkeiten

Um eine Wiedergewinnung verlorener Zuständigkeiten zu erzielen, werden einige *Zuständigkeiten genauer und umfangreicher definiert*:

- Bei Ämterordnung und Personal (Art. 8 Pkt. 1 AuSt) kommt dazu: „*einschließlich der Regelung des Arbeitsverhältnisses und der dazugehörigen Kollektivverhandlung*;" Im Wesentlichen wie gefordert, aber anstatt die *regionale* Kollektivverhandlung, ohne diese *regionale* Bezeichnung. Die Kompetenz bleibt aber auf jeden Fall auf die Provinz begrenzt, bzw. auf die Region.
- Statt *Urbanistik und Bauleitpläne* (Art. 8, Pkt. 5 AuSt): *Landverwaltung (governo del territorio) einschl. Urbanistik, Bauwesen und Bauleitpläne*, wie gefordert.
- Statt öffentliche Arbeiten (Pkt. 17): „*Öffentliche Verträge im Interesse der Provinz, bezüglich Arbeiten, Dienste und Lieferungen*": dazu kommt also das öffentliche Vertragswesen, fast gleichlautend mit der Forderung, die ein bisschen genauer das *Verfahren zur Zuteilung und die Phase der Ausführung* anführte.
- Bei der *direkten Übernahme öffentlicher Dienste* (Pkt. 19) kommt dazu: *Einrichtung, Organisation, Betrieb und Regulierung von öffentlichen Dienstleistungen von provinziellem oder lokalem Interesse, einschließlich der Abfallwirtschaft.* Dies entspricht im Wesentlichen der Forderung, wenn auch eingegrenzt auf das „*provinzielle oder lokale Interesse*". Dazugefügt wurde die *Abfallwirtschaft*, die allerdings konkret nichts Neues bedeutet.

7.2.5. Neue ausschließliche Zuständigkeiten

Entsprechend der Forderung im Gesetzentwurf *Kompatscher* werden Umwelt und Handel exklusiv.

- „*Schutz der Umwelt und des Ökosystems von provinzialem Interesse, einschließlich des Wildtiermanagement*". Diese Zuständigkeit ist neu, beruht auf einer zentralen Forderung der Landesregierung und wird an die nunmehr als ausschließlich genannten Befugnisse der autonomen Provinzen dazugefügt (als Pkt. 29 im Art. 8 AuSt).

[304] Ibid, 215.

- dem Landeshauptmann werden die *Befugnisse der Behörde für öffentliche Sicherheit für das Wildtiermanagements* zugeteilt (was über die Forderung hinausging).
- Der *Handel* wird als neue ausschließliche Zuständigkeit kodifiziert, allerdings nur formal (als Pkt. 30 im Art. 8 eingefügt). Bisher war er als Sekundärzuständigkeit aufgelistet, aber gemäß der Besserstellungsklausel (Art. 10 Vf-Gesetz 3/2001), als Residualzuständigkeit der Regionen schon zu primärer Zuständigkeit aufgewertet und durch den VfGH bestätigt worden (Urteil Nr. 1/2004). Die im Entwurf gewünschte Ergänzung der Handelsurbanistik und der Öffnungszeiten wurde nicht gewährt.

Die Ergänzungen und Präzisierungen bilden einen wichtigen Schutzwall, um die beschnittenen Kompetenzen wieder herzustellen und vor Begrenzungen und einengenden Auslegungen des VfGH zu schützen. Auch diesbezüglich wird sich zeigen, wie der VfGH entscheidet.

7.2.6. Einvernehmen für Änderungen des Statutes

Das Autonomiestatut wird bis dato als Vf-Gesetz vom Parlament allein genehmigt, die Region und die autonomem Provinzen wurden bisher dazu nur um eine verpflichtende, aber nicht bindende *Stellungnahme* ersucht (Art. 103, 3 AuSt).

Diese „*Stellungnahme*" wurde durch ein „*Einvernehmen*" ersetzt, das nach der ersten Lesung im Parlament mit den Landtagen und dem Regionalrat erzielt werden sollte. Bei Nicht-Erreichen des Einvernehmens sollten (laut Gesetzentwurf *Kompatscher*) geplante Änderungen der Autonomie verfallen. So weit geht die Reform nicht.

Erreicht wurde im Vf-Gesetz, dass der Versuch eines Einvernehmens gemacht werden muss. Kommt es aber zu keiner Einigung, kann das Parlament allein mit den geplanten Änderungen der Autonomie fortfahren:

> *Die Entwürfe zur Änderung dieses Statuts werden nach der Annahme in erster Abstimmung in beiden Kammern dem Einvernehmen des Regionalrates und der Landtage unterworfen, das jeweils die absolute Mehrheit der Mitglieder erfordert. Wird das Einvernehmen innerhalb von sechzig Tagen nicht erreicht, können die Kammern die Änderungen mit der absoluten Mehrheit ihrer Mitglieder in der zweiten Abstimmung annehmen, unbeschadet der bereits anerkannten Autonomiestandards. (Art. 103,3 AuSt)*

Das bedeutet, dass zwar der Versuch um ein Einvernehmen gemacht werden muss (und das ist autonomierechtlich ein Fortschritt), aber das Parlament schließlich ohne Einvernehmen das Statut ändern kann, und zwar mit der für Vf-Gesetze sowieso vorgesehenen, absoluten Mehrheit.

Die Erklärung bei Paket-Abschluss und die Versuche ums Einvernehmen

Die Notwendigkeit einen Konsens bei Abänderungen der Autonomie „*zwischen den zentralen Mächten und den betroffenen Bevölkerungen*" zu finden, versprach schon *Ministerpräsident Giulio Andreotti*, vor dem Parlament, beim Abschluss der Paketmaßnahmen zur Einlösung der Streitbeilegung seitens Österreichs bei der UNO. Die Erklärung des Ministerpräsidenten wurde von beiden Kammern genehmigt. (Vgl. Kap. III.2. Andreotti erklärt Paketabschluss im Parlament).

Es folgten in den Jahren darauf im Parlament drei Anläufe seitens der Südtiroler Parlamentarier, um dieses Einvernehmen zu kodifizieren. Zwei Mal wurde das Einvernehmen sogar vom Parlament als Vf-Gesetz genehmigt, in der *Vf-Reform Berlusconi-Bossi-Fini* (der s.g. Devolution)[305] im Jahre 2005 und in der *Verfassungsreform Renzi-Boschi,*[306] im Jahr 2016. Sie wurden als genehmigte, aber nicht endgültige Texte in der Gazzetta Ufficiale veröffentlicht, fielen aber beide bei den darauf folgenden Volksbefragungen (Referenden). Eine weitere konkrete Chance erzielten die Südtiroler Parlamentarier während der zweiten Regierung von *Romano Prodi*. Der Antrag zur Verankerung eines klaren Einvernehmens war von allen Fraktionsführern der Mitte-Links Mehrheit im Jahre 2006 mitunterzeichnet worden und sollte im AuSt verankert werden.[307] Die Regierung Prodi fiel vorzeitig 2008, schon nach zwei Jahren und mit ihr der Gesetzentwurf.[308]

Das Einvernehmen im Autonomiestatut von Åland

International findet man eine klare Bestimmung für die einvernehmliche Änderung des Autonomiestatuts im Sonderverwaltungsgesetz der Ålandinseln, die zu Finnland gehören und von einer schwedischen Bevölkerung besiedelt sind: „*Dieses Statut kann nur durch übereinstimmende Beschlüsse des finnischen Parlaments und des Parlaments/Lagtings der Åland-Inseln geändert oder aufgehoben oder Ausnahmen davon gemacht werden*“ (Art. 69 Åland AuSt).[309]

7.2.7. Die bereits zuerkannten Autonomielevels als Garantie

Erreicht wurde in derselben Bestimmung über das Einvernehmen, dass die „*Levels* (*Standards*) *der bereits zugesicherten Autonomie unbeschadet bleiben müssen*“ (*fermi restando i livelli di autonomia già riconosciuti*). Ohne Einvernehmen könnte also das Parlament zwar allein das Statut ändern, aber ohne Verschlechterungen gegenüber den bereits erreichten Standards.

Es wird einer schwierigen Interpretation obliegen, festzustellen, ob eine Maßnahme tatsächlich die Autonomie-Levels unterschreitet oder nicht, besonders wenn sie in einem Gesetz durch positive Maßnahmen ausgeglichen würde. Aber die Ga-

---

[305] Disegno di legge S. 2544-D - 14ª Legislatura, (GU Nr 269 vom18. November 2005).

[306] G.U. Nr. 88, 15.4.2016, Art. 39,13.

[307] Vf-Gesetz-Entwürfe: im Senat *Peterlini, Finocchiaro* u.a. Nr. 648, eingereicht am 14.6.2006, Bestimmungen über das Verfahren zur Abänderung der Statuten der Regionen mit Sonderstatut; in der Kammer *Zeller* u.a. Nr. 203, *Bressa* u.a. Nr. 980, *Boato* Nr. 1241, *Biancofiore* u.a. 1606, *Maran* u.a. 1672, Regionalrat Aosta Nr. 1601.

[308] Ausführlich dazu: *Peterlini, O.* (2016f): Südtirols Autonomie im neuen Zentralismus, 200–202, 208–210.

[309] Autonomiestatut Åland, Act on the Autonomy of Åland, Finlex; *Peterlini, O.* (2022c): Autonomy - Model for Conflict Resolution? *Peterlini, O.* (2021c): Åland und Südtirol.

rantie steht. Da jedes Gesetz im Prinzip durch ein neues abgeändert werden kann, sollte diese Garantie vom VfGH als grundsätzliches Prinzip anerkannt und vor einseitigen Abänderungen geschützt werden. Darüber hinaus bleibt auch die Garantie auf internationaler Ebene, zumal durch die Notifizierung der Reform an Österreich und den Notenwechsel ein weiter Schritt zur völkerrechtlichen Verankerung erfolgte.

7.2.8. Paritätische Kommissionen und Durchführungsbestimmungen aufgewertet

Mit der Reform 2026 erfolgte auch eine Stärkung der Sechser- und Zwölferkommission, die die Durchführungsbestimmungen zum AuSt vorbereitet. Diese Dfb können nunmehr auch Bestimmungen zur Harmonisierung der Gesetzgebungsbefugnisse zwischen Region und Land einerseits und dem Staat andererseits vorsehen. Dabei müssen die besonderen Bedingungen der Autonomie der Region und der autonomen Provinzen Trient und Bozen berücksichtigt werden.

Diese harmonisierende Funktion kann dazu beitragen, Interpretationen zu treffen, Kompetenzen abzugrenzen und Streitigkeiten präventiv zu klären, schließt aber natürlich nicht aus, dass der VfGH im Falle einer Verfassungsklage oder Kompetenzstreitigkeit damit befasst wird.

7.2.9. Anpassungen an die Verfassungsreform: Gesetzes-Iter und Anfechtungen

Entsprechend dem *Kompatscher*-Entwurf sieht die Reform 2026 die Kodifizierung im Statut von Bestimmungen vor, die bereits seit der Vf-Reform 3/2001 (Art. 10), aber nur aufgrund der Besserstellungsklausel gelten.

- Damit wird der vereinfachte Verfahrensweg für Regional- und Landesgesetze kodifiziert, die seit 2001 nicht mehr der präventiven Kontrolle der Regierung unterliegen, sondern nach ihrer Publikation in Kraft treten können (Art. 55 AuSt).
- Die Regierung kann die lokalen Gesetze nicht mehr rückverweisen (wie im Art. 55 AuSt vorgesehen war), sondern nur mehr vor dem VfGH anfechten (Art. 98 AuSt). Das ändert nichts an der bestehenden Rechtslage, steht aber nun im AuSt.

Die Anfechtung von Staatsgesetzen soll nicht mehr der Landtag, sondern die Landesregierung beschließen können, da nur 60 Tage (Art. 127 Vf) dafür zur Verfügung stehen. Indirekt bewirkt dies aber auch eine Abwertung des Landtages.

7.2.10. Von der Regierung gewollte Änderungen

Als „*Gegenleistung*“ verlangte die Regierung, bzw. der *Abg. Urzì,* der für die Regierung mit verhandelte, folgende Maßnahmen zugunsten der Italiener, die nun im AuSt verankert sind.

a) *Verkürzte Ansässigkeit fürs Wahlrecht:*
Für die Ausübung des aktiven Wahlechtes bei Landtags- und Gemeindewahlen in Südtirol war eine vierjährige, ununterbrochene Ansässigkeit in der Region notwendig. Diese wurde von vier auf zwei Jahre reduziert (Art 25 AuSt). Die Klausel der Ansässigkeit war im neuen Autonomiestatut von 1972 vorgesehen worden, um zu verhindern, dass bei Wahlen Truppen nach Südtirol gesendet und damit die Wahl beeinflusst werden könnte.

b) *Anerkennung der historischen Ansässigkeit*
Gleichzeitig anerkennt nun das AuSt die historische Ansässigkeit, falls ein Wähler bereits in der Vergangenheit zwei Jahre Ansässigkeit angereift hat, sodass er bei seiner Rückkehr in die Provinz Bozen nicht noch einmal dieselbe Periode abwarten muss.
Diejenigen, die ihre Residenz ins Ausland verlegen, betrifft es nicht, weil bei der Auswanderung mit der Einschreibung ins Register der im Ausland lebenden Italiener (AIRE) das Wahlrecht bestehen bleibt (Art. 4 und 5, DPR 1.2.1973, Nr. 50).
Eine Erleichterung wird es für jene, die in eine andere Provinz Italiens ziehen und nach vormaliger Rechtsordnung bei ihrer Rückkehr die Ansässigkeit neu anreifen mussten.
In der Provinz Trient wird zwecks Ausübung des aktiven Wahlrechtes eine einjährige Ansässigkeit im Gebiet der Provinz verlangt wird, während für jene der Provinz Bozen in der Region.

c) *Verstärkte Vertretung im Gemeindeausschuss von Italienern*
Das AuSt sieht nun die Möglichkeit vor, einen Vertreter einer Sprachgruppe in den Gemeindeausschuss zu wählen, auch wenn nur einer dieser Sprachgruppe im Gemeinderat sitzt. Das kann de facto zugunsten eines Italieners oder eines Ladiners erfolgen. Bis dahin war vorgesehen, dass eine Sprachgruppe mit zwei Vertretern das Recht hat, im Gemeindeausschuss vertreten zu sein (Art. 612,2 AuSt).
Den Beschluss kann der Gemeinderat mit absoluter Mehrheit beschließen, sodass keine Aufweichung des Minderheitenschutzes erfolgt.

d) *Alternative Proporzberechnung für die Bildung der Landesregierung*
Ähnliches gilt zugunsten der Italiener in der Landesregierung. Bis dahin galt, dass sich die Landesregierung in ihrer Zusammensetzung an den Proporz der Sprachgruppen im Landtag halten muss. Das Problem entstand, weil die Italiener im Landtag im Verhältnis zur Volkszählung unterrepräsentiert sind. Nun ist es möglich, sich an den Proporz der Volkszählung zu halten. Aber auch das muss der Landtag mit absoluter Mehrheit beschließen, sodass das nur im Einvernehmen geschehen kann.

e) *Die deutsche Bezeichnung der Region Trentino Südtirol/Alto Adige*
Unter dem Faschismus wurde der Name *Südtirol* verboten, das Land wurde *Alto Adige* genannt. Nach dem Krieg und bis zum neuen AuSt von 1972 hieß das Land in deutsch „*Tiroler Etschland*", in italienisch „*Alto Adige*". Erst das

neue AuSt gab dem Land 1972 den Namen Südtirol zurück, die italienische Bezeichnung blieb bis heute Alto Adige. Der Art. 114 AuSt führte die deutsche Bezeichnung nach der italienischen Bezeichnung der Region als „*Trentino Alto-Adige*" in Klammern als „*Trentino-Südtirol*" ein. Die Vf-Reform von 2001 hat schließlich den Namen Südtirol (wie übrigens auch für Aosta die französische Bezeichnung) auch in der Verfassung selbst übernommen und der italienischen Bezeichnung dazugefügt: „*Trentino-Alto Adige/Südtirol*" (Art. 116 Vf).
Nun schreibt die neu Version im AuSt vor, auch in der deutschen Bezeichnung der Region, spiegelbildlich zur italienischne, den Namen Alto Adige anzufügen, sodass die Region auch im Deutschen „*Trentino-Südtirol/Alto Adige*" heißt.
Die gesamte Reform, besonders die Reduzierung der Ansässigkeit für das Wahlrecht und diese Namensgebung wurden vom Südtiroler Schützenbund, dem Südtiroler Heimatbund und deutschen Oppositionskräften, besonders der Südtiroler Heimat, scharf kritisiert.

7.2.11. Schlussfolgerungen zur Autonomiereform 2026

Die jüngst erfolgten Änderungen am AuSt stellen keine grundlegende Reform dar. Die erklärte Absicht der Gesetzgeber war das auch nicht, sondern die durch die Urteile des VfGH beklagten Verluste an Zuständigkeiten wiederherzustellen. Das erfolgte mit der Reform durch präzisere und umfassendere Formulierungen. Auch wurden einige neue Zuständigkeiten dazugefügt. Die Grenzen der Gesetzgebung wurden gelockert, die primären Zuständigkeiten zumindest verbal als ausschließlich aufgewertet. Das angepeilte Einvernehmen ersetzt die bisherige Stellungnahme, wenn keines gelingt, bleibt das letzte Wort dem Parlament. Dafür ist vorgesehen, dass die bisherigen Standards der Autonomie nicht verschlechtert werden dürfen. Die neue Aufgabe der Durchführungsbestimmungen, eine Harmonisierung zwischen den Staats- und Lokalgesetzen vorzunehmen, kann möglichen Verfahren vor dem VfGH vorbeugen. Damit verbunden ist auch eine Aufwertung der Sechser und Zwölferkommission. In diesen Kommissionen wird das Prinzip des Einvernehmens und damit die Suche nach einvernehmlichen Lösungen gefestigt.

Festzuhalten bleibt aus der Sicht einer idealen Autonomie, dass weiterhin nicht alle Zuständigkeiten primär sind, sondern wichtige Bereiche, wie Schule, Industrie, öffentliche Betriebe, Sport und Freizeit u.a. sekundär bleiben. Auch bleibt offen, wie der VfGH bei Anfechtungen reagiert.

Trotz allem enthält die Reform einige Verbesserungen und die Wiedergewinnung von reduzierten Zuständigkeiten, sodass sie einen Fortschritt für die Autonomie darstellt. Durch die Präzisierung im Begleitbericht zum Gesetzentwurf, dass die Reform nicht die volle Anpassung des AuSt an die Verfassungsreform von 2001 darstellt, bleibt die Besserstellungsklausel aufrecht und die Tür zu einer organischen Überarbeitung der Autonomie offen.

8. Resümee zur Regionalisierung

Vor der Streitbeilegung bei der UNO bestand die Befürchtung, dass nach deren Abschluss die Weiterentwicklung der Autonomie zum Stillstand kommen und Österreich seine Schutzfunktion gegenüber Südtirol verlieren könnte. Dies hat sich jedoch nicht bewahrheitet. Österreich bleibt weiterhin Partner des Pariser Vertrags, da lediglich der Streit über dessen Auslegung beigelegt wurde.

Auch hinsichtlich der weiteren Entwicklung der Autonomie kann – trotz der vom Verfassungsgerichtshof vorgenommenen Einschränkungen – insgesamt eine positive Bilanz gezogen werden. Diese konnten mit der jüngsten Reform von 2026, soweit möglich, wieder korrigiert werden.

Die neuen, mit der Verfassungsreform Nr. 3/2001 den ordentlichen Regionen gewährten Zuständigkeiten „*leuchten*“ weiterhin in das Autonomiestatut hinein. Das bedeutet, dass jene Zuständigkeiten, die den ordentlichen Regionen zuerkannt wurden, auch für die autonomen Regionen gelten, sofern sie über die bereits im Statut vorgesehenen hinausgehen. Allerdings sind diese Erweiterungen im Autonomiestatut selbst nicht ausdrücklich verankert.

Es wäre daher sinnvoll, diese weiteren, bislang ungeschriebenen, aber geltenden Änderungen im Autonomiestatut zu kodifizieren und eine organische Reform in Angriff zu nehmen. Langfristig wird die Politik wohl auch das Ziel eines Einvernehmens für Änderungen der Autonomie nicht aus den Augen verlieren und bei günstiger Gelegenheit einen weiteren Anlauf zur entsprechenden Verankerung unternehmen.

Wesentliche Verbesserungen hat die Autonomie zudem durch verschiedene andere Verfassungsgesetze und Durchführungsbestimmungen erfahren, die über das sogenannte „*Paket*“ hinausgehen (vgl. Kap. V.5. Verbesserungen der Autonomie nach der Streitbeilegung).

Festzuhalten bleibt, dass die Autonomie von den Entwicklungen im Staat nicht unberührt bleibt. Trotz ihrer verfassungsrechtlichen Garantien ist sie diesen Entwicklungen ausgesetzt: im positiven Sinne, wenn sich Tendenzen zur Regionalisierung verstärken, im negativen Sinne hingegen, wenn Gegenkräfte – etwa der Verfassungsgerichtshof oder möglicherweise auch politische Entscheidungen – in die entgegengesetzte Richtung wirken.

9. Ausblick auf die Zukunft der Autonomie

9.1. Die internen Garantien

Die letzte Paketmaßnahme, die Maßnahme 137, sieht die Einsetzung einer ständigen Kommission für die Probleme der Provinz Bozen beim Ministerratspräsidium vor. Diese Kommission ist von besonderer Bedeutung, weil sie den Grundsatz anerkennt, dass sich neue Entwicklungen ergeben werden, die neue Forderungen und Anpassungen der Autonomie notwendig machen.

Die Kommission hat die Aufgabe, die mit dem Schutz der örtlichen sprachlichen Minderheiten und mit der weiteren kulturellen, sozialen und wirtschaftlichen Entwicklung der Bevölkerung Südtirols besonders zusammenhängende Probleme zu prüfen […]. (Südtirol Paket, Maßnahme 137)

Die Kommission hat beratenden Charakter. Die Einholung des Gutachtens ist aber zwingend für allfällige Änderungen des AuSt. Die Kommission steht unter dem Vorsitz eines Unterstaatssekretärs beim Ministerratspräsidium. Sie besteht aus sieben Mitgliedern, von denen vier der deutschen, zwei der italienischen und eines der ladinischen Sprachgruppe angehören, die vom Landtag gewählt werden, das ladinische Mitglied aufgrund eines Dreiervorschlages der ladinischen Bürgermeister.

Allerdings hat sich diese Kommission bisher als wenig operativ erwiesen. Viel effizienter wirken die sog. paritätischen Kommissionen, die Zwölfer- und Sechserkommission, die über den Paketabschluss hinaus aufrechtblieben und für die Vorbereitung der Dfb zum AuSt zuständig sind (Art. 107 AuSt), obwohl sie ursprünglich nur bis zum Abschluss der Autonomiedurchführung vorgesehen waren. Der VfGH, das Gesetz zum Steuerföderalismus und die jüngste Reform, Vf-G Nr. 2/2026, haben sie wieder bestätigt.[310] Vgl. Kap. II.1.3. Die Durchführungsbestimmungen.

9.2. Die Entwicklung der Bevölkerung

Die mit dem Faschismus begonnene und auch in der Nachkriegszeit andauernde Einwanderung von Italienern nach Südtirol endete mit den neuen Autonomiebestimmungen ab den 1970er Jahren. Im Jahre 1910 waren in Südtirol 89 % der Bevölkerung deutschsprachig, 2,9 % sprachen italienisch, 3,8 % ladinisch, 4,3 % gaben andere Angaben an. Nach der Angliederung an Italien, vor allem im Faschismus, aber auch in den Nachkriegsjahren förderte Rom eine gezielte Zuwanderung aus anderen Regionen nach Südtirol. Der Anteil der deutschsprachigen Bevölkerung ging bis zum Jahre 1961 auf 62,2 % (den bis dahin niedrigsten Stand) zurück. Entsprechend nahm der italienische Bevölkerungsstand zu und erreichte seinen historischen Höhepunkt im Jahre 1961 mit 34,3 %.

Mit den neuen Schutznormen für die Minderheiten und dem Ende der staatlich geförderten Zuwanderung aus dem Süden kehrte sich die Tendenz um. Auch zogen viele Familien von Staatsbediensteten nach der Pensionierung des Stelleninhabers in ihre alte Heimat zurück.

Die deutsche Bevölkerung holte auf. Im Jahre 1991 erreichte sie ihren höchsten Stand mit 65,3 %. Eine entscheidende Rolle spielte dabei auch die wesentlich höhere Fruchtbarkeitsrate der deutschen und ladinischen Bevölkerung gegenüber der italienischen. Vgl. infra V.9.2.2. Allgemeine Fruchtbarkeitsrate nach Sprachgruppen.

9.2.1. Der Bruch: Die deutsche Sprachgruppe nimmt wieder ab

Mit der Zählung 2024 hingegen zeigt sich ein deutlicher Bruch, eine Umkehr der Tendenz.

---

[310] G 5.5.2009, Nr. 42, GU 6.5.2009.

Während die italienische und die ladinische Sprachgruppe im Jahr 2024 einen unerheblichen prozentualen Rückgang von 0,8 bzw. 0,4 Punkten (im Vergleich zu 2011) verzeichnen, der auf den Anstieg des Ausländeranteils zurückzuführen ist, erleidet die deutsche Sprachgruppe einen deutlichen Einbruch. Der Prozentsatz der deutschen Sprachgruppe sinkt um ganze fünf Punkte auf 57,5 % (2024) ab.

Tab. 27: Entwicklung der Sprachgruppen in Südtirol von 1880 bis 2024[311]

Jahre (a)	Deutsche	Italiener	Ladiner	Andere (b)	Insgesamt
			Absolute Werte		
1880	186.087	6.884	8.822	3.513	205.306
1890	187.100	9.369	8.954	4.862	210.285
1900	197.822	8.916	8.907	7.149	222.794
1910	223.913	7.339	9.429	10.770	251.451
1921	193.271	27.048	9.910	24.506	254.735
1961	232.717	128.271	12.594	281	373.863
1971	260.351	137.759	15.456	475	414.041
1981	279.544	123.965	17.736	9.593	430.568
1991	287.503	116.914	18.434	17.657	440.508
2001	296.461	113.494	18.736	34.308	462.999
2011	314.604	118.120	20.548	51.371	504.643
2024	309.000	121.520	19.853	86.560	536.933
			Prozentuelle Anteile		
1880	90,6	3,4	4,3	1,7	100,0
1890	89,0	4,5	4,3	2,3	100,0
1900	88,8	4,0	4,0	3,2	100,0
1910	89,0	2,9	3,8	4,3	100,0
1921	75,9	10,6	3,9	9,6	100,0
1961	62,2	34,3	3,4	0,1	100,0
1971	62,9	33,3	3,7	0,1	100,0
1981	64,9	28,7	4,1	2,2	100,0
1991	65,3	26,5	4,2	4,0	100,0
2001	64,0	24,5	4,0	7,4	100,0
2011	62,3	23,4	4,1	10,2	100,0
2024	57,5	22,6	3,7	16,1	100,0

Quelle: Astat, Istat, österreichische Volkszählung.

(a) Die Zahlen für die Jahre bis einschließlich 1910 beziehen sich auf die anwesende Bevölkerung. Ab der italienischen Zählung (1921) auf die ansässige Bevölkerung; im Jahre 1921müsste man für den Vergleich mit vorher die Anwesenden berechnen, das wären rund 2.000 mehr, insgesamt 256.610. Die Zahlen für die Jahre 1961, 1971 und 1981 beziehen sich

[311] *Peterlini, O.* (2000f de), 161; ISTAT; Österreichisches Stat. Zentralamt, ASTAT, Statistisches Jahrbuch für Südtirol, Bozen 2025, 116.

auf die Wohnbevölkerung, jene für das Jahr 1991 auf die gültigen Sprachgruppenerklärungen. In den Jahren bis 1961 wurde die Umgangssprache erhoben, in den Jahren 1971 und 1981 die Zugehörigkeit zu einer Sprachgruppe und ab dem Jahr 1991 die Zugehörigkeit oder Zuordnung zu einer Sprachgruppe.

(b) Unter „Andere" fallen in den einzelnen Jahren stets verschiedene definierte Personengruppen: 1880 die *„Einheimischen"* mit einer anderen Umgangssprache und die *„Nichteinheimischen"*; dasselbe gilt für 1890 und 1900; 1910 die Staatsangehörigen mit einer anderen Umgangssprache und die Nicht-Staatsangehörigen, 1921 die Ausländer; 1961 alle Ansässigen mit einer anderen Umgangssprache; 1971 alle Ansässigen, die sich zu keiner der drei Sprachgruppen zugehörig erklären; bis 1971 gaben auch die ansässigen Ausländer eine Erklärung ab. Seit 1981 sind diese Ausländer unter den *„Anderen"* aufgelistet; 1981 die ansässigen Inländer ohne gültige Erklärung der Sprachgruppenzugehörigkeit und die ansässigen Ausländer; 1991 und 2001 die ungültigen Erklärungen, die zeitweilig abwesenden Personen und die ansässigen Ausländer. Ab 2011 die ungültigen oder weißen Erklärungen, die leeren Umschläge, die zeitweilig abwesenden Personen oder Personen, die keine Erklärung abgeben wollten, und (der größte Teil) die ansässigen Ausländer. Der Anteil der Anderen ist wegen Nicht- oder ungültiger Erklärungen hoch, auf Kosten der Deutschen und Italiener. Die Ausländer sind nämlich 55.650 (10%), also 30.000 weniger als die Anderen insgesamt.

In absoluten Zahlen wird das Bild noch deutlicher: Die deutsche Sprachgruppe nimmt – trotz höherer Geburtenrate – auch in absoluten Zahlen ab, von 314.604 (2011) auf 309.000 (2024), ebenso die Ladiner von 20.548 auf 19.853, während die Italiener zunehmen, von 118.120 auf 121.520.

Die hohe wirtschaftliche Entwicklung Südtirols und der Mangel an Arbeitskräften in Italien ziehen in jüngster Zeit viele Arbeitssuchende nach Südtirol an, während junge Südtiroler, 800–1.000 netto jährlich, ins deutschsprachige Ausland abwandern, das sind rund 20 % jeden Jahrgangs (vgl. Kap. II.2.2.6. Der Rückgang der deutschen und ladinischen Bediensteten seit 2016, sowie Abb. 62: Zu- und Abwanderungen nach Österreich, Deutschland und Schweiz der 20- bis 40-Jährigen).

Für die Aufteilung der öffentlichen Stellen, sozialen und kulturellen Mittel gemäß ethnischem Proporz,[312] wird das Verhältnis der drei Sprachgruppen herangezogen (ohne die Anderen). Die Anderen können sich einer dieser drei Gruppen zum Zwecke der Autonomiebestimmungen zuordnen. Auch unter Ausschluss der Anderen büßt die deutsche Sprachgruppe ein, wenn auch in weniger sichtbarem Ausmaß, von 69,41 % (2011) auf 68,61, die Ladiner von 4,53 % auf 4,41. Leicht zugenommen hat prozentuell die italienische Sprachgruppe, von 26,06 % auf 26,98, obwohl die deutsche Volksgruppe eine höhere Fruchtbarkeitsrate aufweist (siehe Tab. 3).[313]

[312] *Peterlini, O.* (1980).
[313] ASTAT Info 56, 2024.

9.2.2. Allgemeine Fruchtbarkeitsrate nach Sprachgruppen (General Fertility Rate, GFR)

Die deutsche und die ladinische Sprachgruppe weisen eine wesentlich höhere Fruchtbarkeitsrate auf als die italienische.

Sprachgruppe	GFR (Geburten pro 1.000 Frauen 15–49)
Deutsch	49,6
Ladinisch	46,6
Italienisch (bereinigt)	28–30

Eigene Berechnung.

In stark deutschsprachigen Gemeinden werden pro 1.000 Frauen im gebärfähigen Alter jährlich rund 50 Kinder geboren, in ladinischen Gemeinden etwa 47, in der italienischen Kernbevölkerung hingegen nur etwa 28 bis 30. Die deutsche Sprachgruppe liegt heute um 60–80 % über der italienischen, die ladinische ebenfalls deutlich darüber. Die Größenordnung entspricht damit in etwa der Differenz, die bereits 1981 festgestellt wurde.

Auch wenn deutsch- und ladinischsprachige Familien im Durchschnitt mehr Kinder bekommen als italienischsprachige, reicht auch dieses höhere Niveau nicht aus, um die jeweilige Bevölkerungsgruppe langfristig ohne Zuwanderung konstant zu halten. Die demographische Dynamik Südtirols wird daher nicht nur durch Unterschiede zwischen den Sprachgruppen bestimmt, sondern zunehmend durch Migration.

Kurz zur Methode

Die Berechnung beruht auf den Geburtenzahlen 2024 und der Zahl der Frauen im Alter von 15–49 Jahren in sprachlich stark geprägten Gemeinden. Um Verzerrungen zu vermeiden, wurden für die deutsche Referenz nur Gemeinden mit mindestens 95 % deutscher Bevölkerung und mindestens 2.000 Einwohnern berücksichtigt. Da die italienischen Referenzgemeinden einen beträchtlichen Anteil deutschsprachiger und ausländischer Bevölkerung enthalten, wurde deren Einfluss modellhaft herausgerechnet. Dadurch ergibt sich eine niedrigere, plausiblere Fruchtbarkeitsrate für die italienische Kernbevölkerung.[314]

Bei der Entmischung der italienisch dominierten Gemeinden wurde die in deutsch dominierten Gemeinden ermittelte Fruchtbarkeitsrate als Referenzwert herangezogen. Dabei ist zu berücksichtigen, dass innerhalb der deutschen Sprachgruppe ebenfalls ein mögliches Stadt-Land-Gefälle bestehen kann. Sollte die Geburtenrate der deutschsprachigen Bevölkerung in urbanen Zentren etwas unter jener der überwiegend ländlichen Referenzgemeinden liegen, würde sich die geschätzte Fruchtbarkeitsrate der italienischen Sprachgruppe gering-

[314] Berechnet wurde die Allgemeine Fruchtbarkeitsrate (Geburten pro 1.000 Frauen im Alter 15–49). Grundlage sind Gemeindedaten 2024. Für die deutschsprachige Referenz wurden Gemeinden mit ≥95 % deutschem Bevölkerungsanteil und ≥2.000 Einwohnern ausgewählt. Die italienische Referenz (Bozen, Leifers) enthält relevante deutsche und ausländische Bevölkerungsanteile; deren höheres Fertilitätsniveau wurde in einer Sensitivitätsanalyse berücksichtigt, wodurch sich für die italienische Kernbevölkerung eine Fruchtbarkeitsrate von etwa 27–30 pro 1.000 Frauen ergibt.

fügig nach oben verschieben. An der grundsätzlichen Differenz zwischen den Sprachgruppen würde dies jedoch nichts Wesentliches ändern. Dem wurde durch die Spannbreite der geschätzten Werte Rechnung getragen.

Abb. 61: Allgemeine Fruchtbarkeitsrate nach Sprachgruppen in Südtirol (2024)

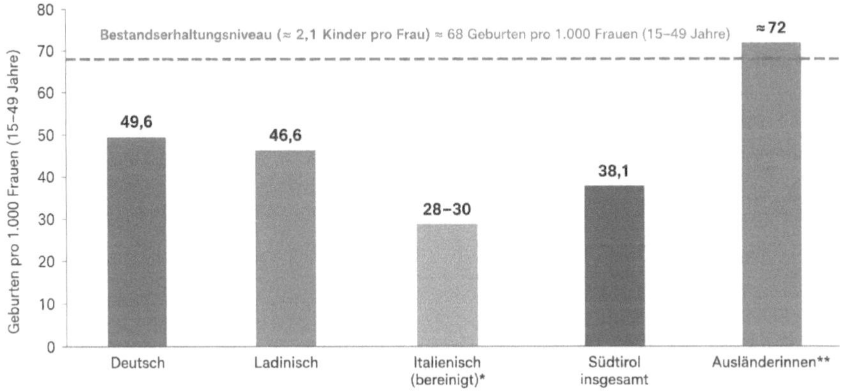

Die Abbildung zeigt, wie viele Kinder pro 1.000 Frauen im gebärfähigen Alter geboren werden. Die Linie markiert das Niveau, das nötig wäre, um die Bevölkerungszahl langfristig ohne Zuwanderung stabil zu halten (etwa 2,1 Kinder pro Frau). Die ausländischen Frauen bekommen im Durchschnitt deutlich mehr Kinder als der Landesdurchschnitt (1,51) und sind die einzige Gruppe, die über diesem Erhaltungsniveau liegt. Die drei historischen Sprachgruppen bleiben darunter.

* Italienisch = bereinigte Kernbevölkerung (Sensitivitätsanalyse: 27–30)
** Ausländerinnen = modellhafte Ableitung aus landesweiter TFR (≈2,2)

Diese Berechnung kommt zum selben Schluss, zu dem auch frühere Studien geführt haben. So zeigte schon 1988 die deutsche Bevölkerung, die großteils auf dem Land wohnt, eine um rund 70 % höhere Geburtenziffer als die italienischen Bevölkerung, die in der Stadt wohnt (1,0 Kinder pro Frau für Italiener, 1,7 für Deutsche).[315]

Eine Studie des Landesinstitutes für Statistik zeigt sogar Unterschiede zwischen den Sprachgruppen innerhalb der Stadt Bozen auf. Zwischen 1985 und 1990 stieg die Fruchtbarkeitsziffer der italienischen Bevölkerung in Bozen von 0,96 auf 1,07 Kinder pro Frau, jene der deutschsprachigen Bevölkerung von 1,28 auf 1,41. Die höchste Fruchtbarkeitsziffer wies damals das Südtiroler Unterland auf, wo die Italiener im gleichen Zeitraum allerdings stabil bei 1,25 blieben, während die Ziffer der deutschsprachigen Bevölkerung von 1,64 auf 1,46 Kinder pro Frau zurückging, allerdings immer weit höher lag als jene der Italiener.[316]

[315] *Peterlini, O.* (1989 de).
[316] *Ascolani, A.* (1998), 25–27.

Im Zeitraum von 2003 bis 2005 stieg die Fruchtbarkeitsziffer in Bozen auf 1,43 Kinder pro Frau. Verglichen mit den Landgemeinden (1,67) liegt die Fruchtbarkeit in der Stadt aber deutlich niedriger.[317] Die Alterspyramide zeigt deutlich, wie sich die natürliche Entwicklung auswirkt, und zwar – wie die Geburtenrate zeigt – ohne Eingriffe auf natürliche Weise.

Im Jahre 1981 wurde auch das Sprachgruppenverhältnis bei den Jugendlichen und Kindern erhoben. Aus der Altersstruktur der Bevölkerung und dem Sprachgruppenverhältnis bei den Kindern lässt sich die Entwicklung voraussehen:[318]

Tab. 28: Sprachgruppenverhältnis VZ 1981 nach Altersklassen

	De.	**It.**	**Lad.**
Nach Altersklassen	**%**	**%**	**%**
Gesamte Bevölkerung 1981	67	29	4
18- bis 19-Jährige	71	24	5
0- bis 3-Jährige	78	17	5

Quelle: ASTAT, VZ 1981.

Würden die damaligen Kinder bis zu drei Jahren (also die heutigen Vierzigjährigen) die gesamte Bevölkerung Südtirols ausmachen, wäre der Anteil der deutschen Sprachgruppe 78 % und jener der Italiener 17,4 %. Auch der Anteil der Ladiner würde von 4 auf 4,6 % zunehmen.

9.2.3. Braindrain ins deutschsprachige Ausland

Die deutsche und die ladinische Minderheit nimmt also trotz erheblich höherer Geburtenrate ab, sei es in Prozenten als auch in absoluten Zahlen.

Besonders dramatisch wirkt sich seit Beginn des Jahrtausend die zunehmende Abwanderung von jungen Menschen ins deutschsprachige Ausland, Deutschland Österreich und die Schweiz aus. Rund 1.300 20- bis 40-Jährige verlassen das Land jährlich, davon kehren rund 500 zurück, sodass sich eine Netto-Abwanderung von 800 jungen Leuten ergibt, bei rund 4.500 Geburten, die laufend abnehmen. Die Gründe sind, dass manche nach ihrem Studium nicht zurückkehren und die Gehälter im den nördlichen Nachbarländern attraktiver sind, während sie in Südtirol, einem Hochpreisland aufgrund der starken Nachfrage durch den Tourismus, nur leicht höheres Niveau als in Italien aufweisen. Während also vorwiegend deutschsprachige Jugendliche abwandern, rücken gleichzeitig aufgrund des Bedarfs an Arbeitskräften Italiener und Einwanderer nach, eine für den Bestand der Minderheiten gefährliche Entwicklung.

---

317 *Peterlini, O.* (2000c de), 161; ISTAT, Österreichisches Statistisches Zentralamt; *Sallustio, A.* (2008c), 17.

318 Aufgrund der neuen Gesetzgebung zur Sprachgruppenerklärung lässt sich eine solche Erhebung nicht mehr wiederholen.

Abb. 62: Zu- und Abwanderungen nach Österreich, Deutschland und Schweiz der 20- bis 40-Jährigen

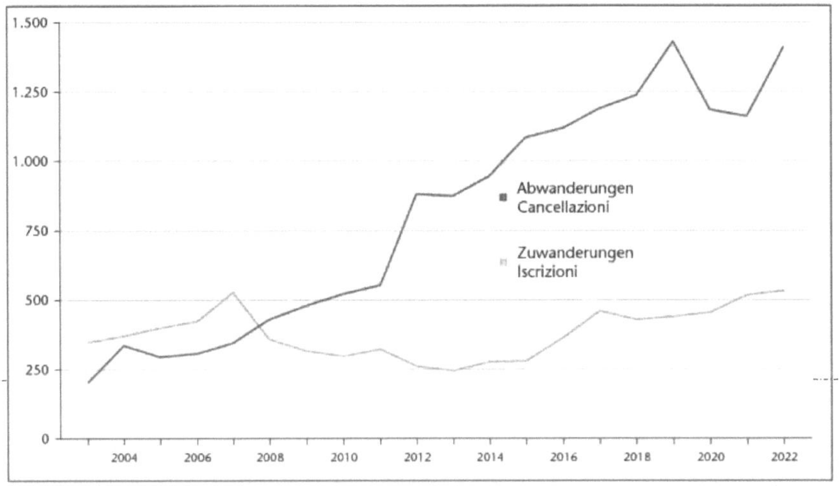

Quelle: ISTAT/ASTAT *Fonte:* ISTAT/ASTAT

9.3. Ausblick auf eine dynamische Autonomie

Beim Abschluss der Arbeiten der 19er-Kommission, die die Paketmaßnahmen vorbereitet hat, im April 1964, gaben die Südtiroler Vertreter eine Erklärung zu Protokoll, die auch seitens der Landesversammlung der SVP bei der Paketannahme am 22./23. November 1969 bestätigt wurde. Die Protokollerklärung in der 19er-Kommission lautet:

> *Die Kommission hat die Probleme Südtirols, wie sie sich gegenwärtig dartun und bestehen, untersucht, wenn auch nicht immer alle Fragen und Gesichtspunkte einer Einzelprüfung unterzogen werden konnten. Dies auch im Hinblick auf die ständige Entwicklung sowohl der politischen Einrichtungen als auch im Zusammenhang mit den wirtschaftlichen und sozialen Gegebenheiten. Eine Entwicklung, die niemandem verborgen bleiben kann, die aber notwendigerweise neue Fragen aufwirft und neue Erfordernisse erheischt. Diese können jedoch heute weder vorausgesehen noch erkannt werden. Nichts ist im menschlichen Leben und in den menschlichen Beziehungen endgültig. Die ständige Entwicklung allen Daseins wird, auch in der Überwindung der starren Paragraphen, neue Erfordernisse schaffen, neue Gesichtspunkte und Probleme aufwerfen. Nur in einem Geiste der Verständigung können sie in Angriff genommen und einer Lösung zugeführt werden.* (SVP in 19er-Kommission, 1964)

Die SVP-Landesversammlung hat anlässlich der mit knapper Mehrheit am 23. November 1969 erfolgten Annahme des Paketes in einer Entschließung (der Mehrheit) diese Erklärung bekräftigt und gleichzeitig auch die Erwartung ausgedrückt, dass

> *nach der Durchführung des Paketes in einem Klima des friedlichen Zusammenlebens und eines neuen Vertrauensverhältnisses zwischen dem Staat und der Volksgruppe es möglich werde, dass Italien auch den bisher unerfüllten Forderungen der Südtiroler Vertreter als weiteren Akten der Durchführung des Pariser Vertrages in einem europäischen Geist gebührend Rechnung trägt.* (Entschließung SVP-Landesversammlung 1969)[319]

Besser konnte in der damaligen Situation nicht klargestellt werden, dass das Paket kein Endpunkt sein kann, sondern sich dynamisch fortentwickeln muss.[320]

9.4. Der epochale Umbruch in Europa

Seit dem Jahre 1989 ist in Europa ein epochaler Umbruch im Gange. Die kleinen Völker versuchen in einem atemberaubenden Vorgang, die zentralistische Bevormundung abzustreifen. Noch ein Jahr zuvor schien Europa in der Nachkriegsordnung von Jalta eingemauert. Selbst die versiertesten Fachleute konnten den Fall der Berliner Mauer nicht voraussehen. Die Sowjetunion hielt man für zentralistisch fest kontrolliert und für außerordentlich stabil. Ein eigenständiges Bestreben der baltischen Staaten, asiatischer Randrepubliken der Sowjetunion, des russischen Kernlandes, der Ukraine oder Moldawiens schien unvorstellbar zu sein. Man sprach in diesem Zusammenhang von „*politischen Utopien*". Russland hat allerdings den Verlust der Ukraine nicht hinnehmen wollen und in seinem Imperialismus den Angriffskrieg gestartet. Die mangelnde Gewährung einer Autonomie im Donbass für die russischen Minderheiten bot einen willkommenen Anlass und bestätigt unsere These, dass das den Widerstand gegen die Zentrale nährt. Der neue Imperialismus Russlands wird aber die Entwicklung nicht aufhalten können.

Die Bestrebungen zur politischen Eigenständigkeit wären ohne neues Verständnis der Souveränität der Völker, die sich in unfreiwillige künstliche Zentralstaatsgebilde pressen lassen mussten, nicht denkbar. Die nationale Souveränität wird demnach ganz selbstverständlich über die Verfassung und die Gesetze des Zentralstaates gestellt, auch wenn den Souveränitätserklärungen (die von den Zentralen jedes Mal als illegal und nicht verfassungsmäßig bezeichnet werden) auf Anhieb keine volle Wirkung folgen kann.[321] Auch die Demokratien des Westens sind von diesem epochemachenden Wandel inzwischen längst erfasst. Der größte Hoffnungsträger für die Überwindung der Grenzen bleibt aber das Zusammenwachsen der Länder in der Europäischen Union.

---

[319] *Magnago, S.* (1976), 44.

[320] Über den Abschluss des Südtirol-Paketes vgl. auch *Di Michele, A./Palermo, F./Pallaver, G.* (Hg) (2003).

[321] Neue Mitte, Südtirol 2000 (1991).

9.5. Die Entwicklung in Italien

In Italien gewannen die Autonomiebestrebungen ebenfalls immer stärker an Boden und die großen italienischen Parteien schwenkten zu Beginn der 1990er Jahre auf einen neuen föderalistischen Kurs um. Dazu gedrängt wurden sie auch von der *Lega Nord*, einer politischen Bewegung, die an die Unabhängigkeitskämpfe gegen den deutschen *Kaiser Friedrich I. Barbarossa* (1122–1190) im 12. Jahrhundert erinnert und diese weit zurückliegende Tradition als erneuten Auftrag in eine neue politische Ordnung umsetzen will.

Auch die Regionen Italiens bliesen zum Aufbruch. Neben den eindeutigen Erklärungen und einem gemeinsamen Verfassungsentwurf der Konferenzen der Regionalräte Italiens in diese Richtung haben auch viele Regionalräte mit eigenen Stellungnahmen in die damals laufende Verfassungsdiskussion eingegriffen und die Umwandlung des Staates in einen Bundesstaat oder einen verstärkten Regionalismus verlangt. Die Verfassungsreform von 2001 (Vf-G 3/2001) hat den Regionalismus wesentlich gestärkt (vgl. *infra* Kap. V. Italien stärkt die Regionen, wie wirkt sich das auf Südtirol aus?) Allerdings hat der VfGH sehr enge Auslegungen vorgenommen.[322] Die Sparmaßnahmen der Regierung angesichts des drohenden Staatsbankrotts seit 2011 und der Auflagen der EU gehen ebenfalls vor allem zu Lasten der Regionen und der Lokalkörperschaften. Auch verlagerten sich die Ziele der *Lega* seit der neuen Führung unter *Matteo Salvini*, der von den föderalistischen Zielen mehr auf die Bekämpfung der Einwanderung umgeschwenkt ist. Die Verfassungsreform von *Ministerpräsident Matteo Renzi* zeigte klare zentralistische Züge.[323] Sie wurde allerdings im Jahre 2016 vom Volk mit Referendum abgelehnt.[324]

Die Regionen des Nordens fordern und verhandeln weiterhin um eine größere Autonomie und um die Durchführung des Art. 116,3 der Verfassung, der auch für die ordentlichen Regionen *„weitere Formen und besondere Arten der Autonomie"* zuerkennt. Das entsprechende Gesetz (Nr. 86, vom 26. Juni 2024) wurde allerdings vom VfGH in weiten Teilen als verfassungswidrig erklärt (Urteil 192/2024), mit einigen Begründungen, die auch in diesem Fall die zentralistische Haltung des VfGH bekräftigen, mit möglichen Auswirkungen auch auf die Sonderautonomien. Die Schwierigkeiten entsprechen dem Gesetz zum Steuerföderalismus (42/2009), das wegen der Spannungen zwischen Nord und Süd, Verfassungszielen und Sparmaßnahmen bei den Grundsätzen stecken geblieben ist.[325]

[322] *Marcelli, F./Giammusso, V.* (2006); *Peterlini, O.* (2000f de), 256–275.

[323] *Peterlini, O.* (2016g), 252–271.

[324] Ministero dell'Interno, Referendum 2016.

[325] Vgl. *Peterlini, O.* (2012i).

10. Ausblick auf Europa

Österreich war es in den Jahren 1960 und 1961 gelungen, das ungelöste Südtirol Problem vor die Vollversammlung der Vereinten Nationen zu bringen, ein großes Verdienst des Österreichischen Bundeskanzlers Bruno Kreisky.

Dem guten Willen der beiden Staaten und weitsichtigen Politikern in Italien und Österreich, sowie beider Sprachgruppen in Südtirol selbst, ist es zu verdanken, dass man Schritt für Schritt, geduldig um eine Lösung rang und schließlich erzielte. Selbstverständlich ist das nicht, wenn man die vielen ungelösten Probleme zwischen Nationalitäten auf der Welt betrachtet. Mit der Streitbeilegung Österreichs vor der UNO endete ein langwieriger Streit um die Auslegung und Anwendung des Pariser Vertrages. Österreich und Italien bleiben weiterhin Partner dieses Vertrages.

Damit war auch der Weg frei für den Beitritt Österreich zur Europäischen Union (EU), den Italien in Erwartung der Streitbeilegung verzögert hatte. Nach einer positiven Volksabstimmung 1994 trat das Land gemeinsam mit Finnland und Schweden bei und ist seit 1. Jänner 1995 Mitglied der EU. Aufgrund des Schengener Abkommen (1985 unterzeichnet) fiel am Brenner, dem zentralen Übergang zwischen den beiden Staaten, am 1. April 1998 der Grenzbalken und mit ihm die Grenzkontrolle. Am 1. Januar 1999 trat der Euro zuerst als Buchgeld und am 1. Jänner 2002 als Bargeld in Italien und Österreich zeitgleich mit den damaligen 12 Teilnehmerstaaten der Europäischen Währungsunion in Kraft.

Einen guten Anfang nahm auch die überregionale, grenzüberschreitende Zusammenarbeit der ehemaligen Landesteile Tirols. Am 5. Juli 2006 erließ die EU die bahnbrechende Verordnung (EG) 1082/2006 und stellte damit die grenzüberschreitende, transnationale und interregionale Zusammenarbeit innerhalb der Europäischen Union auf eine solide Rechtsgrundlage, weitgehend unabhängig vom innerstaatlichen Recht.

Auf dieser Grundlage gründeten am 14. Juni 2011 die Länder Südtirol, Trentino (beide Italien) und das Bundesland Tirol (Österreich) die „Europaregion (Euregio) Tirol-Südtirol-Trentino“ als „Europäischen Verbund für territoriale Zusammenarbeit“ (EVTZ).[326] Das Zusammenwachsen beider Nachbarstaaten im gemeinsamen Europa und die friedliche Beziehung zwischen den beiden, lässt die Hoffnung zu, dass die Grenzen immer mehr überwunden werden können.

[326] Europaregion Tirol – Südtirol – Trentino, Europäischer Verbund für Territoriale Zusammenarbeit (EVTZ). Vgl. *Peterlini, O.* (2023a), 187–192.

VI. Was einer idealen Autonomie noch fehlt

Die ideale Lösung, um Nationalitätenkonflikte und die Schaffung von Minderheiten in einem fremden Staat zu vermeiden, wäre eine entsprechende Grenzziehung, die den kulturellen und sprachlichen Räumen und dem Recht auf Selbstbestimmung Rechnung trägt. Die Realität sieht leider anders aus. Auch lassen sich dadurch Nationalitätenkonflikte nicht immer vermeiden, wenn beispielsweise mehrere Volksgruppen auf einem Territorium, meist in einem Grenzgebiet, leben. In den Fällen einer unbefriedigenden Grenzziehung bietet sich die Autonomielösung als zweitbeste Lösung an. Wird sie aber der hohen Anforderung der Friedenssicherung gerecht?

Das Beispiel Südtirols, das nunmehr seit 100 Jahren bei Italien ist, zeigt eine wechselvolle Geschichte. Nach den Jahren des Faschismus und der unbefriedigenden Lage auch unter dem demokratischen Italien nach 1948 hat es schwere Spannungen und Gewaltakte gegeben. Erst die neue Autonomie hat die Lage sichtlich entspannt. Die Gewalt hat schlagartig aufgehört, als 1992 die Streitbeilegung vor der UNO erfolgte. Die Eigengesetzgebung und Verwaltung ermöglichen es, auf die wirtschaftlichen und sozialen Bedürfnisse vor Ort gezielt einzugehen. Die Wirtschaft blüht, Sprache und Kultur sind geschützt. Wie sich aus der Analyse und dem Vergleich zeigt, ist Südtirols Autonomie nicht vollständig und kann weiter ausgebaut werden. Besonders die Zentralisierungstendenzen sind aber gefährlich für die Autonomie.

Am Endergebnis gemessen kann man also die Frage, ob sich eine Autonomie als Friedenslösung für Minderheiten eignet, klar bejahen. Natürlich ist sie die zweitbeste Lösung nach der Selbstbestimmung und einer Grenzziehung, die möglichst auf die Siedlungsgebiete der Nationalitäten Rücksicht nimmt. Das bestätigt auch die Geschichte: Immer dann, wenn fremde Völkerschaften oder auch die eigenen Landesherren das Volk bedrohten oder unterdrückten, kam es zu Konflikten, zum Widerstand oder zur offenen Rebellion. Je großzügiger hingegen das Eigenleben und die Freiheiten – auch schon im historischen Tirol – respektiert wurden, desto friedlicher gestalteten sich die Beziehungen zwischen den Herrschenden und der Bevölkerung.

Zum gleichen Ergebnis kommt *Matteo Monti* (2021),[327] der untersucht, wie sich die Gewährung einer asymmetrischen Staatsform zugunsten von ethnischen Minderheiten bzw. deren Verweigerung auf den Willen zur Sezession auswirkt. Anhand der Fallbeispiele der Basken und der Katalanen in Spanien sowie der Südtiroler und Aostaner in Italien kommt er zu dem Schluss, dass die Negation einer asymmetrischen Form mit dem Sezessionswillen direkt korreliert, während ein verhandelter Sonderstatus mit den Minderheiten als Form einer inneren Selbstbestimmung wahrgenommen wird und den Willen zur Sezession schwächt.

[327] *Monti, M.* (2021), 93–396.

Die Lehre daraus ist, dass ein Staat sich selbst und auch seine Grenzen am besten verteidigt, wenn er Minderheiten schützt und durch eine großzügige Autonomie zufriedenstellt. Der Wille zu einer Sezession wird, wenn nicht ausgehöhlt, so doch deutlich geschwächt (These 1): Diese Lehre können sich all jene Staaten zu Herzen nehmen, die den Minderheiten keine Autonomie gewähren, was auch innerhalb der EU – besonders im Osten Europas – leider der Fall ist.

Wie eigenständig ist Südtirol?

Die Frage lautet aber auch, wie eigenständig und widerstandsfähig eine solche Autonomie ist, um tatsächlich langfristig zu währen, und welchen Gefahren sie ausgesetzt ist. Die Untersuchung der Einflüsse durch staatliche Gesetze, Reformen, Wahlsysteme, Finanz- und Steuermaßnahmen, aber auch überstaatliche und europäische Bindungen zeigen eines ganz deutlich: Die Autonomie hat keine Bestandsgarantie, sie ist laufend einer möglichen Aushöhlung ausgesetzt (Thesen 2 und 3). Bedingung für deren Erhalt und Ausbau ist der Einsatz der Minderheit und seiner Vertreter, indem sie ihre Autonomie verteidigen und an neue Rahmenbedingungen anpassen.

Eine Schwäche tritt besonders deutlich zum Ausdruck: Auch die Autonomie Südtirols, die vielfach als Vorbild gelobt wird, obwohl es stärkere Modelle in der Welt gibt, hat „*angeborene*“ Defizite. Die Grenzen der Gesetzgebung sind sehr eng geschnürt, dazu gehören neben der EU, den internationalen Verträgen und der Verfassung auch Begrenzungen, die die Autonomie von innerstaatlichen Geschehnissen abhängig machen und damit laufend Gefährdungen aussetzen. Für die Regionen mit ordentlichem Statut gelten seit der Verfassungsreform von 2001 nur die drei aufgezeigten Grenzen (EU, Völkerrecht und Verfassung), gegen die nichts einzuwenden ist. Für die Regionen mit Sonderstatut gelten (für darüber hinausgehende Zuständigkeiten) zusätzlich die alten Grenzen, so die Rechtsordnung der Republik (Prinzipien, die über die Verfassung hinausreichen) und die nationalen Interessen; soweit für die Bereiche der primären Gesetzgebung. Die grundlegenden Bestimmungen der wirtschaftlich-sozialen Reformen sind mit der Reform 2026 gefallen. Für die Bereiche der konkurrierenden Gesetzgebung kommen noch die Grundsätze der Staatsgesetze hinzu. Dazu hat der VfGH festgelegt, dass die staatlichen Zuständigkeiten transversal sind und autonome Zuständigkeiten brechen können. Damit ist die Autonomie ständigen Gefährdungen ausgesetzt und nicht nur von Verfassungsänderungen, sondern auch von zentralistischen Auslegungen des VfGH abhängig.

Dabei ist nicht zu leugnen, dass die Einflüsse einer Entwicklung im Staate auch positiv wirken können, wie es bei der Ausweitung der Autonomie für die ordentlichen Regionen durch die Verfassungsreform von 2001 erfolgt ist. Bei der umgekehrten Entwicklung zu einer Zentralisierung gilt jedoch derselbe Einfluss. Gezeigt hat sich auch, dass eine Föderalisierung oder stärkere Regionalisierung des Staates sich positiv auf die Autonomien auswirkt (These 3a) und die Gefahr einer Gleichschaltung bisher nicht eingetreten ist.

Besonders deutlich wurde diese Abhängigkeit durch die laufenden Reformen der Steuer- und Finanzgesetze des Staates und in der Folge der Finanzierung der Autonomie. Diesbezügliche Änderungen unterliegen zwar dem Einvernehmen, aber die Schuldenkrise Italiens hat gezeigt, wie Druck ausgeübt werden kann, um auch Südtirols Finanzierung zu kürzen. Besonders deutlich wurde dies 2014 mit dem sog. Bozner Abkommen, das euphemistisch „*Garantiepakt*“ genannt wurde.

Auch Wahlgesetze können eine Minderheit schützen, begrenzen oder gar von einer Vertretung ausschließen (These 2). Seit der VfGH (bzgl. der Vertretung im Proporzsystem für die Kammerwahl)[328] anerkannt hat, dass auch eine Vertretung in den Organen zum Minderheitenschutz gehört, ist die Gefahr eines kompletten Ausschlusses gemildert. Dennoch kann eine Schwächung durch zukünftige Reformen nicht ausgeschlossen werden. Wir haben gesehen, wie Proporzsysteme für verstreute Minderheiten schützend wirken können, wie aber für territorial konzentrierte Minderheiten und deren ethnoregionale Parteien sich Mehrheitswahlsysteme besser eignen. Sonderregelungen waren immer wieder notwendig, um die Vertretung der Minderheiten im Parlament zu sichern. Diese haben allerdings manchmal die demokratiepolitisch bedenkliche Folge, dass kleinere Gruppen, auch der Minderheiten selbst, ausgeschlossen bleiben, z.B. durch die Anwendung des Mehrheitswahlrechtes oder einer Prozentklausel, die zwar für die Mehrheitspartei der Minderheiten reicht, nicht aber für kleinere Minderheiten der Minderheit.

Dazu kommt die neue Erkenntnis, dass ein Proporzsystem mit Prämien die Minderheiten von gesamtstaatlichen Parteien abhängig macht, wenn sie nicht von vornherein auf der Verliererseite stehen wollen. Generell hat sich gezeigt, dass in Autonomiefragen sehr viel vom guten Willen der Regierung abhängt. Erwiesen hat sich dies vor allem unter den Mitte-links-Regierungen.

Die europäische Integration hatte hingegen auch Einflüsse auf die Autonomie, weil im Gegensatz zu den Åland-Inseln in den EU-Beitrittsverträgen keine Schutznorm eingebaut worden war. Diese Konflikte konnten aber ohne sichtliche Einbußen für die Autonomie gelöst werden. Viel stärker überwiegen die Vorteile der europäischen Integration, die ein Zusammenrücken über die Grenzen hinweg ermöglichen und die Regionen gestärkt haben. Eine Abschottung der Staaten wegen der Immigration und Grenzschließungen wären ein Rückschritt. Deshalb sollte mit wirksamen Methoden der Euroskeptizismus zum Schutz der Minderheiten bekämpft werden. Maßnahmen zu Fragen der Immigration, samt einem großzügigen Marshallplan für Afrika, gehörten dazu.

Bedenklich bleiben für die Minderheiten die schwindende Geburtenrate und die Abwanderung von jungen Menschen, die den Bestand derselben tatsächlich schwer gefährden.

[328] VfGH-Urteil Nr. 438/1993, der Rekurs wurde allerdings nicht zugelassen.

Die internationale Verankerung der Autonomie durch den Pariser Vertrag und das Paket, das durch nachfolgende Handlungen völkerrechtlich relevant geworden ist, bilden den Grundstein, auf dem die Autonomie steht. Sie heben die Qualität der Südtirol-Autonomie auch positiv von Autonomien ab, die zwar viel weiter reichten (wie z.B. Macau oder Hongkong), aber langfristig international keinen Schutz genießen und somit den Assimilierungen der Zentralstaaten ausgesetzt sind. Der internationale Schutz der Südtirol-Autonomie wirkt jedoch nur für grobe Verletzungen, die vor dem IGH in Den Haag ausgetragen werden können (laut Paket nicht mehr vor der UNO). Geringfügigere Gefährdungen können wohl kaum dort verteidigt werden, sie könnten trotzdem Schritt für Schritt die Autonomie langfristig aushöhlen. Dafür wäre eine internes, verfassungsrechtliches Einvernehmen für Änderungen umso wichtiger.

Die ideale Friedenslösung wäre, wenn alle Völker und Volksgruppen frei über ihr Schicksal entscheiden könnten und die Grenzen entlang der Siedlungsgebiete verliefen. Die Wirklichkeit sieht leider anders aus. Die Grenzen wurden vielfach auf der Landkarte gezogen. Grenzen zu verschieben ist, zumindest in der gegebenen politischen Konstellation, ohne freiwilliges Abtreten oder Krieg kaum möglich.

In Zukunft können sich die Verhältnisse ändern, nichts ist in der Geschichte in Stein gemeißelt.

Aber unter den gegebenen Umständen bietet sich die innere Selbstbestimmung in Form einer Autonomie als zweitbeste Lösung zur Friedenssicherung und Befriedung der Minderheiten an, die durch das Zusammenwachsen der Staaten weiter gefördert wird. Wenn man Grenzen schon nicht verschieben kann, so doch überwinden! Die ungelöste Südtirol Frage bildete jahrzehntelang die Ursache für Spannungen und gewaltsame Konflikte. Glücklicherweise fand man, zum Unterschied von vielen anderen Gebieten in der Welt, die nie zur Ruhe kommen (um nur an Palästina zu denken), eine zufriedenstellende Autonomielösung.

In diesem Lichte kann man also feststellen, dass die Autonomie eine geeignete Friedenslösung darstellt und Minderheitenprobleme lösen kann. Deren Beständigkeit muss aber innerstaatlich gefestigt werden, durch Garantien gegen die aufgezeigten Schwächen, besonders durch weniger enge Bande für die Gesetzgebung, eine Hebung der Qualität der Zuständigkeiten, durch eine Festschreibung des Einvernehmens für ihre Änderung. Last, not least muss auch die Minderheit selbst die Einhaltung der Autonomie wachsam verteidigen. Und dafür ist der Einbezug aller Volksgruppen die beste Garantie.

Die schwindende Geburtenrate und die Abwanderung von 20 % eines jeden Jahrganges gefährden allerdings den Bestand der Minderheiten.

1. Die ideale Autonomie

1.1. Zwölf Merkmale einer idealen Autonomie

Aus der vorliegenden Untersuchung und den Schlussfolgerungen lassen sich einige Punkte für eine ideale Autonomie ableiten, welche die Stärken einer Autonomie ausmachen, und die aufgedeckten Schwächen mildern, wenn nicht sogar ganz beheben könnten. Ein Idealbild bedeutet aber auch, dass die Wirklichkeit nicht immer an das Ideal heranreicht und es trotzdem brauchbare Lösungen liefern kann.

1. Eine internationale Verankerung der Autonomie in Gesetzgebung und Verwaltung, damit sie nicht allein vom innerstaatlichen (guten oder schlechten) Willen abhängig ist. Die EU könnte diesbezüglich einen Mindestrahmen schaffen, den vor allem die Minderheiten in Osteuropa brauchen, da es für sie keine völkerrechtlichen Verträge gibt.

2. Verfassungsrechtliche innerstaatliche Absicherung mit erschwertem Verfahren für Abänderungen; Ausschluss eines gesamtstaatlichen Referendums darüber.

3. Einvernehmen zwischen Zentralstaat und Autonomien bei der Ausarbeitung der Autonomie sowie Sicherung, dass **Abänderungen nur im Einvernehmen** erfolgen dürfen; sofern die Autonomie auf einem internationalen Vertrag beruht, zusätzliches Einvernehmen zwischen den betroffenen Staaten.

4. Paritätische Kommission zur Durchführung der Autonomie, von Vertretern des Zentralstaates und der Autonomie beschicktes Organ (das Modell der Åland-Delegation und der Südtiroler Sechser- und Zwölferkommission hat sich bewährt); die Durchführung erfolgte aufgrund der von diesen Kommissionen vorgeschlagenen Dekrete, durch die Regierung, ohne das Parlament befassen zu müssen.

5. Sprach-, Kultur- und Minderheitenschutz-Regeln zum Schutz von Individual- und Gruppenrechten, einschließlich Gleichstellung der Minderheitensprache mit der Staatssprache im Gebiet der Autonomie, Gebrauch der Muttersprache in öffentlichen Ämtern, bei Polizei und Gericht, Unterricht in der Muttersprache, Schutz und Förderung der örtlichen Ortsnamen, Sitten und Gebräuche.

6. Primäre, exklusive Zuständigkeiten der Autonomie; Schranken der Gesetzgebung beschränkt auf: Völkerrecht, EU-Recht (für Mitgliedsstaaten) und Grundsätze der Verfassung; direktes Inkrafttreten der Regional- und Landesgesetze ohne präventive Prüfung der Gesetzgebung durch die Zentralorgane.

7. Doppelte Liste für Zuständigkeiten: einerseits Auflistung der staatlichen Kompetenzen, die sich auf die klassischen Aufgaben wie Verteidigung, Außenpolitik, Einwanderung, Geld- und Sparpolitik, die staatlichen Organe, Staatsbürgerschaft, Personen- und Melderegister, Gewichte und Maße sowie die Grundsätze der zivilen und strafrechtlichen Ordnung beschränken; andererseits eine möglichst umfassende und detaillierte Auflistung der Kompetenzen der autonomen Körperschaft, mit der Residualklausel zugunsten der Autonomien, also der Zuständigkeit für alle nicht dem Staat vorbehaltenen Bereiche.

8. Ein paritätisch besetztes Gericht für Auslegungen über Kompetenzabgrenzungen und Konflikte, an dem sowohl der Zentralstaat als auch die Autonomien mit Richtern vertreten sind;

9. Garantien für die Vertretung in staatlichen Gesetzgebungs-, Verwaltungs- und Gerichtsorganen; vor allem eine parlamentarische Vertretung ist wichtig, um die Autonomie vor Eingriffen zu schützen, wie die Geschichte Südtirols gezeigt hat.

10. Eigene Landesordnung nach dem Konsens-Prinzip, um Gruppen am öffentlichen Leben, an der Gesetzgebung und Verwaltung sowie an den öffentlichen Stellen zu beteiligen. Quotenregelungen (vor allem auf Regierungsebene) können eine Hilfe bieten, vor allem, um Ungleichheiten aus der Vergangenheit aufzuholen. Sie müssen allerdings beachten, dass kleine Gruppen nicht ausgeschlossen werden und die Regelungen flexibel anpassbar sind.

11. Interne demokratische Sicherungen, um Interessenskonflikte aufgrund des beschränkten kleinen Raumes oder der kleinen Gruppe zu vermeiden: Wettbewerbe statt Berufungen; keine politisch zu besetzenden Stellen der Gerichte und der Verwaltung, Schutz der Minderheiten innerhalb der Minderheit, pluralistische Wahlsysteme, Medienvielfalt. Der öffentliche Rundfunk sollte unabhängig von der staatlichen und lokalen Regierung sein, im Hinblick auf die Aufsicht wie auch die Ernennungen.

12. Eine Finanzierung, die unabhängig vom politischen Willen des Zentralstaates langfristig gesichert sein muss, um alle Aufgaben erfüllen zu können (Steuerhoheit als Ideal).

1.2. Südtirols Autonomie an idealen Maßstäben gemessen

Gemessen an diesen Maßstäben steht Südtirols Autonomie nicht schlecht da, wenngleich einige Merkmale fehlen.

Die Punkte 1 und 2, die **internationale Verankerung** der Autonomie in Gesetzgebung und Verwaltung und **die verfassungsrechtliche, innerstaatliche Absicherung** sind vollständig gegeben. Der Ausschluss eines gesamtstaatlichen Referendums war ursprünglich nicht vorgesehen, sondern wurde 2001 (mit Vf-G 2/2001) erreicht.

Punkt 3, **das Einvernehmen zwischen Zentralstaat und Autonomie und zwischen den Staaten** Österreich und Italien, wurde für die neue Autonomie von 1972 mit dem Paketabschluss 1969 erreicht und mit der Streitbeilegung vor der UNO 1992 bestätigt. Das Paket war jedoch kein internationaler Vertrag, allerdings wurden seitdem verschiedene Akte gesetzt, die völkerrechtliche Relevanz erringen, sodass ein gewisser Schutz gegeben ist. Über Streitigkeiten zur Autonomie entscheidet aber der IGH in Den Haag (nicht mehr die UNO). Dass Änderungen nur im Einvernehmen erfolgen sollten, erklärte *Ministerpräsident Andreotti* beim Bericht über die erfolgten Paket-Maßnahmen im Parlament 1992, eine innerstaatliche Klausel zum Einvernehmen wurde mehrmals gesetzlich angestrebt (*Berlusconi* 1995, *Prodi* 2008, *Renzi* 2016), die entsprechenden Entwürfe wurden aber nie Gesetz. Die Reform 2026 sieht zwar den Versuch vor, ein Einvernehmen zu erzielen, wenn das aber nicht erreicht wird, entscheidet allein das Parlament. Damit steht die Kompetenz für **Änderungen der Autonomie allein dem staatlichen Parlament zu**. Das ist eine Schwäche, zum Unterschied zu Åland, wo Abänderungen vom staatlichen Parlament und jenem von Åland im Einvernehmen beschlossen werden müssen.

Die Punkte 4 und 5 sind erfüllt, nämlich **paritätische Kommissionen zur Durchführung und Umsetzung der Autonomie** (Sechser und Zwölferkommission), ebenso der **Sprach-, Kultur- und Minderheitenschutz.** Das Einvernehmen hat sich als Grundsatz bewährt und wurde auch vom VfGH anerkannt.

Punkt 6 ist nur zu einem kleinen Teil erfüllt. Es gibt primäre, exklusive Zuständigkeiten, aber verschiedene, **wichtige Zuständigkeiten sind nur konkurrierend**. Besonders die Schranken der Gesetzgebung sind sehr eng gesetzt. Statt der drei Grenzen, wie für die übrigen Regionen, unterliegen die Zuständigkeiten der Sonderautonomien, die über jene der anderen Regionen hinausgehen, noch weiteren engen Schranken: den Grundsätzen der Rechtsordnung, den nationalen Interessen und im sekundären Bereich auch den Grundsätzen der Staatsgesetze.

Punkt 7, die **doppelte Liste für Zuständigkeiten**, ist zwar durch die Verfassungsreform 3/2001 teilweise gegeben, aber nur im Interpretationswege aufgrund der Besserstellungsklausel, müsste also kodifiziert werden. Die staatlichen Zuständigkeiten gehen weit über die oben genannten idealen hinaus. Die Autonomie wurde durch die sog. transversalen Zuständigkeiten erheblich eingegrenzt.

Punkt 8, **ein paritätisch besetztes Gericht für Auslegungen** über Kompetenzabgrenzungen und Konflikte, an dem sowohl der Zentralstaat als auch die Autonomien mit Richtern vertreten sind, gibt es nicht. Es entscheidet einzig und unwiderruflich der VfGH, in dem die Autonomie nicht vertreten ist. Die Urteile respektieren den Minderheitenschutz, sind aber bei den Zuständigkeiten sehr zentralistisch ausgefallen.

Punkt 9, **Garantien für die Vertretung** in Gesetzgebungs-, Verwaltungs- und Gerichtsorganen sind in Südtirol gegeben. Für die staatlichen Organe außerhalb ist eine Vertretung nur im obersten Verwaltungsgericht, dem Staatsrat, durch zwei vom Landtag gewählte Mitglieder garantiert, im Ministerrat jene des Landeshauptmannes, aber nur bei Fragen, die die Autonomie betreffen. Fürs Parlament gibt es im Wahlgesetz Sonderbestimmungen, die allerdings nur auf einfachen Gesetzen beruhen, fürs EU-Parlament eine Erleichterung aber keine Garantie für eine Vertretung. Eine Vertretung im VfGH wäre opportun, zumindest in Konfliktfällen zwischen Land und Staat.

Punkt 10, eine **eigene Ordnung nach dem Konsens-Prinzip**, ist gegeben, eine Reihe von Maßnahmen wurden erst nachträglich gesetzt, um die kleinste Gruppe der Ladiner und anderer bei der proportionalen Besetzung und bei paritätischen Organen oder der Alternanz nicht auszuschließen.

Punkt 11, verbesserungswürdig sind **die demokratiepolitischen internen Instrumente** zur Vermeidung von Interessenskonflikten, parteiabhängigen Nominierungen z.B. für das Verwaltungsgericht und bei Führungspositionen. Defizite gibt es bei der Unabhängigkeit des öffentlichen Rundfunks; das Vorschlagsrecht für Nominierungen und die Aufsicht sollte nicht durch die Landesregierung erfolgen, sondern von einem beim Landtag angesiedelten Organ unter Beteiligung der Opposition oder einem Kulturrat.

Punkt 12, die **Finanzierung, ist gesichert,** durch das vorgesehene Einvernehmen auch vor einseitigen Eingriffen geschützt, sie ist allerdings immer wieder Gegenstand von Verhandlungen und **Belastungen aufgrund der hohen öffentlichen Verschuldung** Italiens. Steuerhoheit gibt es nur für kleinere Bereiche.

Abb. 63: Südtirol im Vergleich zu den Merkmalen einer idealen Autonomie

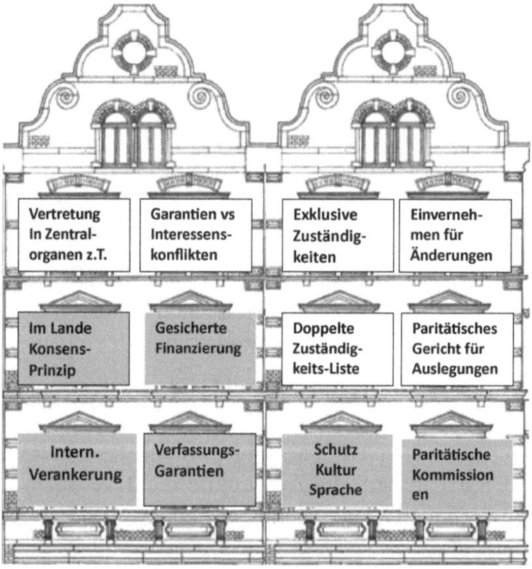

Einige wesentliche Merkmale einer idealen Autonomie zeichnen Südtirols Rechtssystem aus (dunkel angemerkt), einige andere, ideale Merkmale fehlen, die Vertretung in Zentralorganen ist z.T. gegeben. Quelle: Eigene Darstellung.

Zusammenfassend:

Südtirol verfügt über einen qualitativ guten Minderheitenschutz sowie eine international und innerstaatlich abgesicherte Autonomie in Gesetzgebung und Verwaltung, die neben ihren Stärken auch verschiedene Schwachstellen aufweist und immer noch verbesserungswürdig ist. Sie kann – so betrachtet – aber als Modell dienen, auch wenn sie nicht eins zu eins auf andere Realitäten übertragen werden kann.

Die analysierten Stärken und Schwächen sowie die Empfehlungen für eine ideale Autonomie mögen Ansporn zu weiteren Verbesserungen bilden, sowie einen Leitfaden für all jene darstellen, die um diesen Schutz noch kämpfen müssen.

2. Empfehlungen an die Politik

Minderheiten sind vielfach durch willkürliche Grenzziehungen entstanden. Die beste Lösung wäre unbestritten, die Grenzen so zu ziehen, dass sie die Sprach- und Kulturgrenzen berücksichtigen, wie es Präsident Woodrow Wilson schon 1918 in seinem 14-Punkte-Programm gefordert hatte.[329] Die Autonomie bleibt natürlich die zweitbeste Lösung, wenn keine Grenzänderung auf friedlichem Wege möglich ist oder in gemischtsprachigen Gebieten keine Lösung bringt. Deshalb seien abschließend einige Empfehlungen zusammengefasst, die der Politik ans Herz gelegt werden.[330]

Empfehlungen an die politischen Entscheidungsträger:

1. Ziehen Sie die Grenzen so weit wie möglich entlang sprachlicher oder ethnischer Trennlinien und respektieren Sie das Selbstbestimmungsrecht der ethnischen Gruppen, um zukünftige Konflikte zu vermeiden. Lassen Sie die Bevölkerung über ihre Zukunft abstimmen, wenn möglich in einem Referendum.
2. In der realen Welt stimmen die Grenzen selten mit den Siedlungsgebieten von Sprach- oder Volksgruppen überein. Wenn es nicht möglich ist, die Grenzen (gemäß dem ersten Prinzip) auf friedliche Weise zu ändern, sollte man nach einer internen Lösung suchen. Autonomie und Schutz der Rechte von Minderheiten und ethnischen Gruppen sind der Schlüssel dazu.
3. Autonomie und Schutz der Rechte von Minderheiten und ethnischen Gruppen müssen auch für jene ethnischen Gruppen und Minderheiten gelten, die in einem gemischtsprachigen Gebiet leben, in welchem die Siedlungsgebiete nicht abgegrenzt werden können.
4. Bei der Gewährung von Schutzrechten an Gruppen sind die Rechte der kleinsten Gruppen und die Persönlichkeitsrechte des Einzelnen zu beachten. Die Rechte der sog. „*Anderen*“ und der Einzelpersonen dürfen nicht durch Gruppenrechte der großen Minderheiten verletzt werden. Das ist eine schwierige Aufgabe, die

[329] President *Woodrow Wilson's* Fourteen Points, 8.1.1918, point IX.
[330] *Peterlini, O.* (2014e).

bei der Anwendung von Quotensystemen besonderes Taktgefühl und Flexibilität erfordert.

5. Die schlechte Nachricht für den Staat: Je mehr eine Zentralregierung Minderheitenrechte unterdrückt und je weniger sie eine lokale Autonomie gewährt, desto mehr wachsen der Widerstand und der Wunsch nach Sezession. Wieso konnten Monarchien in gewissen Ländern bis heute überleben, und wieso lösten sie in anderen Ländern blutige Revolutionen aus? Die Geschichte lehrt es auch an dieser anderen Erfahrung.
6. Die gute Nachricht für den Staat und ein Hoffnungsschimmer für eine friedliche Zukunft: Je besser ein Zentralstaat seine Minderheiten schützt, je föderaler er strukturiert ist, indem er ihnen Autonomie und das Recht zugesteht, ihre Angelegenheiten selbständig zu regeln, desto sicherer wird der Staat selbst und desto geringer wird ihr Wunsch nach Abspaltung.
7. Diese Lehre wirkt selbstverständlich, wird aber von vielen Staaten missachtet. Die Lehre der Geschichte und die Politikwissenschaft können dazu beitragen, die Verantwortlichen für diese Erkenntnis zu gewinnen.

Lassen Sie mich den wichtigsten Schlüssel betonen: Je mehr sich ein Staat nach dem Subsidiaritätsprinzip einrichten kann, je mehr er auf eine zwingende Zugehörigkeit verzichtet und sich auf die freie Wahl und den Föderalismus verlässt, je autonomer und minderheitenfreundlicher er ist, desto mehr wird er seine eigene Existenz sichern, da er Konflikte vermeiden und Grenzänderungen unnötig machen wird.

Deshalb der Appell an die Staaten: Fördert und schützt eure Minderheiten, zu eurem eigenen Vorteil! Je wohler sie sich fühlen, je freier sie ihre Sprache und Kultur ausüben, je autonomer sie ihr Schicksal mitbestimmen, desto sicherer werden eure Grenzen. Der Wille nach Sezession lässt nach!

3. Ausblick und Hoffnung

Wir wollen hoffen, dass die gesammelten Erfahrungen und die Lehren, die aus dem Schicksal Südtirols, seiner Autonomie und den Ergebnissen dieser Analyse gezogen werden konnten, einen Beitrag zur Befriedung von Nationalitätenkonflikten, zur Lösung von Minderheitenfragen und zum Frieden in der Welt leisten können.

VII. Literatur- und Quellenverzeichnis

1. Autorenverzeichnis[331]

Albertoni, G. (1996): Recensione su Politi, G. (1995). Gli statuti impossibili, Einaudi, Torino), in: L'Indice 1996, n. 1: http://www.ibs.it/code/9788806131173/politi-giorgio/gli-statuti-impossibili.html

Alcock, A.E. (1970): The History of the South Tyrol question, Michael Joseph, London.

Alcock, A.E. (1992): The protection of regional cultural minorities and the process of European integration: the example of South Tyrol, International Relations, 29. April 1992.

Alessi, N.P. (27.10.2025): L'adeguamento degli Statuti delle autonomie speciali, Federalismi.it 29.

Amato, G. (1988): Diario in Pubblico, in: L'Espresso, 20.03.1988, Gruppo Editoriale L'Espresso Spa, Roma, 33.

Andreotti, G., Rede des Ministerpräsidenten zur Durchführung der Südtirol Autonomie, in: Camera dei deputati, Atti parlamentari, 756. Sitzung, 30.1.1992, 94732–47; Anhang: Schriftlich hinterlegte Rede, 94856–62, und Liste der Maßnahmen in Erfüllung des Südtirol Paketes und der Dfb zum Südtiroler Autonomiestatut, am 30.1.1992, „*Attuazione delle ‚Misure a favore delle popolazioni altoatesine', approvate dal Parlamento nel dicembre 1969*", 94863–80, http://legislature.camera.it/_dati/leg10/lavori/stenografici/sed0756/sed0756.pdf, Abruf 14.9.2021.

Andreotti, G., Rede des Ministerpräsidenten zur Durchführung der Südtirol Autonomie, in: Senato della Repubblica, Resoconto stenografico, 660 Sitzung, 30.1.1992, 28–31, http://www.senato.it/service/PDF/PDFServer/BGT/318283.pdf, Abruf 14.9.2021.

Andreotti, G., Replik auf die Debatte zur Durchführung des Südtirol Paketes, Senato della Repubblica, 660. Seduta, Resoconto stenografico, 28–29; Anhang: Liste der Maßnahmen in Erfüllung des Südtirol Paketes und der Dfb zum Südtiroler AuSt, am 30.1.1992, 43–61. http://www.senato.it/service/PDF/PDFServer/BGT/318283.pdf, Abruf 14.9.2021.

Andreotti, G., Replik auf die Debatte zur Durchführung des Südtirol Paketes, Camera die deputati, 1.2.1992, http://legislature.camera.it/_dati/leg10/lavori/stenografici/sed0758/sed0758.pdf, Abruf 14.9.2021.

Ascolani, A. (1998): Die Entwicklung der Fruchtbarkeit in Südtirol/L'andamento della fecondità in provincia di Bolzano 1960–1995, Nr. 59, 25–27, Landesinstitut für Statistik, Autonome Provinz Bozen Südtirol, Bozen.

Ballardini, R. (1970): Relazione della I. Commissione (Affari costituzionali) della Camera dei Deputati, Bericht des Vf-Ausschusses der Abgeordnetenkammer, anlässlich der Vorlage der Änderungen zum Sonderstatut für Trentino Südtirol (dem neuen AuSt), Atti Parlamentari, Nr. 2216-277 A, Camera dei Deputati, Roma. Deutsche Übersetzung: Amt der Tiroler Landesregierung, Innsbruck. Die Bezeichnungen „*Alto Adige*" (Hochetsch), „*Tirolo meridionale*" (Südtirol) wurden wörtlich übersetzt, weil sie offenbar mit Absicht so verwendet wurden. Originaltext auch in: *Zeller, K.* (1989): Das Problem der völkerrechtlichen Verankerung des Südtirol Pakets, Ethnos 34, Wilhelm Braumüller, Wien, 162 ff.

Ballini, P.L. (1988): Le elezioni nella storia d'Italia dall'Unità al fascismo, Camera dei deputati, Archivio storico, Roma, auch erschienen (1988) in Il Mulino, Bologna.

Ballini, P.L. (2003): La questione elettorale nella storia d'Italia, *Da Depretis* a *Giolitti* (1876–1892), Bände I und II, Camera dei Deputati, Segreteria generale, Ufficio pubblicazioni, Roma.

[331] Bei allen Internet-Seiten bezieht sich „*Abruf*" auf den zuletzt getätigten Abruf der Seite.

Ballini, P.L. (2007): La questione elettorale nella storia d'Italia, *Da Crispi* a *Giolitti* (1893–1913), Camera dei Deputati, Segreteria generale, Ufficio pubblicazioni, Roma.

Barbera, A. (1980): Intervento, in: Le Regioni dieci anni dopo, in: Le Regioni, Bimestrale di analisi giuridica e istituzionale, 1097-1103, Le edizioni del Mulino, Bologna.

Barbera, A. (1999): L'elezione diretta dei Presidenti delle Giunte regionali: meglio la soluzione transitoria?, in: Quaderni costituzionali, Nr. 3.

Barbera, A. (2008a): I (non ancora chiari) "*vincoli*" internazionali e comunitari nel primo comma dell'art. 117 della Costituzione, in: AA. VV.: Diritto comunitario e diritto interno, 107 – 121 (atti di convegno-relazione: Diritto comunitario e diritto interno, Roma, Palazzo della Consulta, 20 aprile 2007), Giuffrè, Milano.

Barbera, A. (2008b): Il dibattito in Italia sulla trasformazione del Senato – Interventi, in: *Bonfiglio, S.* (Hg): Composizione e funzioni delle seconde Camere: un'analisi comparativa, (atti di convegno-relazione: Composizione e funzioni delle seconde Camere in Italia e in Europa, Università degli Studi di Roma Tre, 11 ottobre 2006) 259–290, Cedam, Padova.

Barbera, A./Bassanini, F. (Hg) (1978): I nuovi poteri delle regioni e degli enti locali, Commento al decreto 616 di attuazione della legge 382, Il Mulino, Bologna.

Barbera, A./Califano, L. (1997): Saggi e materiali di Diritto regionale Maggioli, Rimini.

Barbera, A./Ceccanti, S. (1995): La lenta conversione maggioritaria, di *Costantino Mortati*, in: Quaderni costituzionali, Nr. 1.

Barbera, A./Fusaro, C. (2010) (2014): Corso di diritto pubblico, sesta edizione, Il Mulino, Bologna.

Bardi, L. (2009): Electoral Change and its Impact on the Party System in Italy, in: *Bull, M./ Rhodes, M.* (Hg): Italy – A Contested Polity, Routledge Abingdon, Oxon and New York.

Baroncelli, S. (Hg) (2015): Profili costituzionali del Trentino-Alto Adige/Südtirol, Lezioni e materiali, Giappichelli, Torino.

Bartole, S. (1985): Art. 116, in: *Branca, G.* (Hg): Commentario alla Costituzione – Artt. 114–120, Zanichelli, Bologna, Roma.

Bartole, S. (1988): Le Regioni, in: *Bartole, S./Mastragostino, F./Vandelli, L.* (1988): Le autonomie territoriali. Ordinamento delle Regioni e degli enti locali, Il Mulino, Bologna.

Bartole, S./Bin, R. (2008) (Hg): Commentario Breve alla Costituzione, CEDAM, Padova.

Bassanini, F. (2003): Nuovi statuti e forme di governo delle Regioni, 25 marzo 2003, dattiloscritto non pubblicato, zitiert nach: *Ceccanti, S./Vassallo, S.* (Hg) (2004): Come chiudere la transazione, Cambiamento, apprendimento e adattamento nel sistema politico italiano, Il Mulino, Bologna.

Battisti, C. (1966): Epistolario, Tomo primo, in: *Monteleone, R./Alatri, P.* (Hg), La Nuova Italia Editrice, Firenze.

Baumgartner, E./Mayr, H./Mumelter, G. (1992): Feuernacht, Südtirols Bombenjahre, Edition Raetia, Bozen.

Benedikt, E. (1989) (ed): Option Heimat Opzioni, Tiroler Geschichtsverein, Bozen.

Benedikter, A. (1995): Denkschrift vom 8. April 1995 für *Oskar Peterlini*, 3, enthält Anregungen und eigene Standpunkte für das Buch *Peterlini, O.* (1997i de).

Benedikter, A. et al. (1993): Tatbestände des Verrates durch *Magnago, Riz, Brugger, Durnwalder*; Beilage zur Zeitung der Union für Südtirol Nr. 8, August 1993, Bozen.

Benedikter, H. (1970): Rebell im Land Tirol: Michael Gaismair, Europa-Verlag, Wien.

Benedikter, T. (2007): Autonomien der Welt, Eine Einführung in die Regionalautonomien der Welt mit vergleichender Analyse, Athesia, Bozen.

Benedikter, T. (2008): Europe's Working Regional Autonomies – A Comparative Analysis, 19.1.2008, Bolzano/Bozen: https://www.gfbv.it/3dossier/eu-min/work-autonomy.html, Abruf 22.12.2022.

Benedikter, T. (2008b): Europe's Ethnic Mosaic, A Short Guide to Minority Rights in Europe, Eurac, Bozen.

Benedikter, T. (2021): 100 Jahre moderne Territorialautonomie, Was kann Autonomie? Hintergründe, Einschätzungen, Gespräche zu Autonomie weltweit, LIT Verlag, Berlin.

Benelli, F. (2007): I criteri di allocazione, delle competenze nella giurisprudenza costituzionale dopo la riforma del Titolo V della Costituzione, in: Istituzioni del federalismo 1, 2007.

Benelli, F. (2008a): Commento all'Art. 5, in: *Bartole, S./Bin, R.* (Hg), Commentario Breve alla Costituzione, CEDAM, Padova, 50.

Benelli, F. (2008b): Commento all'Art. 117, in: *Bartole, S./Bin, R.* (Hg), Commentario Breve alla Costituzione, CEDAM, Padova, 1053, 1062.

Berge, F./Grasse, A. (2003): Belgien – Zerfall oder föderales Zukunftsmodell? Der flämisch-wallonische Konflikt und die Deutschsprachige Gemeinschaft, Leske + Budrich Verlag, Opladen.

Bifulco, R. (2004): Le Regioni. La via italiana al federalismo, Il Mulino, Bologna.

Bin, R. (2004): La revisione del titolo V: Un disegno senza forma, in: *Ceccanti, S./Vassallo, S.* (Hg): Come chiudere la transazione, Cambiamento, apprendimento e adattamento nel sistema politico italiano, Il Mulino, Bologna.

Bin, R. (2006): I criteri di individuazione delle materie, in: Le Regioni, 889–899.

Bin, R./Pitruzzella, G. (2016), Diritto pubblico, Giappichelli, Torino.

Boato, M., Wortmeldung zum Bericht des Ministerpräsidenten, Senato della Repubblica, 660. Seduta, Resoconto stenografico, 30.1.1992, 38; 661. Seduta, Resoconto stenografico, 31.1.1992, 3–9, Roma.

Bonell, L./Winkler, I. (2010) (2006) (2002) (1991): Südtirols Autonomie, Südtiroler Landesregierung, Bozen. L'Autonomia dell'Alto Adige, Provincia Autonoma Bolzano-Alto Adige, Bolzano.

Branca, G. (Hg.) (1975): Commentario della costituzione, Zanichelli, Bologna.

Brugger, P./Benedikter, A./Dalsass, J. (1969): Südtirol vor der Entscheidung, Fragen und Antworten zu Paket und Operationskalender, Bozen.

Bull, M./Rhodes, M. (2009): Introduction – Italy: A Contested Polity, in: *Bull, M./Rhodes, M.* (Hg): Italy – A Contested Polity, Routledge, Abingdon Oxon and New York.

Caciagli, M. (2006): Le Regioni d'Europa, Devoluzioni, regionalismi, integrazione europea, Il Mulino, Bologna.

Cajoli, R. (1952): L'Autonomia del Trentino-Alto Adige, commento allo Statuto speciale e alle norme di attuazione, Capelli, Bologna.

Calabrese, C. (2018): Mit Romano Prodi Erfolge für die Autonomie in: *Salvo, C.* (2018): Con Romano Prodi per un'autonomia vincente, Gruppo "*Per le Autonomie*" al Senato 2006–2008, Praxis, Bozen, https://unibz.academia.edu/OskarPeterlini/His-work-and-life, Abruf 19.2.2023.

Capotorti, F. (1991): Study on the Rights of Persons Belonging to Ethnic, Religious and Linguistic Minorities, United Nations, New York.

Caravita di Toritto, B. (2013): Contributo riforma Titolo V, in: Federalismi.it, 15.

Caretti, P./De Siervo, U. (2004): Istituzioni di diritto pubblico, Giappichelli, Torino.

Caria, F., Wortmeldung zur Südtirolautonomie in: Camera dei deputati, Atti parlamentari, 757. Sitzung vom 31.1.1992, 94954.

Ceccanti, S. (2014): Le riforme istituzionali ed economiche del Governo Renzi, Federalismi.it, 22/2014.

Ceccanti, S. (2015): Come nasce la paura del tiranno, in: Il Foglio 22.3.2015, http://www.ilfoglio.it/politica/2015/03/22/news/come-nasce-la-paura-del-tiranno-82080/, Abruf 3.6.2018.

Chiara, G. (2014): Il controllo successivo delle leggi regionali si estende anche alla Regione siciliana: un traguardo sofferto, nel nome dei diritti, in Studi in onore di *M. Pedrazza Gorlero*, vol. I. I diritti fondamentali fra concetti e tutele, Edizioni Scientifiche Italiane, Napoli, 91–106; (2015) mit leichten Ergänzungen auch in: https://www.forumcostituzionale.it/wordpress/wp-content/uploads/2015/01/nota_255_2014_chiara.pdf, Abruf 2.7.2022.

D'Atena, A. (2010): Diritto regionale, Giappichelli, Torino.

De Biasi, M. (2008): Il Sudtirolo dalla Contea alla Heimat, Casa editrice Praxis 3, Bolzano.

De Felice, R. (1968): Mussolini il fascista II, Giulio Einaudi editore, Torino.

De Vergottini, G. (1990): Stato Federale, in: Enciclopedia del diritto, Vol. XLIII, Giuffrè, Milano.

Del Giudice, F. (2014): Manuale di diritto pubblico comparato, Edizioni Giuridiche Simone, Napoli.

Denicolò, G./Pallaver, G (27.10.2025): La riforma dello statuto di autonomia tra desiderio e realtà, Federalismi.it 29.

Denicolò, G./Pallaver, G. (2025): Zwischen Wunsch und Wirklichkeit: Erste Überlegungen zur Reform des Autonomiestatuts der Region Trentino-Südtirol, Europa Ethnica 1/2, 13–16.

Di Michele, A./Palermo, F./Pallaver, G. (Hg) (2003): 1992-Fine di un conflitto. Dieci anni dalla chiusura della questione sudtirolese, Il Mulino, Bologna.

Downes, J./Godman, J.E. (1995): Dictionary of Finance and Investment Terms (Barron's Finance and Investment Handbook), Barrons Educational Series.

Durnwalder, L., im Interview mit *Oberhofer, A.*: Im Büro mit *Andreotti*, Neue Südtiroler Tageszeitung vom 10./11.6.2017, 2–3.

Duverger, M. (1984): Which is the best electoral system? In: *Lijphart, A., Grofman, B.* (Hg): Choosing an Electoral System, Issues and Alternatives. Praeger, New York.

Duverger, M./Landshut, S. (Hg und Übersetzer) (1959): Die politischen Parteien, Verlag für Sozialwissenschaften, Tü*Erhard, B.* (1989): Option Heimat Opzioni, Tiroler Geschichtsverein, Innsbruck Bozen.

Ermacora, F. (1978): Nationalitätenkonflikt und Volksgruppenrecht, Bayrische Landeszentrale für politische Bildungsarbeit, München.

Ermacora, F. (1987): Geheimbericht der Südtiroler Delegation zur Pariser Konferenz 1946, Amalthea, Wien München.

Fabbrini, S. (Hg) (2003): L'europeizzazione dell'Italia, Editori Laterza, Roma Bari.

Falcon, G. (2008) (2001): Lineamenti di diritto pubblico, CEDAM, Padova.

Falcon, G. (Hg) (2003): Sviluppo e mutamento della Costituzione, Il regionalismo italiano e la speciale autonomia del Trentino e dell'Alto Adige/Südtirol, CEDAM, Padova.

Faustini, G. (1985): Trentino e Tirolo dal 1000 al 1900, Breviario storico dell'autonomia, Casa Editrice Publilux, Trento.

Ferrandi, G./Pallaver, G. (Hg) (2007): Die Region Trentino-Südtirol im 20. Jahrhundert, I. Politik und Institutionen, Museo Storico, Trento.

Ferrandi, M. (1986): Ettore Tolomei, L'uomo che inventò l'Alto Adige, Casa Editrice Publilux, Trento.

Ferrari, G. F./Parodi, G. (2003): La revisione costituzionale del titolo V tra nuovo regionalismo e federalismo. Problemi applicativi e linee evolutive, CEDAM, Padova.

Fontana, J./Haider, P.W./Leitner, W./Mühlberger, G./Palme, R./Parteli, O./Riedmann, J. (1988, 1987, 1986, 1985): Geschichte des Landes Tirols, vier Bände, Tyrolia-Verlag, Innsbruck/Wien, Verlagsanstalt Athesia Bozen.

Forcher, M. (1974): Historische Streiflichter, Panorama-Verlag, Wien.

Forcher, M. (1984): Tirols Geschichte in Wort und Bild, 2.Auflage, Haymon-Verlag, Innsbruck.

Forlani, A., Wortmeldung zur Südtirolautonomie, in: Camera dei deputati, Atti parlamentari, 757. Sitzung vom 31.1.1992, 94941.

Franceschini, C. (2020): Geheimdienste, Agenten, Spione, Südtirol im Fadenkreuz fremder Mächte, Raetia, Bozen.

Fusaro, C. (1997): La legge elettorale e la forma di governo regionale, in: *Barbera, A./Califano, L.* (Hg): Saggi e materiali di Diritto regionale, Maggioli, Rimini.

Fusaro, C. (2004): La forma di governo regionale: Pregi e difetti di una soluzione che funziona, in: *Cecanti, S./Vassallo* (Hg): Come chiudere la transazione, Cambiamento, apprendimento e adattamento nel sistema politico italiano, Il Mulino, Bologna.

Gangemi, G. (2003): Federalismo e secessionismo nel dibattito politico-culturale italiano, in: *Nevola, G.* (Hg): Altre Italie. Identità nazionale e regioni a statuto speciale, Carocci, Roma.

Gatterer, C. (1968): Im Kampf gegen Rom, Europaverlag, Wien.

Gava, A./Andò, S./Battistuzzi, P./Caria, F., Risoluzione 6–00206 zur Genehmigung des Berichtes des Ministerpräsidenten *Giulio Andreotti,* in: Camera dei deputati, Atti parlamentari, 758. Sitzung vom 1.2.1992, 95027.

Gehler, M. (2001): 7. Schwierige Ausgangsposition, in *Solderer G.* (Hg): Das 2. Jahrhundert in Südtirol, Bd III 1940–1959, Edition Raetia, Bozen.

Ghai, Y./Woodman, S. (Hg) (2013): Practising Self-Government: A Comparative Study of Autonomous Regions, Cambridge University Press, Cambridge, New York.

Gheler, M. (2003): Vollendung der Bilateralisierung als diplomatisch-juristisches Kunststück: Die Streitbeilegungserklärung zwischen Italien und Österreich 1992, in *Clementi, S./Woelk, J.* (Hg): 1992: Ende eines Streits. Zehn Jahre Streitbeilegung im Südtirolkonflikt zwischen Italien und Österreich. Dokumente, Nomos Verlagsgesellschaft, Baden-Baden, 48–71.

Giampieretti, M. (2008): Art. 47, in: *Bartole, S./Bin, R.* (Hg): Commentario Breve alla Costituzione, CEDAM, Padova.

Girardi, S. (1984): Storia del Tirolo dal 1300 al 1918, La confederazione del Tirolo, Associazione culturale vecchio Tirolo, Mezzocorona, Tipolitografia Giovanni Seiser, Trento.

Gruber, A. (1975): Südtirol unter dem Faschismus, zweite überarbeitete Auflage, Bozen: Verlagsanstalt Athesia, Bozen.

Hagg, W. (2011): Auf der Zielgerade zum Paketabschluss: Erinnerungen an die Autonomieentwicklungen 1988–1992, in: *Grote, G./Siller, B.* (Hg): Südtirolismen. Erinnerungskulturen – Gegenwartsreflexionen – Zukunftsvisionen, Innsbruck, 57–64; eine Kurzfassung davon in: Neue Südtiroler Tageszeitung vom 30.9.2011, 28–29.

Haider, P. (1985): Von der Antike ins frühe Mittelalter, in: *Fontana, J.* et al., Geschichte des Landes Tirol, Band 1, Tyrolia-Verlag, Innsbruck Wien, Verlagsanstalt Athesia, Bozen.

Haller, M. (2022): Südtirols Minderheitenschutzsystem, Grundlagen, Entwicklungen und aktuelle Herausforderungen aus völker- und verfassungsrechtlicher Sicht, Duncker & Humblot, Berlin.

Happacher, E. (2015): Die autonomen Gesetzgebungs- und Verwaltungskompetenzen des Landes Südtirol, in: *Obwexer, W./Happacher, E./Baroncelli, S./Palermo, F.* (Hg): EU-Mitgliedschaft und Südtirols Autonomie, Die Auswirkungen der EU-Mitgliedschaft auf die Autonomie des Landes Südtirol am Beispiel ausgewählter Gesetzgebungs- und Verwaltungskompetenzen, Verlag Österreich, 45–101.

Hartungen, v. C. (2002): Kurzgefasste Landesgeschichte Südtirols (1918–2002), Südtiroler Landtag, Bozen.

Hilpold, P. (2001): Modernes Minderheitenrecht, Manzsche Verlags- und Universitätsbuchhandlung, Wien; Nomos, Baden-Baden; Schulthess, Zürich.

Hilpold, P. (2005): Die völkerrechtliche Absicherung der Südtirolautonomie [The international legal protection of the autonomy of South Tyrol], in *Marko, J./Ortino, S./Palermo, F./Vollmer, L./Woelk, J.* (Hg): Die Verfassung der Südtirol Autonomie [The Constitution of South Tyrol autonomy] (Eurac Schriftenreihe, Band 7, Nomos Verlagsgesellschaft, Baden-Baden.

Hilpold, P. (2005): Minority Census and Declaration of Membership to a Minority – A Pillar of the South Tyrolean Autonomy under International Scrutiny" in: XV Italian Yearbook of International Law, 81–109.

Hilpold, P. (2013): The League of Nations and the Protection of Minorities – Rediscovering a Great Experiment, Max Planck Yearbook of United Nations Law, Nr. 17, 87–124.

Hilpold, P. (2020), Minority Protection Within the System of the League of Nations – Under Particular Consideration of the Position of the United States, France, and Germany, in: Castel larin, E./Hamann, A. (Hg): The Versailles Treaty: French and Ger man Perspectives in International Law on the Occasion of the Centenary, SFDI, 11émes Journées francoallemandes, Paris: Pedone 2020, 207–219.

Hilpold, P./Perathoner, C. (2005): Die Ladiner – Eine Minderheit in der Minderheit, Neuer Wissenschaftlicher Verlag, Wien, Schulthess, Athesia, Bozen.

Hilpold, P./Perathoner, C. (Hg) (2023): Festschrift für Professor *Gilbert Gornig* Europäisches Minderheitenrecht, Band I, Nomos-Facultas, Baden Baden, Wien.

Hilpold. P. (2025): Die geplante Reform des Autonomiestatuts der Region Trentino-Südtirol – ein Überblick aus verfassungsrechtlicher, europäischer und internationaler Perspektive, Europa Ethnica 1/2, 3–12.

Hutter, F. (Hg) (1965): Südtirol, Eine Frage des europäischen Gewissens, Verlag für Geschichte und Politik, Wien.

Iotti, L., Wortmeldung der Präsidentin, Ergebnis der Abstimmung über die Resolution *Gava, A.*, u.a. über den Bericht des Ministerpräsidenten *Giulio Andreotti,* in: Camera dei deputati, Atti parlamentari, 758. Sitzung vom 1.2.1992, 95051.

Keating, M. (1995): Nations against the State: The New Politics of Nationalism in Quebec, Catalonia and Scotland, Macmillan, London.

Keating, M./Jones, B. (Hg) (1985): Regions in the European Community, Clarendon, Oxford.

Kofler, A. (2003): Zersprengtes Leben, Frauen in den Südtiroler Bombenjahren, Edition Raetia, Bozen.

Kögl, J. (1964): La sovranità dei Vescovi di Trento e di Bressanone, Tipografia Arcivescovile Artigianelli, Trento.

Kollmann, C. (2025): Südtirol – Alto Adige – Sudtirolo. Historische, linguistische und namenspolitische Überlegungen anlässlich der Wiederbelebung des Namenstreits durch die Autonomiereform, Europa Ethnica 1/2, 34–43.

Kreisky, B. (1986): Zwischen den Zeiten, Erinnerungen aus fünf Jahrzehnten, Siedler-Verlag, Berlin.

Lando, M./Magagnotti, P. (1987): Eine Grenzregion stellt sich vor, Region TrentinoSüdtirol, Trient/Il volto di una regione di confine, Regione Trentino-Alto Adige/Südtirol, Trento 1987.

Lijphart, A. (2012) (1999): Patterns of Democracy – Government Forms and Performance in Thirty-Six Countries, Yale University Press, New Haven, London.

Lipset, S.M./Rokkan, S. (1967): Party systems and voter alignments: Cross-national perspectives. Toronto.

Luciani, M. (2004): L'autonomia legislativa, in: Le Regioni, Nr. 2–3, 355–380.

Luciani, M. (2013): Protezione costituzionale delle minoranze linguistiche e loro partecipazione al sistema politico. Memoria ‚etnica' dei partiti regionali (Verfassungsmäßiger Schutz von Sprachminderheiten und deren Beteiligung am politischen System. „*Ethnisches Gedächtnis regionaler Parteien*"), Seminar-Beitrag, in: *Sawicki, J.* (Hg): Seminario "Sistemi elettorali e minoranze linguistiche", Università La Sapienza, Roma, Facoltà di Scienze Politiche (28.6.2012), Nomos-Le attualità nel diritto, Nr. 2/2013, Roma, ISSN 2279–7238.

Macek, J. (1991): Michael Gaismair, Edizioni U.C.T., Trento.

Magnago, S. (1976): 30 Jahre Pariser Vertrag, Parteileitung der SVP, Bozen.

Mancino, N., Wortmeldung zur Südtirolautonomie in: Senato della Repubblica, 661. Seduta, Resoconto stenografico, 1.2.1992, 21.

Mangiameli, S. (2002): La riforma del regionalismo italiano, Giappichelli, Torino.

Marcantoni, M. (Hg) (2006): Piccolo Atlante Ladino, Edizione IASA, Trento.

Marcelli, F./Giammusso, V. (2006): La giurisprudenza costituzionale sulla novella del titolo V, Senato della Repubblica, Servizio Studi Nr. 44, Roma.

Mayr, H. (1992), in: *Baumgartner, E./Mayr, H./Mumelter, G.* (1992): Feuernacht, Südtirols Bombenjahre, Edition Raetia, Bozen.

Medda-Windischer, R. (2011): Diversity Management „*neuer Minderheiten*" in Alto Adige/ Südtirol, in: *Medda-Windischer, R./Hetfleisch, G./Meyer, M.* (Hg): Migration in Südtirol und Tirol. Analysen und multidisziplinäre Perspektiven, Europäische Akademie, Bozen, 19–33.

Mock, A. Rede von Bundeskanzler *Alois Mock* am 5.6.1992 im Parlament in Wien, in: *Raffeiner, A.* (Hg) (2018): 25 Jahre Streitbeilegung 1992–2017 – Ist das „*Südtirolproblem*" gelöst?, Dr.-Kovač-Verlag, Hamburg, 17–22.

Modeen, T. (1977): Völkerrechtliche Probleme der Åland-Inseln, ZaöRV, Max-Planck-Institut für ausländisches öffentliches Recht und Völkerrecht, 607–618.

Modica de Mohac, P. (o Datum ca 2005): Il potere estero delle Regioni, Assemblea Regionale Siciliana, http://www.ars.sicilia.it/sites/default/files/downloads/2018-10/Documento%282%29.pdf, Abruf 11.11.2020.

Monti, M. (2021): Federalismo Disintegrativo? Secessione e asimmetria in Italia e Spagna, Giappichelli Editore, Torino.

Morone, E. (1984), in: Grande Dizionario Enciclopedico UTET, Unione tipografica editrice torinese, Torino.

Morscher, S. (1975): Südtirols Verwaltung 1975, in: Schriften zur Verwaltungswissenschaft, Band 1, Duncker und Humblot, Berlin.

Mühlberger, G. (1988), in: *Fontana, J.* (Hg): Geschichte des Landes Tirols, Band 2, Tyrolia-Verlag Innsbruck Wien, Verlagsanstalt Athesia, Bozen.

Müller-Rommel, F. (1998): Ethnoregionalist Parties in Western Europe, in: *De Winter, L./ Türsan, H.* (Hg): Regionalist Parties in Western Europe, Routledge, New York.

Nevola, G. (2003a): Introduzione. Perché le Regioni a statuto speciale: questioni di identità nazionale, in: *Nevola, G.* (Hg): Identità nazionale e regioni a statuto speciale. Altre Italie, Carocci, Roma.

Nevola, G. (Hg) (2003): Identità nazionale e regioni a statuto speciale. Altre Italie, Carocci, Roma.

Niedermair W. (2016): Unterlagen für die Veranstaltung „*70 Jahre Parier Vertrag*", Autonome Provinz Bozen, Abteilung Arbeit, Bozen.

Niedermair, W. (2018/2022), Statistikdirektor der Autonomen Provinz Bozen, Leiter des Amtes für Arbeitsmarktbeobachtung, Briefwechsel des Verfassers mit und Unterlagen und Briefe des Amtsleiters vom 8.11.2018 mit Unterlagen zum Stand der Proporzstellen am 31.12.2017, und Briefe vom 2.12.2021, 1.3.2022, 14.3. 2022, 22.3.2022, zum Stand 31.12.2020.

Noce, T. (2015): L'Italia dopo l'unità, Grandangolo Storia, Corriere della Sera RCS MediaGroup, Mailand.

Nohlen, D. (2007): Wahlrecht und Parteiensystem, über die Auswirkungen von Wahlsystemen, 5. Auflage, UTB, Stuttgart.

Nohlen, D./Stöver, P. (Hg) (2010): Elections in Europe: A Data Handbook, Nomos, Baden-Baden, 139–142.

Nössing, J. (1991): 14.000 Anni di storia, in: Manuale dell'Alto Adige, Provincia Auonoma di Bolzano, seconda edizione corretta, Bolzano.

Nössing, J. (2007): 14000 Jahre Land im Gebirge, in: Südtiroler Handbuch, Autonome Provinz Bozen, Presseamt, Bozen.

Obwexer, W. (2010): Der Vertrag von Lissabon und die Gerichtsbarkeit des öffentlichen Rechts, Auswirkungen grundlegender Neuerungen im Unionsrecht auf den Verwaltungsgerichtshof, ÖJZ 2010/110, 1043–1044.

Obwexer, W./Happacher, E./Zwilling, C. (Hg) (2019): EU-Mitgliedschaft und Südtirols Autonomie II, Die Auswirkungen der EU-Mitgliedschaft auf die Autonomie des Landes Südtirol am Beispiel ausgewählter Gesetzgebungs- und Verwaltungskompetenzen – eine Fortsetzung, Verlag Österreich.

Oliveira J./Cardinal P. (Hg) (2009): One Country, Two Systems, Three Legal Orders – Perspectives of Evolution, Essays on Macau's Autonomy after the Resumption of Sovereignty by China, Springer, Berlin Heidelberg.

Olt, R. (2016): Staaten, Völker, Nationalitäten, Anmerkungen zur Europäischen Minderheitenpolitik, in: Telepolis, Onlinemagazin des Heise Zeitschriften Verlags, 31.10.2016, https://www.heise.de/tp/features/Staaten-Voelker-Nationalitaeten-3453978.html?seite=all

Onida, V. (1993): Il regionalismo in Italia, in: Associazione per gli studi e le ricerche parlamentari, seminario 1992, quaderno n. 3, Giuffrè, Milano.

oV (1924): Manuale ad uso dei Deputati al Parlamento Nazionale, XXVII Legislatura, Tipografia della Camera, Roma.

Palermo, F. (27.10.2025): La montagna, il topolino e la nemesi del Titolo V, Federalismi.it 29.

Palermo, F. (2002): Titolo V e potere estero delle Regioni, I vestiti nuovi dell'imperatore, in: Le Istituzioni del federalismo: rivista di studi giuridici e politici, IV Parte, n. 5.

Pallaver, G. (2007): Die Südtiroler Volkspartei, in: *Ferrandi, G./Pallaver G.* (Hg): Die Region Trentino-Südtirol im 20. Jahrhundert, I. Politik und Institutionen, Museo Storico, Trento.

Palme, R. (1986), in: *Fontana, J.* et al. (1985, 1986, 1987, 1988): Geschichte des Landes Tirol, vier Bände, vol. 2, Athesia, Bozen, Tyrolia-Verlag, Innsbruck Wien,

Parisi, S. (2008): Potestà residuale e neutralizzazione della riforma del titolo V, in: Scritti in onore di M. Scudiero, III, Napoli, 1597: http://www.robertobin.it/REG10/ParisiPR.pdf

Pelinka, A. (2005a): Die NATO nach 1989: Neue Strategie und NATO-Erweiterung, in: *Kernic, F./Hauser, G.* (Hg): Handbuch zur europäischen Sicherheit, Peter Lang Verlag, Frankfurt am Main, 87–95.

Pelinka, A. (2005c): Vergleich politischer Systeme, Wien 2005, Böhlau, UTB, Wien.

Perathoner, C. (1998): Die Dolomiten-Ladiner, 1848–1918, Folio Verlag, Wien.

Perini, S., 13.6.2021, Hemmschuh Proporz, Neue Südtiroler Tageszeitung.

Pernthaler, P. (2007): Differenzierter Föderalismus, in: *Palermo, F./Hrbek, R./Zwilling, C./ Alber, E.* (Hg): Auf dem Weg zum asymmetrischen Föderalismus? EURAC, Minderheiten und Autonomien, Band 11, Bozen.

Peterlini, E. (2012): Der Rat der Gemeinden der Autonomen Provinz Bozen – Südtirol, Diplomarbeit, Fakultät für Rechtswissenschaften, Institut für italienisches Recht der Leopold-Franzens-Universität Innsbruck, Innsbruck.

Peterlini, H.K. (1992): Bomben aus zweiter Hand, Raetia, Bozen.

Peterlini, H.K. (1995): Nicht ohne das Trentino, Interview von Chefredakteur *Hans Karl Peterlini* mit dem Trientner Landeshauptmann *Carlo Andreotti*, in: Südtirol Profil (Hg *Hubertus Czernin*), 20.2.1995, 34–35, Bozen.

Peterlini, H.K. (2005): Südtirols Bombenjahre. Von Blut und Tränen zum Happyend, Edition Raetia, Bozen.

Peterlini, H.K. (2007): Lehrjahre einer Minderheit, in: *Ferrandi, G./Pallaver, G.* (Hg): Die Region Trentino-Südtirol im 20. Jahrhundert, I. Politik und Institutionen, Museo Storico, Trento.

Peterlini, H.K. (2007a): *Hans Dietl*, Biografie eines Südtiroler Vordenkers und Rebellen, Raetia, Bozen.

Peterlini, H.K. (Hg) (2011) (2021): Feuernacht, Südtirols Bombenjahre, Hintergründe, Schicksale, Bewertungen 1961–2011, Edition Raetia, Bozen.

Peterlini, O. (1980): Der ethnische Proporz in Südtirol, Athesia Bozen, erweiterte und aktualisierte Fassung der Diplomarbeit (1979a de): Quantitativer und qualitativer Bedarf an Arbeitskräften im öffentlichen Dienst in Südtirol.

Peterlini, O. (1988b de it): I limiti dell'autonomia, Le leggi provinciali rinviate dal Governo 1984–87/Grenzen der Autonomie, Die Rückverweisung der Landesgesetze durch die Zentralregierung 1984–87, Südtiroler Landtag, Bozen, Consiglio della Provincia autonoma di Bolzano.

Peterlini, O. (1988c de): Die Senatswahlkreise in Südtirol, Überlegungen zur Durchführung der Maßnahme 111 des Südtirol-Paketes, Teil I und II, SVP, Bozen.

Peterlini, O. (1996a it): Autonomia e tutela delle minoranze nel Trentino-Alto Adige, Cenni di storia diritto e politica, Regione Autonoma del Trentino Alto Adige, Bolzano Trento.

Peterlini, O. (1996b de) Region Trentino-Südtirol, Bozen-Trient.

Peterlini, O. (1996g) (1994 de): Wie wird das neue Parlament gewählt?, Erläuterungen des neuen Wahlgesetzes für Abgeordnetenkammer und Senat (*Mattarellum*), Scriptum für die SVP mit Erklärung des neuen Wahlsystems, mit Modellrechnungen für mögliche Allianzen in den Wahlkreisen und im Verhältniswahlsystem der Region Trentino Südtirol, Regionalrat Trentino-Südtirol, SVP Bozen.

Peterlini, O. (1997i de): Autonomie und Minderheitenschutz in Trentino-Südtirol, Überblick über Geschichte, Recht und Politik, Braumüller Wien. ISBN 3-7003116-6-4.

Peterlini, O. (1997k eng): Autonomy and the Protection of Ethnic Minorities in Trentino-South Tyrol, An Overview of the History, Law and Politics, Braumüller Wien, ISBN

3-7003-1173-7. (1997j eng): Autonomous Region Trentino-South Tyrol, Bozen/Bolzano Trento.

Peterlini, O. (2000c de): Zukunft planen, Die neue zusätzliche Altersvorsorge in Südtirol und im Trentino, Athesia Bozen. ISBN 88-8266-089-3.

Peterlini, O. (2000d lad): Autonomia y scunanza dla mendranzes tl Trentin Südtirol, Referiment ala storia, al dert y ala politica, Cunsei dla Region dl Trentin Südtirol, Bulsan Trent [LADIN. Autonomy and Organization of Trentino South Tyrol, History, Law and Politics, Trentino Alto Adige Region, Bozen/Bolzano Trento].

Peterlini, O. (2000e it): Autonomia e tutela delle minoranze nel Trentino-Alto Adige, Cenni di storia e cultura, diritto e politica, Consiglio della Regione Autonoma del Trentino Alto Adige, Bolzano Trento.

Peterlini, O. (2000f de): Autonomie und Minderheitenschutz in Südtirol und im Trentino, Überblick über Land und Geschichte, Recht und Politik, Regionalrat der Autonomen Region Trentino-Südtirol, Bozen Trient.

Peterlini, O. (2003a it): Le nuove pensioni – Esperienze e strategie per uscire dalla crisi previdenziale [Die neuen Renten – Erfahrungen und Strategien um aus der Rentenkrise auszusteigen], FrancoAngeli, Milano. ISBN 88-464-4202-4.

Peterlini, O. (2005d eng): Mitwirkung am Projekt zwecks Untersuchung und Vergleich verschiedener Autonomiemodelle der Welt und am entsprechenden Seminar: International Conference on Comparative National Experiences of Autonomy, sowie Einbringung des eigenen Beitrages „*The South Tyrol Autonomy in Italy, Historical, political and legal aspects*", 9th- 11th April 2005, University of Hong Kong, dessen Ergebnisse gemeinsam weiterverarbeitet wurden und im folgenden Buch ihren Niederschlag fanden: *Ghai, Y./ Woodman, S.* (2013) (Hg): Practising Self-Government: A Comparative Study of Autonomous Regions, Cambridge University Press, Cambridge, New York.

Peterlini, O. (2007e eng): Mitwirkung am Projekt zwecks Untersuchung und Vergleich verschiedener Autonomiemodelle, im Besonderen zum Autonomiemodell Macaos, und am entsprechenden Seminar: International Conference „*One country, two systems, three legal orders*", mit Einbrigung des eignen Beitrages: „*The South Tyrol Autonomy in Italy*"; Law Office, the Legal and Judicial Training Centre and the Institute of European Studies of Macao, February 5th, 6th and 7th 2007, dessen Ergebnisse gemeinsam weiterverarbeitet wurden und im folgenden Buch ihren Niederschlag fanden: *Oliveira J./Cardinal P.* (2009) (Hg): One Country, Two Systems, Three Legal Orders – Perspectives of Evolution, Essays on Macau's Autonomy after the Resumption of Sovereignty by China, Springer, Berlin Heidelberg.

Peterlini, O. (2007h de): Föderalistische Entwicklung und Verfassungsreform in Italien, Ein Streifzug von den gescheiterten Föderalismusdiskussionen in den 90er Jahren über die neue Verfassung von 2001, den Weg zu einem neuen Wahlgesetz und zum Steuerföderalismus, FÖDOK 25, Institut für Föderalismus Innsbruck.

Peterlini, O. (2008a it): Evoluzione in senso federale e riforma costituzionale in Italia, Un percorso dalle discussioni sul federalismo degli anni '90, passando dalla nuova Costituzione del 2001, fino alla nuova legge elettorale ed il federalismo fiscale, FÖDOK 27, Institut für Föderalismus Innsbruck.

Peterlini, O. (2008e de): Die Föderalismusentwicklung in Italien und ihre Auswirkungen auf die Sonderautonomien, Zeitschrift für Öffentliches Recht (ZÖR 63), Springer Wien New York.

Peterlini, O. (2009b de): Südtirols Vertretung am Faden Roms, Die Auswirkungen von Wahlsystemen auf ethnische Minderheiten am Beispiel Südtirols in Rom von 1921–

2013, in: *Hilpold P.* (Hg): Minderheitenschutz in Italien, Reihe Ethnos 70, Braumüller Wien, 37–139.

Peterlini, O. (2009c eng): The South-Tyrol Autonomy in Italy, Historical, Political and Legal Aspects, in: *Oliveira J. /Cardinal P.* (ed): One Country, Two Systems, Three Legal Orders – Perspectives of Evolution, Essays on Macau's Autonomy after the Resumption of Sovereignty by China, Springer Berlin Heidelberg, 143–170.

Peterlini, O. (2010i it): L'autonomia che cambia [Die Autonomie, die sich ändert], Gli effetti della riforma costituzionale del 2001 sull'autonomia speciale del Trentino Alto Adige Südtirol e le nuove competenze in base alla clausola di maggior favore, Casa editrice Praxis 3 Bolzano.

Peterlini, O. (2010l de): Föderalismus und Autonomien in Italien – Die Auswirkungen der Föderalismusentwicklung in Italien auf die Sonderautonomien und im Besonderen auf das Autonomiestatut von Trentino Südtirol (in German and Italian with English summary), Dissertation zur Erlangung des akademischen Grades eines Doktors der Sozial- und Wirtschaftswissenschaften an der Fakultät für Politikwissenschaften und Soziologie, Leopold-Franzens-Universität Innsbruck.

Peterlini, O. (2011–2023): Teaching Documents: https://unibz.academia.edu/OskarPeterlini/Teaching-Documents, Abruf 23.4.2023.

Peterlini, O. (2012d de): Mehrheitswahlrecht contra Proporz, Die Senatswahlkreise in Südtirol 1988–2012, Prokopp & Hechensteiner, St. Pauls Bozen.

Peterlini, O. (2012e de): Minderheitenschutz und Wahlsysteme, Die Spielregeln von Wahlsystemen und ihre Auswirkungen auf Sprachminderheiten – Südtirol und europäische Minderheiten im Blickfeld, New Academic Press, Wien; erweiterte und aktualisierte Fassung des Forschungsprojektes (2010b de): Wahlsysteme und Sprachminderheiten.

Peterlini, O. (2012j): Steuerföderalismus in Italien, Spannungsfeld zwischen Verfassungszielen und Sparmaßnahmen, zwischen Nord und Süd, Prokopp & Hechensteiner, St. Pauls Bozen.

Peterlini, O. (2012k de): Südtirols Autonomie und die Verfassungsreformen Italiens, Vom Zentralstaat zu föderalen Ansätzen: die Auswirkungen und ungeschriebenen Änderungen im Südtiroler Autonomiestatut, New Academic Press, Wien; erweiterte und aktualisierte Fassung der Dissertation (2010l de): Föderalismus und Autonomien in Italien.

Peterlini, O. (2013d eng): Foundations and Institutions of South-Tyrol's Autonomy in Italy, in: *Ghai, Y./Woodman, S.* (Hg): Practising Self-Government: A Comparative Study of Autonomous Regions. Cambridge University Press, Cambridge, New York, 118–162.

Peterlini, O. (2014a de): Aufbruch in eine neue Zeit, Überlegungen zur Reform und zu den Grundlagen für ein drittes Südtiroler Autonomiestatut, in: *Benedikter, T.* (Hg) (2014): Mit mehr Demokratie zu mehr Autonomie, Ausbau der Südtirol-Autonomie? Bürgerinnen und Bürger reden mit, Südtiroler Bildungszentrum & Sozialgenossenschaft POLITiS, Bozen, 24–32.

Peterlini, O. (2014e): Protection of Minorities and Autonomy – Tools for Security of States and Peace, Contribution and paper presented as Project-leader in the seminar of the Central European Initiative (CEI): Beyond the CEI Instrument; the role of the CEI in further tackling minority issues and possibilities for project cooperation, to the theme: 20 Years of the CEI Instrument for the Protection of Minority Rights – A Retrospective Glance and Future Challenges, Trieste, 9 October 2014.

Peterlini, O. (2016a): Die Verfassungsreform Italiens und ihre Auswirkungen auf Südtirol, Einführung in: *Benedikter, T./Dezini, K./Peterlini, O.*, Die Verfassungsreform kurz und bündig – Sechs Schwerpunkte, Dossier Politis, 12 Eppan (Bozen), 6–11. E240832.

Peterlini, O. (2016d): Verfassungsreform Italiens und Auswirkungen auf Südtirol – Ein Thesenpapier, vom 11.10.2016, in: Academia.edu, mit Interview in der Tageszeitung Dolomiten, Tagblatt der Südtiroler, 22. Oktober 2015, 1 und 17, in Originalfassung vor Veröffentlichung, Bozen. DIE 10.13140/RG.2.1.41 28.1687, https://unibz.academia.edu/OskarPeterlini/Papers, letzte Kontrolle und aktualisiert 14.11.2016.

Peterlini, O. (2016f): Südtirols Autonomie im neuen Zentralismus, in: *Raffeiner, A.* (Hg): 70 Jahre Pariser Vertrag 1946–2016. Vorgeschichte – Vertragswerk – Zukunftsaussichten (Studien zum Völker- und Europarecht, Bd. 143), Dr. Kovač-Verlag, Hamburg, 195–210.

Peterlini, O. (2016g): Verfassungsreformen in Italien – eine Kehrtwende? Ein langer Weg im Spannungsfeld zwischen Zentralstaat und Föderalisierung, Journal für Rechtspolitik (JRP), Heft 3, 24, 252–271, Verlag Österreich, Wien.

Peterlini, O. (2018a): Italien – Aufbruch zur Mehrheits-Demokratie? Verfassungsreformen, Wahlgesetze und Verfassungsurteile, Zeitschrift für Parlamentsfragen (ZParl), Heft 4/2017, 838–860.

Peterlini, O. (2018b): Italien und Österreich vor der UNO: Dokumente und Originalzitate zur friedlichen Beilegung eines langwierigen Streites, in *Raffeiner, A.* (Hg): 25 Jahre Streitbeilegung 1992–2017 – Ist das „*Südtirolproblem*" gelöst?, Dr.-Kovač-Verlag, Hamburg.

Peterlini, O. (2020a): Doppio passaporto – l'intento austriaco, il diritto internazionale, i precedenti italiani, in: Nomos-Le attualità nel diritto, n. 2/2020, Roma.

*Peterlini, O. (*2020e): Hongkong – die Schwächen einer starken Autonomie, Gründe für ihre Krise – Aufbau und Vergleich mit Südtirols Rechtssystem, Europa Ethnica 3/4 2020, 113–125, ISSN: 0014-2492.

Peterlini, O. (2021c): Åland und Südtirol – Autonomien auf dem Prüfstand, Analyse und Gegenüberstellung der Verfassungen und Autonomiestatuten, Europa Ethnica 1/2 2021, Facultas Wien, 2–20.

Peterlini, O. (2022c): Autonomy – Model for Conflict Resolution? Åland and South Tyrol – 100 Years in a Foreign State – Comparison and Conclusions, Nomos le Attualità nel diritto, n. 1/2022.

Peterlini, O. (2022d): Quotensysteme im Vergleich, Königreich Belgien, Föderales Bosnien-Herzegowina, Autonomes Südtirol – Vorteile, Schwächen, Lösungen, Europa Ethnica 1–2/2022, Schwerpunkt: 50 Jahre Zweites Südtiroler Autonomiestatut, 1 und 29–48.

Peterlini, O. (2022g): Südtirols Autonomie im Spannungsfeld zwischen VfGH und neuen Zuständigkeiten, Europa Ethnica 3–4 Facultas Wien.

Peterlini, O. (2023a): Regionen im Spannungsfeld zur EU. Wachsen die Autonomien mit der EU oder werden sie ausgehöhlt? Italien, Südtirol, Åland und Europa unter der Lupe – eine Bilanz, in *Hilpold, P./Perathoner*, C. (Hg): Festschrift für Professor *Gilbert Gornig* Europäisches Minderheitenrecht, Band I, Nomos-Facultas Wien, 153–196.

Peterlini, O. (2023c): Wahlrecht und Wahlsysteme, Stärken, Schwächen und Herausforderungen für eine beteiligte Demokratie, nachträglich textierter und aktualisierter PowerPoint-Vortrag des Öffentlichen Kolloquiums im Habilitationsverfahren zur Erlangung der Venia docendi, am 18. Januar 2023, an der Universität Rostock. Europa Ethnica 1/2-2023.

Peterlini, O. (2023d): Autonomie als Friedenslösung, Südtirol am Prüfstand und im Vergleich – Stärken, Schwächen und Merkmale einer idealen Autonomie, aktualisierte und überarbeitete Fassung der Habilitationsschrift für die Facultas Docendi, verliehen von der Wirtschafts- und Sozialwissenschaftlichen Fakultät, Institut für Politik- und Verwaltungswissenschaften, der Universität Rostock, Facultas Verlag, Wien; Nomos Verlag, Baden-Baden, ISBN: Facultas 978-3-7089-2391-8, Nomos 978-3-7560-1199-5.

Peterlini, O. (2025): Südtirols Autonomie - Rückbau, Instandhaltung – Ausbau? Analyse der Einschränkungen durch den Verfassungsgerichtshof und des neuen Regierungsentwurfs 2025 zur Wiedergutmachung, Europa Ethnica 1/2, 17–27.

Peterlini, O./Rosini, M. (2015a it): L'autonomia finanziaria, in: *Baroncelli, S.* (Hg): Profili costituzionali del Trentino-Alto Adige/Südtirol, Lezioni e materiali (Constitutional Profiles of Trentino-Alto Adige/Südtirol, Lessons and Materials), Giappichelli, Torino, 131–159. Das deutsche Abstract und die Kap 2, 5, 6, 7, und 8 stammen vom Verfasser dieser Schrift, genau: 132–133, 135–137, 142–159.

Pfaundler, W. (1980): Das Pariser Abkommen, in Tiroler Landesregierung (ed.): Tirol in Vergangenheit und Zukunft, Innsbruck. Nur mehr solche Sachen machen Moment zeige ich dir Aber das ist natürlich

Piattoni, S. (2003): Regioni a statuto speciale e politica di coesione. Cambiamenti interistituzionali e risposte regionali, in: *Fabbrini, S.* (Hg): L'europeizzazione dell'Italia, Editori Laterza, Roma Bari.

Politi, G. (1995): Gli statuti impossibili, Einaudi, Torino.

Postal, G.F. (27.10.2025): Considerazioni sul ddl cost. ‚Modifiche allo Statuto speciale per il Trentino-Alto Adige/Südtirol', Federalismi.it 29.

Quagliariello, G. (2003): La legge elettorale del 1953, Senato della Repubblica, Archivio storico, Roma. Il Mulino, Bologna.

Raffeiner, A. (Hg) (2016): 70 Jahre Pariser Vertrag 1946–2016. Vorgeschichte – Vertragswerk – Zukunftsaussichten (Studien zum Völker- und Europarecht, Bd. 143), Dr. Kovač-Verlag, Hamburg.

Raffeiner, A. (Hg) (2018): 25 Jahre Streitbeilegung 1992–2017 – Ist das „*Südtirolproblem*" gelöst?, Dr.-Kovač-Verlag, Hamburg.

Raffeiner, A. (Hg) (2019): Auf der Klaviatur der Rechtsgeschichte, Festgabe für Kurt Ebert zum 75. Geburtstag, Band I oder II, Dr.-Kovač-Verlag, Hamburg.

Raffeiner, A. (Hg) (2020): 100 Jahre Staatsvertrag von St-Germain-en-Laye. Der Rest ist Österreich, Facultas Wien.

Renzler, H. (11.3.2022), Post soll attraktiver werden, Interview in Dolomiten, 10.

Reut-Nicolussi, E. (1928): Tirol unterm Beil, Beck'sche Verlagsbuchhandlung, München.

Riedmann, J. (1985), in: *Fontana, J.* et al. (Hg): Geschichte des Landes Tirols, Band 1, Tyrolia-Verlag Innsbruck Wien, Verlagsanstalt Athesia, Bozen.

Riz, R. (1992): Bericht des Parteiobmannes, 7. Außerordentliche Landesversammlung, 30.5.1992, Meran, Südtiroler Volkspartei, Bozen.

Riz, R. (1992): Die letzten Etappen zur Streitbeilegung, in: *Raffeiner, A.* (2018) (Hg): 25 Jahre Streitbeilegung 1992–2017 – Ist das „*Südtirolproblem*" gelöst?, Dr.-Kovač-Verlag, Hamburg, 503–506.

Riz, R. (1992): Ende eines Streits, in: *Clementi, S./Woelk, J.*, Baden Baden 2003, 83–86.

Riz, R. (1994): Verbale della seduta del Consiglio regionale (Sitzungsprotokoll) 14.06.1994, 16 -17, Protokoll des Regionalrates TnSt, Trento Bozen.

Riz, R., Wortmeldung zur Südtirolautonomie in: Senato della Repubblica, 662. Seduta, Resoconto stenografico, am 31.1.1992, Roma, 16–20.

Riz, R./Benedikter, A. (1976): Was beinhaltet das Proporzdekret? Volksbote, vom 16.06.1976, Bozen.

Riz, R./Happacher, E. (2008): Grundzüge des Italienischen Verfassungsrechts unter Berücksichtigung der verfassungs-rechtlichen Aspekte der Südtiroler Autonomie, Studia Universitätsverlag Innsbruck.

Rosini, M./Peterlini, O. (2019) (*Rosini* Autorin; *Peterlini* deutsche Fassung): Europa delle Regioni, Attuazione del diritto UE ed Euregio/Europa der Regionen, Anwendung des

EU-Rechtes und Euregio, Vorlesungen (PowerPoint), 3 Teile: 1.Attuazione del diritto UE in Italia/Umsetzung des EU-Rechts in Italien, 2.Le regioni italiane e l'UE/Die italienischen Regionen und die EU, 3.Cooperazione transfrontaliera e GECT/Grenzüberschreitende Zusammenarbeit und EVTZ; Euregio-Masterstudiengang in europäischer öffentlicher Verwaltung, Freie Universität Bozen.

Rumor, M., Regierungserklärung des italienischen Ministerpräsidenten bei der Genehmigung des Paketes im Parlament am 3. Dezember 1969, deutsche Übersetzung in: *Peterlini, O.* (2000f de): Autonomie und Minderheitenschutz in Südtirol und im Trentino, 99–100, Original in: Camera dei deputati, Atti parlamentari, 223. Sitzung vom 3. Dezember 1969, Roma, 13265–13272.

Sabbatucci, G. (1989): Il suicidio della classe dirigente liberale, La legge Acerbo 1923–1924, in Italia contemporanea Nr. 174 (marzo), Istituto nazionale per la Storia del Movimento di Liberazione in Italia, Milano.

Salvemini, G. (1952): Mussolini diplomatico (1922–1932), Editori Laterza, Bari.

Salvo, C. (2018): Con Romano Prodi per un'autonomia vincente, Gruppo "*Per le Autonomie*" al Senato 2006–2008, Praxis, Bozen, https://unibz.academia.edu/OskarPeterlini/His-work-and-life, Abruf 19.2.2023.

Sanesi, S., Zwischenrufe zum Bericht des Ministerpräsidenten *Andreotti*, 30.1.1992, Senato, 16, 28, 29.

Sartori, G. (2004): Verso una costituzione incostituzionale? Appendice all'edizione 2004 di "*Ingegneria costituzionale comparata*", Il Mulino, Bologna, 219–234, https://www.astrid-online.it/static/upload/protected/SART/SARTORI-Cost-incost-23_02_04.pdf.

Sawicki, J. (Hg) (2012): Seminario „*Sistemi elettorali e minoranze linguistiche"*, Università La Sapienza, Roma, Facoltà di Scienze Politiche (28.6.2012), Nomos-Le attualità nel diritto, n. 2/2013, Roma, ISSN 2279-7238.

Scagnetti, G. (2011): Accadde al confine: storie di Giovanni Postal e Udo Grobar, La Feltrinelli, Milano.

Scalia, M., Wortmeldung zur Südtirolautonomie in: Camera dei deputati, Atti parlamentari, 757. Sitzung vom 31.1.1992, Roma, 94924.

Schick, W. (1985–1993), in: Staatslexikon (1985–1993): Recht-Wirtschaft-Gesellschaft, in fünf Bänden, 7. Auflage, Verlag Herder, Freiburg.

Schober, R. (1982): Die Tiroler Frage auf der Friedenskonferenz von Saint Germain, Wagner, Innsbruck.

Schober, R. (1987): Storia della dieta Tirolese, 1816 bis 1918, Regione Autonoma Trentino-Alto Adige, Trento.

Schubert, K./Klein, M. (2006): Das Politiklexikon, 4. aktualisierte Aufl., Dietz, Bonn.

Serra, E. (1988 ca): Das Degasperi-Gruber-Abkommen anhand italienischer und österreichischer diplomatischer Dokumente, Autonome Region TnSt/L'accordo Degasperi-Gruber, nei documenti diplomatici italiani ed austriaci, (o Datum), vermutlich 1988, Regione Autonoma Trentino-Alto Adige, Trient/Trento.

Servello, F., Wortmeldung zur Südtirolautonomie in: Camera dei deputati, Atti parlamentari, 756. Sitzung, 94763, zitiert Außenminister Gianni De Michelis, am 30.1.1992, Roma.

Sinn, H. (2011): Vermerk des Abteilungsleiters Helmuth Sinn an den Landeshauptmann von Südtirol, vom 16.6.2011, Autonome Provinz Bozen, Abteilung Arbeit, mit angefügten ausführlichen Tabellen über die einzelnen Bereiche der öffentlichen Verwaltung, Bozen.

Solderer G. (Hg) (2001): Das 2. Jahrhundert in Südtirol, Bd I-V, 1900-2000, Edition Raetia, Bozen.

Spetic, S., zum Bericht des Ministerpräsidenten, Senato della Repubblica, 660. Seduta, Resoconto stenografico, Sitzung vom 30.1.1992, Roma, Unterbrechung 29, Wortmeldung 35.
Staffler, R./Von Hartungen, C. (1985): Geschichte Südtirols, Das 20. Jahrhundert: Materialien, Texte, Quellen, Dokumente, Jugendkollektiv Lana, Lana (Bozen).
Steininger, R. (1987): Los von Rom? Die Südtirolfrage 1945/46 und das Gruber-Degasperi Abkommen, Haymon-Verlag, Innsbruck.
Steininger, R. (1997): Südtirol im 20. Jahrhundert, Studienverlag, Innsbruck.
Steininger, R. (2007): Die Südtirolfrage, 169ff, in: *Ferrandi, G./Pallaver, G.* (Hg): Die Region Trentino-Südtirol im 20. Jahrhundert, I. Politik und Institutionen, Museo Storico, Trento.
Steininger, R. (2017): Streitbeilegung vor 25 Jahren, in: Dolomiten vom 10./11.6.2017, 14.
Steininger, R. (Hg) (2008) (2007) (2006) (2005): Akten zur Südtirol-Politik, 1959–1969, eine Aktenedition in sieben Bänden, Studienverlag, Innsbruck.
Steppat, S. (2006): Rezension zu: *Oskar Peterlini*: Autonomie und Minderheitenschutz in Trentino-Südtirol (1997i de). Wien: 1997, in: Portal für Politikwissenschaft, veröffentlicht am 1.1.2006, Abruf 25.3.2019.
Steurer L./Verdorfer M./Pichler W. (1993): Verfolgt, verfemt, vergessen, Edition Sturzflüge, Bozen.
Steurer, L. (1975): Südtirol zwischen Rom und Berlin 1919–1939, Teil I, II, und III. Diss. Wien.
Steurer, L. (1980): Südtirol zwischen Rom und Berlin, (auch Dissertation 1975), Europa Verlag, Wien München Zürich.
Stocker, M. (2019): Die Paketschlacht, Athesia Tappeiner Verlag, Bozen.
Strasser, W. (1967): Österreich und die Vereinten Nationen, Braumüller. Wien.
Stuhlpfarrer, K. (1985): Umsiedlung Südtirol, zwei Bände, Löcker Verlag, Wien München.
Terracciano, G. (2015): La revisione del Titolo V della Costituzione: nuovi equilibri tra livelli di governo e il coordinamento della finanza pubblica, in: Federalimsi.it 10, 2015.
Tolomei, E. (1928): Archivio per l'Alto Adige (Archiv fürs Hochetsch), XXIII, Amministrazione dell'Archivio per l'Alto Adige, Roma e Gleno (Bolzano).
Toniatti, R. (2016): Il futuro della specialità regionale alla luce della riforma costituzionale, Druckvorlage des Verfassers für EURAC Bozen.
Toniatti, R. (2016b): La specialità regionale e il regionalismo asimmetrico nelle prospettive dalla revisione costituzionale, in Druckvorlage des Verfassers für ISSIRFA.
Toniatti, R. (2016c): Statuto: Proposta debole, futuro incerto, Corriere della Sera, Lokalausgabe Corriere dell'Alto Adige, 1.7.2016, S1 und 9.
Toniatti, R. (2025): New Small Steps Affecting the Autonomy of South Tyrol, Europa Ethnica 1/2, 28 – 33.
Toniatti, R. (27.10.2025): Il disegno di legge costituzionale per la revisione dello Statuto speciale della Regione autonoma Trentino-Alto Adige/Südtirol e delle Province autonome: una riforma modesta e una duplice occasione ma, Federalismi.it 29.
Toscano, M. (1967): Storia diplomatica della questione dell'Alto Adige, Editore Laterza, Bari.
Toso, F. (2008): Le minoranze linguistiche in Italia, Il Mulino, Bologna.
Toso, F. (2011): minoranze linguistiche, in Treccani, https://www.treccani.it/enciclopedia/minoranze-linguistiche_(Enciclopedia-dell'Italiano)/, Abruf 24.12.2021.
Turati, F. (1919): Dichiarazioni di voto dell'on. *Turati*, Erklärung zur Stimmabgabe des *Abg. Filippo Turati*, am 14. Juli 1919 in der Abgeordnetenkammer, in dem er für die Sozialistische Fraktion die Gegenstimme gegen die Regierung *Nitti I* begründete; in:

Dalla guerra alla rinnovazione socialista, Dichiarazioni di voto dell'on. Turati, Discorso tenuto alla Camera dei Deputati dall'*on. Modigliani* nella Tornata del 14 luglio 1919 colla Dichiarazione di voto dell'*on. Turati*, Documenti socialisti intorno alla guerra, Serie V – N. 8, Società editrice Avanti, Milano, 35–39, zu Südtirol, http://bd.fondazionegramsci.org/bookreader/libri/F.D.PCI_Op._2580_Dalla_guerra_alla_rinnovazione_socialista.html#page/1/mode/1up, Abruf 22.12.2022.

Turati, F. (1950): Discorsi parlamentari di *Filippo Turati*, Tipografia della Camera dei Deputati, 3. Band, 1780–1784, Roma.

Vinatzer, H. (1972): Der Übergang von der altösterreichischen zur italienischen Staatsverwaltung, in: 100 Jahre Bezirkshauptmannschaften in Tirol, Tiroler Landesregierung, Innsbruck, 96–116.

Watts, R. (1999): Comparing federal systems, McGill-Queen's Univ. Press, Montreal.

Weiss, K. (1989): Das Südtirolproblem in der ersten Republik, Österreich Archiv, Verlag für Geschichte und Politik Wien, R. Oldenbourg-Verlag, München.

Widmann, F. (2012): Es stand nicht gut um Südtirol, 1945–1972, Edition Raetia, Bozen.

Widmoser, E. (1982, 1983, 1988): Südtirol von A bis Z, 3 Bände, Südtirolverlag Herbert Neuner, Innsbruck München.

*Wilson, W. (*1918): President Woodrow Wilson's Fourteen Points, 8 January 1918, point IX, Lillian Goldman Law Library, New Haven, http://avalon.law.yale.edu/20th_century/wilson14.asp, Abruf 21.11.2018.

Wolff, S. (2008): Complex Power Sharing as Conflict Resolution: South Tyrol in Comparative Perspective, in: Woelk, J./Palermo, F./Marko, J. (Hg): Tolerance through Law. Self Governance and Group Rights in South Tyrol (European Academy Bozen/Bolzano), Martinus Nijhoff Publishers, Leiden-Boston, 329–370.

Zeller, K. (1989): Das Problem der völkerrechtlichen Verankerung des Südtirol-Paketes und die Zuständigkeit des Internationalen Gerichtshofes, Ethnos 34, Wilhelm Braumüller Verlag, Wien.

Zeller, K. (1994): Vom dezentralisierten Einheitsstaat zum föderativen Bundesstaat, in: Das Fenster, Tiroler Kulturzeitschrift, 28. Jg, Heft 57, Innsbruck.

Zeller, K. (2021): Die Entwicklung der Südtirol Autonomie seit der Abgabe der Streitbeilegungserklärung im Jahre 1992, Europäisches Journal für Minderheitenfragen (EJM) Band 14, Heft 3–4), 223–260.

Zieger, A. (1973): La Magnifica Comunità di Fiemme, Tipolitografia Editrice Temi, Trento.

Zieger, A. (1981): Storia della Regione Tridentina, Edizione sotto glia auspici dell'Accademia del Buonconsiglio, Trento.

Zwilling, C. (2007a): Die Spezialität der Autonomen Provinz Bozen innerhalb der italienischen Verfassungsrechtsordnung, in: *Palermo, F./Hrbek,R./Zwilling, C./Alber, E.* (Hg): Auf dem Weg zum asymmetrischen Föderalismus? EURAC, Minderheiten und Autonomien, Band 11, Bozen.

2. Wichtigste Autonomie-Quellen

2.1. UN-Resolutionen zu Südtirol

A/RES/1497(XV)	SPC	68	A/PV.909 31 Oct. 1960 without vote	A/4553	The status of the German-speaking element in the Province of Bolzano (Bozen); implementation of the Paris Agreement of 5 September 1946
A/RES/1661(XVI)	SPC	74	A/PV.1067 28 Nov. 1961 without vote	A/4982	The status of German-speaking element in the Province of Bolzano (Bozen)

Quelle: UN-Resolutionen https://research.un.org/en/docs/ga/quick/regular/2.

2.2. Internationale Abkommen und Verfassungsbestimmungen

Pariser Vertrag oder Abkommen	Auch Gruber-De-Gasperi-Abkommen genannt, vom 5.9.1946, zwischen der österreichischen und italienischen Regierung, Originalabdruck und Übersetzung, https://www.region.tnst.it/Dokumente/Sonstige-technische-Unterlagen/Gruber-Degasperi-Abkommen.
Friedensvertrag Italien-Alliierte und Ratifizierung	https://www.loc.gov/law/help/us-treaties/bevans/m-ust000004-0311.pdf, https://www.gazzettaufficiale.it/eli/gu/1947/12/24/295/so/000/sg/pdf, Decreto Legislativo del Capo Provvisorio dello Stato 28 novembre 1947, n. 1430, (Art. 10, Anhang IV Pariser Vertrag, Österreich Italien):
Paket/Südtirol Paket	Maßnahmen zugunsten der Bevölkerung Südtirols, Wien/Rom Dezember 1969, in: *Peterlini, O.* (1997i de): Autonomie und Minderheitenschutz, 249–274; *Peterlini, O.* (2000f de): Autonomie und Minderheitenschutz in Südtirol und im Trentino, 243–268, jeweils im Anhang.
	https://www.academia.edu/39979112/Das_S%C3%BCdtirol_Paket_The_South_Tyrol_Package_Measures_agreed_between_Austria_and_Italy_in_favour_of_the_South_Tyrolean_population_1969, Abruf 18.4.2023. Text des Bundesministeriums für Auswärtige Angelegenheiten, Wien, Österreichische außenpolitische Dokumente, Sonderdruck Südtirol, Dokumentation (1946–1969).

Pacchetto	Italienische Fassung des Südtirol Paketes: Misure a favore delle popolazioni Alto Atesine, Vienna/Roma dicembre 1969, in: *Peterlini, O.* (1996a it): Autonomia e tutela delle minoranze, 249–272; *Peterlini, O.* (2000e it): Autonomia e tutela delle minoranze, 241–264, testo della Presidenza del Consiglio dei Ministri. http://unibz.academia.edu/OskarPeterlini, unter „Constitution, Federalism, Autonomy, Politic".
italienische Verfassung aktuell	Verfassung der Republik Italien, in geltender Fassung, Vereinheitlichter Text Deutsch und Italienisch gegenübergestellt: https://www.region.tnst.it/Dokumente/Gesetzesbestimmungen#13719

AuSt (Trentino-Südtirol)	Sonderstatut (AuSt) für Trentino-Südtirol, in geltender Fassung, DPR 31.08.1972, Nr. 670 mit nachfolgenden Änderungen. Das Vf-G 26.02.1948, Nr. 5, erstes Statut, erfuhr eine westliche Änderung aufgrund des Südtirol-Paketes durch das Vf-G 10.11.1971, Nr. 1. Kleinere Revisionen betreffen vor allem die Finanzbestimmungen, die Organe und die Ladiner. Vereinheitlichter Text, in geltender Fassung, Deutsch und Italienisch gegenübergestellt: https://www.region.tnst.it/Dokumente/Gesetzesbestimmungen#13719

Alle Abruf 14.5.2026

3. Bildernachweis

1. Landkarte Tirols zur Römerzeit, Landesbildstelle Tirol, Innsbruck, aus *Peterlini, O.* (2000f de) Autonomie und Minderheitenschutz in Südtirol und im Trentino, Regionalrat der Autonomen Region Trentino-Südtirol, Bozen Trient, 28.
2. Römischer Meilenstein, Landesbildstelle Tirol, aus *Peterlini, O.* (2000f de), 28.
3. *König Theoderich*, Standfigur von *Peter Vischer*, 12, 1513, Innsbruck, Tiroler Landesmuseen, Volkskunstmuseum, Inv.Nr. 122159, Foto: *Gerhard Watzek.*
4. *Kaiser Karl der Große*, Landesbildstelle Tirol, aus *Peterlini, O.* (2000f de), 36.
5. Schloss Tirol, Historische Aufnahme, Tiroler Landesmuseum, AB 2932.
6. *Ludwig von Wittelsbach* (der Brandenburger), Regent von Tirol, in *George, R.* (Hg.): Hie gut Brandenburg alleweg!, Verlag von W. Pauli's Nachfahren, Berlin 1900, 141, Wikipedia https://de.wikipedia.org/wiki/Ludwig_V._(Bayern). Denkmal in der Berliner Siegesallee von Ernst Herter, 1899, https://de.wikipedia.org/wiki/Ludwig_V._%28 Bayern%29.
7. Der Große Tiroler Freiheitsbrief, Tiroler Landesarchiv, Urk. 1-01_b.
8. Übergabe Tirols an Österreich, Tiroler Landesarchiv, Urk. I 9789-002_b.
9. Landlibell, Tiroler Landesarchiv, Urk. 32-01_b.
10. *Herzog Friedrich IV.* von Österreich-Tirol (1382–1439), unter dem Schutzmantel der Gottesmutter (Votivbild in der Basilika Wilten); Foto: aus *Peterlini, O.* (2000f de), 45.
11. *Michael Gaismair* (1490–1532), der Rebell im Land Tirol, Fresko der Europakapelle bei der Europabrücke (Karl Plattner), Landesbildstelle Tirol, aus *Peterlini, O.* (2000f de), 10.
12. Das Trienter Konzil (1545–1563), Maler unbekannt, um 1600, nach Fede Galizia (1578?–1630), Tiroler Landesmuseen, Innsbruck, Ältere kunstgeschichtliche Sammlung, Inv.Nr. Gem 1659.
13. *Landesfürstin Claudia de Medici* (Ölgemälde des Südtiroler Künstlers *Karl Anrather*: Kanzler Biener auf dem Tiroler Landtag, um 1890), Tiroler Landesmuseen, Ältere kunstgeschichtliche Sammlung, Innsbruck.
14. Porträt *Kaiserin Maria Theresia* (*Martin van Meytens* d. J. (1695–1770)), Ältere kunstgeschichtliche Sammlung Inv.-Nr. Gem/1354, Tiroler Landesmuseen).
15. *Kaiser Leopold II.* (1790–1792), Landesbildstelle Tirol
16. Das letzte Aufgebot (*Ludwig Schmid-Reutte* (1862–1909) nach *Franz von Defregger* (1835–1921)), Tiroler Landesmuseen, Ältere kunstgeschichtliche Sammlung Inv.-Nr. Gem/423, (https://sammlung.tiroler-landesmuseen.at/altkg/gem-423)
17. Friedensvertrag von St. Germain, Die territoriale Aufteilung, CC BY-SA 3.0 <http:// creativecommons.org/licenses/by-sa/3.0/>, via Wikimedia Commons.
18. Die Großen Vier entscheiden über das Schicksal Südtirols, *Edward N. Jackson* (US Army Signal Corps) – U.S. Signal Corps photo, public domain.
19. Warnende Stimmen gegen die Annexion: *Leonida Bissolati*, Tripoli and Young Italy (1912), by Charles Lapworth; Filippo Turati, HuffPost Italia.

20. *Hitler und Mussolini* teilen sich Volk und Gebiet: Süddeutsche Zeitung 12.2.2018, Scherl/SZ, Foto.
21. Die Auswanderung 1939: Burschenschaft Aldania Wien, 21.10.2014.
22. Handschlag *Alcide Degasperi* und *Karl Gruber*, Fotograf *Franz Berger*, 36-00109, ohne Datum, Amt für Film und Medien, Autonome Provinz Bozen-Südtirol.
23. *Silvius Magnago* am Rednerpult bei der Großkundgebung auf Schloss Sigmundskron am 17. November 1957, Fotograf Flavio Faganello, 28-00023, Amt für Film und Medien, Autonome Provinz Bozen-Südtirol.
24. Teilnehmer an der Großkundgebung auf Schloss Sigmundskron am 17. November 1957, Fotograf *Flavio Faganello* 28-00024, Amt für Film und Medien, Autonome Provinz Bozen-Südtirol.
25. Feuernacht 1961. Umgestürzter Strommast auf einer Wiese beim Wendlandhof am Virgl, Fotograf *Franz Berger* 36-00005, Amt für Film und Medien, Autonome Provinz Bozen-Südtirol.
26. *Moro und Waldheim* verhandeln um das Südtirol Paket, Foto SVP, aus *Peterlini, O.* (2000f de), 98.
27. Rom setzt die Neunzehner Kommission ein, Foto *Franz Berger*, Amt für Film und Medien, 28-00049.
28. Vertreter Südtirols am Verhandlungstisch, Foto *Franz Berger*, Amt für Film und Medien, 36-00095.
29. Trauerzug beim Begräbnis von *Sepp Kerschbaume*r, Foto *Franz Berger*, Amt für Film und Medien, 36-00125.
30. Dramatische Nacht – SVP entscheidet übers Paket, Foto SVP, aus *Peterlini, O.* (2000f de), 99.
31. Die Zwölfer- und Sechserkommission, eigene grafische Darstellung.
32. Die dreipolige Struktur der Autonomie, eigene grafische Darstellung.
33. Die Säulen der Autonomie und des Minderheitenschutzes, eigene grafische Darstellung.
34. Anteil der deutschen und ladinischen Angestellten in den Staatsstellen in Südtirol 1971–2016: Amt für Arbeitsmarktbeobachtung (2022): Autonome Provinz Bozen, Abteilung Arbeitsmarktservice.
35. Anteil der deutschen und ladinischen Angestellten in den Staatsstellen in Südtirol 1971–2022: Amt für Arbeitsmarktbeobachtung (Autonome Provinz Bozen, Abteilung Arbeitsmarktservice).
36. Lebendgeborene und Fruchtbarkeitsziffer 1960–2024: ASTAT, ISTAT.
37. Staatsbahnen 1996–2023: Stellen nach Sprachgruppen und Anteil der deutschen Sprachgruppe: Amt für Arbeitsmarktbeobachtung: Autonome Provinz Bozen, Abteilung Arbeitsmarktservice, eigene Bearbeitung.
38. Silvius Magnago Platz in Bozen. Foto: Landespresseamt des Landes Südtirol.
39. Entwicklung der Bediensteten: Lokalverwaltungen, Staat, Bahn, Post, 2013–2022: ASTAT-info 02 (2024).
40. Grad der Zustimmung zum Proporz nach Sprachgruppen 2025, ASSTAT.

41. Sechserkommission 1978, Bild: Landespresseamt, Autonome Provinz Bozen, aus *Peterlini, O.* (2000f de), 114.
42. Einvernehmenskomitee Staat-Land 1995, Bild: Südtiroler Landtag, aus *Peterlini, O.* (2000f de), *Peterlini, O.* (2000f de),175.
43. So kann man sich gegen Verletzungen der Sprachbestimmungen wehren, aus: *Bonell, L./ Winkler, I.* (2010), 351.
44. Recht auf Muttersprache auch bei der Polizei ..., Bild: Ministero dell'Interno. https://www.interno.gov.it/it/notizie/bilancio-dellattivita-polizia-stradale-nel-2021;
45. ... ebenso bei Gericht und in der Verwaltung, Landesgericht Bozen, Bild: La Voce di Bolzano.it, 13.10.2023.
46. *Andreotti* erklärt Erfüllung der Paketmaßnahmen: *Peterlini, O.* (2011–23): Teaching Documents.
47. Wahlsysteme, *Peterlini, O.* (2011–23): Teaching Documents.
48. Das Listenzeichen des DV bei den Wahlen 1921: Der Tiroler, 8.5.1921, 5.
49. Apell gegen Ausschluss der Minderheiten: *Peterlini, O.* (2011–2023): Aus Camera dei eputati, Sitzung vom 15.7.1923, Teaching Documents.
50. Edelweiß und Lindenzweig 1924, Der Landmann 24.3.1924.
51. Der Stimmzettel 1924, Der Landmann, in 2.4.1924, 1.
52. Die SVP in den Senats-Wahlkreisen Brixen-Pustertal und Meran-Vinschgau 1992–2022: Daten Ministero dell'Interno, eigene Darstellung.
53. Die SVP im Senatswahlkreis Bozen-Unterland 1992–2022: Daten Ministero dell'Interno, eigene Berechnungen.
54. Entwicklung der größten Parteien 2008–2022, Daten Ministero dell'Interno, eigene Zusammenstellung.
55. SVP und mehrheitlich deutsche Oppositionslisten, Parlamentswahlen 1948–2022: Daten Ministero dell'Interno, eigene Darstellung.
56. Die Besserstellungsklausel, eigene Darstellung: *Peterlini, O.* (2011–23): Teaching Documents.
57. Die Quellen der autonomen Gesetzgebung: *Peterlini, O.* (2011–23): Teaching Documents.
58. Einige neue konkurrierende Zuständigkeiten, eigene Darstellung.
59. Erleichterter Weg der autonomen Gesetzgebung, eigene Darstellung.
60. Wichtigste Erweiterungen der Autonomie der Vf-Reformen, eigene Darstellung.
61. Allgemeine Fruchtbarkeitsrate nach Sprachgruppen in Südtirol (2024), eigene Darstellung.
62. Zu- und Abwanderungen nach Österreich, Deutschland und Schweiz der 20- bis 40-Jährigen, Amt für Arbeitsmarktbeobachtung.
63. Südtirol im Vergleich zu den Merkmalen einer idealen Autonomie, eigene Darstellung.

Alle: Abruf 25.5.2026.